Petra Deimer

Das Buch der Robben

Abenteuer in Arktis und Antarktis

Rasch und Röhring

Dieses Buch ist der Mönchsrobbe gewidmet,
in der Hoffnung, daß sie nicht ausstirbt.

INHALT

VORWORT

Wohl wenige Lebewesen haben die Gemüter von Tierfreunden, aber auch von Politikern in den letzten zwanzig Jahren so bewegt wie die Robben. Die Rede ist von den fast ausgestorbenen Mönchsrobben, die sich den Zorn von Fischern im Mittelmeer zuziehen, weil sie sich hin und wieder an Fängen und Fischnetzen verbeißen, oder von Seelöwen, die in jedem Zirkus als Jongleure auftreten. Die Rede ist vom gesellschaftsliebenden Walroß, dem Elfenbeinjäger schon in der Vergangenheit fast den Garaus machten, oder von Pelzrobben und See-Elefanten, die wegen ihrer seidenweichen Felle oder wegen ihrer dicken Speckschicht ihr Leben lassen mußten. Erst durch ausgeklügeltes Management wurden manche Arten vor dem Aussterben bewahrt — freilich nicht ohne den Hintergedanken, mit den Tran- und Pelztieren eine blühende Industrie nicht gleich mit ausbluten zu lassen.

In dieser Runde darf auch die Sattelrobbe nicht fehlen: Wie alle diese Meeressäuger mit »Flossenfüßen« und dem warmblütigen Körper in fischähnlicher Gestalt muß auch die »Eisliebende« an Land. Im März zum Beispiel, wenn sich im Golf von St. Lorenz das Treibeis unter Krachen und Ächzen zu einem riesigen Eisgürtel vereinigt, kommen Tausende von hochträchtigen Weibchen, um in dieser wohl ungastlichsten Kinderstube der Welt ihr Junges zu gebären und zu säugen. Mit den Wöchnerinnen kommen aber auch die Robbenschläger, die es besonders auf die Säuglinge abgesehen haben, auf das Fell des arg- und wehrlosen »Weißröckchens«.

So perfekt die Hunds- und Ohrenrobben zwischen Arktis und Antarktis auch dem Wasserleben angepaßt sind, so verletzlich macht sie auch ihre an ihre Stammesgeschichte erinnernde Fortpflanzungsbiologie. Ob unter der Herrschaft eines seinen Harem erkämpfenden Bullen, ob im lockeren Beisammensein, Robben treffen sich meist in großen Ansammlungen, um sich um ihren Nachwuchs zu kümmern. In einer solchen Kinderstube ist es für ein Totschlagkommando ein Kinderspiel, reiche Beute zu halten. Nicht anders, wenn sich die Tiere jährlich zum zweitenmal an Land begeben, um ihr altes Fell gegen ein neu wachsendes zu ersetzen.

Nachdem einstige Pelz-Importländer, wie auch die Bundesrepublik Deutschland, aufgrund des Volksbegehrens um die Sattelrobben politischen Druck ausüben, scheint eine Art Ruhe nach dem Sturm im »Robbenkrieg«, der viel zu lange auf dem Rücken der Tiere tobte, einzukehren. Zwar dürfen Einheimische wie eh und je Robben für ihren Bedarf töten, doch scheint das Mammuttöten wegen der europäischen und amerikanischen Einfuhrsperren für den schnöden Kommerz keinen Keulenhieb mehr zu lohnen.

Mögen die Robben ein Beispiel dafür sein, daß der Mensch nicht gut fährt, wenn er sich die gesamte Erde untertan macht. Möge er bedenken, daß er auch von den Tieren noch vieles lernen kann: Seehunde kennen die heilende Kraft von Algen und benutzen sie als Wundpflaster.

Weddell Robben können tief und fast eine Stunde lang mit einer Sauerstoffüllung tauchen. Ringelrobben bauen Schneehöhlen, um ihre Jungen vor dem Eisbären zu verstecken. Es scheint, als könnten Robben mit Echolot umgehen, mit ihren Schnurrbärten Meeresfrüchte aufstöbern . . . Auch dienen sie als Indikator für eine saubere oder verschmutzte Wasserwelt. Wo beispielsweise Seehund und Kegelrobbe steril werden, ist die Welt nicht mehr in Ordnung. Wollen wir auf solche Tiere verzichten?

Hamburg, Dezember 1986   Petra Deimer

VOR DEN TOREN HAMBURGS

Wenn der Sommer kommt, versammeln sich alle Jahre wieder die Seehunde auf den Sandbänken im Wattenmeer. Dort werfen die Weibchen nach einer Tragzeit von rund einem Jahr ihre Jungen, die sie nur kurze Zeit, aber mit großer Zuwendung und Fürsorge säugen. Sobald die jungen Seehunde kräftig genug geworden sind, müssen sie lernen, in ihrer nicht immer freundlichen Umwelt allein über die Runden zu kommen. Ihre Mütter haben dann nur Augen für die Männchen, bis alle Tiere wieder in den Weiten der Meere verschwinden. Wie in vergangenen Zeiten häufig, kommen auch heute noch hin und wieder einzelne wanderlustige Tiere Flüsse hinaufgeschwommen, wie die Elbe bei Hamburg.

Die Vorbereitungen laufen auf Hochtouren: Ein kleines Seehundsrudel wird für seine Passage in Richtung offene Nordsee fertig gemacht. Der Krabbenkutter wartet bereits mit leise tuckerndem Motor an der Pier von Büsum auf seine ungewöhnliche Fracht. Ich habe schon eine ganze Tüte Krabben gepult, und beharrlich kriecht mir feuchte Herbstkühle unter die Öljacke, als endlich ein VW-Bulli um die Ecke biegt, beladen mit in Kisten verpackten Jungrobben. Die bald nach ihrer Geburt verwaisten Seehunde stammen aus der Aufzuchtstation von Büsum, wo sie unter menschlicher Obhut eine Ersatzkinderstube gefunden hatten. Doch nun ist die Zeit gekommen, die quirlige Meute auszuwildern, wieder in ihre Heimat zu entlassen.

Kiste um Kiste wird an Bord geöffnet, und schon robben die gutgenährten Schützlinge über die frisch polierten Schiffsplanken. Mit ihren großen Kulleraugen bestaunen und begutachten sie die von Neugierde gebannte Umgebung. Angst vor den zweibeinigen Reisebegleitern zeigen sie nicht, schließlich sind sie an Menschen gewöhnt.

Leinen los, wir stechen in See. Um mich herum wimmeln und rutschen silbriggrau die schimmernd kleinen Flossenfüßer mit dem prallen Babyspeck und suchen dann schnell wieder Kontakt zu einem ihrer Art- und Spielgenossen. Während sich ein Junghund an dem heute arbeitslosen Krabbennetz zu schaffen macht, hat ein anderer quälende Probleme. Der arme Kerl muß spukken. Er ist doch tatsächlich seekrank.

Nach etwa drei Stunden Fahrt erreichen wir eine Sandbank, die Anlegestelle für unseren haarigen Kindergarten. Mit einem lachenden und einem weinenden Auge verfolge ich die etwas verdutzte Meute, die hinter unserem Kutter schnurstracks in den Nordseewellen untertaucht und dann ganz schnell wieder die Oberfläche inspiziert. Die ersten von der Aufregung sicherlich müden Seehundkinder streben hurtig in Richtung Sandbank, wo sie meinen Blicken als immer kleiner werdende Punkte auf nacktem Sand allmählich entschwinden. Sie werden nicht mehr viel anderes als einen wohlverdienten Schlaf im Sinn haben . . .

Die ganze Nacht träume ich von dem rührigen Erlebnis, als mich plötzlich am nächsten Morgen schon wieder ein Seehund beschäftigen soll:

»Du mußt sofort kommen«, mahnt mich eine aufgeregte Stimme am Telefon. »Da sind Blutspuren.« Blutspuren? Seit drei Jahren haben wir in der Elbe einen Seehund zu Gast. Immer wenn das Wasser geht, die Ebbe kommt, läßt sich der Besucher aus der Nordsee auf der Sandbank im »Mühlenberger Loch« vor dem Hamburger Vorort Blankenese nieder und genießt die mehr oder weniger einkehrende Ruhe. Manchmal geht es ganz schön hek-

tisch zu, wenn am Wochenende die Segler ihr Regattarevier rund um die Insel Sand bevölkern, im Sommer bei Sonne die Ebbe nutzen und sich mit ihrem Boot stranden lassen. Dann verunsichern sie den Seehund, der seit mindestens drei Jahren den Elbsand zu seiner Schlaf- und Liegewiese auserkoren hat — und er zieht sich vorsichtshalber zurück. Vielleicht dümpelt er im Elbwasser umher, nutzt die Zeit zu einer Unterwasserjagd besonders nach Butt oder Weißfisch. Von diesen für Menschen wegen der wahnsinnigen Umweltverschmutzung ungenießbaren Exemplaren findet »Robby« mehr als genug. Daß auch für ihn die Kost mit lebensgefährlichen Begleiterscheinungen verbunden sein muß, kann er nicht wissen. Will er wohl auch nicht. Die schleichende, aber beständige Anreicherung mit Schwermetallen und anderen unheilbaren und unabbaubaren tödlichen Giftstoffen in seinem Körper vollzieht sich so langsam, daß sie nicht von Schmerzen begleitet ist, noch nicht. Und zum plötzlichen Tod führt sie auch nicht, noch nicht.

Ein Kutter wartet auf seine quirlige Fracht.

Nicht zu bremsen ist die Neugierde junger Seehunde, besonders nicht, wenn ein Netz nach Fisch riecht.

Ich kann mir zwar nicht denken, daß dem Hamburger Seehund plötzlich ein Unglück widerfahren ist, mache mich aber für alle Fälle fertig für eine Seefahrt zum Sand. Schnell noch alarmiere ich meinen Freund, Ex-Seemann Hans Martin Neumann, der, sofern ihn nicht gerade seine Arbeit daran hindert, stets zwei wache Augen für alles Geschehen auf dem großen Fluß hat. Natürlich kennt er den Seehund. Doch ungewöhnliches Verhalten war auch heute nicht zu vermerken.

Ein Team vom Blankeneser Segelclub setzt mich zur Sandbank über. Bei nicht zu laut knatterndem Motor lasse ich mich am Rand absetzen, weit genug entfernt, um das Tier nicht zu irritieren. Ganz nach Seehund-Jägerart lege ich mich auf den Bauch — igitt, ist das naß und vor allem dreckig — und robbe mich möglichst unauffällig bäuchlings in Richtung Seehund. Der hat natürlich längst Lunte gerochen und sich im schmutzig-trüben Dunkel des einst auch für Menschen zum Baden geeigneten Gewässers verdrückt. Also mache ich mich jetzt aufrechten Gangs auf die Suche nach Blutspuren. Aber von Blut keine Spur. Der Seehund scheint in Ordnung, noch.

So hoffnungslos dreckig die Elbe auch ist, der Seehund hat hier wenigstens mit Fischern keine Last. Fischer in aller Welt scheinen nämlich Seehunde und Ohrenrobben als »Wasserraubtiere« und angebliche Fischereikonkurrenten — die japanischen Fischer auch Wale und Delphine — abgrundtief zu hassen. Sie verfolgen und töten sie, wie im Mittelmeer beispielsweise die schon fast ausgestorbene Mittelmeer Mönchsrobbe. Auch die Behörden mancher Länder — wie früher Großbritannien — lassen töten, mitunter sogar unter Zuhilfenahme von Abschußprämien, die auch bei wenig lukrativen Pelzen — zum Beispiel der Kegelrobbe — das Pulver wert erscheinen lassen.

Auch wenn die Robben, wie alle Lebewesen, ob Tier oder Pflanze, ihre ökologische Aufgabe zu erfüllen haben, ihren Teil beitragen zu dem weltweiten Zyklus, der unsere Erde am Leben erhält, mag ihre Funktion vielleicht im einzelnen nicht jedermann einsichtig sein. Das bedeutet aber noch lange nicht, daß sie im Ökosystem nicht eine wichtige Rolle spielen, denn genaugenommen hat Mutter Natur nichts geschaffen, ohne damit einen

Sinn zu verbinden. So sind Robben — beispielsweise als Fischkonsumenten — eine Art »Gesundheitspolizei«, die in erster Linie kränkelnde, unvorsichtige oder verletzte Opfer ergreifen. Sie können einem schwerverletzten Fisch die Erlösung bringen und sorgen somit dafür, daß Fischbestände genetisch gesund bleiben. Allerdings können sie nicht unterscheiden, welches zappelnde Opfer im Netz nicht für ihren Magen bestimmt ist. Damit richten sie, zugegeben, der Fischerei mitunter Schäden an. Aber ich möchte nicht wissen, wieviel tausendmal mehr Schäden die Fischerei sich selber, den Meereslebewesen und damit letzten Endes auch uns anrichtet.

Schon seit geraumer Zeit machen sich Naturschützer, aber auch Fischereinationen Sorgen, weil die Meere in etlichen Gebieten hoffnungslos überfischt sind. Eine weitere Sorge kommt aus der Fischerei: Seit Plastikmaterial die herkömmlichen Garne für Fangnetze verdrängt hat, geistern mit jedem Jahr mehr verlorengegangene Fischnetze durch die Weltmeere, die eine halbe Ewigkeit brauchen, ehe sie sich zersetzen. Das Schlimme daran: Die »Gespensternetze« fangen und ertränken jedes Jahr Tausende bis Millionen Tiere — Seevögel, Wasserschildkröten, Wale, Delphine, Robben und nicht zuletzt Fische, die elendig sterben müssen — und bringen der Fischerei noch nicht einmal Nutzen; im Gegenteil. Niemand weiß, wie hoch diese »moderne Fangquote« ist, niemand weiß, welche gravierenden Schäden sie den Beständen zufügt.

Drum möge die Schelte des Fischers von Rügen nicht offene Ohren finden:

»Hahl mi den Saalhund ut'n Stranne to Lanne,
He hett mi all de Fisch upfräten,
Hett mi dat gansse Nett terräten;
Hahl mi den Saalhund ut'n Stranne to Lanne.«
(Nach Erna Mohr, 1952)

Wo mag unser Elbehund geblieben sein? Ich weiß es nicht. Die einen sagen, er sei viele Jahre hier gewesen und komme wieder, die anderen meinen, er sei wieder in die Nordsee abgewandert. Verstehen könnte ich es. Aber so ungewöhnlich, wie manch eine Zeitung seinerzeit tat, war der Besuch nicht. Immer wieder wandern Seehunde zu Stippvisiten oder auch für länger in Flüsse. Früher freilich, als es noch mehr von ihnen gab, als die Flüsse noch sauberer waren, kamen mehr zu Besuch.

Ein Lotse erzählte mir, er habe einen Seehundkadaver in der Elbe gesehen. Ich hoffe, er hat ihn mit einem Stück Treibholz verwechselt.

Obwohl wir uns gegen den Wind an den Seehund auf dem Elbsand herangepirscht hatten, obwohl seine Nase im Vergleich zu der von Landtieren nicht die beste sein soll, hatte er schneller das Weite gesucht, als ich vermutete. Sein sensibles Ohr muß ihm signalisiert haben: Gefahr im Kommen. Sein braunes »Rehauge« mit brauner Iris ist —

Nach einer Sturmflut an der Elbe: Plastik aus unserer Wegwerfgesellschaft verschmutzt unsere Umwelt.

zumindest an Land — nicht von allerhöchster Feineinstellung. Robben leiden allgemein an Land wegen einer zwei- oder mehrfachen Krümmung der Hornhaut an Astigmatismus. Sie sind also kurzsichtig und reagieren eher auf Bewegungen als auf ruhende Gegenstände. Allerdings wird diese Sehschwäche fast aufgehoben, wenn helles Sonnenlicht einfällt. In diesem Falle schließen die Tiere ihre Pupillen zu einem vertikalen Schlitz (bei der Bartrobbe steht er diagonal), der ihnen ermöglicht, auf der Netzhaut einen Punkt auch als Punkt zu bündeln.

Bei schwachem Licht bleibt die Pupille dagegen weit geöffnet, um möglichst viel Licht zu erfassen, aber das Bild läßt sich auf der Netzhaut nicht focussieren. Farben scheinen Robben nicht unterscheiden zu können.

Da Wasser denselben Brechungsindex besitzt wie die Cornea, hebt sich der Astigmatismus-Effekt hier auf. Eine stark keratinisierte Hornhaut schützt die leicht vorstehenden »Knopfaugen«, die ein breites Gesichtsfeld erfassen können. Wie bei den Fischen ist die Augenlinse fast rund und wird zur Scharfeinstellung des Bildes auf der Netzhaut wohl durch Aufhängeband und Muskeln vor- und zurückgezogen, während bei Landsäugern die abgeflachte Linse in ihrer Form verändert wird, um den optimalen Drehungsindex zu erlangen. Spezifische anatomische Bedingungen, die bei Robben die weiteste Entwicklung im Tierreich erfahren haben sollen, deuten auf ein Auge hin, das sehr lichtstark noch an sehr schwaches Dämmerlicht angepaßt ist.

Solche »Katzenaugen« mit einer Art Lichtverstärker an der Außenwand des Augenbechers brauchen nicht nur Robben, die in »der trüben Elbe fischen«, sondern natürlich besonders jene Arten, die in polaren Nächten noch Beute aufstöbern. Zudem sollen die Augen empfindlich auf grüne Wellenlängen reagieren, was im Unterwasserlebensraum von Nutzen ist. Aber neben den optischen Sinnen müssen sie eigentlich noch weitere Orientierungssinne besitzen — vom Tastsinn einmal abgesehen —, zumal nach Angaben der britischen Expertin Judith E. King sich auch erblindete Robben in gutgenährtem Zustand halten. Nicht zuletzt diese Tatsache — aber auch die Erfassung von »Click«-Geräuschen — veranlaßt Wissenschaftler zu der Annahme, daß zumindest manche Robben wie auch Wale und Fledermäuse über eine Echolokation verfügen, also Schall aussenden, um sein Echo zu analysieren. Ein solches Sonar (sound navigation and ranging) könnten Robben benutzen, um unter Wasser ihre Umgebung nach Hindernissen oder Nahrung akustisch abzutasten. Versuche wurden insbesondere mit Weddel Robben und Seelöwen unternommen. So konnte unter anderem ein Seelöwe bei völliger Dunkelheit in

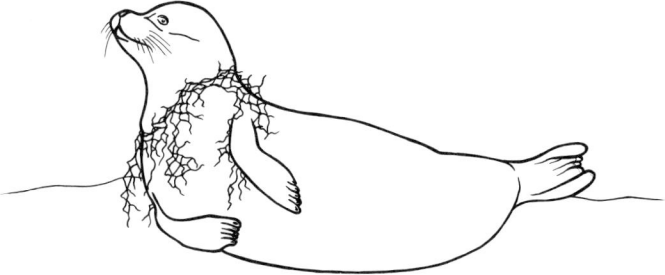

Verlorene Fischnetze sind Todesfallen für Robben.

einem Tank ohne größere Schwierigkeiten seinen Lieblingsfisch von Pferdefleisch, das in täuschend ähnliche Stücke geschnitten war, unterscheiden.

Nach Angaben der Zeitschrift »Nature« (1982) trainierten amerikanische Wissenschaftler eine blinde Kegelrobbe, einen Ring zu apportieren. Seehunde sollen bei Dunkelheit mehr »Clicks« aussenden als bei Helligkeit. Über einen weiteren Versuch mit einem trainierten sieben Jahre alten Seehund veröffentlichten Deane Renouf und M. Benjamin Davis (»Nature«, 1982) positive Ergebnisse: Das Tier konnte auch bei stockfinsterer Dunkelheit zwei mit verschiedenen Substanzen gefüllte Ringe, die sich optisch glichen, voneinander unterscheiden. Wurden beide mit Wasser gefüllt, hatte der Seehund Schwierigkeiten. Offenbar, weil sich nun beide Ringe gleich »anhörten«. Natürlich kann ein Seelöwe in einem derartigen Experiment beispielsweise auch über seinen Geschmackssinn oder seinen Tastsinn eine Lösung gefunden haben. Ein blinder Seelöwe, so King, konnte den Verlauf einer unregelmäßigen Mauer verfolgen, indem er dabei unentwegt bellte. Das Tempo seines Bellens änderte sich, wenn ein Mensch im Weg stand (Poulter, 1966). Nach Schustermann (1981) geben solche Versuche schon Grund zu der Annahme, daß außer dem Auge noch andere Sinne benutzt werden; allerdings fehlen dafür noch die Beweise. (Mehr zur Echolokation siehe mein »Buch der Wale«)

Doch zurück zu unternehmungslustigen Seehunden, die in letzter Zeit für Schlagzeilen sorgten. Am 6. Januar 1986 ließ sich nach Angaben des »Neuen Deutschland« »Trixi 3« in der Elbe bei Magdeburg sehen, nachdem dort schon im Juli 1978 und davor Ende 1970 Vorgängerinnen von ihr Aufregung verursacht hatten. Im Juli 1984 verkündete »Die Welt«, daß Robbe »Rolli« einmal pro Jahr Ferien von der Nordsee macht. Schon 1983 hatte sie sich in der Gemeinde Barum im niedersächsischen Landkreis Lüneburg eingefunden und dort sogar ein Junges geboren, das allerdings starb. Seit fünf Jahren, so die »Hannoversche Allgemeine«, verbringt »Rolli« die Sommerzeit in

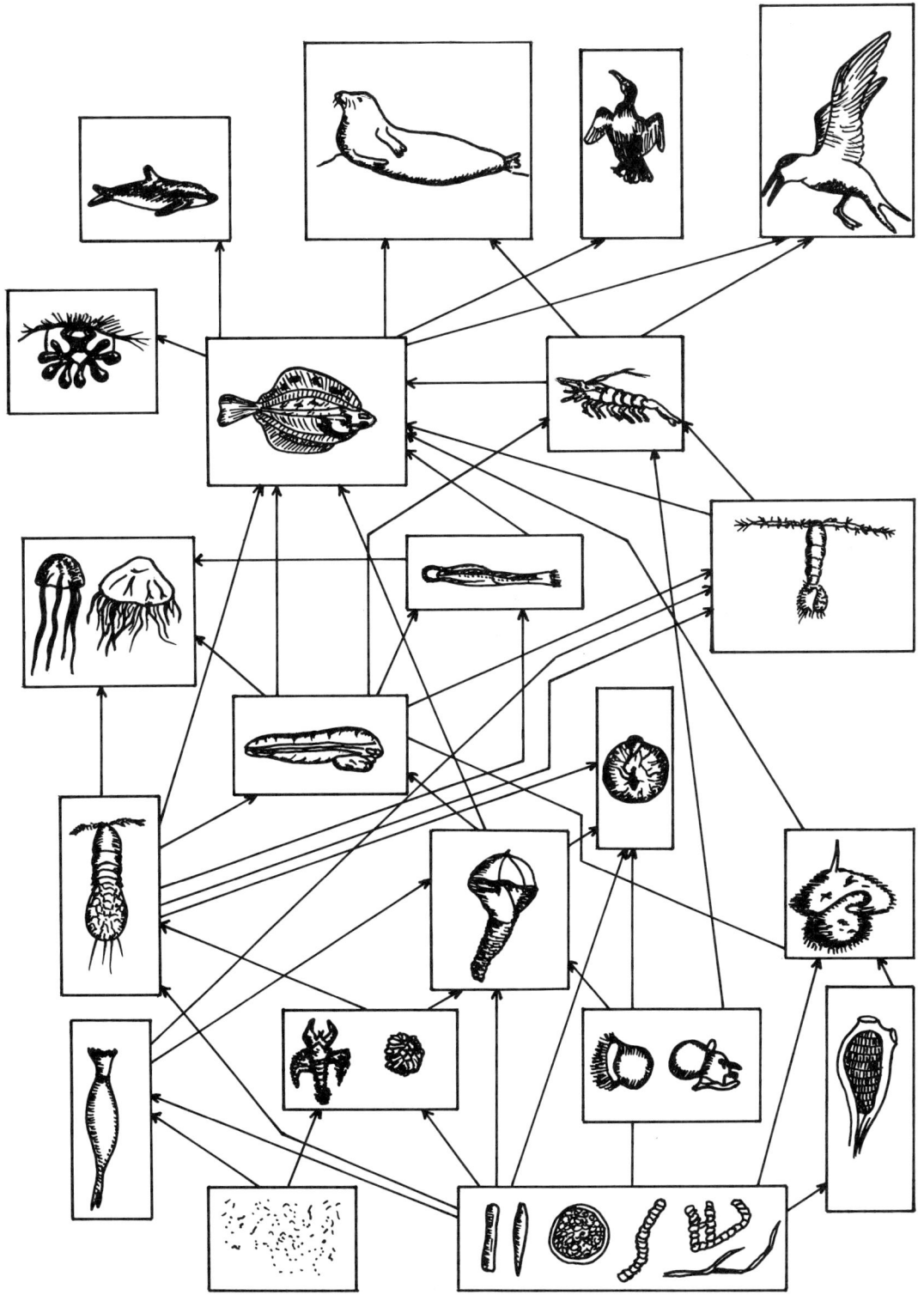

der Neetze, einem Nebenfluß der Elbe, bei Barum. Im Mai 1975 berichtete »Bild« von einem Seehund im Hamburger Yachthafen Wedel. Auch in der britischen Themse ließ sich 1983 eine Seehundschnauze blicken.

Nach dem Bericht von Alwin Pedersen wird der Gemeine Seehund mit dem rundlichen Katzenkopf bei seiner »Vorliebe für Süßwasser nicht selten in Flüssen und Seen gefunden, die oft weit entfernt von der Meeresküste liegen«. So soll er in Norwegen bis zu 300 Kilometer den Tana-Fluß hinaufsteigen. Nähere Verwandte, gebürtig im Westatlantik, halten sich sogar beständig in zwei Binnenseen (»seal lakes«), 150 Kilometer vom Meer entfernt, an der Hudson Bay auf.

Unser heimischer Seehund, der zur Ostatlantischen Gemeinde gehört, mag wie kaum eine andere Robbe das seichte Wasser mit sandigen Küsten. Auch wenn keiner weiß, wo und wie weit die Tiere sich im Winter in der Nordsee oder in noch weiterer Ferne tummeln, so kehren sie doch immer wieder heim ins Wattenmeer, das ihre Kinderstube beherbergt. Damit ist der Seehund zugleich das einzige Säugetier, das sich diesem extremen Lebensraum zwischen Ebbe und Flut unterworfen, dem Tauziehen zwischen Land und Wasser angepaßt hat.

Das gewaltige, unbändige Meer, verbunden mit einem sensiblen Netzwerk von Flüssen, verquickt in einem Fließgleichgewicht mit anderen Ozeanen und im Kräfteaustausch mit dem Universum, läßt sich nicht zügeln oder zähmen. Aber das ist auch gut so. Denn gerade das Watt ist ein Stück Biotop, das an Produktivität nicht zu schlagen ist. An keiner anderen Stelle im Meer wird so viel organische Substanz in einem Kubikmeter produziert wie im Watt. Auf den Boden der offenen Nordsee bezogen, erstellt der Quadratmeter im Watt rund das Zehnfache an Biomasse. Es nimmt damit eine Schlüsselfunktion ein für die Nahrungskette in der gesamten Nordsee. Mit seinen Muscheln und Schnecken, Würmern und Krebstieren zwischen Schlick- und Sandwatt lockt es viele tausend Gäste, die einen bei Flut, die anderen bei Ebbe. So kommen im Sommer besonders in der Nähe brütende Küstenvögel, wie Watvögel und Möwen; im Frühjahr und Spätsommer besonders Gastvögel, wie Ringel- und Brandgänse oder Enten. Mit dem Hochwasser kommen die »Flutgäste«, wie Sandgarnelen und Sandkrabben, und Fische, wie Flunder und Kliesche, Scholle und Seezunge, Hering, Meergrundel und Aal. Besonders die Jungfische schwimmen in die reichgefüllte Speisekammer Wattenmeer, wobei ihnen die Priele als Zugstraßen dienen.

Der Seehund profitiert gleich doppelt von dem eigenwilligen Lebensraum: Er nutzt ihn als üppige Energiequelle, wenn das Wasser kommt, und bei Ebbe die trockenfallenden Sandbänke zu einem Landausflug. Zwar paaren sich Männlein und Weiblein — anders als beispielsweise See-Elefanten — im Wasser, doch brauchen auch diese amphibisch lebenden Meeressäuger von Zeit zu Zeit einen Platz an Luft und Sonne. So Ende Juni, Anfang Juli verspürt Mutter Seehund den unbändigen Drang, eine »wohnliche« Sandbank aufzusuchen, nicht zu steilkantig, damit sie bäuchlings und nach Hundsrobbenart den schweren Körper mit den Vorderflippern ziehend und rucksend hinauf kann. Nicht zu flach, damit das Land für sechs Stunden nicht schneller, als die Tide es will, wieder untergeht.

Eine einleuchtende Funktion der harten, sperrigen Haare erwachsener Robben für optimale Fortbewegung beschreibt die deutsche Expertin Erna Mohr: »Wahrscheinlich stellt das Haar für das auf den Strand hinaufrutschende Tier einen ebensolchen Gleitschutz dar wie die untergeschnallten Seehundsfelle für den Skifahrer.« Diese Sperrigkeit soll auch der Grund für eine unangenehme Erfahrung mit Geldbörsen aus Seehundsfell sein: »Wenn sie mit den Haarspitzen nach unten in die Hosentasche gesteckt werden, stemmen sie sich bei jedem Schritt ihres Trägers eine Kleinigkeit hoch, wie ein Bergsteiger im Kamin, und verschwinden so aus der Tasche.«

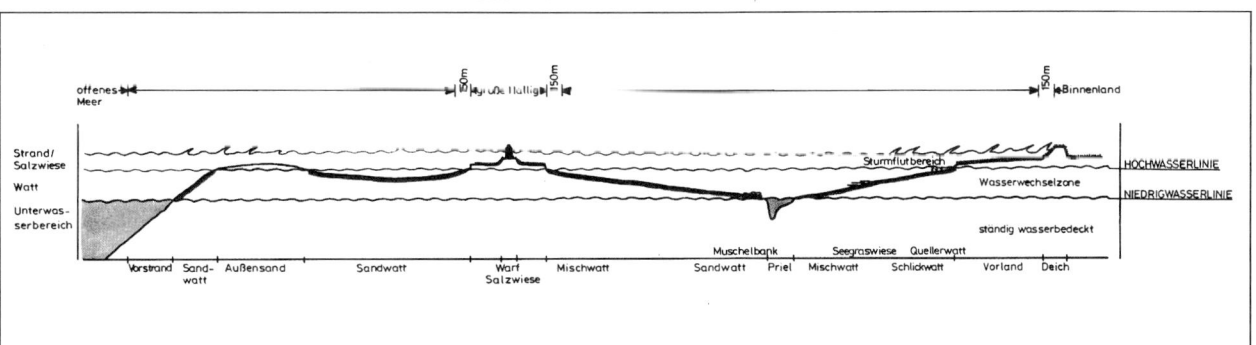

Im Wattenmeer (schematischer Querschnitt oben) stehen der Seehund wie auch der Schweinswal oder Seevögel am Ende einer Nahrungskette (links). Die Basis bilden pflanzliches und tierisches Plankton. Ein Seehund braucht täglich etwa fünf Kilo Fisch.

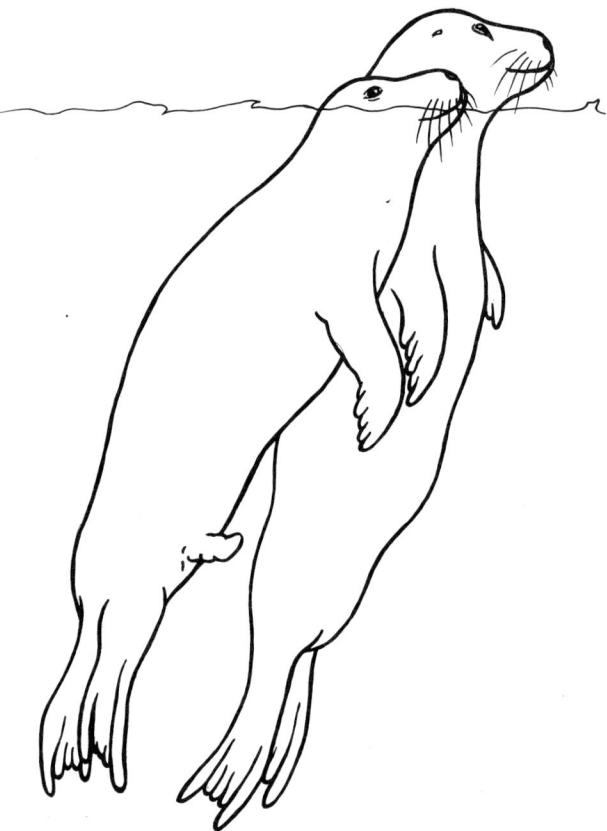

Seehunde paaren sich im freien Wasser.

Kaum hat das hochträchtige Weibchen seine geeignete Kinderstube bezogen, kommt es auch schon nieder. Es scheint, als könne es den Moment der Geburt zumindest für ein paar Stunden zurückhalten, um gleich zu Beginn der Ebbe in einer »Sturzgeburt« sein Junges zu werfen. Die Zeit ist knapp. Die nächste Flut kommt bestimmt. Platzt die Fruchtblase nicht sofort und von allein auf, so hilft die Mutter mit ihren Flossennägeln und den Zähnen nach. Mit der Nachgeburt kommen Reste eines Embryonalfells, das sich der kleine Seehund schon im Mutterleib abstreifen mußte. Anders als die Sattelrobbenbabys, die in klirrender Kälte auf dem Eis geboren werden, braucht er das wärmende Fell nicht. Im Gegenteil, es würde ihn bei seinem ersten Schwimmausflug nur behindern. Das Seehundkind erstrahlt sogleich in seiner silberschimmernden »Decke«, wie es in der Jägersprache heißt.

Die Mutter erholt sich schnell von ihrer Blitzgeburt. Wie zur Begrüßung des jungen »Erdenbürgers« beschnuppert sie sein Schnäuzchen, das der Kleine, noch am ganzen Leibe zitternd und schwankend, zunächst so gar nicht richtig stillhalten kann. Mit seinen etwa sieben bis neun Kilogramm Geburtsgewicht ist er noch reichlich dünn und schwach auf der Brust. Doch das wird sich schnell ändern. Nachdem die »Wöchnerin« erst mal die Eigennote ihres Sprößlings erschnüffelt und sich eingeprägt hat, legt sie sich fürsorglich auf die Seite und läßt ihn an den im Fell und in Hauttaschen verborgenen Zitzen, die nun hervortreten, trinken. In gierigen Zügen genießt der Kleine zum erstenmal die angenehmen Seiten seines jungen Lebens.

Doch kaum will sich das Seehundbaby mit sattem Gefühl in dem prallen Bäuchlein von den ersten Strapazen im Windschutz von Mutters Körper ausruhen, kommt schon die nächste Lektion. Der Meeresspiegel steigt, und es wird Zeit, ins kühle, ungemütliche Naß zu gleiten. Zwar ist dem Seehundjungen das Schwimmen angeboren, doch ist er zunächst kaum darauf erpicht, mit dem nassen Element Bekanntschaft zu machen. Aber nichts hilft, wenn er nicht will, wird er per Schnauze in die Pflicht genommen. Natürlich paßt die Mutter aufmerksam auf, daß ihr Junges seine Paddel, die vorderen und hinteren wie zu Flossen umkonstruierten Extremitäten, richtig einsetzt. Unermüdlich bleibt sie an seiner Seite. Wenn Wind und Wogen gar zu stürmisch toben, darf sich das ermüdete Junge mit den Vorderflippern an Mutters Rücken festkrallen — und huckepack schwimmen. Lauert Gefahr, dann nimmt sie es sogar zwischen die Flossen und geht kurz auf Tauchstation.

Erleichtert nach dem ersten Schwimmunterricht, steuern Mutter und Kind mit der kommenden Ebbe wieder eine Sandbank an. Hier, auf den »Mutterbänken«, liegen meist viele Gleichgesinnte, auch wenn Seehunde nicht sonderlich auf Gesellschaft aus sind. Sollte die Mutter ihr Junges zwischen Wasser und Sandbank verlieren, beginnt es herzzerreißend und kläglich zu »heulen«. Sie folgt den jammernden Rufen. Sobald eine Schnüffel- und Stimmanalyse ihr eigen Fleisch und Blut bestätigt, schmust und säugt sie das mit jedem Tag mehr fordernde Jungtier. Sollte die Erkennungsprobe allerdings negativ ausfallen, muß das Junge weiterheulen. Eine fremde Mutter kennt kein Erbarmen für ein fremdes Kind. Solche mitunter verlorengegangenen Heuler sind Waisenkinder oder die Schwächeren aus einer seltenen Zwillingsgeburt. Sie werden fast immer vereinsamt von den Wellen davongetragen, weil die Mutter nur den Rufen des eigenen Kindes — oder im Falle einer Zwillingsgeburt eines Kindes — folgen kann. Wenn die Jungtiere dazu noch bei Flut in verschiedene Richtungen streben, haben sie keine Chance zu überleben. Zumindest nicht unter natürlichen Bedingungen.

Während der etwa vier bis fünf Wochen, in denen die Mutter ihr Junges umhegt und mit ihrer 45 Prozent fetthaltigen Milch säugt, verdoppelt und verdreifacht es sein Gewicht auf runde 27 Kilogramm. Nun ist auch die Zeit gekommen, daß die Jungrobbe, ausgerüstet mit einer wärmenden, isolierenden Speckschicht, die zugleich als Reserve für die folgenden, mageren Zeiten dient, in ihre Selbständigkeit abgeschoben wird. Die Mutter interessiert sich nunmehr für das andere Geschlecht, das bereits lautstark vor den Seehundbänken auf sich aufmerksam macht. Voller Aufregung schwimmen die mindestens sechs Jahre alten Männchen »bullernd« und unter Wasser glucksend zur Paarung auffordernd hin und her, nachdem sie endlich die lästigen Rivalenkämpfe hinter sich gebracht haben. Bis aufs Blut kratzen und beißen sich die vor Drohgebärden allein nicht zurückschreckenden Kerle. Die Schwächeren geben nach, und die Stärkeren paaren sich mit den willigen Weibchen, die mit drei bis vier Jahren geschlechtsreif werden.

So manch ein Verlierer zieht sich mit beachtlichen Verletzungen bluttriefend zurück. Hat es einen richtig hart erwischt, besonders an der empfindlichen, stark durchbluteten und nur dünn mit Speck geschützten Halsregion, dann schwimmt er in einer ruhigen Seetangzone spiralig durch Algenstränge, um seine schmerzenden und klaffenden Wunden mit den Pflanzen, die eine antibiotische und blutstillende Wirkung haben sollen, zu »verbinden«.

Die Jungrobben machen sich derweil auf die eigenen Flossenfüße und beginnen zunächst ihren knurrenden Magen mit Garnelen und kleinen Fischen zu beruhigen. Ihre Lernzeit auf eigene »Faust« ist nicht leicht. Um ganze 20 bis 40 Prozent müssen manche Anfänger während dieser unumgänglichen Fastenzeit abspecken. Nicht zuletzt diese unfreiwillige Abmagerungskur macht deutlich, wie wichtig es für den Seehund ist, wenigstens während der Säugzeit eine ungestörte Kinderstube zu finden. Je weniger Speck die Jungen bei ihrer Entwöhnung auf den Rippen haben, desto anfälliger sind sie gegen Krankheiten, desto schwerer haben sie es, ihr erstes Jahr zu überleben. Die Sterbeziffer ist erschreckend hoch: 60 bis 65 Prozent der Junghunde sterben im ersten Lebensjahr.

Schon gleich nach der Geburt beginnen sich Krankheiten einzuschleichen. Zum Beispiel an der Abbruchstelle der Nabelschnur setzen sich auf den verschmutzten und ölverschmierten Sandbänken Bakterien fest, die zu immer wieder aufreißenden Entzündungen und Geschwüren führen. Auch wenn sich die Leidtragenden zum Schonen ihrer kranken Bäuche auf die Seite legen, hilft ihnen diese Schutzmaßnahme wenig. Schon bei der nächsten Flut müssen sie ins Wasser und bei Ebbe wieder auf der geschundenen Haut auf die Sandbank robben.

An Bord des Kutters, der die ehemaligen Heuler ins Meer bringt, beschnuppern sie alles, was ihnen in den Weg kommt.

Besonders schlimm kommt es, wenn auch noch Kutterfahrten zu den Seehundsbänken, Segler oder andere Freizeitkapitäne, Wattwanderer, Surfer oder das Militär — mit lärmenden Manövern — die Fluchtdistanz der ruhenden Tiere unterschreiten, so daß diese aus Sicherheitsgründen ins schützende Wasser flüchten. Das zehrt an Speck und Nerven und reißt heilende Wunden wieder auf. Die Chancen stehen schlecht für die geplagten Wattbewohner. Manche Geschwüre führen zu Bauchfellentzündungen — und damit auch zum Tode. Neben gefährlichen Hautkrankheiten macht den Tieren dann auch Parasitenbefall zu schaffen, den sie sonst, fett genug, spielend überstehen würden.

Aber nicht nur die Jungtiere müssen unter aufdringlichen Besuchern und Ruhestörern im Wattenmeer leiden, es trifft auch die Alten. Wenn im Spätsommer die Zeit gekommen ist, das alte Fell abzustoßen, um es durch ein neues, nachwachsendes zu erneuern, benötigen die Tiere, ob jung oder alt, einen Platz an der Sonne — auf der Sandbank. Abgesehen davon, daß der körperlich offenbar unangenehme Fellwechsel im Trockenen vermutlich weniger lästig fällt, sie brauchen das ultraviolette Licht der Sonnenstrahlen, um in der Haut für das Wachstum neuer Schichten Vitamin D zu bilden.

Erst wenn ihnen der neue Pelz zu Gesichte steht, sind sie fit für ein Leben auf See, fischen fernab der Küsten und führen vorübergehend ein rein maritimes Leben. Bei einigen Tieren können jetzt auch die alten Wunden endlich heilen, doch bei manchen reißen die Narben während der nächsten Saison auf der Sandbank wieder auf.

Aber auch das offene Meer hat längst seine Tücken: Mit der Nahrung nehmen die Tiere Gifte wie Blei, Quecksilber, DDT auf; Schadstoffe, die sich besonders im Fettgewebe und in der Leber anreichern. »Sie führen«, so der Biologe Dr. H. Eberhard Drescher, »unter anderem zu krankhaften Veränderungen an der Gebärmutter bei den Weibchen — und damit zu Sterilität wie auch bei Kegelrobben.«

Immer bäuchlings geht die Rutschpartie über die Schiffsplanken, auch wenn ein Schlauch im Weg liegt.

Ich möchte an dieser Stelle nicht versäumen, dem guten Freund und Kollegen Eberhard Drescher, der sich trotz vieler Kontroversen stets objektiv und fair äußerte, der sein Leben der Natur, der Wissenschaft und besonders auch den Meeressäugetieren verschrieben hatte, für sein Engagement in der »Gesellschaft zum Schutz der Meeressäugetiere« (GSM) und für seine stets bereitwillige Unterstützung bei kniffligen Fragen zu danken. Im Jahr 1983 nahmen wir beide anläßlich der »Internationalen Walfang Kommission« (IWC) am Wissenschaftsausschuß teil. Er nutzte einen freien Tag zwischen den Sitzungen, um mit britischen Kollegen von einem Hubschrauber aus vor der britischen Küste Robben zu beobachten. Obwohl er stets wußte, daß solche Beobachtungsflüge nicht ungefährlich sind, ließ er sich nie von seinen Aufgaben oder seinem Wissensdurst abbringen. Er fand, als Biologe müsse er ein solches Risiko eingehen.

Nie werde ich den Abend jenes Tages vergessen: Eberhard Drescher kehrte nicht zurück. Der Helikopter stürzte über dem britischen Watt ab. Alle vier Insassen waren auf der Stelle tot. Mitten in der Nacht erhielt ich die entsetzliche Botschaft. Wie schmerzlich der Verlust eines solchen Freundes und Kollegen ist, müssen viele von uns erfahren.

Es gibt Bemühungen, die hohe Säuglingssterblichkeit bei den Robben zu unterbinden, doch sind dies nur die berühmten Tropfen auf den heißen Stein. »Heuler«, von der Mutter getrennte Junghunde, werden in Robbenaufzuchtstationen — wie in Büsum, Norden-Norddeich oder Bremerhaven — aufgepäppelt. Die verwaisten Findelkinder werden zunächst mit reiner Sahne und später mit Fischkost über die Runden gebracht. Sobald sie etwa ein Gewicht von 40 Kilogramm erreicht haben, werden sie gegen Ende September wieder in die Freiheit entlassen. Nachdem zuvor biologische Daten wie Länge und Gewicht festgehalten und Markierungen an den Hinterflossen vorgenommen werden, gelangen die Tiere zum Beispiel per Kutter zurück in ihre Heimat. In der Nähe einer Sandbank werden sie den Nordseewellen übergeben, wo sie sich dann allein zurechtfinden müssen.

Zwar haben diese von Hand aufgezogenen Robben zunächst eine relativ hohe Überlebenschance, doch wirken sich die geringen Zahlen von etwa 30 pro Jahr freilich auf den Bestand nicht aus. Auch zeigen diese Seehunde besonders kurze Zeit nach dem Aussetzen mitunter nur noch wenig Scheu und geraten nicht selten in Fischreusen, in denen sie erbärmlich ersticken müssen.

Auch heute noch ist der Nordsee-Hund, zieht man eine nüchterne Bilanz, im Wattenmeer zwischen den Niederlanden und Dänemark keineswegs »aus dem Schneider«. Zwar sieht seine Bestandsentwicklung schon lange nicht mehr so düster aus wie vor einigen Jahren, doch zeichnet sich auch noch lange kein Grund dafür ab, daß wieder Jagdlizenzen vergeben werden, auch wenn es so manch einem »Jagdfreund« sehr in den Fingern kribbeln mag, auf Seehundsjagd zu gehen. Übrigens darf ich mir die Bemerkung erlauben, daß ich dieses »Jagdfieber auf Seehund« nicht ernst nehmen kann, zumal mir bekannt ist, daß Eberhard Drescher die Tiere für wissenschaftliche Untersuchungen und Markierungen ohne jegliche Probleme mit der bloßen Hand zu fangen wußte.

Doch zur Bestandsentwicklung: Wurden beispielsweise vor den Niederlanden 1968 noch 1500 Seehundschnauzen gezählt, waren es 1973 nur noch 500. Man merke: Die Niederlande hatten schon 1961 die Jagd wegen des erschreckenden Rückgangs verboten. Mit Jagdverboten folgten: Niedersachsen 1972; Schleswig-Holstein 1973 und Dänemark 1977. Während der niederländische Experte Dr. Peter Reijnders den Gesamtbestand zwischen Den Helder (Niederlande) und Esbjerg (Dänemark) in den dreißiger Jahren mit rund 8000 Tieren angibt, schätzt er für 1980 eine Kopfzahl von insgesamt 4500. »1985 ergeben Zählungen folgende Daten«, so der deutsche Biologe Wolfgang John:

Holland	800 Tiere
Niedersachsen	2050 Tiere
Schleswig-Holstein	3300 Tiere
Dänemark	950 Tiere
gesamt Wattenmeer	7180 Tiere

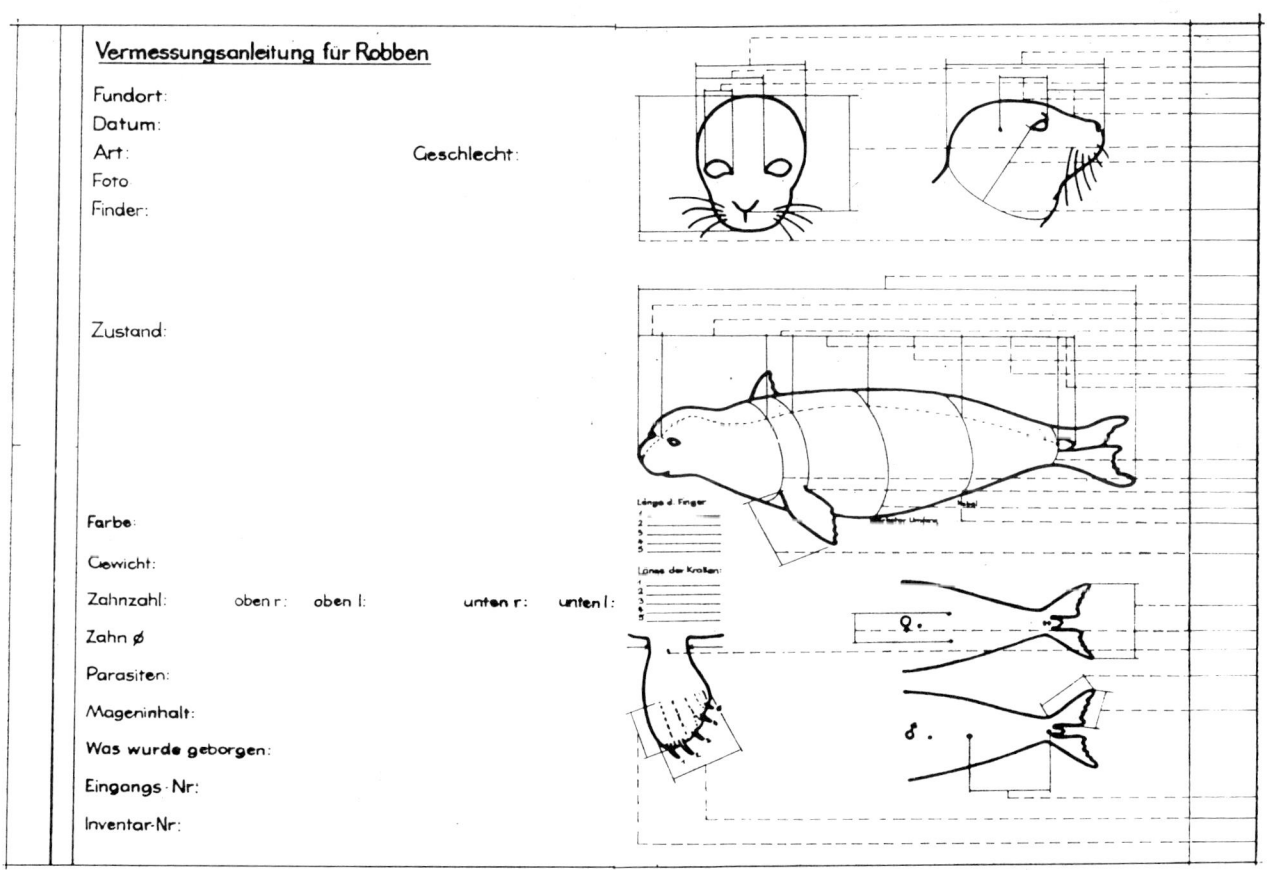

Auch gegenwärtig leben die meisten Seehunde in Schleswig-Holstein. Ein Grund: Sie meiden am stärksten verschmutzte Gewässer und folgen reicheren Fischgründen. »Damit hat sich der Bestand innerhalb von elf Jahren seit dem Niedrigstand von 1974 mit 3600 Tieren verdoppelt«. Die offensichtlich cleveren Tiere wandern aus »schlechteren« in »bessere« Biotope aus, ohne daß dabei der Bestand insgesamt Anlaß zum Jubeln bietet. Auch sprechen die Anteile der verschiedenen Altersklassen nicht unbedingt für eine gesunde Entwicklung. Besonders in den Niederlanden ist der Anteil der Jungtiere viel zu niedrig. Aber was soll man auch erwarten, wenn die Tiere wegen umweltzerstörerischer Giftansammlungen zunehmend unfruchtbar sind.

Der Seehund ist freilich nicht nur ein reizender Meeresbewohner, auf den wir nicht verzichten wollen, er ist zugleich ein Indikator; er zeigt an, wo die Wasserwelt noch in Ordnung ist. Und Naturschutzverbände, wie die »Gesellschaft zum Schutz der Meeressäugetiere« (GSM), weisen immer wieder darauf hin, daß Naturschutz verlorene Liebesmüh ist, wenn man nicht die Ursache der Zerstörung und Verödung ehemals reich besiedelter Lebensräume bekämpft.

Bedrohte Tiere und Pflanzen können auf lange Sicht nur überleben, wenn ein biologisches Gleichgewicht erhalten bleibt. Das verdeutlicht auch das Beispiel Seehund, der Schutzgebiete für eine ungestörte Kinderstube haben muß. Einzelaktionen wie die Zucht in der Gefangenschaft und das Wiederaussetzen von Arten können nur das letzte Mittel und eine vorübergehende Hilfe sein. Wir müssen vor allem dafür sorgen, daß das Nordseewasser wieder genießbar wird.

ÜBER DEN GEYSIR ZU DEN ESKIMOS

Wikinger hatten wohl schon die arktische Inselgruppe Spitzbergen inmitten von Eis und Schnee entdeckt, doch sich kaum um die dort lebenden Tiere gekümmert. Nicht so die Seefahrer des 16. und 17. Jahrhunderts. Vor Island, Grönland oder Alaska schlachteten sie die Wale ab und machten Öl daraus. Doch bald war diese Quelle des hohen Nordens versiegt. Nach den Walen kamen die Pelztiere an die Reihe: Eisbär, Robbe und Polarfuchs wurden fast ausgerottet. Heute finden die paar hundert Nordland-Touristen nur an wenigen Stellen freilebende Tiere, dafür um so mehr Knochenfriedhöfe als traurige Zeugen einer blutigen Vergangenheit.

Gehn wir mal nach Hagenbeck . . . Dort, in Hamburgs Tierpark, treffen wir auch eine ganz bekannte Fernsehdarstellerin. Gemeint ist Antje, das Walroßmädchen, das schon seit Jahren als Pausenclown im Norddeutschen Regionalfernsehen auftritt. Aus dem knautschigen und schmusigen Jungrößchen ist längst ein erwachsenes Fräulein geworden. Nicht zuletzt, weil sie bis vor kurzem immer allein in ihrem Gatter mit Swimmingpool hauste, aber zu den Robben mit viel Sinn für Geselligkeit und Körperkontakt gehört, hat sie sich unsterblich verliebt. Der »Glückliche« ist ihr Cheftrainer Heiner Susott. Von morgens bis abends hält sie nach ihm Ausschau, er muß doch bald vorbeikommen, wenn nicht gerade sein freier Tag ist und ein Assistent den Dienst versieht.

Pünktlich, als verfügte Antje über eine innere Uhr, bewegt sie zur Fütterungszeit ihren nicht gerade zierlichen Hintern in Richtung Tür. Nicht sosehr der Fisch, den Heiner mitbringt, versetzt ihr Blut in Wallung, sondern seine Nähe. Die Jungrösser, die Familie Hagenbeck für sie zur Gesellschaft hat einfliegen lassen, gehen ihr eher auf den Geist. Die sind so ungestüm und drängelig. Das ist Antje gar nicht mehr gewohnt. Vielleicht ist sie in all den Jahren ein wenig zickig geworden? So etwas soll bei älteren Fräuleins ja vorkommen.

Es macht der guten Antje gar nichts aus, wenn ihr Chef ihr zwischen den Mahlzeiten eine Mundharmonika vor die Nase hält. Sie tut ihm den Gefallen und bläst. Die herausgequetschten Töne verraten nicht gerade einen besonders ausgeprägten Sinn für Musikalität, aber das ist auch gar nicht nötig. Die Leute lachen. Und darauf kommt es an. Auch mit ihren offensichtlichen Lieblingstönen kann sie nicht gerade auf einen Platz in der Hitparade spekulieren. »Rülps«, klingt es wenig charmant herüber, wenn Antje eine Runde im Becken dreht. »Rülps«, tönt es, wenn sie auf der anderen Seite auf- und gleich wieder untertaucht. So geht das immer hin und her, besonders, wenn Susott sich wieder aus dem Staub gemacht hat. »Rülps.«

Klar, daß Antje das Musizieren auf der Mundharmonika schnell gelernt hat. Schließlich sind alle Robben aufgeweckte, intelligente Tiere, die stets mit gebannter Neugierde verfolgen, was um sie herum passiert. Zudem wollte sie freilich ihrem Trainer den Gefallen tun, wenn der denn so viel Spaß daran hatte. »Für ein Walroß ist das nichts Ungewöhnliches«, sagt Susott. »Schließlich blasen die Tiere in der Natur in Ritzen und Spalten der Felsen, zum Beispiel, um kleine Krebse und andere Meeresfrüchte hinauszupusten und zu verputzen.«

Einmal mehr sind wir auf See, auf Nordlandreise, und immer wieder muß ich an Antje denken. Island hat uns mit dem üblichen Sauwetter begrüßt. Regen, nichts

Fehlende Abnutzung: Walroß Antje mit langem Bart.

als Regen. Obwohl der Kalender schon längst den Sommer anzeigt, liegt auf manchen Bergkuppen noch Schnee. Am Geysir läßt sich ahnen, welche Kraft im Innern der Erde brodelt und zischt. Dickbreiig gluckst und blubbert Schlammvulkan. In unregelmäßigen Intervallen schleudert die Therme eine bis zu 60 Meter hochschießende, siedendheiße Wassersäule in die Luft.

Über Energiemangel braucht das Land nicht zu klagen. Wärme gibt es im Überfluß, wenn auch bislang niemand den naturgeschenkten Reichtum ergiebig genug und wohldosiert zu nutzen weiß. Immerhin wachsen auf der grünen Insel mit viel Schafzucht und weltberühmten Pferden, die meist zu Ponys degradiert werden, aber schon Treibhaus-Ananas.

Besonders deutlich zeigt sich die unbändige Vulkankraft auf der Nachbarinsel, New Man Island, auf der noch vor wenigen Jahren die Erde urplötzlich zu spucken begann. Noch heute ruhen ein paar Häuser wie eingemauert in der schwarzen Masse. Überall auf der Insel, deren Bewohner fast nur vom Fischfang leben, dampft und raucht der Boden. An vielen Stellen kann man die Erde kaum anfassen. Sie ist heiß.

So freundlich die Menschen auf Island sein können, so sehr erinnern sie mich doch an Piraten oder Seeräuber. Sie haben seinerzeit eigenmächtig und für den Rest der Welt beschlossen, daß 200 Seemeilen rund um ihr Land ihre Hoheitsgewässer sind, und im »Kabeljaukrieg« traditionelle Fischfanggründe als ihr Eigentum verteidigt. Sie fangen Wale, obwohl die »Internationale Walfang Kommission« (IWC) den kommerziellen Walfang verboten hat. Sie sagen, das geschehe zu wissenschaftlichen Zwecken, obwohl jeder weiß, daß das fauler Zauber ist. Sie verfluchen und verfolgen Robben, weil sie diese für den Raubbau an ihren überstrapazierten Fischgründen verantwortlich machen. Sie jammern besonders um ihren Kabeljau. »Sie haben gute Gründe dafür«, sagt mir ein isländischer Naturschützer. »Manch ein Kabeljau leidet an Magersucht, und es gibt Anzeichen, daß die Fische später als normal geschlechtsreif werden, weil die Lodde als Beutefisch fehlt.« Wen wundert das, wenn die Verwandte des Herings weit und breit in die Netze geht, um zu Fischmehl verarbeitet zu werden.

Bei uns an Bord wird über das Wetter gar nicht geredet. Wer nur Sonne tanken will, soll sich anderswo tummeln, nicht aber an Bord der »World Discoverer« mit Kurs auf Spitzbergen, Jan Mayen, Bäreninsel und südpolare Eisgrenze. Mag sein, daß manch einer darauf wartet, auf Spitzbergen vom nördlichsten Postamt der Welt eine Ansichtskarte nach Hause zu schicken, ein anderer sich dem Zauber der Mitternachtssonne hinzugeben. Mich lockt das Abenteuer Wildnis mit seinen Meeressäugetieren (wie ich sie auch schon in meinem Buch »Könige der Meere« beschrieben habe).

Bis vor knapp 400 Jahren war die arktische Inselgruppe Spitzbergen ein weißer Fleck auf der Landkarte. Wikinger hatten wohl schon viel früher den Archipel inmitten von Eis und Schnee entdeckt, doch sich kaum um das Land und die dort lebenden Tiere gekümmert. Nicht so die Seefahrer und Wiederentdecker im 16. und 17. Jahrhundert. Sie schlachteten die Wale ab und machten Öl daraus. Doch bald war die Quelle des hohen Nordens versiegt. Nach den Walen kamen die Pelztiere an die Reihe. Eisbär, Robbe und Polarfuchs wurden fast ausgerottet. Heute finden Nordlandtouristen, die während des arktischen Sommers Spitzbergen besuchen, nur noch wenig freilebende Tiere, dafür um so mehr Knochenfriedhöfe als traurige Zeugen einer blutigen Vergangenheit.

Wir haben mit unserer »Disco« den nördlichen Polarkreis überschritten und das Ereignis mitsamt der Taufe kräftig begossen, wie es sich nach Seemannsart gehört. Rund um die Uhr halten wir nun nach Tieren Ausschau. Die Sonne geht nicht unter. Einen einzigen Blas konnten wir erblicken, den Atem eines Pottwals.

Plötzlich taucht vor uns Jan Mayen aus dem Nebel auf, die einsame, düstere Vulkaninsel, 384 Quadratkilometer klein. Voller Erwartung gehen wir an Land und finden ein Meer von Walknochen inmitten einer Wüste von Sand und Treibholz, ein paar Flechten und Moosen.

Drei Norweger und zwei Polarhunde begrüßen uns voller

Freude, denn nur selten verirren sich Menschen hierher. Die Männer unterhalten eine Wetterstation. Solange unser Schiff vor Anker liegt, unterhalten sie sich ausgiebig an unserer Bar.

Bald lichten wir die Anker und stampfen weiter gen Norden. Mir gehen die Knochenberge nicht aus dem Sinn. Auf der Bäreninsel der gleiche Anblick. Wenn die profitbewußten Trantierjäger aus den Walen nicht mehr genug Tran kochen konnten, nahmen sie alles andere, was genügend Speck auf den Rippen hatte. Und dazu zählen alle warmblütigen polaren Bewohner, ob Säuger oder Vögel. Schließlich müssen sich die Tiere vor der klirrenden Kälte durch eine temperaturisolierende Schicht schützen. Dieser dicke Pelz erfüllt an Land seine Aufgabe, nicht aber im eisigen Wasser.

Das ist wohl auch der Grund, weshalb die ausschließlich im Wasser lebenden Wale im Laufe der Evolution völlig auf ein Haarkleid verzichtet haben, mit Ausnahme von ein paar Sinneshaaren, die manchen Arten, wie dem Buckelwal, noch zu Gesichte stehen. Anders die Robben. Sie haben ihr Fell behalten. Aber sie leben ja auch nicht ausschließlich im Wasser.

*Zwischen arktischen Treibeisfeldern taucht ein
Finnwal zum Atmen in einer Spalte auf.*

Bereit zur Flucht ins Wasser: Bartrobbe.

Vor uns ist wieder Land in Sicht. Spitzbergen! Wir besuchen Orte und winzige norwegische Siedlungen. Nur wenige Menschen hat es in diese Einöde von Eis und Schnee verschlagen. Doch um die Jahrhundertwende erlebte das Land einen neuen Aufschwung, einen Run auf Kohle und andere Bodenschätze. Vor allen Hütten sind Polarhunde angekettet. Dank der dichten Unterwolle, die den Tieren im Winter wächst, können sie Kälte bis zu vielen Minusgraden vertragen. Vor einer Hütte ein Anblick, der mich sehr erschüttert: Robbenkadaver mit abgezogenen Fellen, das Fleisch für die Schlittenhunde.

Kaum haben wir die letzten Landeindrücke verkraftet, schwimmen wir schon wieder auf See. Von den Eissturmvögeln, die ständig unser Schiff umkreisen, nimmt kaum noch einer Notiz. In einer Sandbucht liegt einsam eine Bartrobbe. Schnell rutscht sie ins Wasser und beäugt von dort aus neugierig unser Schiff.

Anders als die Tiere in der Antarktis, die fast handzahm sind, weil sie mit dem Menschen als Feind kaum — und wenn, nur für kurze Zeit — in Berührung kamen, sind hier alle Robben äußerst vorsichtig. Zu vielen Generationen wurde beispielsweise, seit Menschen die Arktis bewohnen, das Fell über die Ohren gezogen. Daß erst die kommerzielle Ausbeutung die Bestände in Gefahr brachte, ist eine andere Sache. Die Tiere mußten sich auch dem »aboriginal hunter«, dem Eingeborenen, anpassen, um zu überleben. Gerade Robben sind anfällig und leicht verletzlich, bieten eine leichte Beute auch für die Jagd mit primitiven Mitteln. Ihr Problem: Obwohl dem Meer vor-

züglich angepaßt, gehen sie alle Jahre wieder an Land. Hier bringen sie ihre Jungen zur Welt, säugen diese, und hier wechseln sie ihr Fell — ein für diese haarigen Meeressäuger notwendiges Unterfangen. Da sie sich an Land oder auf einer Eisscholle zumeist in großen Kolonien einfinden, ganz gleich, ob sie zu den besonders geselligen oder lieber die Abgeschiedenheit vorziehenden Flossenfüßern zählen, treffen auch die Jäger stets auf große, fette Beute.

Aber auch vor dem Eisbär, den es am entgegengesetzten Pol nicht gibt, müssen die nordpolaren Robben auf der Hut sein. Sicher hat auch »Meister Petz« dazu beigetragen, daß das Leben im hohen Norden kein »Zuckerlekken« ist, daß so manche Lebewesen mit einer gesunden Portion Respekt beziehungsweise Skepsis oder Fluchtverhalten, wenn nicht gar Angriffslust, zu reagieren gelernt haben. Und doch, ein Blick in ihr Gesicht scheint nicht zu täuschen. Die Robbe mit dem großen Bart, nach dem Walroß mit etwa zweieinviertel Meter Länge die zweitgrößte im Lande, zugleich die größte nordische Hundsrobbe, kann sich schlecht verleugnen. Sogar wenn sich die Geselligkeit nicht mögenden Robben zu einem Land- oder Eisschollenaufenthalt aufmachen, bleiben sie nach Angaben der britischen Expertin Judith E. King möglichst nah am Wasser, um mit der Schnauze in günstiger Ausgangsposition schnellstmöglich ins sichere Naß flüchten zu können.

Die blaugrau bis bräunlich gefärbte, über die Kontinentalsockel der Arktis verbreitete — wenn auch dünn oder spärlich — Bartrobbe ist, wie die Eskimos sagen, »eine wertvolle Art«. Schon wegen ihrer Größe und der 300 Kilogramm, die sie auf die Waage bringen kann, liefert sie entsprechende Mengen von Tran und Fleisch. Insbesondere jedoch werden aus ihrer »dicken schweren Haut Schlittenriemen, Hundeleinen, Hundepeitschen, Fangleinen u. a. verarbeitet«. Weiterhin verarbeiten die Grönländer ihre Häute zu »Sommerzelten, früher wurden auch Kajaken, Frauenboote und insbesondere Kamiksohlen daraus hergestellt . . . Eine tüchtige Fängerfrau konnte eine Bartrobbenhaut in zwei bis drei dünne Folien aufspalten«. Nicht weniger von Bedeutung sind diese Tiere für die Eingeborenen von Alaska oder an den Küsten von Asien. Beispielsweise in der Sowjetunion werden Robben, auch die umstrittenen whitecoats, die Kanada schon seit Jahren politische Probleme schaffen, sowohl von Eingeborenen als auch kommerziell genutzt. Nur kommt im Ostblock davon freilich wenig ins Gerede, zumal Informationen gar nicht oder so dünn durch den »Eisernen Vorhang« dringen, daß Tier- und Naturschützer kaum die Gelegenheit haben, Mißstände anzuprangern. Das sieht in bezug auf Umweltprobleme und -schäden nicht besser aus, selbst wenn aus dem Himmel über »Väterchen Rußland« schon schwarzer Schnee gefallen sein soll . . .

Wie das Walroß trägt auch die Bartrobbe ihren »Gesichtsschmuck« selbstverständlich nicht ohne Grund. Sie stellt ihre Kost aus Krebsen und Krabben, Seegurken, Muscheln, Tintenfischen und Fischen, aber auch aus Wellhornschnecken zusammen, und offenbar benutzen die »Sammler am Meeresboden« ihre langen, weißen Barthaare zum Aufspüren und Einsammeln dieser Delikatessen. Ihre Vorliebe für solches »Benthos«, wie die Meeresbodenbewohner wissenschaftlich heißen, erklärt wohl auch, weshalb die Tiere nur selten ins offene Meer mit größeren Tiefen als vor den Küsten wandern. Um in den bevorzugten Buchten und Baien auch trotz dichter Eisdecke überwintern zu können, legen sich die Bärtigen, ähnlich wie die Ringelrobben, mit denen sie den Lebensraum teilen, Atemlöcher an.

Für einen Robbenbart typisch ist, daß den Schnurrbart, wie auch bei Raub- und Nagetieren, sogenannte Sinushaare bilden, deren Haarbalg mit einem Schwellkörper versehen und stark inneviert ist. Diese Konstruktion und die Versorgung mit starken Nervenbahnen machen die Borsten zu besonders empfindlichen Tasthaaren.

Sogar vom Boot aus soll — nach Pedersen — eine Bartrobbe vergleichsweise leicht zu erlegen sein. Zum einen, weil sie gut sichtbar ist, denn sie läßt beim Schwimmen außer ihrem Kopf auch einen schmalen Streifen ihres Rückens aus dem Wasser ragen. Zum anderen soll sie »im entscheidenden Moment zu langsam reagieren«. Neugierig, wie fast alle Robben, soll sie aber nicht sein, sich daher auch nicht durch »Flöten, Klopfen oder andere Laute locken lassen«, eine Eigenschaft, die die Eskimos trickreich bei anderen Arten ausnutzen. Hören können sie jedoch — wie viele Robben — sehr gut. Ihr Geruchssinn allerdings ist wenig zuverlässig wie auch ihre Augen an Land.

Unser eismeertüchtiges Schiff führt uns weiter in die tiefsten Einschnitte des Landes, in die Zauberwelt der Fjorde. Im Magdalenenfjord ergießen sich alte und neue Gletscher in die Landschaft. Große und kleine Eisberge treiben in den Buchten, wachsen oder schmelzen unter der Sommersonne.

Eine Hiobsbotschaft sorgt an Bord für helle Aufregung: Vor zwei Tagen hat ein Eisbär einen österreichischen Wissenschaftler, der im Magdalenenfjord mit Freunden kampierte, mit dem gewaltigen Hieb seiner krallenbewehrten Tatzen erschlagen. Ein Kreuz markiert heute die Unglücksstelle.

»Man sollte die Bestie erschießen«, ereifert sich eine ältere Abenteuer-Touristin. Doch das ist zum Glück ver-

boten. Der Eisbär steht unter Schutz. Nur noch etwa 20 000 Tiere leben in der gesamten Arktis, wandern umher von Nord nach Süd, immer mit der Eisgrenze, die das Leben der »weißen Riesen« bestimmt.

Bevor der Mensch begonnen hatte, Robben zu schlagen, war der Weißpelz in der Arktis der gefährlichste Feind der Flossenfüßer. Er wendet auf Beutefang übrigens denselben Trick an wie auch Verhaltensforscher, die sich Seehunden nähern wollen. Auf dem Bauch robbt er sich unbemerkt näher, darauf bedacht, nicht zu groß zu erscheinen und die Beute nicht zu erschrecken.

Es ist durchaus denkbar, daß der weiße »Menschenfresser« sich an dem Forscher vergriffen hatte, weil der wie eine Robbe aus dem Zelt gekrochen kam. Oder aber ihn plagte ein »Bärenhunger«, und er hatte sich verirrt, zu spät den Rückzug mit dem schmelzenden Eis angetreten. Wir werden die Ursache für das Unglück nicht mehr erfahren. Fest steht, daß der Mensch mehr Eisbären auf dem Gewissen hat als umgekehrt.

Der Eisbär, Säuger zwischen Eis, Wasser und Land, wurde von Menschen verfolgt, seit Menschen sein seidenweiches Fell mit der dichten Unterwolle zu schätzen wissen.

Spitzbergen — die typischen spitzen Berge haben der Inselgruppe ihren Namen gegeben.

Walrosse auf Moffen: Die bis vor kurzem andauernde Verfolgung durch Menschen hat sie scheu gemacht.

Bei den Eskimos spielt die weiß-weißgelbe Eminenz sowohl in der Mythologie als Märchenprinz als auch in der rauhen Wirklichkeit als Beute eine große Rolle. In der Arktis gibt es noch heute die »Bäreninsel«. Hier erschlugen Seeleute unter Willem Barents ihre erste Bärin, als sie Spitzbergen entdeckten.

Noch heute lebt der »König auf dem Eis« weitgehend im verborgenen. Nur wenige Forscher, wie Thor Larsen oder Alwin Pedersen, machten sich auf seine Spuren. Erst seit 1965 rückte der Eisbär ins Interesse der Wissenschaft, denn um seine Bestände war es schlecht bestellt. Um aber »Meister Petz« am Leben zu erhalten, mußte man sich notgedrungen mit seiner Art zu leben auseinandersetzen. Es wurde die »Erste Internationale Konferenz über Eisbären« einberufen.

Eisbären leben ausgesprochen ungesellig, sie gehen einander tunlichst aus dem Weg. Nur wenn die Bärin »heiß« wird, nimmt sie davon Abstand, Abstand zu halten. Ab Mitte März läßt sie sich einige Wochen mit einem Männchen ein, das mittlerweile schwächere, jüngere »Heiratskandidaten« in die Flucht geschlagen hat.

Aber schon bald nach der Paarung will die Bärin, die mit etwa vier bis fünf Jahren geschlechtsreif wird, von ihrem Freier nichts mehr wissen. Sie zieht sich zurück und wartet allein auf die Geburt ihrer Sprößlinge — oder selten ihrer Zwillinge.

Etwa im Oktober oder November gräbt sie an der Küste in einer Schneeverwehung eine geräumige Höhle, die aus zwei Schlafkammern besteht und durch einen langen Tunnel mit der Außenwelt verbunden ist. In dieser Höhle läßt sie sich einschneien, so daß ihr und den Jungen, die im tiefsten Winter und fast nackt auf die Welt kommen, die beißende Kälte von minus 40 Grad Außentemperatur nichts anhaben kann.

Bis März oder April bleibt die Alte mit ihrem Nachwuchs in der Schneeburg. Sie säugt die Kleinen, die bei der Geburt kaum größer als Ratten sind, mit ihrer sehr fettreichen Milch, und bald ist ihr Körpergewicht auf zehn Kilogramm angewachsen.

Vermutlich hat die Mutter ihre liebe Not, ihren Nachwuchs zu bändigen, zumal sie die langen Wintermonate von ihren Fettreserven zehren muß. Außer um die »Kindererziehung« bemüht sie sich auch um die Reinhaltung der Wohnhöhle. Offenbar kratzt sie schichtweise immer wieder Schnee von Wänden und Decke und verputzt damit fein säuberlich den Boden, sobald er durch Kot oder Urin verschmutzt worden ist.

Wenn der Frühling kommt und die Jungen einen stattlichen Pelz tragen, öffnet die Alte die Höhle, und die junge Familie zieht aus. Die Bärin hält ein wachsames Auge auf ihre quirlige Zucht, die erstmals voller Neugierde das Licht der Außenwelt erblickt. Nicht einmal andere Bären dürfen zu nahe kommen; sie werden sofort todesmutig in die Flucht geschlagen. Denn Eisbären, die kaum natürliche Feinde haben, fallen einander mitunter gegenseitig an und fressen ihre Artgenossen. Vielleicht ist dieser Kannibalismus eine Art von Bestandsregulierung. Die Jungen drängen sich bei jeglicher Gefahr augenblicklich dicht an ihre Beschützerin.

Das ausgehungerte Weibchen kennt nach dem Verlassen der Höhle nur ein Ziel: das Packeis, wo die Robben liegen. Kein Wunder, denn die Fettreserven sind in den Fastenmonaten aufgezehrt, und der Pelz schlackert ganz schön um die Hüften.

Die Jungen bekommen nach wie vor die sehr fettreiche Muttermilch, etwa ein Jahr und länger, obwohl sie auch schon bald lernen, selber Robben zu schlagen. Jedoch scheint es bei den tolpatschigen Jungbären mit dem Jagdglück noch einige Zeit zu hapern; sie müssen verhungern, wenn sie in den ersten beiden Lebensjahren verwaisen. »Die Kleinen bleiben gewöhnlich tagelang bei ihrer toten Mutter«, so Thor Larsen. »Als Bärenjagd mit Hilfe von Selbstschußfallen (Kästen mit Ködern und Gewehren, die die Tiere beim Betreten auslösten) noch erlaubt war, kam es oft vor, daß Jungbären, die bei ihrer toten Mutter ausharrten, vorüberkommenden Bären zum Opfer fielen.« Glück im Unglück haben solche Waisen nur, wenn sie von einem anderen Weibchen adoptiert werden. Offenbar hat die Eisbärin, wie auch andere an Land lebende Bären, ein Herz für fremde verlassene Kinder.

Einen Abstecher wollen wir noch wagen. Moffen heißt die Insel, rund 1000 Kilometer vor dem Nordpol, und »Insel« ist ganz schön geprahlt. Was sollen wir auf dem gottverlassenen Stück Erde? Doch die Optimisten an Bord setzen sich durch. Walrosse könnte es geben. Und tatsächlich, der Abstecher auf blauen Dunst stellt sich als äußerst lohnend heraus. Vorsichtshalber haben wir erst mal nur ein Schlauchboot klargemacht und starten eine Vorexpedition. Steuerbords erhebt sich eine Dunstwolke über dem Meeresspiegel. Das ist nicht Gischt auf tosender See, da bläst ein Tier seinen Atem aus. Ein Wal? Nein — ein Walroßkopf lugt hervor. Wie alle Meeressäugetiere kann der Elfenbeinträger seine Neugier nicht bezähmen und schaut uns an mit seinen für Robben kleinen »Schweinsäuglein«, die meist auch noch blutunterlaufen sind. Gleich daneben noch einer, sie strecken ihre Hinterbeine in die Höh', tauchen unter und wieder auf. Halten ihren klobigen Kopf aus dem Wasser und trollen sich wieder. Die Faszination, seltene Gäste zu sehen, beruht offensichtlich auf Gegenseitigkeit. Wir stellen den Außenbordmotor unseres Schlauchbootes ab und warten.

Die Kolosse tauchen reichlich lange. Auf einmal wird mir klar, daß Walrosse in Gewässern, in denen sie verfolgt

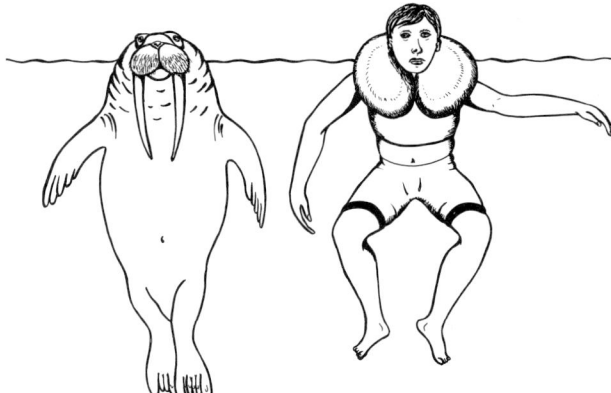

Der Nackenspeck der Robben wirkt wie eine Schwimmweste.

werden, auch bösartig sein können. Sicherheitshalber mache ich den Steuermann auf diese Tatsache aufmerksam und atme auf, als er den Motor wieder anwirft. Schon schaut auch Barbarossa wieder über den Meeresspiegel, jetzt ganz nah, aber eher unbekümmert als angriffslustig.

Auf Moffen an Land ist unsere gute Laune wie weggeblasen. Zwischen Geröll, Steinen und allem möglichen Strandgut erstreckt sich ein Friedhof: Ungezählte Knochen von über den Haufen geschossenen Walrossen bedecken den Boden. Das arktische Klima hat verhindert, daß die Reste im Laufe der Jahre verwittert sind. Nur von den Zähnen finden wir natürlich keine Spur, denn deretwegen haben die dickhäutigen Bart- und Elfenbeinträger ihr Leben lassen müssen. Nur für das Elfenbein . . .

Als die Arktis noch voller Walrosse war, als die Herden noch aus unzähligen Einzelfamilien bestanden, da mußte ein Walroß unter Umständen ganz schön weit zu Fuß schaukeln. Elegant sieht das nicht gerade aus. Nur mit richtigem Hüftschwung tragen die platten Flossenfüße den schweren Körper. Es wogt ein Berg von Speck. Der Bauch schleift auf der Erde. Dennoch, einmal in Trab gebracht, bringt das Walroß erstaunliche Bewegungsleistungen zustande. Selbst Eisberge, wenn auch nicht die ganz großen, werden erklommen. Insbesondere die Vorderflossen wuchten den Körper aufwärts, die hinteren helfen nachschieben; es wird sozusagen im Liegestütz plus Klimmzug geklettert.

Im Wasser kann sich das Tier mit seinem Gewicht bis zu 1500 Kilogramm um so besser fortbewegen. Die »vier Beine« sind wie Fischflossen zu Schwimmpaddeln umkonstruiert. Die Tiere bevorzugen flachere Regionen von 80 bis 100 Meter Tiefe, zumal hier ihre Lieblingsnahrung wächst. Je nach Eissituation ziehen sie im Sommer gemütlich nach Norden, im Winter gen Süden.

Zu bestimmten Zeiten stürzt sich das Walroß nur äußerst ungern in die eisigen Fluten. Das Haarkleid, ohnehin sehr spärlich und von Jahr zu Jahr abnehmend, wird, wie es sich für Robben gehört, an Land gewechselt. Bei Walrossen muß es eine sehr unangenehme Prozedur sein, womöglich mit schmerzhaftem Häuten verbunden, wie auch bei den See-Elefanten. Sie sind dann sehr ungnädig, mißgestimmt und launisch. Ohne Rücksicht auf Leidensgefährten brechen sie eine nicht unblutige Streiterei vom Zaun. Dennoch verlassen sie die trockene Landluft nur mit äußerstem Widerwillen und nehmen dafür unter Umständen sogar einen Sonnenbrand in Kauf.

Sehr genau nimmt es das Walroß mit den beiden Hauern, die beim Männchen etwas kräftiger sind als beim Weibchen. Die übrigen Zähne sind offensichtlich nicht so wichtig, denn ihre Anordnung und Zahl ist sehr unregelmäßig, ein typisches Zeichen für Degeneration. Doch die beiden Hauer, die ab dem vierten Lebensmonat aus dem Zahnfleisch hervortreten und zeitlebens weiterwachsen, werden mit äußerster Vorsicht behandelt. Das Walroß stützt sich nach Möglichkeit mit ihnen weder auf, noch eckt es damit irgendwo an. Dabei werden die den oberen Eckzähnen entsprechenden Hauer keineswegs als Schmuckstücke getragen, sondern durchaus zweckmäßig eingesetzt, und zwar zum Pflügen: Das Walroß pflügt als »Benthosfresser« den Meeresboden. Hauptsächlich am und im Boden lebende Tiere bestücken seinen Speiseplan. Bevorzugt wird Muschelfleisch. Die Zähne graben, und der »Schnüffel«-Bart hilft finden. »Barbarossa«, hier kein Symbol für Männlichkeit, ist ein Bart zum Tasten und steht deshalb auch dem Weibchen notwendigerweise gut zu Gesicht. Durch das ständige Herumwühlen wird der Bart ordentlich zurechtgestutzt und bringt es in freier Natur längst nicht zu solchen Längen wie zum Beispiel bei Antje im Zoo. Im Betonbecken ist schließlich nichts aufzuspüren.

Kiloweise rutschen Muscheln, Krebse, vielleicht auch ein Fisch — als Beilage darf auch eine Alge dazwischen sein — in den nimmersatten Magen. Das Erstaunliche daran ist, daß die Muscheln fein säuberlich »gepult« sind. Nicht die harte Schale, sondern das weiche Fleisch wandert in den Magen. Vielleicht wird die Muschelschale mit den Vorderflossen geknackt, vielleicht mit den Oberkanten der Zähne gegen eine harte Unterlage gestoßen. Dann wird die Muschel regelrecht eingesaugt. So ist das Walroß mit seinem Nahrungsverhalten ein Säugetier, das seinem Namen alle Ehre macht. Was nicht niet- und nagelfest ist, wird weggesaugt; im Zoo fallen diesem Drang auch recht ungewöhnliche Gegenstände zum Opfer, nicht eben zum Wohlbefinden der Tiere. Eisstiele, Geld, Haarklemmen, einfach alles, was unbedachte

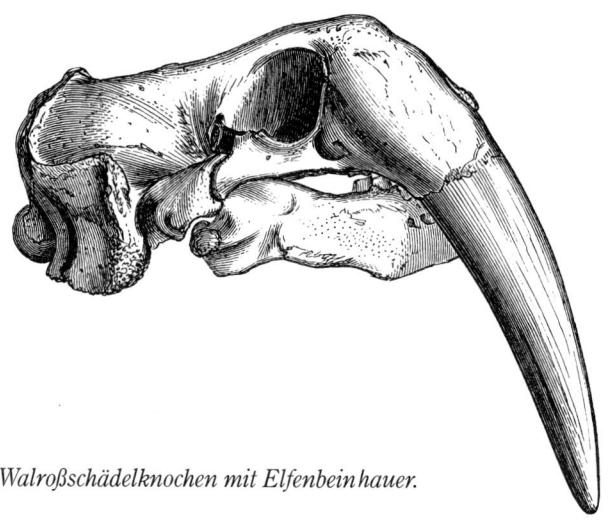

Walroßschädelknochen mit Elfenbeinhauer.

Besucher ins Wasser werfen, wird aufgesaugt. Lustig vielleicht für die Zuschauer, für das Walroß aber oft mit tödlichen Folgen.

Die Hauer sind natürlich nicht nur Such- und Eßbestecke, sondern auch eine Waffe. Selbst Eisbären soll ein Walroß damit in die Flucht schlagen können. Seehunde kennen offenbar auch die dolchartige Wirkung, denn sie meiden Walroßgewässer. Dennoch haben Forscher vereinzelt Seehundreste in Walroßmägen gefunden.

Das Walroß hat offenbar kaum natürliche Feinde, den Menschen freilich nicht eingeplant. Der Jäger kommt stets von See, wie dies die Eskimos noch heute praktizieren. Das Fangboot, bespannt mit der strapazierbaren Walroßhaut, rückt bedrohlich näher. Vorsichtig, um die Tiere nicht aufzuschrecken, pirschen sich die Eskimos heran. Nach Möglichkeit gegen den Wind; denn wenn auch nur eines der Tiere die Gefahr gewittert hat, stürzen sich alsbald alle Walrosse laut brüllend ins Wasser. Panikartig wird die Flucht ergriffen, ohne Zeit zu verlieren. Weiter oben ruhende Tiere nehmen den Kopf zwischen die Beine, krümmen den Rücken und rollen als Fleischlawine in die schützenden Fluten. Die zuunterst liegenden müssen sich, ganz gegen ihre Art, beeilen.

Die Jäger wollen die schlafende Herde überraschen, an Land leichte Beute machen. Denn trotz seiner Speckmassen ist das Walroß spezifisch schwerer als das Wasser. Wenn es im Wasser getötet wird, sinkt es auf den Meeresboden. Man schätzt die Zahl der auf diese Weise verlorenen Tiere auf 50 Prozent aller auf Jagden getöteten.

Um der Beute sicher zu sein, sollte das Walroß vorher harpuniert werden. So hält das spitze Eisen, die schmerzhaft brennende Harpune, ihr kämpfendes Opfer an der langen Leine. Je mehr Harpunenseile gleichzeitig am Boot verknotet werden, desto besser. Nach allen Seiten sollen die Walrosse ziehen, sich gegenseitig im Kampf erschöpfen. Irgendwann bringt eine Gewehrkugel — früher war es die Lanze — den erlösenden Tod.

Oft sind die Tiere arglos bis kurz vor dem bitteren Ende, halten ein Schläfchen, gebettet wie Sardinen in der Büchse. Zumindest auf dem Lande scheint die Kontaktfreudigkeit unter den Walrossen keine Grenzen zu kennen. Der Nachbar kann gar nicht dicht genug auf der Pelle des nächsten sitzen. Eng verschlungen hält man sich warm, hier ein Walroß als Kopfkissen, da vielleicht eines zum Zudecken, die Augen geschlossen, hier erklingt ein herzzerreißender Seufzer, dort ein lautes Schnarchen.

Wenn nur die Hautparasiten nicht wären, lästiges Kleingetier, mitverantwortlich für die unzähligen Narben in der ohnehin geschundenen, faltigen Haut, die stets aussieht, als sei sie eine Nummer zu groß. Das juckt. Dauernd fängt einer an zu kratzen und unterbricht den Schlummer des Nachbarn. Wenn der sich gestört fühlt, ganz gleich, aus welchen Gründen, beginnt er sich aufzurichten. Aber nicht gleich hetzen! Erst wird eine Vorderflosse, dann die andere unter den Körper geschoben. Ein Ruck, und das Walroß steht — sozusagen im Liegestütz. Vorn aufgerichtet, hinten noch liegend, wird der Störenfried zur Raison gebracht. Wie so oft tut auch hier ein gezielter Hieb mit dem Elfenbein seine Wirkung — nicht selten fließt Blut —, bald wird eine neue Narbe den Körper zieren.

Nun heißt es Rache üben. Der Angegriffene haut zurück, wobei es nicht unbedingt darauf ankommt, wer hier wen mit Recht auf die Hauer nimmt. Der ohne viel Umstände greifbare Nächste wird angehauen. Eine derartige Keilerei kann die ganze Herde in wallende Bewegung versetzen. Solche unbedeutenden Episoden können das gesellige Beieinander der Walrosse aber nur vorübergehend beeinträchtigen. Ein jeder findet sich wieder ein, zumindest in einer sogenannten »Familienherde«. Viele Kleinfamilien halten den Kontakt zu ihrer Großfamilie, der Herde. Wo eine solche Kleinfamilie anfängt und wo sie

aufhört, ist schwer zu sagen. Vermutlich erobert ein Bulle, das Familienoberhaupt, ein bis drei Weibchen und den Nachwuchs; vielleicht auch an die 15 Damen.

Er ist ein wachsamer Vater und läßt seinen Trupp weder vom Wasser aus noch an Land nicht aus den Augen. Gehen die anderen fischen, dann wartet er geduldig, steigt als letzter ins eisige Naß. Allerdings bleibt dem noch so getreuen Mann auch nichts weiter übrig, als abzuwarten. Wenn ein Weibchen »in Stimmung« kommt, verläßt es kurz den Stammplatz und watschelt zu dem Bullen. Zur Paarung verschwinden die beiden vermutlich unter Wasser.

Nach einer aktiven Tragzeit von elf Monaten — mit einer anfänglichen »Schwangerschaftsverzögerung«, weil der etwa im Februar gezeugte Keimling erst Mitte Juni zu wachsen beginnt — wird im Mai oder April das einzige Junge geboren. Die trächtigen Weibchen befinden sich jetzt auf ihrer Wanderung gen Norden. Glatte 63 Kilogramm wirft der etwa 1,20 Meter lange Welpe auf die Waage. Er trägt ein weiches, dichtes, graues Fell, das allmählich dunkler wird, mit schwarzen Flippern.

Während sich eine Walrössin um ihren Gatten wenig kümmert, ist sie um so mehr um das Wohl ihres Kindes besorgt. Jeder fremde Besuch fordert ihren Unmut heraus; sie beißt ihn weg, selbst wenn sich ein anderes Jungtier in ihre Nähe verirrt. Bis zu zwei Jahre lang säugt die Mutter nach King ihr Junges, wobei sie es über die letzten 18 Monate langsam entwöhnt. Ganz entgegen den üblichen Robbensitten bleibt die Mutter meist mehr als zwei Jahre an der Seite ihres Zöglings, mitunter säugt sie ihn auch noch länger, beispielsweise, wenn sie nicht wieder »in Umständen« ist. Vermutlich bekommt ein jüngeres Weibchen alle zwei Jahre Nachwuchs, während bei den älteren die Abstände größer werden.

Zu Beginn seines jungen Lebens ist das Kleine noch recht unbeholfen. Zumindest scheint Mutter Walroß dieser Ansicht zu sein. Sie stützt sich schützend über es, nimmt es zwischen ihre plumpen Vorderfüße, um es vor Wind und Wetter zu bewahren. Sie schleppt es mit sich herum. Im Wasser hält sie es fest in ihren Flossenarmen

Junges Walroß (historischer Stich)

Die kleinste der arktischen Robben, die Ringelrobbe, ist bei den Eskimos wegen ihres Specks sehr beliebt.

und schwimmt dabei auf dem Rücken. Selbstlos wirft sie sich jeder Gefahr in den Weg, koste sie ihr Heldenmut auch das eigene Leben.

Werden die Kinder allmählich selbständig, scheinen die jungen Männer eigene »Halbstarken-Clubs« aufzumachen oder sich zu anderen Jungbullen zu gesellen, während die »jungen Mädchen« offenbar bei ihren Müttern bleiben. Ein vergleichbares Verhaltensmuster scheint es auch beim Pottwal zu geben (vergleiche dazu mein »Buch der Wale«). Walroßjäger kennen natürlich die Fürsorge einer führenden Mutter. Sie wagen sich nicht in ihre Nähe, nicht, solange das Kleine am Leben ist.

Alte Bullen, deren Haut immer heller wird, bis hin zum »Albinolook«, werden vom Familienleben ausgeschlossen. Sie bekommen auf einem »Brutplatz« keine Flosse mehr auf die Erde. Am Rande der Gesellschaft können sie ihre eigene Herde gründen. Dort fristen sie den Rest ihres jetzt noch müderen Junggesellenlebens.

Nicht viel besser ergeht es sozial noch nicht reifen Bullen, die auch an den Rand der Kolonie abgeschoben werden. Obwohl die Männchen schon mit etwa acht bis neun Jahren ihre Geschlechtsreife erlangen, müssen sie warten, bis sie um die 15 Jahre alt sind, um mit den gestandenen Vätern zu konkurrieren. Die Weibchen werden zwischen ihrem fünften und sechsten Geburtstag geschlechtsreif.

Die Eskimos sind auf der Hut. Ganz sicher ist es kein Seemannsgarn, daß Walrosse schon Menschen getötet haben. Vielleicht treibt sie Neugierde in die Nähe der eigenartigen Besucher. Dem Boot verpassen sie einen schlagkräftigen Tritt mit den Hinterbeinen, die Grenzen zwischen Neugierde und Angriffslust verwischen sich. Vielleicht sind Walrosse auch der häufigen Angriffe wegen böswillig geworden — ihrer Natur entspricht das eigentlich nicht. Aber wer könnte ihnen Wehrhaftigkeit verdenken? Die Jäger stürmen an Land, schießen die ersten ahnungslosen Flüchtlinge im wahrsten Sinne des Wortes über den Haufen. Die Toten bilden eine Barriere für die nachfolgenden Tiere. Manche versuchen seitlich auszuweichen, finden keinen Fluchtweg. Die sonst angriffslustigen Tiere geben jetzt nur noch eine jämmerliche Gestalt ab. Sie spüren die Ausweglosigkeit ihrer Lage, ergeben sich kampflos dem Schicksal. Beinahe ziellos schlagen die Gewehrkugeln in die noch immer aufgebrachte Herde. Die angeschossenen Tiere, die das Wasser noch erreicht haben, werden dort weiterverfolgt. Morgen wird ihnen vielleicht die Haut abgezogen, wenn sie gebraucht wird. Etwas Fleisch wird gegessen, viel Kadaver wird übrigbleiben. Und ein Souvenirjäger wird stolz den Walroßzahn in seine Sammlung stellen. Ist der Elfenbeinhauer bald nur noch ein Erinnerungssymbol für die ausgestorbenen Arktisriesen? Noch heute liegt die Abschußquote eindeutig über der Geburtenziffer.

Moffen hat mich sehr erschüttert. Ich bin froh, als wir der Insel, die fast bei jeder Flut nahezu landunter geht, aber hoch genug liegt, um den schändlichen Knochenfriedhof zu erhalten, den Rücken kehren. Das Wissen, daß der Mensch in allen Meeren sein Unwesen treibt, daß er, ohne an die Konsequenzen für die Zukunft zu denken, an der für sein Überleben und das der Tierwelt so notwendigen Nahrungsquelle Raubbau treibt, sie blindlings zerstört, ist schlimm. Aber noch stärker plagt mich und andere unser Wissen, wenn das »heulende Elend« vor uns liegt. Um ihres Elfenbeins willen mußten diese Tiere sterben, wie auch heute noch — wenn auch in angeblich kontrollierten Zahlen — zu viele Elefanten in Asien oder Afrika, obwohl diese Landsäuger unter den Schutz vieler Gesetze fallen.

Wenn die wenigen Reservate für die Dickhäuter wegen Überpopulation kahlgefressen werden und in ihrer ökologischen Struktur zusammenzubrechen drohen, dann haben die Katastrophe nicht die Elefanten zu verantworten. Als intelligente Lebewesen suchen die weit und breit gewilderten Tiere nach Gebieten, in denen sie sich einigermaßen sicher fühlen. In aller Regel sind solche Schutzgebiete für die grauen Riesen viel zu klein, so daß sie früher oder später an Degenerationserscheinungen zugrunde gehen werden. So sagt der Schweizer Biologe Dr. Fred Kurt nicht ohne bitteren Grund: »Wir haben wohl die Wahl, Elefanten als eine Art Haustier zu erhalten oder zuzuschauen, wie sie aussterben.«

Doch zurück zum Meer: Eine Ringelrobbe — oder eine Bartrobbe — könnte noch unsere Nordlandroute kreuzen. Sie kommt cirkumpolar an allen arktischen Küsten auf den nicht weit vom offenen Wasser mit den Jahreszeiten wandernden Eisgürtel vor. Besonders an Fjorden und Baien findet sie ihren möglichst »festen« Wohnsitz. Das Herumvagabundieren ziehen nur die Jüngeren vor. Um die sechs bis sieben Millionen Tiere kann es von diesem am meisten verbreiteten Seehund mit den bezeichnenden grau- bis gelblichweißen Ringen auf dem Fell geben. Ob er in diversen Unterarten vorkommt, ob sich lokale Rassen gebildet haben, bleibt schwer zu sagen.

Die Eingeborenen rund um die Arktis haben diese relativ kleine Robbe mit bis zu eineinhalb Metern Länge schon immer geschätzt. Viele tausend Tiere werden jedes Jahr erlegt — die feste Jagdzeit fällt in den März bis April, wenn die Tiere in bester Kondition, also schön fett sind —, die Häute für Pelze und Leder verarbeitet, Speck und Fleisch sowohl für Menschen als auch für Hunde gewonnen. Die große Leber enthält soviel Vitamin A, daß ihr Verzehr schädlich sein kann.

Die geringelte Robbe wird fetter als die meisten anderen Robben, und ihr Speck kann etwa die Hälfte ihres Körpergewichts ausmachen. Dadurch sinkt ein geschossenes Tier meist nicht auf den Meeresboden und geht nicht — wie so viele andere — dem Jäger leicht verloren. Die Tiere ernähren sich hauptsächlich von diversen planktonischen, im freien Wasser lebenden Krebsen, aber auch von kleinen Fischen.

Eine Ringelrobbe mit ihrer Vorliebe für küstennahe Gewässer hat es nicht leicht, mit heiler Haut über die Runden zu kommen. Neben dem Menschen, dem Schwertwal oder gar dem Walroß und Polarfuchs machen ihr auch die Eisbären zu schaffen. Und das, obwohl die Robbe sich durchaus eine wirksame Methode hat »einfallen« lassen, um sich und ihre Nachkommenschaft vor solchen Feinden zu schützen.

Schon im Herbst, wenn das Wasser immer kälter wird und zuzufrieren beginnt, bauen die eistauglichen solitär lebenden Robben vor, um ihre Stammplätze in Fjorden oder vor Gletschermündungen, die ihnen stets einen »reichen Tisch« bescheren, halten zu können. Sie legen sich mit kaum nachahmlichem Geschick Atemlöcher an in der zufrierenden Eisdecke, die später, wenn der tiefe Winter kommt, noch in Eismassen von zwei Meter Dicke bestehen bleiben.

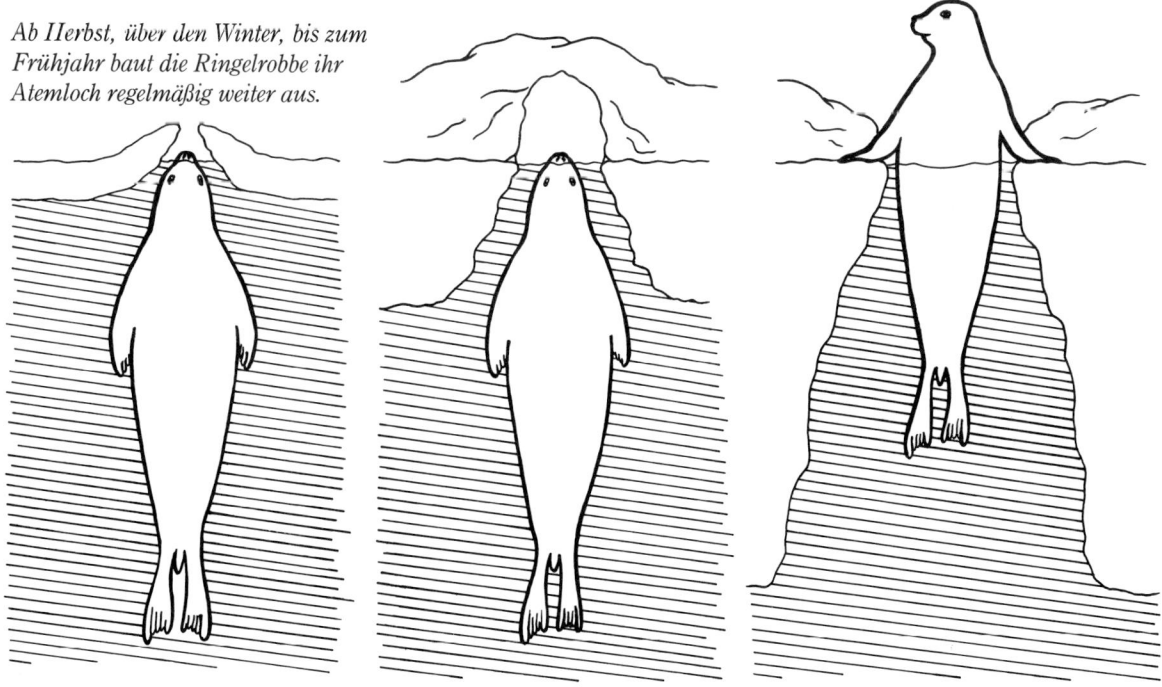

Ab Herbst, über den Winter, bis zum Frühjahr baut die Ringelrobbe ihr Atemloch regelmäßig weiter aus.

Sobald sich das Neueis breitmacht, drückt die Robbe mit ihrer Schnauze gegen die noch dünne Schicht und atmet kräftig aus. So entsteht — nach Alwin Pedersen — zunächst eine kaum sichtbare Erhebung an der Oberfläche von der Größe eines Fünfmarkstücks. Im Umkreis von etwa einem Kilometer sorgt sie nun für gleich mehrere dieser am Anfang noch kleinen Löcher. Bei jedem Besuch beatmet sie jedes von unten, so daß sich der Radius allmählich vergrößert. Dazu kratzt sie mit ihren krallenbewehrten Vorderflippern die Öffnung maßgerecht. Während sich von oben zunehmend winterlicher Schnee über dem Eis ausbreitet, der sich auch um die Atemlöcher drapiert, achtet die Robbe mit ihrem heißen Atem von unten genau darauf, daß ihre Ausgänge nicht zufrieren. So bildet sich nach geraumer Zeit eine Art Trichter im Eis, der von oben durch den unter warmen Atemzügen aufgetauten — dann festgefrorenen — Schnee an Stabilität gewinnt. Der größte Durchmesser befindet sich an der Unterseite des Eises.

Das Loch, das die Robbe von Beginn ihrer Bauarbeiten an größer gehalten hat als all die anderen, benutzt sie künftig nicht nur zum Atmen, sondern auch, um sich zu gegebener Zeit eine versteckte Ruhestätte zu gestalten. In die durch den Schneefall entstandene Oberschicht gräbt sie sich nun mit ihren Vorderflippern eine geräumige Höhle, in die sie sich zum Schlafen zurückziehen kann, statt auf freier, kalter Fläche rasten zu müssen. »Bei Schlittenreisen«, so Alwin Pedersen, »hört man nicht selten unter

sich ein Plumpsen; eine aufgeschreckte Robbe ist dann durch ihr Atemloch ins Wasser geflüchtet.«

Mitte März bis Mitte April, wenn die Zeit für das Kinderkriegen gekommen ist, gräbt die werdende Mutter von ihrem besonderen Atemloch aus eine langgestreckte Höhle von etwa vier Metern, so Pedersen, und einer Breite von eineinhalb Metern. Ganz am Ende dieser »Entbindungsstation«, weit weg vom Atemloch, bringt die Mutter dann ihr Junges in einem gelblichweißen Wollkleid, einem Embryonalfell, wie bei den Klappmützen, mit einem leichten eisblauen Schimmer zur Welt. Die Einheimischen nennen es »Eisblink«.

Nun aber ist auch die Zeit gekommen, zu der sich der Eisbär auf die Tatzen macht, um systematisch die Wurfplätze der Ringelrobben abzusuchen. Zwar hat die Mutter sich schon eine Stelle ausgesucht, an der möglichst viel Schnee für eine dicke Schutzschicht zu sorgen verspricht, doch läßt sich der weiße Riese nicht so leicht an der Nase herumführen. Mutter und Kind schweben in großer Gefahr. Erst knapp zwei Meter Schnee über der Kinderstube, möglichst in der Leeseite eines Eisbergs, lassen hoffen, daß Meister Petz vorübertapst.

Vermutlich, weil das Junge — anders als bei Klappmützen und Sattelrobben — auf festem, nicht treibendem und mit der Zeit auseinanderbrechendem Eis zur Welt kommt, kann es sich die Mutter leisten, es nahezu zwei Monate zu säugen. Allerdings läßt sie ihren Sprößling, der nach zwei Wochen beginnt, sein Babyfell abzu-

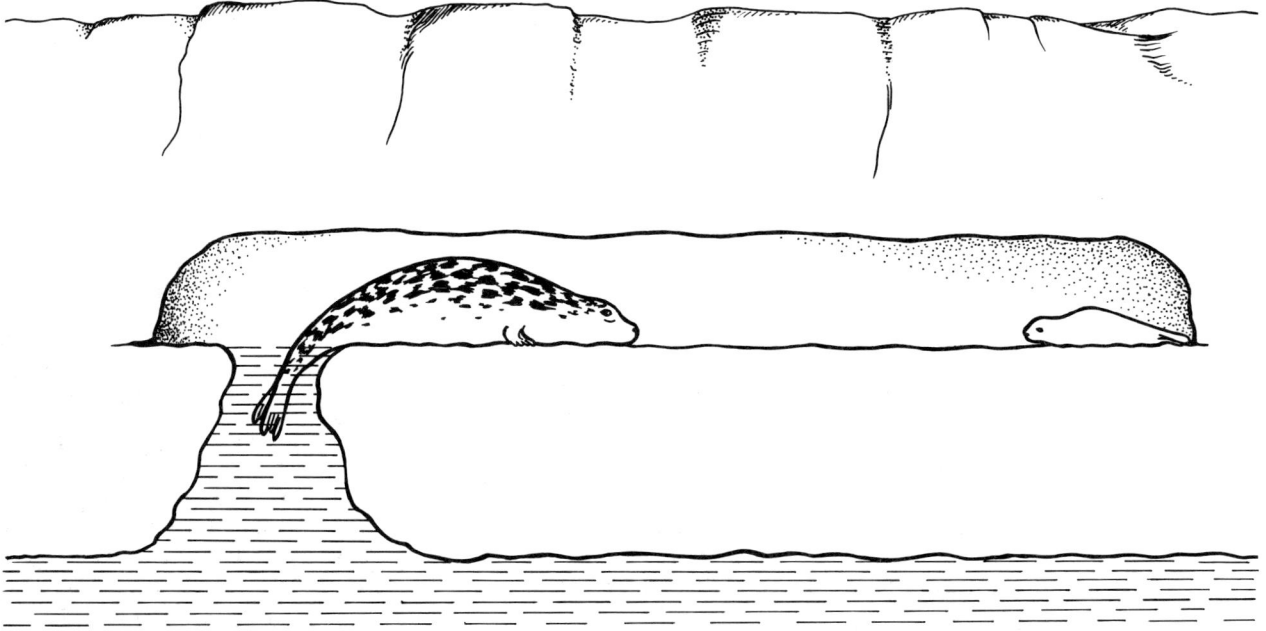

Um ihr Junges vor dem Eisbär zu schützen, legt die Ringelrobbenmutter die Kinderstube unter das Eis.

streifen, schon bald nach der Geburt relativ viel allein. Ihr Freier wartet, und sie fühlt den unwiderstehlichen Drang, sich zu paaren. Mindestens einmal pro Tag kommt sie aber auch weiterhin, um ihr Junges zu versorgen.

Etwa nach vier bis sechs Wochen, wohlgebettet in seiner schützenden Höhle, wagt sich das Robbenkind, jetzt in seinem von den Pelzleuten hochbewerteten »silver jar«, ins Wasser. Das Kleine, nun ganz auf sich allein gestellt, muß zunächst von seinem »Babyspeck« zehren, wie fast alle Robben. Zum Luftschnappen benutzt es die Atemlöcher der Alten. Aber obwohl selbständig, sieht man es — nach Pedersen — nicht selten neben seiner Mutter auf dem Eis liegen, wenn diese, zum Mai hin, ihren jährlich fälligen Haarwechsel durchmacht.

Um an die trockene Luft zu gelangen, kratzt sie ihr wichtigstes Atemloch so weit auf, daß sie hindurch- und auf das Eis schlüpfen kann. Etwa zehn Tage lang muß sie die — auch von Pedersen als offensichtlich unangenehm beschriebene — Prozedur des Haarwechsels über sich ergehen lassen. Es scheint, als schaffe es etwas Abhilfe, wenn die Robben während ihrer »kosmetischen Tortur« trocken bleiben — und nicht ins Wasser gehen. »Selbst wenn die Robbe eine Gefahr ahnt«, schreibt Pedersen, »so wartet sie doch solange wie möglich, ehe sie ins Wasser gleitet.« Ein Zustand freilich, den außer dem Eisbär auch der Eskimo zu nutzen weiß, der heute nur noch selten im winterlichen Eis vor einem Atemloch hockt, um nach Stunden oder Tagen ein einzelnes Tier an einer Art beködertem Haken zu fangen und abzustechen. Heute decken die Jäger zu anderen Zeiten ihren jährlichen Bedarf, von dem beispielsweise die Grönländer 70 000 bis 80 000 Felle pro Jahr absetzen — den Eigenbedarf nicht mitgerechnet.

Die Jäger nutzen heute die Zeit, wenn der junge »silver jar« oder seine Mutter auf dem freien Eis liegt, und sie nutzen durchaus die Gunst der Technik und rasen statt mit dem Hundeschlitten mit dem umweltbelastenden knatternden »snow mobil« über das Gelände. Sie bedienen sich weniger primitiver Harpunen als vielmehr moderner Schußwaffen, die es ihnen erlauben, auch aus größerer Entfernung ihre Opfer zur Strecke zu bringen.

Der Ringelrobbe, sagen die Grönländer, verdankten sie die Befriedigung ihrer wichtigsten Lebensbedürfnisse, das Fleisch für die Nahrung, den Speck für die Wärme und das Fell für die Bekleidung. Sie schützen sie im Wildschutzgebiet der Melville Bay und »im größten Nationalpark der Welt, im nord- und ostgrönländischen Nationalpark«.

Sobald die Schnee- und Eisschmelze die winterliche Eisdecke brüchig werden läßt, wandern die jungen Ringelrobben mehr und mehr aus den elterlichen Fjorden in Richtung Eismeer ab. In »Kindergärten« von 50 oder mehr Tieren versammeln sie sich am Rand des Eises oder auf dem nahen Treibeis. Hier genießen sie jetzt ein Vagabundenleben, ehe sie, die Weibchen mit etwa fünf, die Männchen mit etwa sieben Jahren, geschlechtsreif werden.

Dann zieht es sie, wie ihre Eltern, in einen festen Wohnsitz auf festem Wintereis. Sie legen ihre Atemlöcher an, genau wie schon ihre Eltern, und bleiben hier wohl bis an ihr Lebensende. Es sei denn, das Loch friert doch einmal zu, beispielsweise, wenn sich eine Besitzerin zum Haarwechsel nicht um ihren »Privateingang« zum Meer hat kümmern können. Dann muß sie sich wohl oder übel auf die Wanderschaft über das Eis begeben.

IM GOLF VON ST. LORENZ

Hinter dem dunklen Grund der Augen mancher Robben verbergen sich Geister, berichten die Sagen von Seefahrern und Fischern. In Wirklichkeit sind diese Robben verzauberte Fischer, die sich den Zorn der Götter zugezogen haben. Sie sind dazu verdammt, zeitlebens ein Fellkleid zu tragen und mit dem Spiel der Gezeiten zu leben. Nur wenn eine Robbe einem Seemann das Leben rettet, wird sie erlöst. Sie verwandelt sich in ein schönes Mädchen und wird die Frau des Seemanns. Aber die beiden werden keine Kinder haben, die Füße des Mädchens werden stets ein wenig kälter sein als die anderer Frauen . . .

PE.I., Prince Edward Island. Was für ein fürstlicher Name für die nordisch-kühle Kartoffelinsel an der rauhen Ostküste Kanadas. Welch lausige Kälte schlägt uns entgegen, als wir nach einem halsbrecherischen Flug in der privaten Cessna des »International Fund for Animal Welfare« ab New York immer entlang der amerikanischen Küste auf dem Rollfeld des Flugplatzes von Charlottetown ein wenig benommen aus der Maschine klettern. Bob, unser Pilot, war gerade Vater geworden und hatte es sich nicht nehmen lassen, seiner Freude auch beim Fliegen freien Lauf zu lassen. Das Ergebnis: Der mich begleitende Fotograf und ein Kollege, Jörg Wigand, sehen nicht gerade so aus, als ob sie sich auf ein bevorstehendes Abendessen freuen würden.

Doch nicht allein der Gang über die tiefverschneite Piste hin zur Abfertigungshalle des Flughafengebäudes bringt

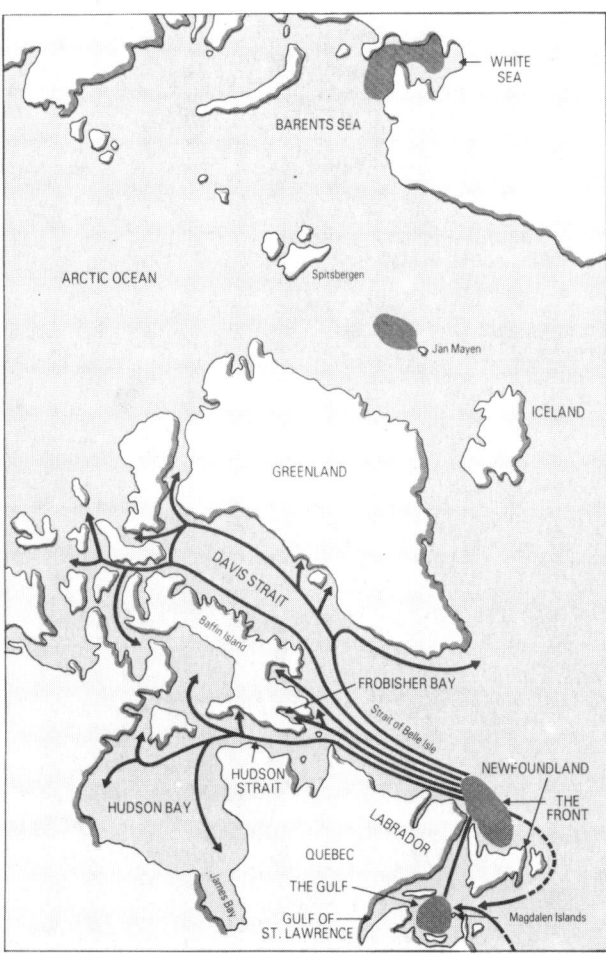

Die dunklen Punkte auf der Karte bezeichnen die Wurfplätze der Sattelrobben.

uns schnell wieder auf Trab, sondern auch die dienstbeflissenen Uniformierten, die uns alsbald ordnungsgemäß empfangen, um auf das gründlichste unser Gepäck sowie unsere Pässe unter die Lupe zu nehmen. Wie erwartet, konnten sie nichts gegen irgendwelche Gesetze Verstoßendes entdecken. Kommentarlos ließ man uns ziehen. Wie ich erst viel später erfahren sollte, kabelten die Hüter von Gesetz und Ordnung schleunigst unsere Identitäten in die ferne Hauptstadt, wo man schon lange gespannt auf Information wartete, welche Störenfriede — noch dazu aus der Zunft der Berichterstatter oder Naturschützer — wohl in dem sonst eher öden Nest, das selten aus seinem Dornröschenschlaf gerissen wird, auftauchen würden. Immerhin ist es Anfang März und damit Zeit für Prince Edward Island, in den Mittelpunkt mancher Geschehen und besonders in die Schlagzeilen der Weltpresse zu geraten.

Seit 1964 ein deutscher Journalist auf das Töten neugeborener Sattelrobben aufmerksam machte und die Öffentlichkeit wachrüttelte gegen soviel Brutalität und Grausamkeit, ist alle Jahre wieder ausgerechnet in Charlottetown um diese Zeit der Teufel los. Ob Tierfreunde, wie einst Brigitte Bardot, Reporter oder Politiker, wie der mit uns gereiste niederländische Europaparlamentarier, sie alle schlagen Alarm.

Wenn sich im Golf von St. Lorenz krachend die Eismassen zu einem gewaltigen Packeisgürtel zusammendrükken und schwerfällig, aber unaufhaltsam in Bewegung setzen, dann kommen die Sattelrobben. Es ist Ende Februar, Anfang März. Klirrende Kälte herrscht noch immer im hohen Norden des Atlantik, von Frühling keine Spur. Aus Richtung Süden streben die jetzt — nach fast einem Jahr Tragzeit — hochträchtigen Weibchen in Trupps von etwa zehn Tieren bis zu größeren Scharen dieser ungastlichen Eiswüste entgegen. Um die 250 000 im Jahr. Hier, im St.-Lorenz-Golf, liegt eine Kinderstube der »eisliebenden« Robbe, was der früher übliche wissenschaftliche Name *Pagophilus* bedeutet. Drei weitere Wurfgebiete befinden sich im Grönländischen Meer nordöstlich von Neufundland, bei der Insel Jan Mayen und im Weißen Meer.

Analysen von Schädelknochen haben nach Judith E. King ergeben, daß zwischen den drei Zentren statistisch abgesicherte Merkmale für Unterschiede in den Populationen sprechen. Am deutlichsten erscheinen diese zwischen den Tieren vor Neufundland und den beiden anderen Herden vor Jan Mayen und im Weißen Meer. Serologische Untersuchungen unterstützen zumindest die Unterteilung in einen westlichen Bestand (Neufundland) und einen östlichen (Jan Mayen, Weißes Meer), nicht aber in eine weitere Differenzierung zwischen den Herden, die

sich im Südwesten von Neufundland versammeln, im »Golf«, und im Nordosten, an der »Front«.

Der Unterschied zwischen den Populationen macht sich auch in der Wurfzeit bemerkbar, zumal das wärmere Frühlingswetter in den Zentren nicht gleichzeitig einsetzt.

Mitten auf dem Eis im »Golf« stehe auch ich. Um mich herum ein Meer von Robbenbabys. Von nah und fern dringt Babygeschrei an mein Ohr, als sei hier eine Entbindungsstation für Menschenkinder. Nicht allein, daß diese kuscheligen Säuglinge rein optisch mit ihrem extrem ansprechenden Kindchenschema sämtliche Emotionen schüren, sondern auch noch akustisch. Kein Wunder, daß schon der berühmte Zoologe aus dem 19. Jahrhundert, Alfred Brehm, schrieb: »Jede Robbenjagd ist ein gemeines, gnadenloses Abschlachten, bei dem sich Grausamkeit und Gefühllosigkeit verbinden.«

Obwohl das große Gemetzel unter den Robben erst zu Beginn des 19. Jahrhunderts manchen Arten den Garaus zu machen drohte, mußten die Tiere schon seit Entdeckung der Arktis ihr Leben lassen. Als in den Baien von Spitzbergen und Grönland die Walbestände langsam spärlicher wurden, machten sich die rauhbeinigen Ausbeuter der Meere über alles her, was genügend Speck auf den Rippen hatte: Statt der Wale wurden auch Vögel und Robben ausgekocht, immer auf der Suche nach dem »flüssigen Gold«, dem Tran der Tiere, die sich durch eine gehörige Speckschicht in Eis und Kälte vor Unterkühlung zu schützen wußten.

Aber nicht genug, daß der Mensch den hohen Norden gnadenlos ausplünderte, die Tiere abschlachtete, nicht einmal vor den Eingeborenen machte er halt. Seit Beginn des 16. Jahrhunderts wurden die neufundländischen Beothuk verfolgt und vernichtet. »Die letzte Beothuk«, so Fred Brümmer, »Nancy April (so genannt, weil sie im April gefangen worden war), starb im Frühjahr 1829. Die Indianerjagd galt den Siedlern als willkommene Abwechslung. Sie erschossen die erwachsenen Eingeborenen, kreisten dann die Kinder ein und schnitten ihnen die Kehlen durch.«

Nicht nur für Siedler, auch für andere »harte Männer« war das Abenteuer im hohen Norden Bestätigung ihrer bewundernswerten Manneskraft. Wer sich hierher wagte, galt als ganzer Kerl und wußte daheim in Seemannsgarn zu schwelgen und sich die Bewunderung aller zu sichern. Jugendliche hingen förmlich an den Lippen der Helden und kannten nur ein Ziel: selber ein Mann zu werden, Robben zu jagen.

Natürlich mußten viele das mit dem Leben bezahlen. Schiffe verschwanden mit Mann und Maus im Meer, zerschellten im Packeis oder froren im Treibeis ein. Keiner

hat die Toten auf seiten der Menschen gezählt. Sie waren viel zu unwichtig; was zählte, war nur die Beute.

So kam es, daß die Robbenbestände schon im 19. Jahrhundert erheblich zurückgingen. Und 1895 wurde ein Gesetz erlassen, das pro Fangsaison zweite Ausfahrten zu den Robben verbot, um die Herden vor der Ausrottung zu bewahren — freilich im Interesse derer, die nach wie vor nur an ihren Nutzen auf Kosten der Tiere dachten.

Allenfalls ein paar »landsmen«, Einwohner der Magdaleneninsel oder von Neufundland beispielsweise, machen sich noch die Mühe, einzelne Tiere zu schlagen. Angeblich decken sie mit dieser Beute in Ermangelung von fischreichen Zeiten ihren täglichen Proteinbedarf. Mir kommt das allerdings ein wenig an den Haaren herbeigezogen vor, nach dem Motto: Machen wir es doch den grönländischen Eskimos nach, die behaupten, mit der Natur in Einklang — und von ihr — leben zu müssen.

Jedenfalls ist es mir trotz langen Suchens nicht gelungen, eine Kostprobe dieser angeblichen Delikatesse aufzutreiben. Statt dessen führten mir die Bediensteten der zuständigen Fischereibehörde, die uns einen Tag lang aufgeschlossen und kooperativ Rede und Antwort standen und im Diensthubschrauber zu den Robben flogen, die neuesten Kreationen der heimischen Industrie aus Robbenfell vor: Hausschuhe und Ballonmützen — nicht eben der letzte Schrei. Ich glaube, diese Modelle will auch zwischen Ottawa und Vancouver kein Mensch tragen.

Summa summarum haben Tier- und Naturschützer in ihrem zähen Kampf um Frieden auf dem Eis einen schönen Sieg davongetragen. Dazu Brian Davies, IFAW-Chef,

Ein Atemloch dient auch als Ausstiegsstelle.

und wie Prof. Grzimek ein Mann der ersten Stunde an der Robbenfront: »Die Robbenjagd ist um 99 Prozent zurückgegangen, wenn das kein Grund zur Freude ist.« Für Davies hat sich damit ein wichtiges Tierschutz-Projekt erfüllt: »IFAW ist stets nur gegen das kommerzielle Ernten zu Felde gezogen, gegen das Massentöten durch kanadische und norwegische Großunternehmer, nicht gegen die traditionelle Jagd durch Eingeborene.«
Sicherlich ist es richtig, wenn Eingeborene oder Einheimische rund um die Arktis — wie auch grönländische Eskimos, die schon aus religiösen Gründen keine »Baby-Tiere« töten — in deren Heimatgewässern auch keine whitecoats geboren werden, protestieren. Sie sind im »Robbenkrieg« ohne Zweifel Leidtragende, ohne diesen Schlag verdient zu haben. Solange beispielsweise die Eskimos von Grönland für ihren eigenen Bedarf Tiere jagen, um deren Produkte, wie Fleisch, Öl, Leder und Fell, für ihren Lebensunterhalt zu nutzen, besteht kaum die Gefahr, daß eine Art ausstirbt. Schlimme Zeiten sind immer erst mit dem »weißen Mann« gekommen, der, wo immer er auftaucht, das »dicke Geld« machen will.
Nicht anders war es in Kanada, wo insbesondere ein norwegischer Großunternehmer »abzusahnen« wußte — keineswegs zum Vorteil der Einwohner beispielsweise der Magdaleneninsel. Zwar hat sicherlich manch ein Fischer, Jäger oder Hilfsarbeiter am organisierten und großangelegten Gemetzel auf dem Eis, wenn die Sammelstelle mit Eisbrechern und schwimmenden Schlachthöfen in die Idylle der Kinderstube krachte, in einer kurzen Saison von vielleicht zwei Wochen ganz gut verdient, aber für welchen Preis? Seal is out. Noch so begeisterte Pelzfans sagen sich heute: Robbe? Nein danke.

Aber die tatsächlich Betroffenen und heute Jammernden haben, wie ich meine, sich die Schuld selber in die Schuhe geschoben. Sie haben sich vor den Karren der anderen spannen lassen, haben sich mit denen solidarisiert, die ihren politischen Machtkampf gewinnen wollen — um jeden Preis. Statt deutlich zu machen, daß die Menschen der Arktis cirkumpolar nur soviel der Natur entnehmen, wie sie auch brauchen, haben sie mit starrköpfiger Beharrlichkeit und Naivität an den Rechenmodellen von Populationsdynamikern festgehalten, die alle Jahre wieder eine zumutbare Tötungsrate ausklügeln, die den Bestand nach ihrem Ermessen nicht ruinieren dürfte. Selbst wenn eine Quote von rund 200 000 pro Jahr den Robben auf kurz oder lang nicht den Garaus machen kann, weil immer noch oder wieder rund 2,5 Millionen Sattelrobben — von allerdings ursprünglichen neun bis zehn Millionen — leben, hätte ein jeder längst begreifen müssen, daß das Tauziehen um die süßen Robben zu einem Volksbegehren geworden ist. Millionen stehen

Das Sattelrobbenweibchen prüft die Umgebung.

dahinter. Kaum eine Meinungsmache kann daran etwas ändern. Da hilft auch nicht, wenn neuerdings Schreiberlinge mal die andere Seite in die Schlagzeilen bringen: Wer schützt die Menschen vor den Naturschützern? Die Naturschützer haben sich nie gegen den Eingeborenenfang verschrieben, sondern ihn stillschweigend toleriert, auch wenn so manches in der Szene an Glaubwürdigkeit zu wünschen übrigläßt. Ich frage mich immer wieder, wie das Bild eines durch die Wildnis streifenden Trappers mit »high fashion« und Computerbewußtsein, mit Farbfernsehen, modernster Fortbewegungstechnik und Tiefkühltruhe zusammenpaßt.
Auch ein Mann wie IFAW-Chef Brian Davies ist bereit, sich in Schweigen zu hüllen, wenn von den traditionellen Fanggründen, von »aboriginal whaling oder sealing«, von Kulturerbe und Stammessitte die Rede ist. Nur den »Karren« müssen sich die Naturmenschen selber wieder aus dem Schneematsch ziehen. Auch bei heiligen Indianerehren macht sich ein professioneller Tierschützer unglaubwürdig, wenn er auf einmal für das Töten plädiert. Man kann es hinnehmen, zumal die Lobby der Inuit (Eskimos) nicht ohne Grund darauf hinweisen kann, daß Jäger, Sammler und Fallensteller mit der fortschreitenden Industrialisierung, die radikal und rabiat ohne große Rücksichtnahme in die Natur eingreift, auf dem Kriegsfuß stehen. Zweifelsohne richtet die Nutzung natürlicher Ressourcen in unserer Umwelt weniger Unheil an als die Herstellung so mancher synthetischer Substitute. Ich denke da nicht zuletzt an den verhängnisvollen und verschwenderischen Ein- und Umsatz an Plastik — von anfallenden Beiprodukten bei der Herstellung ganz zu schweigen.

Daß man mit Hilfe der Robben auch ein unblutiges Geschäft machen kann, beweist das Reiseunternehmen »Wildlife Tours«, mit dem auch ich meinen Ausflug unternommen habe. Unter Regie des amerikanischen Professors der Elektronik, Eugene Lewis, können sich Abenteuer-Touristen und Fotojäger im Rahmen einer drei- bis fünftägigen Tour ab der Insel Prince Edward für rund 2150 Mark mit dem Hubschrauber zum »seal watching« einfliegen lassen.

Wie in dicke Windeln verpackt liegen die Robbenbabies in ihrer wärmenden Speckschicht in der glitzernden Eislandschaft. Ein Minieisberg, den die Strömung unter dem Eis mit unermeßlicher Kraft emporgedrückt hat, dient als Windschutz. Manchmal aber wird eine solche Scholle auch zum Verhängnis: Wenn Bewegung in die Eislandschaft kommt, gehen manche der hilflosen Kreaturen zwischen den tückischen Ritzen verloren — oder werden erdrückt.

Aus größerer Entfernung kaum vom Eis zu unterscheiden, bietet das weiße Fell idealen Schutz gegen Feinde. Doch besteht die vermutlich weitaus wichtigere Funktion des Embryonalfells darin — andere Robbenarten verlieren es schon im Mutterleib —, das Junge warm zu halten. Die langen Haare sind geeignet, die allmählich an Kraft gewinnenden Sonnenstrahlen durchzulassen, aber sie geben keine Wärme ab.

Auf dem Bauch, ganz langsam und ruhig, trotz der für mich eisigen Kälte, die unaufhaltsam unter meine dicke Schneekleidung dringt und mich nur so schlottern läßt, mogel ich mich näher an ein gelangweilt daliegendes plüschiges, pummeliges Robbenbaby. Zwischen blauweiß schimmerndem Eis und Schnee, in dem von der Sonne grell reflektierenden Licht, döst die knuddelrunde Schlummerrolle, dick vermummt in ihren Windeln aus Speck und fast schneeweißem Fell. Nur an ihrem Hinterteil sieht sie nicht eben vorteilhaft aus. Das weiße Fell strotzt ganz schön vor Schmutz. Auch rund um den Liegeplatz ist das Weiß der eigentümlichen Kinderkrippe von, mit Verlaub bemerkt, »Dünnpfiff« und viel Kot, auch Urin besudelt.

Einen Platz weiter liegt ein eben geborenes Sattelrobbenkind. Blutflecken überall im weißen Schnee. Eben kommt eine Möwe im Sturzflug, um die Nachgeburt zu holen. Das Kleine zittert und taumelt. Es friert unter seinem noch gelblich gefärbten Pelz. Es ist noch ganz dünn, so daß sein Hals deutlich in Erscheinung tritt. Ein paar Tage Säugezeit werden es zum üblichen Tönnchen heranwachsen lassen. Offenbar von der bei Robben zwar schnell, aber auch nicht immer ohne Komplikationen ablaufenden Geburt hat es ein blutigrotes Auge, wohl durch eine letzte Quetschung hervorgerufen.

Während mein Anorak von unten langsam unangenehm durchnäßt, liegt das bereits sehr quirlige Junge, auf das ich vorsichtig zurobbe, völlig trocken. Rund um seine Liegestätte haben sich weiße Spuren im Schnee ausgebreitet, als hätte hier jemand einen Sack hin und her gezogen. Rechts und links heben sich jeweils kleine Abdrücke ab, wie von in den Untergrund geschlagenen Eispickeln.

Eine andere lange Schleifspur führt in Richtung offenes Wasser. Die riesige Eisscholle hat dort eine Bruchstelle; eine Art Meerestümpel breitet sich aus. Es muß die Spur der Mutter sein, die diesen Tümpel immer wieder aufsucht, um darin zu jagen. Das freie Wasser erspart ihr, ein Atemloch offenzuhalten.

Im Tümpel entdecke ich zwei Robbenköpfe. Wie zwei Stehaufmännchen tauchen die offensichtlich zu ihren Jungen wollenden Mütter immer auf und ab, indem sie sich bis zur »Taille« aufrichten und dann sogleich wieder unter Wasser verschwinden.

Argwöhnisch beäugen sie uns Menschen, sind offensichtlich hin und her gerissen, ob sie ihr Fell und Leben in Sicherheit oder ihren Jungen Milch bringen sollen. Vielleicht lassen die ungewöhnlichen Besucher sie ungeschoren, mag ihnen ihr Instinkt sagen, ist doch die Eisscholle ein zwar unbehaglicher, aber dafür um so mehr vor natürlichen Feinden geschützter Fleck.

Jetzt endlich entscheidet sich eines der Tiere doch, steigt noch höher — und mit einem eleganten Rutsch schliddert es über das Packeis. Rechts, links schlägt die Robbe mit erstaunlicher Geschicklichkeit ihre nahezu hakenförmigen Vorderextremitäten mit den gutausgebildeten Krallen in den Untergrund.

Weit mehr als andere Hundsrobben braucht sie ihre Hände, die sich deutlich im Schnee abdrücken. Sie schwimmt auch sehr gewandt. Mit beachtlichem Tempo, das man ihrem plumpen Körper nicht zutraut, hangelt und schiebt sich die fürsorgliche Mutter über die weite Fläche. Zielstrebig steuert sie auf das Junge zu, das noch nicht einen Tag alt sein kann. Auch wenn es in dieser Kinderstube noch mehr drunter und drüber ginge, wüßte sie mit traumwandlerischer Sicherheit, welches ihr Fleisch und Blut ist.

Bei dem noch gelblich schimmernden Baby angekommen, zeigen ein gegenseitiges Beschnüffeln und ein kurzer Rufaustausch, daß Mutter und Kind sich gefunden haben. Gar nicht schnell genug kann das Junge nun die zum Säugen aus einer Bauchfalte und dem Fell hervortretende Zitze mit seinem suchenden Schnäuzchen packen und endlich gierig trinken, bis es erschöpft von den ersten anstrengenden Taten und mit wohlig gefülltem Bäuchlein in sich sackt — und einschläft.

Ruhen ist die erste Robbenpflicht.

Obwohl die Mutter ihr Kind mit ihrer kurzen Zunge nicht liebevoll ablecken, putzen und »streicheln« kann, wie es die meisten Säugereltern tun, bleibt sie noch ein Weilchen und spendet das beruhigende Gefühl von körperlicher, mütterlicher Nähe, ehe sie wieder zum Meer zustrebt, um natürlich bald wieder zum Füttern zurückzukommen. Je jünger das Baby ist, desto öfter muß es trinken, um schnellstmöglich Speck gegen die lausige Kälte anzusetzen. In den ersten Stunden gleich nach der Geburt zittert es sich warm.

Das Robbenkind vor meiner Nase rollt und wälzt sich. Plötzlich liegt es auf dem Rücken und streckt den prallen Bauch in die Sonne. Es rudert mit seinen kurzen Ärmchen, kollert auf die Seite, auf den Bauch, schaut mich mit dem unschuldigen Blick seiner betörenden Augen an.

Diese Augen. Nicht zu glauben. Keine Nachahmung, kein Plüschtier, nicht mal ein noch so gelungenes Foto, auch nicht Worte können wiedergeben, was ich sehe. Glühendpechschwarze, feuchtglänzende Kulleraugen in dem goldigen Babygesicht mit einem dritten schwarzen Knopf als Näschen.

Sachlich betrachtet, hat natürlich auch diese Niedlichkeit einen Grund: Robben sind sehr agile Tiere, die auch noch bei Dämmerlicht oder schlechter Sicht, unter dickem Packeis oder in düsteren Polarnächten optische Signale wahrnehmen, zumal viele relativ kleine Beutetiere fangen. Sowohl absolut als auch relativ betrachtet, besitzen die Flossenfüßer in Relation zum Körper in ihren großen Augenhöhlen große Augen, vom Walroß mit seinen »Schweinsäuglein« einmal abgesehen.

Als drittes Augenlid haben sie — wie auch Wale — eine Nickhaut, eine durchsichtige Bindehautfalte, die bei den meisten anderen Säugetieren reduziert ist. Unter der Nickhaut, die zum Schutz über den Augapfel gezogen werden kann, münden Nickhautdrüsen, die primär als Tränendrüsen dienen, bei manchen Reptilien beispielsweise überschüssiges Salz ausscheiden. Besonders stark entwickelt sind bei den Robben sowie anderen im Wasser lebenden Säugetieren die Harder-Drüsen: Sie sondern ein öliges Sekret ab, das als chemischer Schutz gegen das Salzwasser fungiert. Da den Robben ein Nasen-Tränen-Gang fehlt, kullern ihnen beim Aufenthalt an Land fast pausenlos die Tränen.

Bei See-Elefanten beschreibt Judith E. King, daß sie ihre Nickhaut bei geöffneten Lidern wie einen Scheibenwischer benutzen, beispielsweise, um den Sand aus den Augen zu wischen, den ihre Nachbarn beim üblichen »sand flipping« zwecks Temperaturregulierung oder Feuchtigkeitserhalt auf der Haut unkontrolliert und ungeniert verteilen.

Schneestaub hat sich glitzernd in dem Fell der vor mir ruhenden Robbe verfangen. Er taut nicht. Genausowenig taut die eisigkalte Lagerstätte. Läge ich hier so lange, hätte ich mich längst bis in eine tiefe Mulde, wenn nicht ganz bis zum Wasser durchgetaut. Nicht so eine eisfeste Robbe. Zwar pulsiert auch in ihrem Körper das für Säuger typische warme Blut von 36,5 bis 37,5 Grad Celsius, doch nach einem sinnvollen »Fahrplan«, der auch bei Tauchunternehmungen hilfreich ist.

Nur im Körperinnern wird die hohe Temperatur aufrechterhalten. Während sie mit rund einem Grad an der Oberfläche gerade verhindert, daß die Haut gefriert, bleibt sie aber auch niedrig genug, damit Schnee und Eis nicht tauen. Um exakt dieses Maß an Unterkühltheit einzuhalten, ziehen sich die in die Haut und den Blubber führenden Blutgefäße so weit zusammen, daß die Blutzufuhr drastisch gedrosselt und kaum Wärme ans Körperäußere abgeführt wird. Nach innen garantiert die bei Robben je nach Bedarf dicke Speckschicht eine optimale Isolierung. Sie hält schön warm, besonders bei Arten, die keine — zumindest an Land — wärmende Unterwolle tragen wie Seehunde, Seelöwen und das Walroß.

Nur die äußeren vier bis fünf Zentimeter des Tierkörpers sind kalt. Dank dieser Anpassungsfähigkeit im Blutgefäßsystem, dank der Zählebigkeit der Hautzellen gegenüber niedrigen Temperaturen können beispielsweise Weddell Robben bis zu 40 Minusgrade vertragen, obwohl sie ja bei zunehmender Kälte auch ins wärmende Eiswasser schlüpfen könnten. Ähnlich tolerant verhält sich der Körper der Sattelrobbe. Natürlich genießen aber auch die noch so eisgeprüften Tiere die wärmenden Sonnenstrahlen und lassen kein Sonnenbad aus, wann immer sie es sich leisten können.

Da fällt mir ein Dia ein, ein Foto, das der französische Experte Didier Marchessaux an der Küste von Mauretanien geschossen hat. Am Strand der Atlantikküste schlummerte eine ausgewachsene Mönchsrobbe, derweil ein Biologe dem Tier ein Thermometer in den After schob, um die Körpertemperatur an dieser speziellen Stelle zu messen. Die Robbe dachte gar nicht daran, die Prozedur als störend zu empfinden, geschweige denn einen Grund zu verspüren, aus ihrem Mittagsschlaf aufzuschrecken. Sie schlief weiter und wies eine normale Säugetiertemperatur auf.

Immer noch liege ich Seite an Seite mit dem »Weißröckchen«, das offenbar gegen meine Anwesenheit nichts einzuwenden hat. Sachte lege ich meine Hand auf das struppige Fell. Darunter schimmert schon der zukünftige Seehundspelz durch, das »Beater-Fell«, wie das ein Jahr lang haltende Jugendfell in der Pelzfachsprache heißt. Erst wenn die Babyhaare ausgewachsen sind, kann das Junge seinen ersten Schwimmversuch wagen, zwei bis drei Wochen nach seiner Geburt. Das Embryonalfell würde sich schon nach ein paar Minuten voll Wasser saugen und das Junge schwimmunfähig machen. Verständlich, daß die Babyrobben ausgesprochen wasserscheu geboren werden. Hin und wieder, wenn das Klima seine Tücken hat und sich keine sattelrobbenfeste Packeiszone bildet, müssen ganze Generationen gleich nach der Geburt ertrinken. Die Weibchen müssen dann auf hoher See gebären.

Das Robbenkind in meinem Arm macht plötzlich einen tiefen Schnaufer. Die Nasenlöcher öffnen sich. Ich habe den Eindruck, es genießt meine Gesellschaft. Es macht die Augen zu und läßt sich kraulen. Sein Herz schlägt ganz ruhig unter dem dicken Speck. Offenbar ist dieses Junge, das sein Gewicht dank der 42 Prozent fetthaltigen Muttermilch bestimmt schon von sieben auf rund 30 Kilogramm »getrimmt« hat, gerade von seiner Mutter entwöhnt worden. Vielleicht hält es mich für eine Art Ersatz-Robbe, die über die Trennung hinwegtröstet.

Kaum ein anderes Säugetier hat eine so kurze Mutter-Kind-Beziehung wie die Sattelrobbe. Denn bald kommen die ungeduldigen Männchen, und nur zu leicht würden die Jungen zwischen den herumrobbenden Schwergewichtlern von rund 150 Kilogramm erdrückt werden. Also

heißt es für den Nachwuchs: schwimmen, fressen und die eigenen Plattfüße gebrauchen lernen.

Nur zu dieser Zeit, wenn die Weibchen nach etwa zwei Wochen nach der Geburt wieder heiß werden, schwingen sich die Männchen auch mal auf die Eisscholle. Nach dem Biologen Alwin Pedersen führen die Männchen während der Paarungszeit eine Art »Balztanz« auf, bei dem sie senkrecht im Wasser stehen und auf und nieder pendeln. Dann schwimmen sie im Kreis auf dem Rücken oder auf der Seite, tauchen und bellen. Die Stimme ist ein langgezogenes »Hoh«, das wie ein kräftiges Brüllen klingt. Außer zum Fellwechsel natürlich scheinen diese »rauhen Kerle« fast ihr ganzes Leben im Wasser zu verbringen. Dazu gehört auch der erholsame Schlaf im »Wasserbett«, den Robben allgemein folgendermaßen halten: Während die Nasenlöcher an oder knapp unter der Oberfläche bleiben, baumelt der Körper schräg abgewinkelt nach unten. Eine leichte Aufwärtsbewegung genügt, und die Tiere steigen an, um Luft zu schöpfen.

Haben sich ein Sattelrobbenmännchen und ein Weibchen gefunden, paaren sie sich, und zwar gewöhnlich im Wasser. Beide Geschlechter erreichen ihr Fortpflanzungsalter mit vier bis fünf Jahren, wobei dieses Alter auch als ein wenig verfrüht angesehen werden kann, zumal es in einer stark genutzten Population ermittelt wurde. In aller Regel antwortet die Natur bei einem merklichen Maß an weggefangenen Bestandsmitgliedern mit früherem Eintreten der Geschlechtsreife, um regulierend gegen eine Bestandsabnahme einzuwirken.

Erst mit einer Verzögerung von viereinhalb Monaten erfolgt die Implantation der Blastocyste, so daß die aktive Tragzeit, die Entwicklung des Fötus, im Juli beginnt und etwa sieben Monate dauert. Damit ist garantiert, daß der heranwachsende Welpe sein Licht der Welt erblickt, wenn sich seine Kinderstube — wie alle Jahre wieder — normalerweise im Golf von St. Lorenz aufgebaut hat.

Schon bald nach der Paarung trennt sich das jeweils nur mit einem einzigen Partner »Hochzeit« feiernde Duo wieder. In den Weiten der arktischen Nahrungsgründe konzentrieren sich die Tiere auf nichts anderes als die Nahrungsaufnahme. Während die Jungen in ihrem ersten Lebensjahr — allein und sich selber überlassen — hauptsächlich im freien Wasser schwimmende planktonische Krebstiere futtern, machen sich die älteren und geselligeren Tiere auch über größere Fische her: Hering, Rotbarsch, Polardorsch und Lodde stehen auf ihrem Speisezettel.

Hier sieht die Partei der Robbenfeinde natürlich wieder einen Anlaß zum Nachhaken: Die Robben vernichten zuviel Fisch. Nun läßt sich freilich schlecht wegdiskutieren, daß Robben Fisch fressen, doch sicherlich

Das weiße Embryonalfell beginnt auszufallen.

verschriene Schwertwal, der sich an die größten Brocken wagt, als eine Art Gesundheitspolizei im Meer.

Sicherlich ist die Tatsache nicht zu leugnen, daß überall die Fischbestände bedenklich und rapide abnehmen. Doch ist des Rätsels Lösung weder in japanischen Gewässern bei hungrigen Delphinen noch in kanadischen oder isländischen bei übergefräßigen Robben zu suchen. Allein der Mensch hat hier der Natur ins Handwerk gepfuscht, hat Jahr für Jahr dem Meer mit immer besserer und intensiverer Technik zuviel an Substanz abgerungen. Immer ein paar Prozente oder Hols mehr, als die auf Ausgewogenheit bedachte und in gewissem Rahmen zum Ausgleichen befähigte Natur verkraften kann, mußte sie hergeben. Das Verhältnis zwischen natürlicher Sterblichkeit, Zuwachsrate (durch Neugeburten) und fischereibedingter Sterblichkeit stimmt nicht mehr, schon lange nicht mehr. Statt sinnvoll zu nutzen, betreibt die Fischerei weltweiten Raubbau. Und als Schuldige sollen jetzt zum Beispiel Meeressäugetiere herhalten.

Wenn eine Sattelrobbe fürs erste genug gefuttert hat, kommt auch wieder die Zeit, an die alljährliche »Kosmetik« zu denken. Es ist jetzt April/Mai, und die »Neufundländer« zum Beispiel versammeln sich, um gemeinsam den Fellwechsel über sich ergehen zu lassen, aber nicht etwa in gemischten Gesellschaften, sondern fein sittlich getrennt: hier die erwachsenen Männer und dort die Jugendlichen beider Geschlechter. Als letzte kommt die Runde der erwachsenen Weibchen, ehe die sommerliche Wanderung nach Norden beginnt. Mitte Juni haben die meisten Tiere die Gewässer vor Südwest-Grönland erreicht.

Wie im Flug sind die drei Stunden auf der Eisscholle vergangen. Es ist Zeit, zum Hubschrauber zu gehen. Auch ist es Zeit, die Robben wieder in ihrer abgeschiedenen Welt allein zu lassen. Nicht alle Robben scheinen über die abenteuerlustigen Besucher begeistert zu sein. So wehren sich schon manche Jungtiere durch wildes Gebaren und deutliches Maulaufreißen gegen jede Annäherung. Fast alle Robbenmütter suchen eilig durch ein Schlupf- oder Atemloch im Wasser das Weite und schauen skeptisch aus sicherer Entfernung über den Rand. Kaum ein Weibchen traut sich in Gegenwart der Gäste zu seinem Jungen. Grund genug für Eugene Lewis, seine Hubschrauber jedesmal an einer anderen Stelle auf der großen Eisscholle landen zu lassen.

Noch einmal fliegen wir hinaus auf das große Treibeisfeld. Doch diesmal nicht mit der Touristenschar. Das Fischereiministerium hat angeboten, uns Fakten auf dem Eis zu demonstrieren. Von Brutalität und Grausamkeit soll da nichts zu sehen sein. In unseren Schlachthöfen würde es auch nicht besser aussehen. Töten sei nun mal mit Blut-

nicht in dem vernichtenden Ausmaß wie von der Fischindustrie herbeiargumentiert. Schließlich sind Robben ein natürlicher Faktor im Meer, und ein ausgeglichenes Ökosystem wird nicht nur mit solchen »Mitessern« fertig, sondern hat sie natürlich einkalkuliert. Das weiß auch jeder Fischereibiologe, der schon während seiner frühen Semester büffeln muß, daß bei der Berechnung von Fischfangquoten stets ein natürlicher Sterblichkeitsfaktor zu berücksichtigen ist. Wer sonst, wenn nicht zum Beispiel Robben und große Fische oder Wale, soll wohl für die natürliche Mortalität in Frage kommen? Selbstredend, daß sich die Natur darauf eingestellt hat. So haben Fische eine hohe Reproduktionsrate mit beispielsweise vielen Millionen Eiern oder einer früh einsetzenden Fortpflanzungsfähigkeit.

Außerdem erwischen Robben oder andere Freßfeinde meist mehr junge als ausgewachsene Beutefische mit einer höheren natürlichen Sterblichkeit, also mit einer folglich bereits einkalkulierten Verlustrate. Auch erhaschen Robben oder andere sogenannte Räuber eher lahme, kränkelnde oder unvorsichtige Opfer und bilden dadurch einen nicht zu unterschätzenden Faktor bei der genetischen Auslese, fungieren, wie selbst der als Killer

vergießen verbunden. Klar, daß Rot auf Weiß einen besonders krassen Eindruck hervorrufe, aber wir sollten doch die Kirche im Dorf lassen, wir sollten doch unsere Fehler in unserem Land bekämpfen, das Elend der Tiere bei uns zu Hause beseitigen.

Natürlich kann ich den Leuten nicht widersprechen. Ich fühle mich nicht minder angewidert, denke ich an Legehühner in der unerträglichen Käfighaltung, an arme Schweine in abgeschotteter Isolationshaft, an mit Hormonen aufgepäppelte Kälber in Ställen ohne Bewegungsfreiheit oder aber an Schoßhündchen, die mit Süßigkeiten zu Tode gefüttert werden.

Wie auch die Inuit, wann immer ich mit ihnen diskutiere, schauen mich unsere kanadischen Begleiter ungläubig an. Aber ja, wir engagieren uns mit allen Mitteln gegen die Mißstände im eigenen Land. Von einer Anti-Kanada-Kampagne kann nicht die Rede sein, auch wenn eine solche Charakterisierung von behördlicher Seite nur zu gern ins Feld geführt wird, wie es scheint, um noch ein bißchen mehr Unruhe zu stiften zwischen den Fronten, um nur nicht Kompromißbereitschaft aufkommen zu lassen.

Wir erreichen das Eis. Dunkle Punkte sind von oben zu erkennen. Geschäftig laufen ein paar Männer hin und her. Noch kann ich den Sinn ihres Treibens nicht ausmachen. Aber schon bald sehe ich mehr. Rote Flecken auf weißem Grund; er ist von Blut besprenkelt. Ich habe Angst. Kann ich das überhaupt ertragen? Ich habe mal geglaubt, ich könnte mich an den Anblick toter Tiere gewöhnen. Es müßte sein. Ein Biologe muß der Wahrheit ins Gesicht schauen können. Ich kann es nicht. Und das ist eher schlimmer geworden. Heute kann ich nicht einmal mehr die Pottwalfang-Fotos betrachten, die ich einst selber geschossen habe. Damals konnte ich das Blutbad ertragen. Nicht gut. Aber ich schaffte es. Jetzt habe ich Angst, mir wird elend.

Neben mir sitzt Gloria Davies. Wir — Europaparlamentarier Hemmo Muntingh, Fotograf Thomas Grimm, Journalist Jörg Wigand und ich — haben sie überredet, unter ihrem Mädchennamen mitzukommen. Als Frau Davies hätte sie sicherlich, wie ihr Mann Brian, Probleme bekommen. Immerhin gilt Brian als eine Art Staatsfeind. Dem Treibeis durfte er sich ohnehin jahrelang bis 1985 nicht nähern, der IFAW-Hubschrauber erst 1986 wieder landen. 1984 demolierten ihn ein paar wildgewordene Kanadier fast in Grund und Boden.

Trotzdem haben weder Brian noch Gloria aufgegeben, sind jedes Jahr wieder in diesem gottverdammten Nest von Charlottetown im nicht eben komfortablen Kirkwood Hotel abgestiegen. Dasein war alles — seit 1965, und so wird es auch bleiben. »Solange ich lebe«, sagt Brian, Wenn ihnen auch die Decke auf den Kopf fiel. Die Rob-

benschläger sollten wissen, daß ihr Erzfeind präsent war. Wenn auch fern der blutigen Szene, aber er war da. Nah genug, um sie zu irritieren, nah genug, um weltweit für neue Schlagzeilen zu sorgen. Längst kam er nicht mehr allein mit seiner Mannschaft von Mitstreitern an die Front. Andere Gruppen, Gleichgesinnte wie Mitglieder von Greenpeace, immer mehr Pressevertreter kamen und verwandelten die Kartoffelinsel in einen Hexenkessel der Sensationen. Greenpeacer besprühten Robbenbabies mit ungiftiger Farbe, um das Fell unbrauchbar zu machen. Schauspieler, wie Brigitte Bardot, sorgten für Stoff, um die Presse zu mobilisieren . . .

Nicht alles, was auf dem Schlachtfeld passierte, war gut. Viel zu lange wurden Machtkämpfe der Eitelkeiten und in der Politik auf dem Rücken der Robben ausgetragen. Vielleicht wäre eine andere Strategie besser gewesen, vielleicht hätten sich die Parteien an den »grünen Tisch« setzen sollen: versuchen, das Problem aus der Welt zu schaffen, versuchen, einen Kompromiß einzugehen.

Schließlich war zumindest am Anfang des »Robbenkriegs« nicht ohne Grund von Barbarei und Brutalität die

Arglos schaut
das Robbenkind seinem
Feind entgegen.

Rede. Wie am Fließband oder im Akkord, nicht selten unter Einfluß von starkem Whisky oder anderen Mutmachern, stürmten rauhbeinige Tötungskommandos die Kinderstube. So viele Felle, so viele Dollars wie möglich machen. In möglichst kurzer Zeit. Nicht anders lautete die Devise.

Blutüberströmt, noch zappelnd und bei lebendigem Leibe um Leben oder Tod ringend, verzweifelt, von irrsinnigen Schmerzen gepeinigt und verzweifelt nach Mutters Hilfe wimmernd, lag so manches Robbenkind auf dem blutbesudelten Eis. Minutenlang, stundenlang. Das Mordwerkzeug hatte zwar getroffen, aber nicht getötet. Eine endlos scheinende Zeit konnte es dauern, bis gewaltsam durch einen weiteren Keulenhieb oder langsam, begleitet von leisem Weinen, dem Koma folgend, der Tod eintrat. Manche der Tiere wurden noch bei lebendigem Leib abgehäutet.

Zwar ist richtig, daß bei einer Robbe das Herz noch einige Minuten schlägt, daß die Muskulatur noch arbeitet, zuckend den ganzen Körper erschüttert, auch wenn der klinische Tod schon eingetreten ist, weil die Tiere sich wegen ihrer tauchenden Lebensweise spezialisiert haben. Doch ist auch richtig, daß, bevor das Robbenschlagen ins Interesse der Öffentlichkeit gelangte, kaum ein Hahn danach krähte, ob und wie sehr die Tiere zu leiden hatten. Hatten bis 1964 allein Bestandszahl und Bestandsentwicklung die Gemüter berührt, um nur nicht gleich mit den schwindenden Robben den Markt mit zu ruinieren, begannen die Zuständigen erst jetzt, neben intensiveren Populationsberechnungen auch über schärfere Kontrollen und »humanere« Tötungsmethoden nachzusinnen.

Heute kann niemand mehr nachvollziehen, ob eine andere Strategie auf beiden Seiten den Tieren unnötiges Leid hätte ersparen können. Aber vielleicht hat das viel zu lan-

Rot von Blut färbte sich die Kinderstube der Sattelrobben jedes Jahr auf dem Eis während der »Ernte«.

ge anhaltende Elend in der Sattelrobben-Kinderstube geholfen, das Heer der gleichgültigen, der nur an sich selber denkenden Menschen wachzurütteln, zu sensibilisieren für andere Kreaturen, die alle ein Recht auf Leben haben, die auch Schmerz empfinden, kaum anders als wir — auch wenn sie vielleicht nicht so niedlich sind wie eine Babyrobbe.

Wie immer, wenn mir nicht wohl ist in meiner Haut, ertappe ich mich dabei, einer noch so miesen Sache irgend etwas Positives abzuringen. Nicht viel anders scheint es Gloria zu gehen. Gleichgültig schaut sie aus dem Hubschrauberfenster, scheinbar gleichgültig. Wir haben ihr eingeredet, es sei besser, wenn sie auch gesehen hat, wofür oder wogegen sie kämpft. Die ganze Zeit über haben wir bei dem Motorenlärm kein Wort reden können. Jeder war in seine Gedanken versunken.

Wir setzen auf. Ein wenig steifgefroren klettere ich aus dem Hubschrauber. Wie auf der Kinoleinwand — ich will das alles nicht direkt auf mich einwirken lassen — empfinde ich das Spektakel vor meinen Augen. Es ist schrecklich. Halb zur Seite gedreht, schaue ich nur aus dem Augenwinkel hin. Bereit, die Augen schnell zu schließen. Wenn doch wenigstens das Wimmern und Weinen nicht wäre. Ohne Gnade schlägt der Mann zu. Trifft das Robbenbaby mitten auf den Kopf. Es hat sich gegen ihn aufgebäumt. Aber nur für den Bruchteil eines Moments. Sein Geschrei bricht ab. Tot. Ich atme auf. Das ging ja wenigstens tatsächlich schnell.

Ekel packt mich, als der Mann das weiße Bündel auf den Rücken rollt und in der Mitte auftrennt. Dickflüssig quillt das noch helle Blut heraus und versickert im Schneematsch. Immer nur für einen winzigen Augenblick sehe ich hin. Fotografieren hat man uns verboten. Der Mann schält den leblosen Körper aus dem Pelz. Da soll köstliches Fleisch dran sein? Ich sehe nur Speck, Blut und Knochen. Von nutzbarem Muskelfleisch kaum eine Spur. Allenfalls Ansätze an den Vorderflippern, mit denen die Jungen schon ganz schön geschwind herumrutschen können. Das mit dem Fleisch scheint weiß Gott nur eine Ausrede zu sein.

Der Mann packt den Kadaver auf eine Art Schlitten. Dazu das Fell, zieht beides über den Schnee. Zu einer Sammelstelle. Er geht wieder los. Wir haben ein Junges entdeckt. Streicheln es. Vielleicht hat es eine Chance. Aber nein. Der Mann jagt uns fluchend davon und knüppelt auch dieses Tierchen nieder. Wir gehen weg.

Noch ein Bild des Grauens. Neben dem blutigen Klumpen, der einmal ein whitecoat war, liegt zitternd und zuckend ein Muttertier. Der Schädel ist eingeschlagen. Aber der Körper vollführt krampfartige Schwimm- und Fluchtbewegungen. Ich kann das nicht genau erkennen. Ich

Auch ältere Tiere werden erschlagen.

muß würgen, wegsehen. Einen Tränenausbruch unterdrückend, stammel' ich mit letzter Energie und will dem Mann mit der Keule klarmachen, daß er dem Tier doch wenigstens den Gnadenstoß geben soll. Hat er längst, murrt er mißmutig und wühlt schimpfend mit seinen Fingern im Gehirn des Tieres, als sei das Pudding.

Entrüstet wende ich mich an einen unserer Begleiter von der Fischereibehörde. Das Töten von Muttertieren soll doch verboten sein. Ist es auch, bekomme ich zu hören, außer, ein Muttertier wird gefährlich und greift an. So etwas passiert meist bei Erstgebärenden. Dann dürfen die Männer töten.

Um diese und andere Bestimmungen zu kontrollieren, sind die Aufseher in ihren feuerroten Overalls pausenlos im Einsatz, sagen sie. Neulich hätten sie sogar ein Jungtier gerettet. Zu dicht an die Eiskante geraten, war es ins Wasser gefallen. Verzweifelt strampelnd hatte es versucht, sich über Wasser zu halten. Doch der an Land und auf dem Eis so gut wärmende Pelz drohte zum Verhängnis zu werden, sog sich voll Wasser, wurde bleischwer. Sie haben es herausgefischt.

Ich gebe zu, das glaube ich sogar. Auch glaube ich, daß die »landsmen«, Fischer, die zu Fuß oder mit kleinen Booten zu den Robben gelangen oder kanadische Inuit, die fischen und jagen, was gerade Saison hat, um davon zu leben, ein Anrecht auf eine bestimmte Quote haben. Ich habe auch Verständnis, wenn sie die ganze Zunft der Robbenschützer verteufeln. Doch bin ich nach wie vor der Meinung, daß sie sich viel früher und offiziell von dem großen kommerziellen Abschlachten in der nahen Vergangenheit hätten distanzieren sollen, als — bis 1982 — kanadische und norwegische Kompanien elf Eisbrecher von mindestens 150 Tonnen in den Golf und an die Front schickten.

Bevor uns unsere Gastgeber wieder zurückbringen, haben wir ihnen noch eine Diskussion mit Fischern und Robbenjägern versprochen. Wie zu erwarten, müssen wir uns eine Menge Beschimpfungen anhören. Durch das EG-Importverbot sei mit whitecoats und anderen Robbenfellen kein müder Dollar mehr zu machen. Dann hieß es wieder, angeblich kann man doch auch auf den internationalen Markt verzichten und sich selber in Robbenhäute hüllen.

Natürlich fehlt es auch nicht an Argumenten, daß die Robben den ganzen Fisch wegfressen oder daß sie dafür verantwortlich sind, daß der Kabeljau als Nutzfisch zunehmend an Qualität einbüßt, weil sein Fleisch mit dem Kabeljauwurm, einem häßlichen Parasiten, verseucht ist. Zwar ist dieser Wurm für den Menschen nicht gefährlich, doch macht er freilich das Filet nicht eben appetitlich — zugegeben. Aber schon bei diesem Argument wird mal wieder deutlich, daß die Lobby der Robbenvermarktung beziehungsweise die Politik des Fischereiministeriums hinter den von einfachen Fischern hervorgebrachten Argumenten steckt. Es ist richtig, daß der Kabeljauwurm für die Fischerei ein Problem darstellt, doch wird er nicht von Sattelrobben übertragen, sondern, wenn überhaupt von Robben, dann hauptsächlich von der Kegelrobbe. Diese Robbe aber trägt ein weniger attraktives Fell, so daß hinter ihrem Rücken keine lukrativen Geschäfte locken . . .

Genauso unüberschaubar verhält es sich bislang mit dem für vieles in die Schuld genommenen Parasitismus. So zögern Delphinarienbesitzer beispielsweise nicht lange, für den Tod von plötzlich verstorbenen Tieren Lungenwürmer verantwortlich zu machen, wie dies in Duisburg geschah, als ein Commerson-Delphin oder Jacobita nach dem anderen verreckte. Daß die Tiere in der Natur mit einem häufig auftretenden Parasiten ohne Schaden leben, weil sich der Wirt längst an seinen Schmarotzer gewöhnt

hat und weil der Schmarotzer von einem Wirt, den er umbringt, nichts hat, wird gern außer acht gelassen. Viel wahrscheinlicher klingt, daß beispielsweise die genannten Delphine Streß und Schock — vielleicht im Zusammenhang mit Parasiten — nicht überlebten.

In der Fischerei läßt beispielsweise eine Arbeit des deutschen Biologen Dr. Joachim Plötz, Alfred-Wegener-Institut für Polarforschung, aufhorchen. Nach seinen Untersuchungen in der Nordsee sind beispielsweise Möwen aus den Meeresgebieten um Helgoland besonders stark mit parasitären Würmern befallen. Der Grund: Nicht Robben oder andere Meeressäugetiere sorgen für den Schaden, sondern der Mensch. Anders als die großen Fabrikschiffe, die ihren Fang mit Köpfen und Gräten verarbeiten, aus ungenießbaren Schlachtabfällen noch Fischmehl gewinnen, werfen die in den bezeichneten Gewässern fahrenden und intensive Fischerei betreibenden Kutter ihren Gammel und die Innereien regelmäßig über Bord. Damit werden Parasiten nicht nur den die Kutter verfolgenden Möwen zum Fraß vorgeworfen, sondern sie gelangen auch in zunehmendem Maße in die Nahrungskette, statt durch die Fischerei beziehungsweise durch einen Endwirt, wie große Fische, eliminiert zu werden. Die Folge: Der Befall mit Parasiten steigt und steigt . . .

Doch von solchen oder anderen Kriterien wollen meine kanadischen Gesprächspartner nichts hören. So bestätigen neuere Untersuchungen von Biologen, daß die Stoffwechselrate bei Robben — und auch Walen — keineswegs höher liegt als bei Landsäugern, wie früher vielfach angenommen wurde. Dazu der kanadische Robbenexperte Prof. Dr. David Lavigne:

»Vermutlich wurde der Hunger von Meeressäugetieren immer überschätzt, zumal die meisten Untersuchungen in der Gefangenschaft vorgenommen wurden, also nicht unter normalen Bedingungen erfolgten. Die Stoffwechselrate sowie Analysen von Mageninhalten freilebender Sattelrobben und Seehunde beispielsweise deuten vielmehr darauf hin, daß sich Wale und Robben im Vergleich zu anderen Warmblütern oder Säugern in ihren Nahrungsbedürfnissen nicht unterscheiden.«

Memoiren eines alten Madeleiner Robbenschlägers
»Ich war fünfzehn damals und ging mit meinem Bruder zum ersten Mal aufs Eis. Wir hatten kein Boot, keine Haken, keine Keulen, bloß 'n Messer und 'n Stück Tau. Überall Robben, alles voll. Ich schnappte mir eine und — wumm — schlug ihr eins in die Schnauze. Mit der Faust erledigten wir sie. Ich schleifte sie dann rüber zu meinem Bruder, der zog sie ab. 57 Häute brachten wir an dem Tag heim. Meine Hand, die war so dick wie 'n Elefantenfuß, schwarz und blau, und tat schweinisch weh. Aber am nächsten Tag war ich wieder draußen und schlug ihr wieder in die Schnauze.«

Genausowenig interessieren sie sich für ein von den Fischereiaufsehern — wenn auch nicht in diesem Zusammenhang — an das Licht des Tages gebrachtes Übel: Sauren Schnee haben die Behörden in der Robbenkinderstube gemessen. Ein Grund, um die natürliche Sterblichkeit der Robben anzusprechen. Niemand weiß genau, wie viele Neugeborene oder ältere Tiere durchschnittlich pro Jahr aus anderen Gründen als für den schönen Kommerz sterben müssen. Auch weiß niemand, wie groß das Loch sein kann, das eine Saison in die Population reißt, in dem die Eiskonditionen verheerend sind. Brian Davies erinnert sich noch gut an ein Jahr, in dem das Eis nicht so recht wachsen wollte, die Robben suchten und suchten und einige am Strand von Prince Edward Island mit letzter Kraft niederkamen. Schrecklich muß es gewesen sein: Kinder knüppelten Robbenjunge tot. Nur so zum Spaß, wie sie es von den Älteren aus Erzählungen kannten.

Zu der Tatsache, daß die Kinderstube auf dem Eis sehr gefährlich, tödlich gefährlich sein kann — und in manchen Jahren auch ist —, kommen nun immer mehr umweltbelastende Faktoren wie der saure Schnee. So wurden auch bei diesen Robben schon Gifte wie DDT und PCB nachgewiesen.

Zum Beispiel bei der Klappmütze, die denselben Lebensraum als Kinderstube nutzt, könnte schon eine rein theoretische Erhöhung der natürlichen Sterblichkeit von angenommen 14 Prozent im Rechenmodell nachweisen, daß der Bestand bei der üblich zugelassenen Fangquote abnehmen müßte. Dazu ein Vergleich: Im ersten Lebensjahr sterben mehr als die Hälfte, rund 65 Prozent, aller neugeborenen Nordsee-Hunde. Zwar haben unsere heimischen Robben mit weitaus mehr und schlimmeren Umweltproblemen zu kämpfen, doch sieht die Eiswüste im Golf von St. Lorenz auch nicht gerade nach Zuckerlek-

ken aus. Die Todesrate der hier geborenen Babys kann durchaus höher liegen — oder mit den Jahren wachsen.

Es ist zwar schon ziemlich spät«, sagt John Nye, lange Jahre engster Mitarbeiter von Brian Davies, »aber laßt uns noch mal losgehen. Der Sonnenuntergang über dem Eis ist immer wieder ein Abenteuer.« Klar, daß ich mich nicht lange auffordern lasse, zumal sich John auch nach den Klappmützen umsehen will. Wie die Sattelrobben kommen auch diese Robben auf die Insel aus Treibeis, um hier in der zweiten Märzhälfte ihre Jungen zur Welt zu bringen. Die Tiere, die tiefes Wasser und dickes Eis bevorzugen, siedeln in aller Regel etwas weiter entfernt von der Wasserkante als die Sattelrobben, auf verstreuten Eisschollen weiter entfernt von der Ostküste Neufundlands.

Wir nehmen das Flugzeug, und Bob, unser Pilot, genießt es merklich, in den glutroten Abendhimmel, in die endlose Weite zwischen Himmel, Eis und Meer zu fliegen. Man möchte meinen, dies sei ein anderer Planet, weit weg von organischem Leben. Metallisch glänzend flitzen Augenblicke an meinem Fenster vorbei, scheinen Unwirklichkeit auszudrücken, vor allem aber eisige Kälte. Mir fehlt jedes Gefühl für Entfernungen. Bob offenbar weniger. Wie ein Sturzbomber jagt die Maschine auf das Eis zu.

Nur nicht zu tief. Die Fischereibehörde hat ein Limit von 2000 Feet angeordnet. Auch Hubschrauber dürfen nicht tiefer runter und nicht näher als eine halbe Seemeile an die Liegeplätze von Sattel- und Klappmützenrobben. Sicherlich ist ein solches Gesetz eine sinnvolle Maßnahme, um die Tiere vor Störenfrieden zu schützen, sicherlich ist es nicht weniger geeignet, sich Beobachter und Tierschützer vom Hals zu halten. 1985 hat die Behörde erstmalig Eugene Lewis mit seinen »seal watchern«, 1986 auch den IFAW-Helikopter stillschweigend trotz Unterschreitens der Maße geduldet. 1985, während ich auf dem Eis bin, gibt es für IFAW noch nirgendwo im Golf eine Landeerlaubnis. Aber wir wollen sowieso nicht landen, denn zumindest in diesem Jahr bieten die Eismassen eine halsbrecherische Landebahn, alles andere als eine glatte Piste.

Endlich haben wir ein paar Punkte auf dem Eis gefunden. Klappmützen. Sie treffen wohl gerade auf ihren Wurfplätzen ein. Vor ein paar Tagen waren noch keine Tiere da. John hat als erster die typischen Atemlöcher im Eis entdeckt. Wie kleine Krater. Die Robben achten darauf, daß sie stets geöffnet bleiben, um jederzeit ein Schlupfloch

Der Klappmützenmann imponiert mit seiner aufgeblasenen Nase.

ins Meer zu behalten. Nur im Vorbeiflug kann ich Momente aus dem Leben der Klappmützen erhaschen. Aber sie sind beeindruckend, wie alles in dieser fernen Welt.

Typisch für die außer zur Fortpflanzungszeit als Einzelgänger lebenden Klappmützen: Ihre Liegeplätze sind weiter über das Eis verteilt als bei den geselligen Sattelrobben. Bis jetzt können wir nur einzelne Punkte im lockeren Verband zählen, Weibchen, die noch nicht geworfen haben. Da, ein Weibchen krümmt und windet sich. Und schon zappelt ein kleines Bündel Leben an seiner Seite. Etwas Blut verfärbt das »Kindbett«. Aber Gott sei Dank, es ist ja nur ein Zeichen von Mutterglück. Robbenschläger sind weit und breit nicht zu sehen.

Das Klappmützenkind wird bereits in seinem Jungpelz geboren, wunderschön von oben dunkel silberblaugrau und von unten hellsilbern schimmernd, mit weniger flach am Körper anliegenden Haaren als bei anderen Hundsrobben. Das Embryonalfell verliert es bereits im Mutterleib. Nach Judith E. King nimmt der Fötus das hellgraue Haar auf, um es als filzige Substanz noch innerhalb der Fruchtblase wieder auszuscheiden.

Etwa einen Meter lang und 15 Kilogramm schwer ist das Junge bei seiner Geburt. Es muß während der nur zehn bis zwölf Tage währenden Säugezeit (neuere Untersuchungen sprechen von nur vier bis fünf Tagen) wie seine weißen Nachbarn zunächst kräftig in die Breite wachsen. Schon bald nach der Geburt erscheint auch der »Gemahl« für die junge Mutter auf der eisigen Bildfläche, um ihr für eine kurze Saison die Treue zu halten. Zwar steht zu bezweifeln, daß der Bulle auch der leibliche Vater des Neugeborenen ist, doch hält er ein wachsames Auge nicht nur auf seine Auserwählte, sondern auch auf ihr Kind. Gegen Ende der Säugezeit darf er sich dann paaren.

Endlich entdecken wir aus unserem Flugzeug ein solches Kleeblatt, eine richtige Familie, wenn auch nur für ein paar Tage. Voller Elan und vor Energie strotzend demonstriert das Oberhaupt seine markante Imponiernase, die ihm und seinesgleichen den Namen gab. Die »Mützennase« macht ihn für meinen Geschmack nicht eben schön, aber mein Geschmack ist hier wohl auch kaum gefragt. Mit geschlossenen Nasenlöchern bläst der Robbenmann Luft in seine wie zu einem Rüssel aufblasbaren Nasenhöhlen. Dadurch bläht sich die im Ruhezustand faltig und schlaff nach unten hängende Mütze oder Kapuze zu einem imponierenden Gebilde von der doppelten Größe eines Fußballs auf dem Kopf sehr effektvoll auf.

Je größer und älter der Robbenmann wird, desto gewaltiger steht ihm auch seine Supernase zu Gesicht, die erst mit etwa dem vierten Lebensjahr zu wachsen beginnt. Im gestandenen Mannesalter von rund 13 Jahren krönt sie

den nun mehr als 2,20 Meter langen Kerl mit maximaler Größe, obwohl nach King auch individuelle Unterschiede auftreten. Ohne Zweifel dient die Supernase als Schmuckstück auf dem »Heiratsmarkt«, zumal sie mit beginnender Geschlechtsreife in Erscheinung tritt. Allerdings macht ein Mützenmann auch mit »geschwollenem Kamm« auf sich aufmerksam, wenn er sich beispielsweise durch Menschen in seinem Umfeld beunruhigt fühlt. Er soll aber sein »Blasinstrument« auch in Aktion treten lassen, wenn kein offensichtlicher Grund vorliegt. Nur so zum Spaß oder Zeitvertreib womöglich? Aber wer kennt sich schon aus im Seelenleben einer Robbe?

Anders als die See-Elefanten schließen die Klappmützenmännchen ihre Nasenlöcher, wenn sie ihr Prachtstück vorführen. Und noch etwas: Die Kapuzentiere können aus einem der Nasenlöcher, meist dem linken, eine Art roten Luftballon von mindestens der Größe eines Straußeneis, so King, hervorquellen lassen. Um sich in dieser farbenfreudigen Variation zu zeigen, wird vermutlich das internasale Septum bei durch Muskelzug heruntergehaltener Kapuze als Ballon durch das eine geöffnete Nasenloch gepustet.

Robbenschläger können auf alle Fälle ein Lied singen von aufgebrachten Kapuzenmännern. Mit diesen Bullen ist nicht zu spaßen. Vehement greifen sie mit massigen Körpern einen Störenfried an, von dem sie Gefahr wittern, um ihn in die Flucht zu schlagen oder niederzumachen. Statt ihre eigene Haut in Sicherheit zu bringen, greifen sowohl Männchen als auch Weibchen an, um das Junge, das sie für zwei Wochen wohlbehüten, heroisch zu verteidigen. Sie kennen kein Pardon, wenn einer ihrem blueback, wie das bezaubernde Kind in dem Edelpelz in der Pelzfachsprache heißt, ans Fell will. Das Schlimme ist, sie müssen ihren Heldenmut meist mit dem eigenen Leben bezahlen, denn um an das wertvolle Fell des Säuglings zu kommen, scheuten — und scheuen — die Jäger nicht davor zurück, auch Vater und Mutter über den Haufen zu schießen.

Während sich die Eltern, die während der Fortpflanzungsperiode gefastet haben, gleich nach der Paarung bis zur nächsten Versammlung im Juli/August zwecks Fellwechsels auf Fischfang begeben, bleiben die Kleinen noch etwa 14 Tage in ihrer Kinderstube. Dann schwimmen auch sie zur See.

Bestimmt muß der neugeborene »Blaurücken« mit einem immensen Thermoschock rechnen. Immerhin wird er in wenigen Minuten von der gemütlichen Wärme in Mutters Bauch von rund 37 Grad in die rauhe Umwelt von 15 Minusgraden bis allenfalls fünf Plusgraden, bei nicht selten schneidend über dem Eis wehendem Wind, abgesetzt. Das Fell ist von der Geburt noch feucht, die wärmende Speckschicht fehlt. So wird sich das Junge, wie auch das der Sattelrobbe, erst einmal durch kräftiges Zittern am ganzen Leibe ein wenig Wärme verschaffen.

Das Eis ist schon gefährlich brüchig, wenn die kleinen Blaurücken geboren werden. So manch einem Jungen droht auch hier ein früher Tod, weil es in eine Eisspalte fällt oder weil es zwischen malmenden Eisbrocken zerquetscht wird. Die Kinderstube ist im Begriff, sich aufzulösen, sobald die kleinen Flossenfüßer hier herumrutschen. Das bekam ich auch bei meinem Besuch bei den Sattelrobben zu spüren, als ich fast in einem von Schnee leicht bedeckten Loch im Eis versackt wäre. In anderen Jahren kann freilich auch derart beißende Kälte die Fläche zusammenhalten, daß in zwei, drei Stunden auf dem Eis die Batterien in den Kameras unbrauchbar werden oder einem die Fingerkuppen absterben.

Vielleicht rät den Robbenmüttern ein sicherer Instinkt, das Treibeis erst so spät als Kinderkrippe zu nutzen. Mit zunehmender Brüchigkeit fühlt sich Meister Petz, der robbengefräßige Eisbär, mehr und mehr unwohl auf dem unsicheren Boden. Er zieht sich zurück. Da die Klappmützen etwa dieselben Geburts- und Liegeplätze beanspruchen wie die Sattelrobben, sind sie von jeher Bestandteil der »Robbenernte« auf dem Eis gewesen. Der weitaus wertvollere blueback wurde gewissermaßen am Rande mitgenommen, wenn auch die Sattelrobben nach offiziellen Angaben mehr als 90 Prozent der »regulierten Jagd« ausmachen beziehungsweise ausmachten. Auch erwachsene Robben mußten und müssen sterben, sei es, weil sie ihr Junges retten wollten, sei es, weil ihre Öle und Häute genutzt wurden und werden.

Während sich Natur- und Tierschutzverbände intensiv um den Schutz der Sattelrobbe kümmerten, die trotz aller Massentötungsaktivitäten heute noch auf eine Kopfzahl von 2,5 bis drei Millionen geschätzt wird — von allerdings früher geschätzten neun bis zehn Millionen —, machen sich Wissenschaftler ernsthaft Gedanken um den Klappmützenbestand. Zwar soll auch der ursprüngliche Bestand weitaus niedriger gelegen haben als der der Sattelrobbe, doch weiß trotz rund 150 Jahren kommerzieller Nutzung niemand, wie viele dieser Tiere es tatsächlich gibt.

So kommt auch die letzte Analyse einer Arbeitsgruppe von ICES (International Exploitation of the Sea) vom Oktober 1982 unter anderem zu folgendem Ergebnis: ». . . die Auswertung der vorhandenen Daten ist unzureichend, um verläßliche Angaben zu machen über die derzeitige Geburtenrate, Bestandsgröße und biologische Daten für die Klappmützenpopulation im Nordwestatlantik. Folglich kann sie auf dieser Basis auch keine Angaben machen über die Bestandsentwicklung.« Nicht anders sei

---

Von den kanadischen Behörden angegebene Quoten an der »Front« und im »Golf« für Sattelrobben und Klappmützen — 1986

Golf
Gesamtzahl: 7416

Magdelen Islands	1282 beaters
Cape Breton	12 beaters
West Newfoundland	3271 beaters
Prince Edward Islands,	2851 bedlamers
New Brunswick etc.	und Erwachsene

»Front«
(inkl. Labrador)
Gesamtzahl: 18 298

Labrador	266 bedlamers
	172 Erwachsene
	278 andere Robben
»Front« (ganze)*	14638 beaters
	2599 bedlamers
	704 Erwachsene
	1 erwachsene Klappmütze
	5 bluebacks
	351 andere Robben

Die Zahl der Tötungen in 1986 an der »Front« war um 4238 höher als 1985. Am »Golf« blieb sie in etwa gleich.

beater: Jungtier zwischen 3,5 Wochen bis 1 Jahr
bedlamer: Jungtier zwischen 1 Jahr bis 5 Jahre
blueback: Jungtier der Klappmütze bis 1 Jahr
* Diese Zahlen enthalten die Zahlen für Labrador.

---

die Situation in der Dänemarkstraße. Für den Bestand vor Neufundland haben Wissenschaftler geäußert, daß die von ICNAF (International Commission for the Northwest Atlantic Fisheries) ermittelte Angabe von einem stabil gebliebenen Bestand von 100 000 Tieren zwischen 1963 und 1979 unverantwortlich »optimistisch« sei. Nicht weniger Ungewißheit herrscht über die Population von Jan Mayen, wo aber eine Abnahme der Geburtenrate nichts Positives ahnen läßt.

Der amerikanische Biologe Scheffer schätzt die weltweite Kopfzahl in den fünfziger Jahren — nach einem Fangstopp in der Folge des Zweiten Weltkriegs und vor der intensiv einsetzenden Nutzung im Nordatlantik während der fünfziger und sechziger Jahre — auf nur 300 000 bis 500 000. Insgesamt müssen die Bestände zumindest zwischen 1963 und 1979 trotz mittlerweile beschlossener Schutzmaßnahmen weiterhin abgenommen haben. Zu den Schutzmaßnahmen gehört: ein Verbot von 1965,

Klappmützen im Golf von St. Lorenz zu töten, desgleichen seit 1961 für Norwegen auf den Liegeplätzen während des Fellwechsels in der Straße von Dänemark. Trotzdem wurden im Golf zwischen 1965 und 1981 noch im Schnitt mindestens 140 pro Jahr getötet. Fänge sind auch aus der Straße von Dänemark bekannt. Quotierte und saisonal beschränkte Regulierungen, wie die Sperrung bestimmter Gebiete, gelten seit 1974 auch für Neufundland — zumindest auf dem Papier. Für Jan Mayen existiert seit 1958 ein norwegisch-russisches Abkommen, die Jagd auf Klappmützen auf dem Packeis nördlich von Jan Mayen zu verbieten; seit 1967 gelten Weibchen auf den Wurfplätzen als geschützt. Der Erfolg: Bis 1976 waren 23 Prozent des Gesamtfangs führende Mütter.

1975 wurden zwei Versorgungsschiffe in die Davis-Straße geschickt, um 4000 Robben für die Wissenschaft zu töten, woraufhin der wissenschaftliche Berater von ICNAF 1976 empfahl, daß die Regierungen von Norwegen und Kanada das Töten von trächtigen Müttern von großen Schiffen aus verbieten sollten. Apropos »Töten für die Wissenschaft«: Hier zeigten Walfangnationen wie Island, Norwegen und Südkorea anläßlich der Tagung der »Internationalen Walfang Kommission« (IWC) von 1986, wie ideal geeignet doch eine solche Formulierung ist, um kommerzielle Verbote zu umgehen. Das Deckmäntelchen der Wissenschaft macht so manches möglich. Zum Beispiel, daß sich allein Island trotz eines weltweiten Fangverbots zu kommerziellen Zwecken eine Quote von 200 Walen genehmigt — für die Wissenschaft, versteht sich. Da aber Forschung nun mal so teuer sei, müsse man das Fleisch aber auch beispielsweise nach Japan exportieren dürfen . . .

Die offensichtliche Notwendigkeit, internationale Schutzmaßnahmen und Kontrollmöglichkeiten einzuleiten, rief 1983 die Bundesrepublik Deutschland nach einem Vorschlag der »Gesellschaft zum Schutz der Meeressäugetiere« auf den Plan. Der Anlaß: die vierte Tagung zum internationalen »Washingtoner Artenschutzübereinkommen« (WA). Aber wie bereits erwähnt, torpedierten die Kanadier den Vorschlag, alle Hundsrobben auf Anhang II WA zu listen, um eine bessere Kontrolle über den internationalen Handel aller Hundsrobben zu haben, deren Produkte im zugerichteten Zustand, wie die Pelzbranche sagt, nicht ohne weiteres zu unterscheiden sind. Mit derselben Einsatzbereitschaft schoß Kanada auch 1985 in der folgenden WA-Tagung einen weiteren Versuch Schwedens ab, doch wenigstens die Klappmütze auf Anhang II WA aufzunehmen. Wen wundert es da noch, wenn Schutzorganisationen dem Land mit einem angeblich hervorragenden Wildlife-Management, wie es selber immer wieder beteuert, nicht über den Weg trauen.

Nach einer guten Woche geht die kurze Expedition auf Prince Edward Island für mich zu Ende. Auch das IFAW-Team wird seine Zelte bald abbrechen. Wir alle können aufatmen. Im Jahr 1985 hat das kanadische Fischereiministerium (Department of Fisheries and Oceans, Ottawa) zwar mit derselben Sturheit und Ausdauer wie alle Jahre wieder für Sattelrobben und Klappmützen eine Fangquote von rund 180 000 errechnet und verkündet, doch interessierte diese nicht einmal mehr die Robbenschläger selber. Klappmützen waren schon lange nicht mehr in so hohen Zahlen zu finden wie freigegeben, und der Markt für whitecoat und blueback war ja ohnehin dahin.

Den Anfang hatten 1972 die USA mit dem generellen Einfuhrverbot für Produkte von Meeressäugetieren durch den »Marine Mammal Protection Act« (MMPA) gemacht. Neuseeland folgte 1978 mit einem Einfuhrverbot für Robbenprodukte. Ab 1982 boykottierte Schweden den Import aller Felle von Jungrobben im Rahmen einer freiwilligen Einigung von Händlern. Zum Tüpfelchen auf dem i aber wurde die EG-Richtlinie von 1983, denn »Verkäufe nach Europa beliefen sich traditionell auf ungefähr 80 Prozent des Marktes für Produkte von Sattelrobben und Klappmützen«, so lautete eine Stellungnahme dazu in einer kanadischen Broschüre (»The Atlantic Seal Hunt«). Doch sei an dieser Stelle nochmals darauf hingewiesen, daß wir anläßlich unseres WA-Antrags von der kanadischen Regierung über die kanadischen und norwegischen Schutzmaßnahmen belehrt wurden. Ich erlaube mir aber eine Anmerkung: Gesetze halten nicht immer, was sie versprechen. Daß Kanada da eine Ausnahme macht, kann ich mir nicht denken.

Mein Engagement für die Babyrobben kam über Nacht. Zunächst wollte ich nicht so recht ran an dieses Thema, in dem Emotionen längst ein große Rolle spielten, um das sich längst alle mir bekannten Tier- und Naturschutzorganisationen kümmerten. Doch plötzlich begannen sich die Ereignisse zu überschlagen. Nach unserem Wal-Sieg von 1981, der, wie bereits erwähnt, den Handel mit international gefährdeten Walen einen gesetzlichen Riegel vorschob, bauten immer mehr internationale Schutzorganisationen den Kontakt zu unserer 1977 gegründeten kleinen »Gesellschaft zum Schutz der Meeressäugetiere« (GSM) auf.

Mit dankenswerter Kollegialität wurden wir auf die »mailing list« besonders von schon lange professionell arbeitenden amerikanischen Gruppen gesetzt, so daß ein ganz anderer Informationsfluß zustande kam, als ich mir dies je hätte träumen lassen.

Eines Tages besuchte mich wie aus heiterem Himmel der britische Europaparlamentarier Stanley Johnson, um

Hamburg, 15. September 1982

Sehr geehrter Herr Narjes, für Ihre bisherigen Bemühungen im Streit um ein Handelsverbot für bestimmte Robbenarten möchte ich mich im Namen vieler Engagierter bedanken. Wie Sie sicher wissen, ist jetzt auch die Gesellschaft zum Schutz der Meeressäugetiere mit diesem Problem befaßt.

Mit ist durchaus bewußt, wie schwierig hier eine Lösung herbeizuführen ist, zumal in dieser Frage viele Emotionen mitspielen und das Problem politisch hochgeschaukelt wird. Nicht nur im Interesse des Artenschutzes, sondern auch, weil Millionen Menschen inzwischen protestieren, möchte ich Sie höflichst und dringend bitten, dem Naturschutz bei den anstehenden Beratungen der EG-Kommission Ihre ganze Unterstützung zu geben.

Unser von vielen Politikern aus allen Parteien, von Naturschützern und auch von der Pelzwirtschaft in der Bundesrepublik gestütztes Anliegen ist es, ein EG-Handelsverbot für »Baby-Robben« zu erreichen. Außerdem möchten wir, daß alle Hundsrobben nur noch kontrolliert gehandelt werden. Ein Handel mit der Klappmützen-Robbe sollte generell verboten werden.

Im Frühjahr 1983 wird, wie Sie wissen, die vierte ordentliche Vertragsstaaten-Konferenz des Washingtoner Artenschutz-Abkommens zusammentreten, und damit bietet sich für die EG eine vorzügliche Gelegenheit, politisch tätig zu werden. Wir werden unser Anliegen auch dem Bundesministerium für Ernährung, Landwirtschaft und Forsten vorlegen. Von der kanadischen Drohung mit einem Fischerei-Boykott sollten wir uns nicht allzusehr beeindrucken lassen. Mir scheint es zweifelhaft, daß sich ein solcher Boykott durchhalten läßt. Allein in der Fischerei ist es doch so, daß Kanada mehr als das Doppelte in die Bundesrepublik exportiert, als unsere Flotte dort fängt.

Selbst wenn Kanada weiterhin damit argumentiert, daß die Robben zuviel Fisch wegfressen, kann dieses Alibi doch nicht für uns bindend sein. Übrigens ist dieses Argument auch erst auf dem Tisch, seit Politiker, Tier- und Naturschützer sich für die Robben einsetzen. Wie viele andere Wissenschaftler kann auch ich nicht an die kanadische Rechnung glauben, denn schließlich ernähren sich die Robben nicht nur von Nutzfisch. Dazu noch ein Vergleich: Allein in der Nordsee werden pro Jahr 2,5 Millionen Tonnen Fischereierzeugnisse gefischt, während die Robben nur 4500 Tonnen fressen — Gammel inbegriffen.

Bitte verstehen Sie mich richtig. Ich versuche nicht, Argumente an den Haaren herbeizuziehen, sondern, ohne an dieser Stelle Anspruch auf Wissenschaftlichkeit zu erheben, menschliche Beweggründe anzuführen. Ich bin durchaus der Ansicht, daß man eine Art, die nicht gefährdet ist, auch nutzen soll. Kein Tierfreund aber kann verstehen, daß mehr Tiere als unbedingt nötig sterben müssen; kein Naturschützer kann verstehen, daß eine Art erst anhand bestimmter Kriterien gewissermaßen selbst nachweisen muß, daß sie durch den Handel bedroht ist. Und natürlich kann niemand verstehen, wenn auf der einen Seite um Fischquoten gebangt wird und auf der anderen Seite Fisch aufgrund der EG-Marktordnung vernichtet wird.

Es wäre sehr zu begrüßen, wenn durch eine politische Entscheidung in der Frage der Robben endlich Ruhe einkehren würde. Deshalb bitte ich Sie noch einmal, unser Anliegen tatkräftig zu unterstützen.

Mit freundlichen Grüßen

Ihre

Petra Deimer

mich für die Robben-Sache zu gewinnen. Es dauerte nicht lange, dann folgten ihm zunächst ein Anruf, dann ein Besuch von Brian Davies, dem Chef des »Internationalen Tierschutz-Fonds« (IFAW), in Begleitung seiner Frau Gloria. Der Überredungskünstler schenkte mir zum Abschied sein Büchlein »Laßt die Robben leben« mit der Widmung:

»Für Petra Deimer — Bitte tu für die Robben, was Du für die Wale getan hast.« Wie es das Schicksal so wollte, sollte ich dann für eine der größten Illustrierten auf unserem Markt einen großen Report über die Robben-Szene schreiben. Um fair zu sein, recherchierte ich freilich auch auf der sogenannten anderen Seite, der Pelzbranche. Zunächst wollte ich einfach nicht glauben, daß der whitecoat auf dem deutschen Markt überhaupt keine Rolle spielte. Das Fell sei deutschen Frauen nicht edel genug, es würde im Regen häßlich werden, weil es sich wie dauergewelltes Haar kräusele . . . es sei schließlich nur ein Embryonalfell, dem schon von Natur aus schnell die Haare ausfallen . . .

Meinen Artikel, den ich nach einer wirklich »schweren Geburt« endlich, wie ich meinte, druckreif abgeben konnte, wurde mir in einer Art und Weise umgeschrieben, daß ich nichts von meinen mühsamen Recherchen wiederer-

Als »Beater« bezeichnet der Fachhandel das Fell einer vier Wochen bis zu zwei Jahre alten Sattelrobbe (oben). Der »Saddler« stammt von erwachsenen, mehr als vier Jahre alten Tieren (unten).

kannte. Niemand hatte mir abkaufen wollen, daß ich die deutsche Pelzbranche nicht für das Töten auf dem Eis verantwortlich machte. Jahrein, jahraus hatten in diesem Tenor sich gleichende Artikel die Blätter gefüllt, wobei sich natürlich einer auf die Informationen des anderen verlassen hatte.

Mein Text erschien also in einer Fassung, daß er sich von anderen nicht unterschied. Darüber war ich letzten Endes gar nicht böse, schließlich hatte ich auch nicht die Absicht, neuerdings für die Pelzindustrie eine Lanze zu brechen.

Aber, ob man es glaubt oder nicht, auf einmal trat Hilfe von unerwarteter Seite auf den Plan: vom »Verband der Deutschen Rauchwaren- und Pelzwirtschaft«, wenn auch nicht aus ganz uneigennützigen Motiven. Aber das hätte wohl auch kaum jemand erwartet. Jedenfalls machten sich die Pelzleute stark für unseren WA-Antrag (genehmigungspflichtiger Handel durch Listung auf Anhang II »Washingtoner Artenschutzübereinkommen« zwecks besserer Kontrolle über tatsächliche Ein- und Ausfuhren, vgl. Anhang) und mehr noch: Sie engagierten sich für ein Importverbot für die Produkte von Jungtieren der Klappmütze und Sattelrobbe.

Wie es das Schicksal noch weiter wollte, schrieb kein Geringerer als der bayerische Ministerpräsident Franz Josef Strauß zu meinem Artikel einen Leserbrief mit folgendem Wortlaut:

»Die Robbenmassaker erfüllen mich mit tiefem Abscheu. Ich habe kein Verständnis dafür, daß dieses Töten als Jagdmethode bezeichnet wird. Mit waidgerechter Jagd hat dieses Abschlachten absolut nichts zu tun. Ich bin dafür, daß die gefährdeten Robbenarten in das Register des Washingtoner Artenschutzabkommens aufgenommen werden. Ich halte jedoch nichts davon, daß ein Einfuhrstopp sich auch gegen die einheimische Polbevölkerung richtet, deren traditionelle Jagdmethoden weder grausam sind noch eine Bedrohung für den Bestand der Robben darstellen.«

Franz Josef Strauß, Ministerpräsident

Damit war eine Strategie geboren: Ich bat Herrn Strauß, sich bei der EG-Kommission dafür einzusetzen, ein Einfuhrverbot für die Mitgliedsländer durchzudrücken. Der Bayern-Chef machte kurzentschlossen mit — und zog natürlich andere Politiker nach sich, zumal in deutschen Landen gerade Wahlkampf war. Zugleich bombardierten auch andere Schutzorganisationen die EG, und ein guter Freund und Journalist, Sigmar Schelling, ermöglichte mir, in einer gewichtigen Sonntagszeitung den auf der vorhergehenden Seite abgedruckten offenen Brief an den zuständigen EG-Kommissar zu veröffentlichen.

Im Grunde genommen gab es längst weder bei »Freund« noch bei »Feind« Gegner eines Importverbots, wie es Schweden auch bereits eingeführt hatte und manche EG-Länder im Alleingang anstrebten. Die Bundesregierung aber tut sich als »Vorreiter« bei — ganz gleich, welchen — Entscheidungen immer sehr schwer, so daß wir nur mit anderen Mitgliedsländern der Europäischen Gemeinschaft gemeinsam handeln konnten. Solange nicht alle Europäer die Meinung der Bundesrepublik teilen, hat sie kaum Courage zu konsequentem Durchgreifen, was naturgemäß kaum oder nur nach endlosem Tauziehen und Anpassen beziehungsweise Aufweichen von Gesetzen oder Verordnungen möglich ist. Dies zeigt sich leider oft genug; ein Beispiel: Nur weil in der EG keine Einigung über das Katalysator-Auto zu erzielen ist, fahren wir munter weiter verbleit.

Ein Land, das schon eher Gesetze schnell vom Tisch kriegt, weil sein Volk für ihre Durchsetzung auf die Barrikaden geht, ist zum Beispiel Italien. So hatten die »Römer« noch 1982 eine Regulierung für die Babyrobben parat: Sie verlangte eine Mindestlänge für Felle, und diese ist so »mindest«, daß unter ihr — außer Frühgeburten — Sattelrobbenbabies gar nicht auf der Welt sind.

Das Ergebnis unserer EG-Verhandlungen: die Richtlinie von 1983 (siehe Anhang). Diese Richtlinie wurde 1985, nach der abgelaufenen Frist, wiederum verlängert, auch wenn Kanada mit allen möglichen Androhungen aufzuwarten wußte, wie zum Beispiel der des Fischboykotts. Allerdings fällt es nicht nur mir schwer, an eine solche Maßnahme zu glauben.

Immerhin gilt Kanada nach eigenen Worten als »das führende Fischland der Welt« und ist daher auf Länder angewiesen, die den Fisch auch kaufen. Zu denen zählen in Europa als Großabnehmer die Bundesrepublik Deutschland und Großbritannien. Welche Bedeutung der Boykott von Fischimporten für Kanada hat, zeigte sich nicht zuletzt, als der Internationale Tierschutz-Fonds in Großbritannien seine Mitglieder aufrief, kanadischen Fisch zu meiden.

Da aber eine EG-Richtlinie noch lange kein Gesetz ist, stellte sich nach ihrer Verabschiedung die Frage, wie und von wem sie in der Bundesrepublik durchgesetzt werden muß. Zu der Verteilung der Kompetenzen, die ein wenig staunen macht, siehe nachstehenden Kasten.

Der Wirtschaftsminister initiierte unter Mitarbeit aller Beteiligten einen Arbeitskreis unter der Kurzbezeichnung »Kontrollausschuß Jungrobben« (KJ), dem es tatsächlich gelang, die Beteiligten, sowohl aus der verbrauchenden Zunft als auch Vertreter einiger Schutzverbände, unter einen Hut zu bringen (siehe Anhang).

Zunächst eher wegen einer mißverständlichen Formulierung, später aber auch mit einheitlicher Zustimmung, geht unsere freiwillige Verzichterklärung der Wirtschaftsvertreter heute sogar noch weiter, als das Brüsseler Papier empfiehlt: So sind beispielsweise in der Bundesrepublik Deutschland auch Veredler und Zwischenhändler und die Schuhindustrie betroffen, deren Produkte die EG-Richtlinie nur bedingt anspricht. Und noch besser: Der KJ verbietet die Einfuhr von Fellen der Klappmütze und der Sattelrobbe (whitecoat) bis inklusive drei Monate Alters, während die EG-Richtlinie nur bei der Klappmütze (blueback) dieses Limit setzt. Da in bezug auf Sattelrobben nur von whitecoat die Rede ist, gilt der Schutz genaugenommen lediglich für Tiere, die drei bis zehn Tage alt sind. Denn danach verliert das Junge als »Orergang« seine Haare und heißt als 16 Tage altes — oder junges — Tier »Tanner«. Tanner eignen sich für die Herstellung von Leder.

Die Klausel drei Monate inklusive aber gibt den Robben erst eine reelle Chance, mit heiler Haut von den Wurfplätzen zu kommen. In dem genannten Alter sind sie nicht nur von ihrer Mutter unabhängig, sondern haben sich auch längst von ihrer Geburtsstätte losgesagt, schwimmen selbständig in den Weiten der Meere. Oder anders ausgedrückt:

Ab einem Alter von vier Monaten können die kommerziellen Beutemacher, die gewohnt sind, täglich Dutzende von Tieren in einer Art Akkord zur Strecke zu bringen, nichts mehr anrichten, zumindest nicht, bis nach knapp einem Jahr der zweite Fellwechsel das ein Jahr lang als »beater« bezeichnete Sattelrobbenjunge wieder an einen Strand oder auf eine Eisfläche zwingt, wo es sich jetzt zum »bedlamer« mausert. Dieses gefleckte Fellkleid trägt das Tier, verbunden mit der alljährlichen Erneuerung, nach Beendigung seines ersten Lebensjahres bis zum Alter von fünf Jahren, ehe es sich ganz nach Sattelrobbenart »kleidet« mit dem markanten, schwarz gefärbten Sattel auf hellergrundigem Fell, das zugleich auch von beginnender Geschlechtsreife kundet. Der blueback behält sein Jugendfell ein Jahr. Hierin liegt auch der Grund, weshalb der KJ zunächst überhaupt eine monatsbezogene Beschränkung für die Felle der Jungtiere beschlossen hat.

Sei den deutschen Wirtschaftsverbänden an dieser Stelle von Herzen gedankt für diesen entscheidenden Schritt, den sie zunächst gar nicht so gern wahrhaben mochten. Immerhin verspricht eine solche Regulierung — sofern sie eingehalten wird, versteht sich —, daß es sich tatsächlich nur für Eingeborene lohnt, noch Hand oder Harpune an die possierlichen Tiere zu legen, da sie, wie beispielsweise die Grönländer, nicht auf Massenfang gehen, sondern nur einzelne Tiere fangen.

Richtlinien sind nämlich kein in den Mitgliedstaaten unmittelbar geltendes Recht, sondern sie verpflichten nur die Mitgliedstaaten, den Rechtsgehalt innerstaatlich verbindlich zu machen; dabei sind die Form und die Modalitäten der innerstaatlichen Umsetzung ins Ermessen der Mitgliedstaaten gestellt (Art. 189 EWG-Vertrag).

Nach dem Außenwirtschaftsgesetz ist der Bundeswirtschaftsminister zuständig für die Regelung aller Tatbestände im Außenwirtschaftsverkehr. Er hätte nach meinen Informationen den Inhalt der Robbenrichtlinie mit einer Rechtsverordnung verbindlich machen können. Er wählte jedoch einen anderen, wenn auch ungewöhnlichen und EG-rechtlich nicht unbestrittenen Weg:

Das mit den Kompetenzen ist schon so eine Sache. Zwar hat die Bundesrepublik Deutschland seit dem 6. Juni 1986 ein Ministerium für Umwelt, Naturschutz und Reaktorsicherheit; doch wer meint, daß der Umweltminister damit alle Angelegenheiten des Naturschutzes regelt, ist auf dem Holzweg:

So wacht der Landwirtschaftsminister nicht nur — wie seine Ressortbezeichnung sagt — über Ernährung, Landwirtschaft und Forsten; er hat auch die Fischerei unter sich und damit die Zuständigkeit für die Robben und — o Wunder — die Wale, obwohl Wale ja keine Fische, sondern Säugetiere sind. Da Deutsche weder Robben noch Wale fangen, liegt der Verdacht nahe, daß diese Tiere Gefahr laufen, als Handelsobjekte für die deutschen Fischereiinteressen herhalten zu müssen.

Wenn zum Beispiel der Rhein ausgebaggert und begradigt wird und dabei eines der letzten intakten Rheinauen-Biotope in die Binsen geht, kann der Naturschutzminister zwar mitreden, aber nicht mitentscheiden, weil der Verkehrsminister für die Binnenwasserstraßen das Sagen hat. Überhaupt hat der Bundesnaturschutzminister für den wichtigsten Bereich der Lebensräume für wildlebende Tiere und Pflanzen nur eine sogenannte Rahmenkompetenz — die Kompetenz haben die Länderminister, und diese Länderminister haben zum größten Teil andere Prioritäten, zum Beispiel das Wohlergehen ihrer Landwirte zu verbessern.

Aber selbst dort, wo man eigentlich meinen sollte, daß der Bundesnaturschutzminister nur eigene Kompetenzen hat, nämlich im Artenschutz, hat die »Medaille« viele Seiten:

Für alle Rechtsverordnungen und Verwaltungsbestimmungen, die er zur Durchführung der Artenschutzvorschriften im Bundesnaturschutzgesetz erlassen will, braucht er das Einvernehmen des Wirtschaftsministers, des Landwirtschaftsministers, des Finanzministers oder des Bundesrates;

die Grenzabfertigungen und Kontrollen für geschützte Tiere und Pflanzen erledigt der Zoll in eigener Zuständigkeit; Anweisungen, wie die Kontrollen im einzelnen durchzuführen sind, gibt der Bundesfinanzminister; der Naturschutzminister kann nur bitten;

für die Erteilung von Ein- und Ausfuhrgenehmigungen sind gleich zwei Bundesämter zuständig; das Bundesamt für gewerbliche Wirtschaft für geschützte Arten, die zu gewerblichen Artikeln verarbeitet worden sind, untersteht dem Wirtschaftsministerium, und das Bundesamt für Ernährung und Forstwirtschaft, das für lebende Tiere und Pflanzen zuständig ist, untersteht dem Landwirtschaftsminister.

Der Naturschutzminister — wer es auch immer gerade ist — kann einem fast leid tun, daß er für alle Pannen und miserablen Regelungen die politische Verantwortung trägt, aber für nichts die alleinige Entscheidungsgewalt hat.

NACH BOTSWANA
ZUM SCHUTZ DER ROBBEN

»Rettet die Robben«, »save the seals«, Worte, die die ganze Welt bewegen. Nicht nur am Tag der Robben. Längst ist der Streit um das Sein oder Nicht-Sein der possierlichen Flossenfüßer zu einem Politikum geworden. Die klassischen Robbenfangnationen täten sicher gut daran, die Waffen zu strecken. Bei soviel Volksbegehren können sie aus dem jahrzehntelangen Robbenkrieg nicht mehr als Sieger hervorgehen. Aber dennoch versuchen sie immer wieder, den Tier- und Naturschützern das Handwerk zu legen.

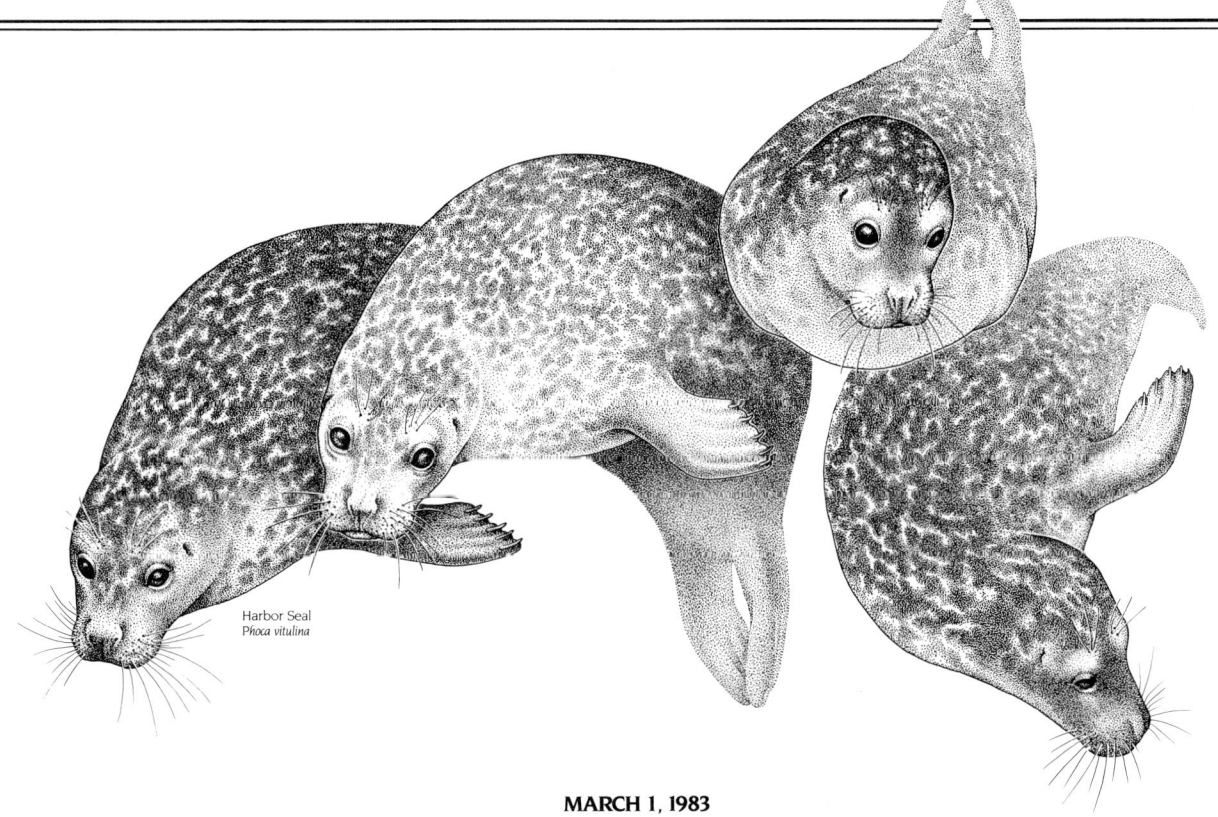

Harbor Seal
Phoca vitulina

MARCH 1, 1983

I N T E R N A T I O N A L
DAY OF THE SEAL

Seal Rescue Fund

Center for Environmental Education
624 9th Street, N.W., Washington, D.C. 20001

Art by Sarah Landry

Botswana. Eine Reise in ein »Traumland« steht bevor. Als ich in meiner Bankfiliale nach der wohl günstigsten Währung für dieses südafrikanische Land frage, verschwindet eine Dame nach der anderen von ihrem Schalter, ohne mir eine brauchbare Empfehlung zu geben. Des Rätsels Lösung: Niemand weiß so recht, wo dieses Fleckchen Erde auf dem schwarzen Kontinent unterzubringen ist, geschweige denn, mir passende Geldnoten zu besorgen. Wir einigen uns auf Dollar.

Zweck meiner Reise ist leider nicht das zauberhafte Okawango-Delta, obwohl wir uns einen Wochenendtrip in das Schlaraffenland der Tiere nicht verkneifen konnten, obwohl uns die Abenteuerlust fast das Leben gekostet hätte, weil unser Buschpilot die Landepiste nicht finden konnte . . . Zweck der Reise ist die vierte Vertragsstaatenkonferenz (1983) zum »Washingtoner Artenschutzübereinkommen« (WA), das den Handel mit gefährdeten Tieren und Pflanzen und mit deren Produkten — von der Mücke bis zum Elefanten — kontrolliert beziehungsweise verbietet. (Näheres dazu siehe Anhang)

Die GSM hatte vorgeschlagen — und das zu dieser Zeit noch zuständige Bundeslandwirtschaftsministerium hatte diesen Vorschlag aufgegriffen —, zum WA folgendes durchzusetzen: alle Hundsrobben auf Anhang II WA zu listen. Diesem Antrag stimmten nicht allein Politiker und Wirtschaftsverbände aller Couleur und Fachrichtung zu, sondern sogar die Pelzbranche. Der Grund: Die Pelzleute hatten es einfach satt, immer den »Schwarzen Peter« zu haben, wenn die Sprache auf Babyrobben kam.

Zwar stimmt gestern wie heute, daß die Bundesrepublik Deutschland als große Industrienation eines der größten Importländer für Felle ist, doch wird das Gros bei uns veredelt oder »zugerichtet«, wie es in der Fachsprache heißt, und dann wieder exportiert. Auch gelangen viele Felle vorübergehend in andere Länder, wie zum Beispiel nach Griechenland, weil sie dort kostengünstiger zu Kleidungsstücken verarbeitet werden können. Eine Listung im Rahmen des WA hätte genaue Auskunft darüber gefordert und gegeben, welche Stückzahlen welcher Arten ein- und ausgeführt und welche Posten nur durchlaufen, ohne auf dem bundesdeutschen Markt angeboten zu werden. Die WA-Listung hätte also Klarheit darüber gebracht, wie viele Robbenpelze von welcher Art tatsächlich an die bundesdeutsche Frau gebracht werden, ohne daß sich die Importdaten zu astronomischen Zahlen addieren, weil sie im Statistischen Bundesamt Wiesbaden bei jedem Grenzwechsel lediglich unter »Einfuhr: Rohe Pelzfelle von Seehunden, Ohrenrobben und Hundsrobben aller Art« erscheinen.

Doch so frohen Mutes wir auch zur WA-Tagung im verträumten Gaborone reisen, so gründlich wurden wir von den kanadischen Abgesandten, deren Delegationsgröße schon an eine Völkerwanderung erinnerte, an die Wand geredet (an die Zeltwand, denn unser »Tagungssaal«

Verband der Deutschen
Rauchwaren- und Pelzwirtschaft e. V.
19. August 1982
Sehr geehrte Frau Deimer,
wir sind erfreut über Ihre Aktivitäten beim Europa-Parlament in Straßburg und bei der EG in Brüssel, ein Handelsverbot für Produkte von Jungrobben zu erreichen. Der Verband der Deutschen Rauchwaren- und Pelzwirtschaft unterstützt dieses Handelsverbot und will alles dazu tun, daß Ihre Gesellschaft dieses Vorgehen wissenschaftlich untermauern kann. Wir unterstützen auch den Antrag der GSM, die Robben durch das Washingtoner Artenschutzübereinkommen, das den Handel international kontrolliert, zu erfassen. Wir haben festgestellt, daß der Handel mit südlichen Seebären (Seals), die ja allesamt im Anhang II des WA stehen, mit den nötigen Papieren einwandfrei läuft. Es steht also zu erwarten, daß, wenn die nördlichen Hundsrobben in das WA aufgenommen werden, ein ebenso reibungsloser und vor allen Dingen kontrollierter Handel stattfinden wird. Uns liegt besonders an der Kontrolle der Bestände bzw. der Im- und Exporte, um auch jederzeit nachweisen zu können, daß wir z. B. Whitecoats gar nicht handeln.
Die Pelzbranche Deutschlands mit ihren 35.000 Beschäftigten hat ein hohes Ansehen in der Welt. Wir wollen davon nichts aufs Spiel setzen, sind aber im Falle Robben bereit, Opfer zu bringen, und unterstützen Ihren Antrag, die Klappmütze für Anhang I WA vorzuschlagen. Wir freuen uns, sehr verehrte Frau Deimer, daß unser Anliegen bei Ihnen in guten Händen ist und unterstützen Ihren Antrag bei der EG-Kommission deshalb auf das Eindringlichste.

Mit freundlichen Grüßen
Walter Langenberger

Wolfgang W. Freund
10. November 1982
Betr.: Robbentran.

Ich gebe Ihnen nachstehend die techn. Daten dieses Öls, das teilweise dem Walöl zugemischt wurde, für das es aber in der Vergangenheit auch spezielle Verbraucher gab, die es regelmäßig zur Herstellung von Ernährungsölen nahmen:

spez.Gew. 0,921-0,934	Erst.Punkt −3 bis +3
Vers.Zahl 185-196	Jodzahl 122-197
Erst.Punkt 13-16 °C	Schmelzp. 14-33

Es scheint, daß es noch Produktion gibt in Canada und sporadisch in Norwegen. Als Robbentran noch gehandelt wurde, hat man nur diese Bezeichnung verwandt, eine Unterscheidung aus Öl verschiedener Spezies der Robbe ist nie gemacht worden. Ich erinnere mich aber, daß es 2 Jahrzehnte zurück mitunter Partien Seelöwenöl gab.

Mit freundlichem Gruß
Wolfgang W. Freund

bestand aus einem aus Südafrika eingeflogenen bayerischen Bierzelt, das neben einem Swimmingpool des Tagungshotels installiert worden war).

»Man sollte die gesamte deutsche Delegation zusammen mit den Robben in ein Eisloch werfen«, schimpfte ein kanadisches Delegationsmitglied, kaum daß der Chairman aus Botswana die Konferenz eröffnet hatte. Mich hätte er vermutlich am liebsten eigenhändig mit der »Hakapik«, dem für whitecoats gebräuchlichen Mordwerkzeug, aus dem Weg geräumt, zumal der wenig galant auftretende Mann auch die am Kommerz interessierte »Hudson Bay Company« vertrat. Neben dem norwegischen Großunternehmer Rieber ließ diese Company alle Jahre wieder ihre eismeertüchtigen Robbenschlachtschiffe in die Kinderstube der Sattel- und Klappmützenrobben in See stechen, bis ihr 1983 ein EG-Importverbot das Geschäft vermasselte, wie bereits geschildert.

Summa summarum hat die kanadische Delegation nach einem bewundernswerten und nachahmenswerten Erfolgsrezept gehandelt. Schon vor der Konferenz sorgten dekorative Rundschreiben auf diplomatischem Wege für Stimmung gegen den bundesdeutschen Antrag. Ohne mit der Wimper zu zucken wurden uns Lug und Trug, unkorrekte wissenschaftliche Arbeit und falsche Dokumentation in die Schuhe geschoben. So erweckte der kanadische Kommentar zu unserem Antrag bei jedem Nicht-Insider beispielsweise den Eindruck, daß wir schon allein deshalb auf dem »Holzweg« seien, weil wir das sogenannte »look alike«-Problem mißbrauchten. (Es ist ein Kriterium, um eine Tier- oder Pflanzenart oder auch verwechselbare Arten auf Anhang II WA zu listen.)

Während unsere Dokumentation davon ausging, daß die Klappmütze durchaus durch den internationalen Handel so weitgehend gefährdet ist, daß sie den traurigen Listenplatz »verdient«, versuchte die kanadische Gegenseite diesen Eindruck zu vertuschen. Statt dessen wurde an den Haaren herbeigezogen, daß wir unsere Argumentation auf einer Verwechslungsgefahr mit dem Fell der ohnehin nicht in den Handel kommenden Mönchsrobbe aufgebaut hätten. Daß wir alle Hundsrobben listen wollten, weil kein noch so guter Spezialist Felle oder Öle im verarbeiteten Zustand unterscheiden kann — und das wegen der Gefährdung der Klappmütze —, wurde von kanadischer Seite immer wieder unter den Konferenztisch gekehrt.

Da half denn auch kein Reden und Lamentieren. Die Kanadier hatten einfach die bessere Lobby, um andere Teilnehmer zu überzeugen. Auch schreckten sie nicht davor zurück, andere Länder, die nur zu gern verbotene Produkte wieder an den Mann bringen wollten, zu unterstützen. So nach dem Motto: Tausche Krokodil gegen Seehund oder Hilfst du mir, dann helfe ich dir — gleich, welche schutzbedürftige Tierart dabei buchstäblich auf der Strecke bleibt . . .

Ganz klar, daß eine solche Rechnung aufgeht, noch dazu, wenn gewiefte Lobbyisten auch das nötige Kleingeld aus der Portokasse mitbringen, um der Reihe nach möglichst alle Delegationen — mit Ausnahme der hoffnungslosen Fälle — zu Plausch und Schmaus einzuladen. Denn soviel ist gewiß: Beim WA sind mehr Länder am Export interessiert als am Import. Schon hier liegt der Hase im Pfeffer. Hinsichtlich seiner Bewohner in den arktischen Regionen, die vom »wildlife« leben, fühlt sich Kanada — zumindest, wenn es in die Interessenstrategie paßt — afrikanischen oder asiatischen Nationen verbunden.

Von tiefer Solidarität und Verbundenheit zeugt in aller Regel auch eine eigens zu folkloristisch angehauchten Darbietungen eingeflogene Truppe smarter Jungs. Allerdings fühlen sich diese »professionellen« Fallensteller, Trapper und Seehundjäger auf internationalem Parkett ganz offensichtlich sicherer als beispielsweise auf dem Eis . . . Ach ja, und mein eigens für den »look alike«-Nachweis mitgebrachtes eingefärbtes Fell einer Sattelrobbe konnten diese Profis genausowenig identifizieren wie das Robbenöl, welches ich für besseres Verständnis mitgenommen hatte.

Obwohl während des gesamten Botswana-Meetings nicht ein Experte die Robbenproben bestimmen konnte, obwohl die für das WA vorauszusetzenden »Berner Kriterien« nur mit Hilfe von Mißverständnissen gegen unseren Antrag gequält werden konnten, haben wir mit Pauken und Trompeten verloren. Unmittelbar vor der Abstimmung zückte Kanada seinen letzten Trumpf: geheime Abstimmung. Damit konnte — wenn er es wollte —

sogar ein EG-Verbündeter trotz EG-Verbots gegen uns stimmen. Niemand wird je erfahren, auf welche Seite sich das immer und ewig von Grönland an der Nase herumgeführte Dänemark letztendlich geschlagen hat. Ich will es auch gar nicht wissen.

Die einheimischen Robbenfänger, ob in Grönland oder Kanada, die nie am großen Geschäft beteiligt gewesen sind, sondern im Einklang mit der Natur zu leben verstehen, haben heute das Nachsehen. Kein Mensch in Europa oder anderswo will mehr etwas mit Robbenpelzen zu tun haben. Sicherlich hätten die Inuit besser daran getan, sich von dem großen kommerziellen Schlachten auch vor der öffentlichen Meinung zu distanzieren, statt sich cirkumpolar selber zu bemitleiden.

Weder bei den großen Naturschutzbewegungen gegen das Mammuttöten noch als der bundesdeutsche Antrag zu einem in Zukunft genehmigungspflichtigen Handel diskutiert wurde, war je die Rede davon, die Naturvölker in die Enge zu treiben. Sie haben sich selber ins Abseits manövriert, haben versäumt, rechtzeitig auf den gravierenden Unterschied zwischen Industrie und Handwerk aufmerksam zu machen.

ENTLANG DER BAJA CALIFORNIA

Entlang der Baja California, die sich vor der mexikanischen Pazifik-Küste erstreckt, leben nur wenige Menschen. Ein paar Fischer betreiben ihr begrenztes Saison-Geschäft. Aber die Küste, mit ihren vorgelagerten Inseln, ist ein Paradies für Tiere. Nicht zuletzt für die geschickten Seelöwen oder die behäbigen See-Elefanten.

Raus aus den Kojen«, brüllt die Stimme vom Käpt'n der »Mascot VI« bärbeißig aus dem Schiffslautsprecher. »Klarmachen zum Ausbooten. Und die Schwimmwesten nicht vergessen.«

Nach tagelangem Tanz auf haushohen, windgepeitschten Wellen sind wir mit unserem Touristendampfer, einem vorübergehend umfunktionierten Sportfischerboot, vor der kleinen Pazifik-Insel San Benito vor Anker gegangen. Nur mit Mühe rappeln sich die meisten der dreißig Passagiere hoch — noch grün und grau im Gesicht. Der »Stille Ozean« hatte sich nicht von seiner ruhigsten Seite gezeigt.

Aber das Abenteuer lockt. Entlang der Baja California, dem knorrigen Landfinger, der sich unendliche Kilometer lang vor der mexikanischen Ostküste erstreckt, sind wir auf den Spuren seltener Tiere. Alle Kameras sind geladen. Mit San Benito steuern wir eine der Hochburgen des Nördlichen See-Elefanten an.

Wie durch ein Wunder haben sich die gigantischen Rüsselrobben in ihrer Welt der vielen kleinen Inseln vor Kalifornien und Mexiko halten, ja sogar wieder erholen können. Nur rund 50 Jahre intensivster Nutzung hatten die Tiere mit der ertragreichen Speckschicht, die bei einem Vier-Meter-Bullen allein 325 Liter Öl liefert, an den Rand der Ausrottung gebracht. »Kommerziell« ausgestorben, lautete 1869 die Diagnose.

Und doch waren auf der Insel Guadeloupe etwa hundert Tiere der Suche nach dem »flüssigen Gold« mit heiler Haut entkommen. Trotz ihrer gefährlich niedrigen Bestandszahl schaffte es diese kleine »Gemeinde«, allmählich wieder von sich reden zu machen. Dank drastischer Schutzmaßnahmen durch die USA und Mexiko konnte sich der »harte Kern« auf Guadeloupe bis 1977 nicht nur zu einer 18 596 Kopf starken Kolonie vermehren, sondern auch die umliegenden, ehedem total geplünderten Inseln wieder bevölkern.

Die ersten Einwanderer trafen vermutlich in San Benito ein, das heute mit den rund 100 000 Riesenrobben in der Bevölkerungsdichte nach der Insel San Miguel an dritter Stelle steht. Wenn auch die früheren Angaben stimmen, haben sich die Rüsseltiere in nur zwanzig Jahren in ihrer Populationsdichte mehr als verdreifacht.

»Ihre Populationsdynamik ist genau das: dynamisch«, schreiben die Autoren Samuel M. McGinnis und Roland J. Schusterman.

Laut knatternd bringen uns die Schlauchboote an den Strand von San Benito, hinter dem sich malerisch und strotzend vor Dreck und Durcheinander ein mexikanisches Fischerdorf in die Landschaftsidylle schmiegt. Überall türmen sich die perlmuttschimmernden Häuser des Meerohrs oder der Abalone, einer delikaten Meeres-

schnecke, zu Haufen. Wie auf der Wäscheleine zum Trocknen hängt schmackhaftes Krebsfleisch.

Kaum setze ich ein Bein auf festen Boden, kommt mir mit der Würde eines Dorfvorstehers, unheimlich gewichtig, ein angestammter Inselbewohner entgegen. Auf allen vieren. Ein Hund. Und was für einer. Offenbar weiß diese Mischung aus Charme und Häßlichkeit haargenau, was Sache ist. Ohne zu zögern heftet sich der Köter aller Köter sofort an meine Fersen und ist durch nichts in aller Welt zu verscheuchen. Auf geht es, zu den See-Elefanten. Immer vorneweg, ohne mich aus den Augen zu verlieren, marschiert mein vierbeiniger »Reiseführer« vom Dienst. Endlich mal wieder einer, der den mühsamen Weg die Felsen rauf und runter nicht scheut, scheint er sich zu denken. Die anderen Abenteuertouristen aus unserer Gruppe haben wir längst abgeschüttelt. Die geben sich gleich mit der ersten Kolonie der gewichtigen Robben, die sich unten am Strand breitgemacht haben, zufrieden.

Plötzlich macht mein »Fiffi« halt, schaut mich vielsagend über die Schulter an und meint zu triumphieren. Vor uns aalen sich wie die Sardinen in einer Büchse jede Menge See-Elefanten. Gar nicht dicht genug können sich die Dickhäutigen gegenseitig auf der Pelle liegen. Hier ein Stück Nachbar als Kopfkissen, da eines zum Zudecken. Der hautnahe Kontakt gibt ein Gefühl der Zusammengehörigkeit, verbreitet Gemütlichkeit. Wenn doch bloß die penetranten Fliegen nicht wären, die immer wieder Unruhe in den schlafenden Haufen bringen. Kaum kratzt sich einer mit den erstaunlich beweglichen, eigentlich zum Schwimmen und Paddeln umkonstruierten »Vorderpfoten« oder Vorderflossen, murren die anderen lauthals auf. Es wird jedoch kein Streit vom Zaun gebrochen. Dazu ist die Gesellschaft viel zu schläfrig. Allenfalls rafft sich einer der Kolosse kurzfristig auf, um seinen unruhigen Nachbarn mit weit aufgerissenem Maul zur Raison zu bringen. Die Drohgebärde genügt, und es kehrt wieder Friede ein. Zumindest unter den Damen. Knallrot wie eine Ampel leuchtet die Signalfarbe im Maul.

Inmitten des Knäuels aus dicken Leibern, graubraun bis schmutzigfarben, der Umgebung angepaßt, entdecke ich ein Baby. Es ist fast schwarz, noch ganz dünn. Hilflos und tolpatschig tastet es sich mit Nase und fast zu groß wirkenden Flossen am Bauch seiner Mutter entlang. Irgendwo muß doch die Milchquelle zu finden sein? Nichts auf der Welt ist für das kleine Wesen wichtiger als trinken, trinken und noch mal trinken. In nur vier Wochen muß aus dem spindeldürren Häufchen ein lebenstüchtiges See-Elefanten-Kind werden, das auf eigenen Flossenfüßen in die ihm nicht immer freundlich gesonnene Umwelt entlassen wird.

Endlich hat es die mütterliche Zitze gefunden und saugt gierig und in vollen Zügen. Noch deutet nichts auf die gehörige Speckschicht unter der Haut, die einem gestandenen See-Elefanten zur typischen »Figur« verhilft, die als Reserve für magere Zeiten dient und natürlich auch schön warm hält. Noch besteht das unschuldige Bündel Leben aus Haut, Fell und Knochen. Sogar der Hals zeichnet sich deutlich ab, bevor er mit fortschreitendem Wachstum unter der Stromlinienform verschwindet. Nur 30 bis 34 Kilogramm bringt das Neugeborene bei einer Länge von 127 Zentimetern — von der Nase bis zum Schwanz — auf die Waage. Aber während der kurzen Säugezeit von knapp vier Wochen unter Mutters Obhut schafft es mit runden 130 Kilogramm das Dreifache, ohne auch nur wesentlich in die Länge zu wachsen. Beide, Mutter wie Kind, sind in dieser Zeit auf Energiesparen eingestellt. Nach Untersuchungen kalifornischer Wissenschaftler fressen die nur für ihren Nachwuchs existierenden Mütter nichts. Um dabei so sparsam wie nur möglich mit ihrer Energie umzugehen, um rund 60 Prozent an den Säugling abgeben zu können, verschieben sie alle Interessen auf später, bewegen sich kaum und schlafen viel.

Dank der mit 41 Prozent zehnmal so fetthaltigen Milch wie der einer Kuh und den 12 Prozent Eiweiß, die die See-Elefanten-Milch beinhaltet, kann das Weibchen seine Mutterpflichten auf dieses Minimum von knapp vier Wochen reduzieren. Das Junge wächst zusehends, verbraucht nur 20 Prozent der aufgenommenen Energie für seinen Stoffwechsel und baut mit der übrigen seine Muskeln und besonders sein Fettpolster auf. Die geplagte Mutter verliert dabei täglich runde 200 Kilogramm an Gewicht. Das machen am Ende der Stillzeit ganze 40 Prozent ihres Körpergewichts aus, die überwiegend aus dem Fettdepot stammen. Sicher ist aber sicher. Die Mutter nimmt ihr Junges nicht mit auf Streifzüge. Wie so viele Robben muß es die Zeit der Entwöhnung mutterseelenallein überstehen.

Sobald sie aber ihre Mutterpflichten erfüllt hat, gönnt sie sich einen ausdauernden Ausflug auf See. Bis zu 22 Stunden pro Tag verbringt eine ausgehungerte See-Elefantin dort tauchend — und fischend. Ihr Junges wäre bei solchen Anstrengungen in seinem zarten Alter höchstgradig überfordert. Es muß jetzt mit einer harten Lehrzeit fertig werden. Je mehr die Speckreserven schwinden, desto größer wird der Zwang, ins Wasser zu gehen, selber fischen zu lernen. Aller Anfang ist schwer, besonders in einem Robbenleben.

Der kleine See-Elefant vor mir in der Bucht hat offensichtlich jetzt genug getrunken. Matt rollt er auf die Seite, um ein Nickerchen zu machen. Nun kann sich auch seine Mutter zum Ausruhen auf die Seite legen — und schlafen. Die Arme, jetzt sehe ich ihr eines Auge. Es ist blutunterlaufen. Offenbar hat sie in dem Massengetümmel entweder von einer Kollegin oder von ihrem derzeitigen Herrn und Gebieter unsanft eine verpaßt bekommen . . . Das kommt davon, wenn immer alle auf einem Haufen liegen. Um die 50 »Herzensdamen« trommelt ein gestandener Alpha-Bulle für seine Schäferstündchen gern zusammen.

Plötzlich ertönt ein lautes Rülpsen und Brüllen aus dem Wasser, ein Getöse ohnegleichen. Der alleinige Herrscher über seinen Harem macht sich lautstark durch seine markante Rüsselnase bemerkbar. Sein eindrucksvolles Portrait ist genausowenig zu übersehen, wie seine auf Anerkennung pochende Stimme zu überhören ist. Wagt sich doch da womöglich ein Rivale in die Nähe seiner Weiberschar? Gar einer von den jüngeren Burschen? Der See-Elefanten-Mann versteht da überhaupt keinen Spaß. Immer in Alarmbereitschaft, patrouilliert er mal zu Wasser, mal zu Land im wogenden Robbenschritt an allen Grenzen der Ruhestätte seines Harems entlang. Nicht ein Häppchen Fisch gönnt er seinem knurrenden Magen. Denn soviel ist sicher: Die Konkurrenz schläft nicht. Und auf die Treue seiner Frauen kann er auch nicht bauen. Die sind für Seitensprünge leicht zu haben.

Reichlich Mühe hat es diesen Herrn der Schöpfung schon gekostet, sich gegenüber seinesgleichen durchzusetzen. Schon in den ersten Dezembertagen hat er seine Nahrungsgründe in den Weiten des Pazifik verlassen und sich zielstrebig in Richtung San Benito auf die Flossenfüße gemacht. Immer der dicken Rüsselnase nach, die für den Namen See-Elefant verantwortlich zeichnet. Kaum in einer seichten Bucht vor Ort angekommen, gehen die Probleme schon los. Alle Männchen wollen den besten Platz, auch die, die in den Augen der älteren und erfahrenen vielleicht noch viel zu grün hinter den Ohren sind. Da ist aber auch keiner, der freiwillig den Rückzieher macht. Kein Respekt. Und keine Spur von Nächstenliebe.

Mal im Wasser, drehen und wälzen sich die klobigen, aber ganz schön behenden Kolosse schnaubend und prustend. Das Meer scheint zu kochen, überzulaufen. Schon bald aber verlagert sich der Kampfplatz wieder an den Strand. Vor Erregung und Spannkraft wabbelnd und wogend wuchten die rund drei Tonnen schweren und über fünf bis sechs Meter langen Kerle ihre Oberkörper empor, brüllen und prusten, schnauben und trompeten selbstbewußt ihre ohrenbetäubende Botschaft in die Weite zwischen Brandung und Meer. Ob dabei die Rüsselnase als Resonanzboden dient oder lediglich einem eindruckschindenden Imponiergehabe, ist noch umstritten. Auf mich jedenfalls macht soviel Masse gewaltig Eindruck.

Wenn alles Drohen und Imponieren dem Gegner noch immer nicht auf die Sprünge hilft, fliegen mitunter auch unter wildem Geplansche und Gefletsche die Fetzen. Mit aller Wucht ihrer fetten, fleischigen Körper schlagen sich die Kontrahenten gegenseitig die stiernackigen Hälse und Köpfe um die Ohren, reißen sich mit ihren kräftigen Zähnen blutigklaffende Wunden in den Speck. So mit den Jahren tragen die Geübtesten unter den »Ringern und Catchern« ein eindrucksvolles Band von Pocken und Narben um Brust und Hals.

Irgendwann gibt der Schwächere nach, selten muß ein Kämpfer mit dem Leben bezahlen. Der Verlierer zieht sich zurück und respektiert den »Herrensitz« des Dickeren, Fetteren, Stärkeren, des Alpha-Bullen. Klar, daß der Verlierer die Niederlage nicht einstecken will, trieft ihm auch noch so rot die entmutigt schlaff herabhängende Imponiernase in der eigenen Blutlache. Die Show muß weitergehen. So schnell ihn die Flossen tragen, versucht er einen anderen beeindruckenden Platz zu ergattern — es muß ja nicht gleich die Prominentenloge sein.

Nach Untersuchungen auf Año Nuevo, der Neujahrsinsel von Santa Cruz, werden 90 Prozent aller »heiratsfähigen« Weibchen von nur vier Prozent der Bullen gedeckt. Wer keinen Platz hat, kriegt auch keine Weibchen. Wer nicht zu den Eroberern zählt, muß auf den »Verlierer«-Strand am Rande der Kolonie oder sogar auf eine andere Insel ausweichen — ins Zölibat. Der Biologe Prof. Burney Le Bœuf fand heraus, auf Año Nuevo passiere es nicht selten, daß solche frustrierten Junggesellen durchdrehen und beispielsweise um 30 bis 50 Prozent nach der Säugezeit abgemagerte und geschwächte Weibchen verfolgen und vergewaltigen. Nicht selten endet ein solcher Angriff mit dem Tod des Weibchens.

In aller Regel treffen die Weibchen, jetzt hochschwanger vom Vorjahr, ein paar Wochen nach den Männchen ein, die mittlerweile Klarheit über die »Sitzverteilung« geschaffen haben. Es ist Ende Dezember, Anfang Januar. Sogleich gruppieren sich die Weibchen um die Alpha-Bullen, um unter deren Obhut und in deren Revier ihr Junges zu gebären. Da die Mütter erst gegen Ende der Stillzeit wieder paarungsbereit sind, müssen sich die rastlosen Paschas noch knapp vier Wochen in Geduld üben. Obwohl sich die Mütter so aufopfernd und unermüdlich um ihren Nachwuchs kümmern, müssen dennoch 10 bis 40 Prozent der Neugeborenen sterben. Beim Südlichen See-Elefanten rechnet man sogar mit rund 50 Prozent, zumal hier auch noch das Meer mit Eis und Schnee seine Opfer fordert. Manche Jungen werden im Eis zerquetscht. Aber auch bei den Nördlichen See-Elefanten gehen Junge im Gedränge und Gewühle der schwerfälligen Leiber verloren, werden von sich immer wieder prügelnden Bullen

niedergewalzt oder auch von einer Flutwelle aus ihrer Kinderstube gerissen.

Wie es sich gehört, liegen am Rande der Kolonie, auch einige Buchten weiter weg, Halbwüchsige. Sie mögen vielleicht zwei Jahre auf dem speckigen Buckel haben. Es sind junge Männchen. Erst mit vier bis fünf Jahren kommen sie in die Pubertät, und wenn sie Glück haben, dürfen sie ab einem Alter von neun oder zehn Jahren einen Harem gründen. Die Weibchen schenken schon mit drei bis fünf Jahren zum erstenmal einem Kind das Leben.

Die jungen Burschen haben zwar mit dem Fortpflanzungsgerangel noch lange nichts zu tun, aber sie probieren es schon mal aus. Sie rümpfen ihre Nasen, die noch lange nicht groß genug sind, um zu imponieren. Sie richten ihre Oberkörper kerzengerade auf und fallen einander gegenseitig um den dicken Hals. Im Spiel üben sie schon mächtig die später wichtigen Rivalitätskämpfe. Es sieht viel schlimmer aus, als es ist.

Dennoch haben gerade die männlichen Tiere eine erstaunlich hohe Sterblichkeitsrate. Nach Untersuchungen des Wissenschaftlers Le Bœuf starben auf Año Nuevo zwischen 1968 und 1973 50 Prozent der vollständig erwachsenen Männchen und 42 Prozent, die sich noch in der Pubertät befanden. Bei den Weibchen ist die Sterblichkeitsrate deutlich niedriger. Warum so viele Tiere sterben, ist noch nicht erwiesen. Angriffe von Haien und Schwertwalen sind denkbar; das Ausmaß aber unbekannt. Ein paar Tiere gehen auch drauf, weil die Fischer sie hassen — und töten, wie so oft in dieser Welt.

Neben den spielerischen Kämpfen, schlafen und noch mal schlafen, führen die Tiere eine weitere besonders komische Angewohnheit vor. Obwohl sie ohnehin nicht einen Schönheitspreis gewinnen könnten mit allen ihren Narben von den Balgereien und vom Herumrutschen auf kantigem Gestein, mit all den unzähligen Fliegen, die ihnen auf Haut und Haaren herumwimmeln, mit den in Fetzen abschilfernden Hautlappen, tun sie noch ein übriges: Unermüdlich schaufeln sie sich mit den Flippern nassen Sand auf ihren Körper, der dadurch auch nicht gerade an gepflegtem Aussehen gewinnt. Der Sand ist schmutziggrau, braun, schwarz, vulkanischen Ursprungs. Die Tiere haben etwa dieselbe Farbe, vermutlich, um nicht aufzufallen.

Natürlich tun die müden Dickerchen dies nicht ohne Grund. Wie die Mönchsrobben leben sie in den heißesten Regionen — und haben weniger das Problem, ihre für Säuger typische Körperwärme dank der dicken Speckschicht zu halten, als das, in der glutheißen Sonne Körperwärme abzugeben. Eine Lösung besteht im »sandflipping«, sich also in der Brandungszone nassen Sand auf den Körper zu schippen. Wenn auch diese Mühe nicht

mehr hilft, auch nicht, sich möglichst gar nicht zu bewegen, wie für Mönchsrobben typisch, dann bleibt nur noch die Flucht ins kühlende Meer. Es sei denn, es läßt sich in unmittelbarer Umgebung noch ein schattiges Plätzchen finden. Allein durch körpereigene Temperaturregulierung schaffen die Nördlichen Elefantenrobben wegen ihres Fetts an heißen Tagen keine ausreichende Abhilfe, auch wenn sie nur so spärlich behaart sind.

Andersherum geht so manches leichter: Wird es den Dickhäutigen beispielsweise an Land zu kalt, robben sie dichter aneinander und halten sich — wie auch die Walrosse — gegenseitig warm. Von diesem Verhalten wissen mitunter auch die in derselben Umgebung lebenden Seelöwen — wie an der Baja California — zu profitieren. Kurzentschlossen sammeln sie sich zwischen den Dicken und vermeiden dank des dichten Körperkontakts größere Wärmeverluste als unbedingt nötig. Da die Seelöwen, anders als die ihnen sehr ähnlich sehenden Seebären, keine wärmende Unterwolle im Fell haben, sind sie eher der Kälte ausgesetzt. Ein fehlendes »Kuschelfell« mag erklären, warum See-Elefanten, Walrosse und Seelöwen gern eng zusammenrücken, während sich Seebären zwar wegen ihrer polygamen Lebensweise auf bestimmten Wurf- und Liegeplätzen versammeln, wenig Wert aber auf engen Körperkontakt zu legen scheinen.

Wenn die Sonne einem Seelöwen dann doch zu heiß auf den Pelz brennt, verzieht er sich in Richtung kühlendes Naß. So kann es, wenn das Maß voll ist, vorkommen, daß eine eben noch bis auf den letzten Platz besetzte Klippe innerhalb von Minuten wie leergefegt aussieht, weil alle die brütende Hitze meiden. Nicht anders ergeht es den nahen Verwandten auf den Galapagosinseln, wo das Thermometer in der Sonne leicht auf 35 bis 50 Grad Celsius klettern kann. Es scheint, daß die nicht besonders gut mit physiologischen Regulationsmechanismen ausgestatteten Seelöwen Hitze nur wenige Stunden ertragen. Sobald ihr Fell naß ist, fühlen sie sich — auch zurück an Land — gleich wieder wohler.

Die Hinterflosse kann Wärme abgeben.

Eine andere Lösung besteht freilich auch darin, sich möglichst in der Brandungszone mit sprühender Gischt niederzulassen. Dabei bietet es sich an, die nackten Flipper, die dank ihres Blutgefäßsystems als Wärmeaustauscher funktionieren können, möglichst platt und lang auf den feuchten Boden zu legen oder aber sie wie Wedel in den kühlenden Wind emporzustrecken. Nach King kann auch eine weitere Feuchtigkeitsquelle Linderung schaffen: der eigene in den Sand entlassene Urin.

Wie auch bei Walen in der Schwanzflosse oder »Fluke« befindet sich wohl die wichtigste »Klimaanlage« aller Robben in den Hinterextremitäten. So spreizen Hundsrobben ihre — wie auch bei Ohrenrobben — mit reichlich Blutgefäßen versetzten Flossen zu einem offenen Fächer und transportieren viel wärmebringendes Blut vom Körperinneren an diese »Abgabestelle«. Wollen die Tiere dagegen ihre Körperwärme konservieren, dann klappen sie diese »Heiz- oder Kühllamellen« zusammen und bremsen die Blutzufuhr in diese Zone. Ohrenrobben klappen ihre »Paddel« unter ihren Körper.

Die eigentlich simple Raffinesse dieser anatomischen Spezialität entsteht durch »arterio-venöse Anastomose«, ein stattliches Netzwerk von größeren Gefäßen gleich unter der Haut. Besonders bei den Hundsrobben — bei Seelöwen weniger — erstreckt sich dieses Netz auch über den ganzen spärlicher behaarten Körper zwischen Blubber und Haut. Schneller als über feine Kapillargefäße erlaubt diese Anastomose eine schnelle Blutzufuhr an die Außenbezirke des Körpers — und damit einen schnellen Temperaturaustausch mit der Umgebung.

Eine märchenhafte Idylle umringt mich. Ich sitze in den felsigen Klippen. Unter mir braust und tost die unbändige See. Nicht ein Moment gleicht dem anderen. Das Meer, es lebt, es bewegt sich ewig. Plötzlich kommt Hektik auf. Ausgerechnet mein rabaukiger Begleiter, der mexikanischen Fischern gefolgte — und jetzt für ein paar Minuten oder Stunden mir gehörende — Köter, scheint in dieser Einöde den großen Showmaster spielen zu wollen. Wie von einer Tarantel gestochen rast er auf einen der gigantischen Meeressäuger zu, laut kläffend, was immer seine Stimme hergibt. Das ist nicht »viel Lärm um nichts«. Mein Reiseführer scheint sich des Effekts seiner Vorführung bewußt. Triumphierend schaut er mich an. Greift an. So schnell ihn seine kurzen Beine tragen, rast er auf die ruhenden See-Elefanten zu. Er versetzt Berge — Berge von Speck — in Bewegung. Die eben noch dahindösenden Kolosse sind aufgeschreckt, außer sich. Sie wölben ihre massigen Körper zur Drohstellung, reißen wütend das Maul auf. Den Hund freilich kostet ein solches Verhalten ein heiseres Bellen, ist dies doch schließlich nicht seine Sprache.

Und wendig genug, um einem sich etwa in Marsch setzenden Kämpfer auszuweichen, ist der kläffende Abenteurer schon lange. Auch von dem Gesetz, das zwischen den Dicken und den Touristen sechs Meter Abstand verlangt — um beide voreinander zu schützen —, hält mein vierbeiniger Begleiter wenig.

Der Köter schaut nur auf mich. Ob er mir wohl mit soviel Heldenmut imponieren kann? Er kann. Ich amüsiere mich auf das köstlichste, zumal ich weiß, daß seine Bißwunden, zu denen er sich steigert, um die See-Elefanten auf Trab zu bringen, den Dickhäutigen nicht viel anhaben können. Das bißchen Wunde stört allenfalls, nachdem sich das lästige Fliegenpack eingenistet und eine Brutstätte gefunden hat. Bei See-Elefantens — das ist nicht zu übersehen — heilen die unglaublichsten Wunden, wie von Schwertwalen oder angriffslustigen Seebären, wenn diese kein Weib abgekriegt haben. Solche wirklich barbarischen Szenen mußte ich auf den Falklandinseln mit ansehen. Doch dazu später . . .

Ich muß mich auf die Socken machen. Mein Schiff wartet. Die »Mascott« will weiter — zu den Grauwalen. Auch mein Touristenführer ist anscheinend der Meinung, ich müsse mich nun aber sputen. Schwanzwedelnd animiert er mich, ihm in Richtung Hafen zu folgen. Ich folge.

Kaum am Anleger angekommen, schlägt meine eben noch beste Stimmung jäh um. Trandösiger als alle See-Elefanten gammeln die hier nur zur Saison wohnenden Fischer am Strand herum, zu träge, um den eigenen Dreck wegzuräumen. Irgendwo dahinten sehe ich plötzlich etwas flattern, verzweifelte Flügelschläge. Voller Entsetzen gehe ich näher. In den Netzen und Haken hat sich hoffnungslos und zum langsamen Tod verurteilt eine Möwe in dem zähen Garn verstrickt. Je länger sie um ihr Leben zappelt und flattert, desto verteufelter hält sie sich selber gefangen.

Ich kann das nicht mit ansehen, fange an zu zetern. Die Fischer begreifen mich nicht. Soll er doch, der doofe Vogel, scheinen sie zu meinen. Erst nach langem Palaver rafft sich ein müder Mexikaner auf und folgt meinen Wünschen. Mit einem einzigen Griff, der ihn wirklich keine Mühe kostete, konnte er den armen, vor Erschöpfung zitternden, aber wie ein Löwe um sein Leben kämpfenden Vogel aus der Todesfalle — von einem Angelhaken — befreien. Nur einer Spur von Fisch war der stolze Vogel auf den Leim gegangen. Aber das hatte ihn fast das Leben gekostet . . .

Wir verlassen die Insel der See-Elefanten. Bald werden sich auch die Tiere, jetzt nicht mehr in großen Verbänden, wieder auf den Weg machen, um zu fischen, um sich insbesondere wieder mit Tintenfisch den leeren Magen vollzuschlagen.

Bis zu 630 Meter tief können die »Fettsäcke« tauchen, um 60- bis 70mal am Tag für runde 20 Minuten unter Wasser zu verschwinden. Damit verbringen diese Supertaucher — neben der Weddell Robbe — täglich immerhin 21 bis 22 Stunden unter Wasser, wie Wissenschaftler der University of California nach Versuchen mit zwei mit Tiefenmessern ausgerüsteten Weibchen herausfanden. Die Vena Cava inferior kann sich offenbar derartig ausdehnen, daß sie ein Fünftel des gesamten Blutvolumens aufnimmt. Sie funktioniert damit als Speicher für die Blutmengen, die während eines Tauchgangs ihren Sauerstoff bereits an bedürftige Organe, wie das Gehirn, das Herz oder das Rückenmark, abgegeben haben.

Wohin die offensichtlich wanderlustigen Robben ziehen, bleibt schwer zu sagen. Irgendwo in den Weiten des Pazifik werden sie sich in ihrem eigentlichen Element treiben lassen, bis sie zwei, drei Monate nach der Fortpflanzungszeit wieder auf ihre angestammten, festen etwa zehn traditionellen Liegeplätze in dieser Region müssen, um den jährlich fälligen Haarwechsel durchzumachen. Etwa zu dieser Zeit, erst drei Monate nach der Empfängnis, nistet sich das befruchtete Ei im Uterus des Weibchens ein. Eine solche Schwangerschaftsverzögerung ist notwendig, damit die Jungen pünktlich nach acht Monaten — oder mit einer kleinen Verzögerung in jedem Jahr von zirka einer Woche — während des kommenden Landausflugs unter der Sonne Kaliforniens das Licht der Welt erblicken.

Wir verlassen also den Tummelplatz der dicken See-Elefanten. Der offenbar immer Gesellschaft suchende Köter schließt sich schnurstracks wieder den Fischersleuten an. Die Vorstellung ist zu Ende. Unsere »Mascot« bringt uns weiter gen Süden, immer an der Küste entlang. Hier und da ein Blas, in der Luft zerstäubender Walatem, der zu Wasserdampf kondensiert, verrät, daß die Grauwale schon lange auf dem Weg in die Lagunen vor dem knorrigen Landfinger sind, auf dem Weg in ihre Kinderstube. Hier, geschützt vor der tosenden See, mit einem gewaltigen Unterwassersog, der dem »Stillen Ozean« nun wirklich keine Ehre macht, werden die Grauwalkühe ihre Jungen zur Welt bringen, sie säugen, bis sie groß und stark genug sind, um den langen Weg in den hohen Norden, in die »fetten Weidegründe« der Arktis, der Mutter folgend, anzutreten. Andere Weibchen, die im Jahr zuvor geboren haben, werden sich hier mit ihren Männchen paaren, auch wenn sie ihren Nachwuchs vom Vorjahr noch gut behütet bei sich wissen.

Als ich am Morgen aufwache, ist es ruhig geworden an Bord. Es ist noch früh, die Sonne aber schon über den Horizont gekrochen. Die Maschinen stehen still. Offenbar sind wir über Nacht vor Anker gegangen, in der Scammon

*Seelöwen sind bekannt für ihre
drolligen Zirkusnummern.
Nicht minder zirkusreif sind
sie in freier Wildbahn.*

Lagoon. Ich wische mir den Schlaf aus den Augen und riskiere erst einmal einen Blick nach draußen. Ich traue meinen Augen kaum. Um mich herum nichts als blasende Wale. Einige sind zu unserem Schiff gekommen, um sich den eigenartigen Besucher näher anzusehen. Andere kümmern sich gar nicht um unsere Anwesenheit. Sie kennen das längst. Alle Jahre wieder kommen um diese Zeit ein paar Boote mit »whale watchers«, Wal-Beobachtern, die viel Geld lockermachen, um die »grauen Felsküstenschwimmer« zu sehen. Nicht viel mehr als einem Zufall ist es zu verdanken, daß diese immer der Küste entlang wandernden Bartenwale nicht längst ausgerottet, in letzter Sekunde vor dem Aussterben geschützt worden sind. Von den Grauwalen, deren Heimat die asiatische Seite des Pazifik war, ist kein Lebenszeichen mehr zu erwarten. Die Walfänger haben bewiesen, daß sie gründliche Arbeit leisten können . . .

Nach dem Frühstück geht es los. Alle Mann in die Schlauchboote, aber mit Schwimmweste, versteht sich. Wenn die Grauwale auch noch so friedlich sind, kann sich doch eine führende Kuh bedroht fühlen und zum Angriff übergehen. Dann allerdings hat meist der Skipper die Schuld. Man muß den Tieren eben nicht gar zu penetrant folgen.

Milchiggrün ist das Wasser. Schaumkronen tanzen auf den Wellen. Es lädt nicht gerade zu einem Bade ein, obwohl die Sonne kalifornien-like und schön warm vom Himmel scheint. Weniger mit der steifen Brise und der wühlenden See als mit einer Schar von Neidern und Dieben hat vor uns im Wasser ein Lebewesen arg zu kämpfen. Man sieht nicht viel mehr als ein wimmelndes und planschendes Durcheinander an der Grenze zwischen Meer und Luft. Auf einmal wird das Bild klar. Ein Seelöwe müht sich verzweifelt ab, Möwen abzuwehren, die mit ihm um einen fetten Fisch streiten, obwohl Seelöwen doch hauptsächlich Tintenfischkost verkonsumieren sollen. Schwer zu sagen, wer schließlich als Sieger den »Ring« verlassen hat.

Während mir dieses Exemplar des Kalifornischen Seelöwen nur einen kurzen Blick in sein Gesicht gestattete, trafen wir später am Strand vor einem mexikanischen Dorf noch einen weiteren Vertreter. Zwischen lauter Müll, Abfall und Dreck schien er sich keineswegs unwohl zu fühlen. Fast konnte man meinen, seine für beide Geschlechter typische schokoladenbraune Färbung sei unecht. War sie aber nicht. Als könnte es etwas Wichtiges versäumen, schaute uns das Tier mit seinen in dem nassen Fell wie übergroß wirkenden wachen Augen unumwunden an. Die steil über der spitzen Schnauze mit dem putzigen Bart stehende Mähne kundete von Manneskraft. Nur einmal tauchte das offensichtlich sehr interessierte und besonders neugierige Tier unter unser Schlauchboot, vermutlich, um sich das Gebilde auch von unten zu betrachten. Uns gab es dabei einen Blick frei auf seinen Stummelschwanz zwischen den latschigen Schwimmfüßen mit der typisch nackten Sohle. Mit einem wedelnden Hund freilich kann ein Seelöwe nicht konkurrieren, aber der verlängerte Steiß zeigt immerhin doch deutlich die Abstammung von ehemaligen Landbewohnern. Als dieser Seelöwe dann auch noch zu einer Sondervorstellung rüstete und eine alte Blechdose auf seiner Nase tanzen ließ, war ich schon fast überzeugt: Das Ende unserer Reise bescherte uns zum Abschied das Zusammentreffen mit einem ehemaligen Zirkusdarsteller.

Plötzlich hatte ich das Delphinarium in Hagenbecks Tierpark vor mir. Die maritime Kulisse auf Beton gaukelt Südseestimmung vor. Wie immer haben sich viele Besucher eingefunden, um sich von den Künsten der Akrobaten der Meere für eine kurze Zeit gefangennehmen zu lassen. Gleich haben die Seelöwen ihren Auftritt. Allerlei Zubehör für die Show steht am Beckenrand parat: die obligatorischen Bälle in verschiedenen Größen, Puppen, Zylinder, Balancierstangen und eine Art Trittleiter mit breiten Sprossen für die nicht eben kleinen Platschfüße, versteht sich. Etwas im Abseits wartet ein Musikinstrument besonderer Klasse: eine Art Hup-Konzertina. Wenn es klappt, hupt darauf ein Seelöwe »Mein Hut, der hat drei Ecken . . .«. Nach dem Fingerzeig von Trainer Kurt Köhrmann oder Albert Wasserthal drückt einer der Stars dazu per Schnauze auf die Tube beziehungsweise den Blasballon.

Gaudi macht ein solches Konzert offensichtlich Tier wie Publikum, auch wenn das Konzert nicht gerade hitparadenverdächtig klingt. Je nach Programm werden die Requisiten nach einer Saison erweitert oder zur

Abwechslung für Tier und Mensch erneuert. Immer dieselbe Nummer würde nicht nur die Besucher langweilen, sondern auch die Akteure. Seit das besonders für Tiere unzumutbare Zeitalter der Menagerie, der reinen Zurschaustellung, gottlob vorüber ist, seit Tierschutz und artgerechte Unterbringung und Haltung — zumindest auf dem Papier — verlangt werden, seit die mexikanische und die US-Regierung den Kalifornischen Seelöwen nur noch mit Genehmigung freigeben, bemühen sich gute Zoos und Zirkusse zunehmend auch um das Wohlbefinden der Tiere. Das Erlernen von Kunststücken und deren Vorführung kann diesen aufgeweckten, intelligenten Tieren mit einem beachtlich guten Gedächtnis im Gefangenenalltag durchaus als willkommene Abwechslung dienen, zumal, wenn neben der »Pflicht« auch die »Kür« zur Geltung kommen darf. Warum auch nicht, sagen sich die Tierlehrer bei Hagenbeck, die eigene Note eines Darstellers kann durchaus für gute Stimmung sorgen. So gehörte dort einmal ein Seelöwe zur Truppe, der grundsätzlich jede präzis einstudierte Show buchstäblich ins Wasser fallenließ, weil er jedesmal zu einer Kurzexpedition in das für die Delphinshow gedachte Becken entwischte. Es schien ihm diebisches Vergnügen zu bereiten, mal eben kurz »loszupowern«. Schließlich sind Seelöwen nicht nur exzellente Taucher, sondern auch Schwimmer, die 15 bis 20 Seemeilen die Stunde schaffen können.

Es ist soweit! Aufgeregt planschen die drei Akteure im hinter dem Delphinarium befindlichen Becken umher. Die Tür geht auf. Nichts wie hin, scheinen die drei Stars zu denken, versprechen doch die lockend parat stehenden drei Eimer mit wohldosierten Fischportionen pro Kopf und Schnauze angenehme Belohnung. Verglichen beispielsweise mit einer Walroßdame schweben die drei Tiere dann mit der Leichtigkeit von Primaballerinen und auch mit deren graziöser Eleganz über den Bühnenboden. Mal auf allen vieren im Watschelgang mit den rhythmischen Körperwindungen einer Bauchtänzerin, mal bäuchlings in einer Rutschpartie auf dem extra nassen Grund — nach einem kräftigen Anschubser mit den Hinterflippern —, erhält das Trio ersten Applaus. Jeder der Artisten nimmt dann auf seinem Podest Platz, wohl wissend, daß nun die erste Portion Belohnungsfisch an der Reihe ist. »Daß jedes Tier einzeln lernt, wo sein Platz ist«, so Köhrmann, »ist das A und O. Sonst rennen sie alle durcheinander. Auf das Podest steigen und dort sitzen bleiben ist auch das erste, was die Tiere lernen müssen. Das ist sozusagen ihr Zuhause.«

Klar, daß die Balancenummer mit dem Ball nicht fehlt, sie ist für einen trainierten Seelöwen eine Kleinigkeit. Schwieriger war es schon zu begreifen, was der Lehrer eigentlich wollte, als er das Ding — damals während der ersten Unterrichtsstunden in dem abgelegenen Gatter — unermüdlich in Richtung Seelöwe warf. Als dann Seelöwe Nr. 1 den Ball auffing und auf seiner Nase tanzen ließ, gab es Fisch. Das also war der Trick, programmierte sich der Schüler in sein Hirn. Je nach Talent lernt der eine schnell, der andere langsamer, ein Durchschnittsschüler in fünf Wochen.

Besonderer Trick des Trainers: Der Seelöwe muß lernen, statt durch die Nase durch den Mund zu atmen, sonst schmeißt er früher oder später alles hin. Wie er das hinkriegt, hat Köhrmann allerdings nicht verraten. »Berufsgeheimnis.«

Dann die Sache mit dem Handstand. »Waaah«, kann das anstrengend sein. Üben, üben, üben. Immer wieder hoch die Hinterflossen. Und nur nicht umkippen. Ein Glück, daß ein Trainer dabeisteht und schnell zupackt, falls man umzukippen und vom Podest zu fallen droht. Mit reichlich »Waaaaah, waaauh« und tiefgrunzigem Bellen wird das Einstudieren begleitet. Na ja, danach gibt es Fisch, auf den man sich freuen kann . . . An den Mundgeruch wird sich der Trainer gewöhnen müssen.

Schwieriger, als einen dicken Ball auf der Nase tanzen zu lassen, wird die Übung schon mit einem kleinen Ball oder gar mit einer Puppe, die auf einem Bein stehen soll. Da muß auch ein Seelöwe ganz schön seinen biegsamen, wendigen Hals, fast wie zu einem Schlangentanz, in Bewegung halten. Das Balancieren ist dabei weniger das Problem, denn es scheint, als bringen Seelöwen dieses Talent von Haus aus mit. Aus Jux und Dollerei hat man sie unter Wasser ihrem eigenen blasenförmig nach oben steigenden Atem nachjagen lassen. Auch gibt es Beobachtungen, daß sie in freier Wildbahn Algensträngе, wie Kelp, in die Luft schleudern, daß sie sich in Ufernähe mit »body surfen« amüsieren, daß sie allgemein recht verspielt sind.

Ihr zirkusreifes Balancieren scheinen sie schon bei ihrem Nahrungserwerb »einzustudieren«. So wäre es durchaus glaubwürdig, daß ein Seelöwe seine gefangene Beute in die Längsachse manövriert, bevor er sie in einem Bissen durch seinen Schlund gleiten läßt. Einen Fisch beispielsweise quer zu verschlingen dürfte auch nicht eben einfach sein.

Inwieweit dabei die Schnurrbarthaare eine Rolle spielen, ist schwer zu sagen. Ihre Tastfunktion steht außer Frage. Ob sie aber auch durch nach vorne gerichtete Haare eine Art Fangkorb bilden können, wage ich nach der mir zugänglichen Literatur nicht zu beurteilen. Köhrmann erzählte mir allerdings, daß schon sein Vater einmal einen Seelöwen trainiert hat, der einen besonders schönen langen Bart trug. Offensichtlich wußte das Tier dieses Schmuckstück aber auch gut einzusetzen: »Statt einen kleinen Ball zu balancieren«, so Köhrmann, »hielt er ihn mit seinen nach vorne und rundum gerichteten Bartharen wie in einem Fangkorb fest.«

Etwa sechs bis acht Monate braucht ein geübter Trainer wie Kurt Köhrmann für den Unterricht von drei bis vier Seelöwen, die ja jeder einzeln — und mitunter auch für gleichzeitig vorzuführende, aber verschiedene Tricks — ausgebildet werden müssen. Dann ist die Vorführung mit verschiedenen Nummern allerdings noch nicht bühnenreif, sondern klappt erst hinter den Kulissen, beispielsweise mit kaputten Puppen, die schon so manchen Schlag abbekommen haben. »Etwa ein Jahr muß dann noch an den Feinheiten gearbeitet werden«, so Köhrmann, »ehe alles wie am Schnürchen, wie von ganz alleine läuft.« Kommt noch hinzu, daß die Stars, die zunächst bescheiden und im Hintergrund probten, auf einmal mit dem Publikum, mit Applaus und Rampenlicht konfrontiert werden. Doch auch Lampenfieber wird eines Tages vorbei sein. Die Show geht weiter: »Waaauh.«

KURS SÜDPOL:
FALKLANDINSELN

Die Tiere auf den Falklandinseln oder Malvinas lassen sich fast anfassen. Wie die Seebären, die mit erstaunlichem Geschick selbst hohe Klippen erklimmen, haben auch andere Arten kaum Scheu vor dem Menschen. Pinguine und Albatrosse lassen sich beim Stelldichein kaum aus der Ruhe bringen. Wehe aber, wenn ein frustrierter Seebär Amok läuft . . .

Herzlich willkommen auf unserer Insel«, grüßt strahlend das Ehepaar Strange, als wir in unseren unübersehbar knallroten, frostsicheren Jacken aus dem Schlauchboot krabbeln. Soeben sind wir mit unserem Touristen-Expeditionsschiff »World Discoverer« vor einer der 200 Falklandinseln, östlich von Tierra Del Fuego, dem südlichsten Zipfel Argentiniens, in einer verzaubert anmutenden Bucht vor Anker gegangen. Trotz Nieselregens und leichten Nebels ist die Stimmung fantastisch. Schlauchboot für Schlauchboot werden die rund 100 Abenteuertouristen mit Hilfe einer sogenannten »nassen Landung« an den nahen Strand geschippert.

Mit der Würde uniformierter Kanzleivorsteher watscheln uns kurzentschlossen schnurstracks Magellan-Pinguine über den Weg, ehe wir Mr. und Mrs. Strange die Hand schütteln können. Austernfischer, Dampfschiffenten und Möwen suchen eifrig die Brandungszone ab. Die Stranges freuen sich riesig über unseren Besuch. Sind sie doch sonst allein auf die Gesellschaft einer Riesenherde von Schafen, ihrer anderen Haustiere und einer ungezählten Schar wilder Tiere angewiesen. Sie haben sich den Traum von der eigenen Insel im Meer tatsächlich verwirklicht.

Kein Hahn hat während unserer Reise im antarktischen Sommer, Dezember/Januar 1977/78, danach gekräht, ob das vulkanische Inselreich im tiefen Süden des Atlantik mit der Hauptstadt Stanley auf Ostfalkland nicht viel mehr dem Namen Malvinas gerecht wird. Allein die geografische Lage mag für eine Zugehörigkeit zu Argentinien sprechen, auch wenn die Briten gute Gründe haben, auf ihre Ansprüche zu pochen.

Zwar liegen die »Falkland-Malvinen« am Ende der Welt, doch bilden sie zugleich das Tor zu Antarktika, dem mit Rohstoffen, Energiequellen und unüberschaubaren Schätzen noch unerschlossenen »Kühlschrank der Erde«. Uns haben bei den freundlichen Insulanern, die mal englisch, mal spanisch sprechen und britisch neben argentinisch flaggten, allenfalls die königintreuen Trinksitten gestört. Erst um 18 Uhr öffneten die Dorfpubs ihre Türen für die durstigen Besucher.

»Sie müssen unbedingt als erstes zu den Klippen mit den Seebären«, raten die Stranges, »dort ist heute früh ein Junges geboren.« Gesagt, getan. Eine lange Kette rotbefrackter Touristen, bis zu den Zähnen bewaffnet mit Kameras und Fotoapparaten, zieht sich wie eine Perlenschnur durch die lieblich-bergige Landschaft, vorbei an strotzig blühendem Ginster und stacheligem Gras. Rund eine Stunde Fußmarsch müssen wir bewältigen, ehe wir den Robben-Liegeplatz erreichen.

Aber Langeweile kann es hier nicht geben. Wie schon am Strand, an dem uns neben den anderen »Strandbummlern«, wie zwei Staatssekretäre einander zu einem Plausch zugeneigt, zwei Blutschnabelmöwen aufhielten, treffen wir auf Schritt und Tritt gefiederte »Zaungäste«. Allein während unserer Expeditionsreise beobachteten die Ornithologen Reinhard Mache und Herbert Kopton 43 Vogelarten, vom Truthahngeier bis zum Hauszaunkönig. Natürlich durfte auch der Haussperling nicht fehlen, der als Anpassungskünstler jeden Fleck auf Erden, die extremen, eisbedeckten Polarregionen ausgenommen, erobert hat.

Zwischen den emsig auf und ab eilenden Felsenpinguinen, die sich zum Brutgeschäft zu einer riesigen Kolonie zusammengerauft haben, hocken wie selbstverständlich behäbig die Könige der Luft, die Albatrosse. Die Gefrackten stören sich nicht im geringsten an der Gegenwart der übergroßen Sturmvögel, wohl wissend, daß die eleganten Flieger an Land keinem Vögelchen eine Feder krümmen können. Vielmehr machen sie jeder Walt-Disney-Inszenierung alle Ehre, wenn sie zu einem Start oder einer Bruchlandung anheben.

Mit Sicherheit würde jeder Albatros festen Boden unter den »ausgelatschten« Schwimmfüßen meiden, könnte er seine Nachwuchsprobleme zu Wasser oder in der Luft lösen. Damit sind die Supersegler — ein jeder mit seinem Partner — bei ausgiebigem Schnabelgeplänkel und Gebalze beschäftigt.

Die Pinguine sind da freilich besser dran. Ihr typischer Körperbau, keineswegs zur Belustigung von Touristen

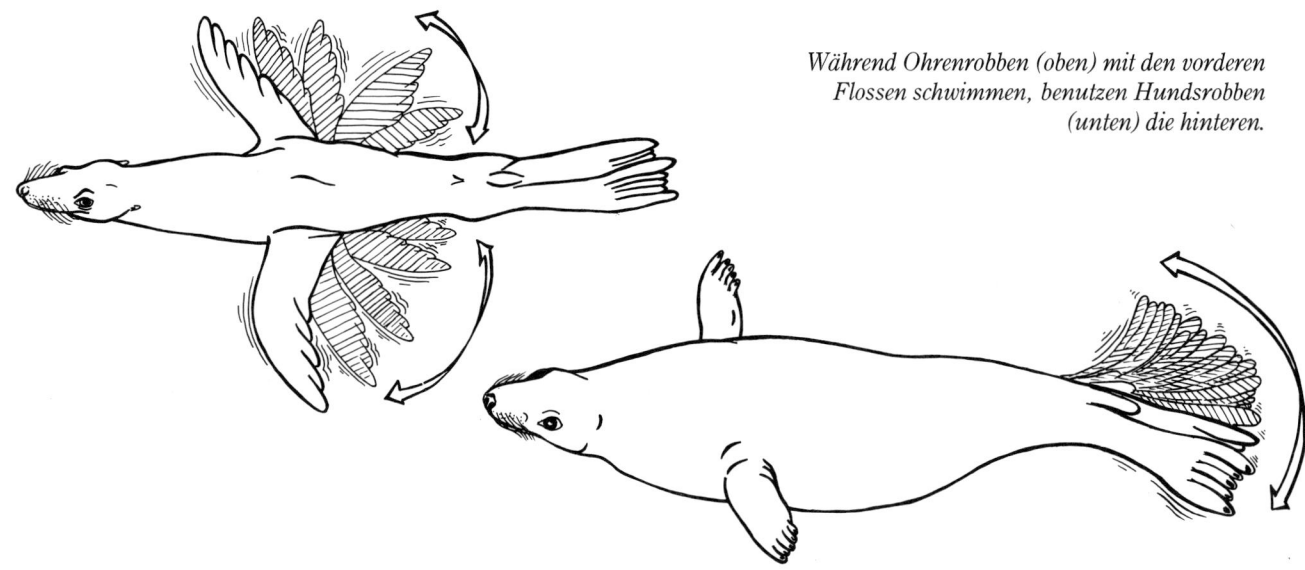

Während Ohrenrobben (oben) mit den vorderen Flossen schwimmen, benutzen Hundsrobben (unten) die hinteren.

entwickelt, erlaubt ihnen ausgedehnte Fußmärsche, mit Vorliebe auf ausgeprägten Trampelpfaden. Tagein, tagaus machen sich Mutter und Vater Felsenpinguin mit den gelben »Schnurrhaaren« auf die kurzen Beine, um im nahen Meer nach im Kropf zu transportierender Nahrung für die nimmersatten Küken zu fischen. Immer im Gänsemarsch, in den sich vereinzelt auch Goldschopfpinguine einordnen. Nur wenn ihnen jemand einen Stein in den Weg legt, ein unüberwindbares Hindernis, oder wenn ein Besucher auf dem festgelegten »Verkehrsnetz« für einen Stau oder Engpaß sorgt, geraten die schwarz-weißen Vögel mit dem aufrechten Gang in arge Bedrängnis. Sie bleiben wie angewurzelt stehen, statt eine »Umleitung« einzuschlagen. Umwege kennen sie nicht.

Angst vor den menschlichen Besuchern haben die Pinguine genausowenig wie die meisten anderen Vögel auf den entlegenen Inseln; vor Greifvögeln oder Raubmöwen müssen sie allerdings auf der Hut sein. An so etwas wie Menschen können — oder konnten — sie sich als natürliche Feinde weder erinnern noch anpassen. Zwar wurden zu Zeiten der Suche nach »Trantieren«, Walen oder Robben, auch Pinguine und andere, die genügend Speck auf den Rippen tragen, verheizt, doch genügte eine entwicklungsgeschichtlich betrachtet so kurze Zeitspanne nicht, den von Natur aus zahmen Bewohnern »Beine zu machen«. Um sie in ihrer Neugierde nicht zu provozieren, herrscht zum Beispiel auf vielen un- oder kaum bewohnten Inseln absolutes Rauchverbot. Die an allem interessierten Vögel könnten sich sonst an Kippen versuchen — und ihre Gesundheit aufs Spiel setzen.

Kaum haben wir die Abertausende zählende Kolonie der Pinguine hinter uns gelassen und sind um eine Felsnase gebogen, erstrahlt vor uns tiefblau das Meer. Dunkle Schatten lassen die ausgedehnten Kelpwälder unter Wasser erkennen, einer hier typischen, in langen Striemen wachsenden Braun-Algenart. Inmitten der sauberen, einladenden Fluten tummelt sich ein glänzendes Etwas. Bei näherem Hinschauen entpuppt es sich als ein auf dem Rücken schwimmender Seebär, der offensichtlich das kühle Naß genießt und so etwas wie »toter Mann« spielt. Auch wenn der sich wohlig im Wasser wälzende Meeressäuger kaum mehr als ein Stück seines Prachtpelzes zu erkennen gibt, kann es sich bei ihm nur um den vor den Falklandinseln vorkommenden *Arctocephalus australis* handeln.

Eben noch ließ sich der Badende übermütig im Wasser trudeln, jetzt hält er inne. Die Brustflossen ragen wie zwei Segel aus dem Wasser, ansonsten rührt das badelustige Tier sich nicht. Dann auf einmal nimmt er seinen Kopf zwischen die Vorderflossen und beginnt mit ausgiebiger »Gesichtsmassage«. Immer hin und her, von der

Nasenspitze über die Wangen und bis zu den Stummelohren schubbert er seinen Kopf. Den Halsansatz mit der mähnenartigen Behaarung nicht zu vergessen. Mit besonders viel Muße und Sorgfalt kommen zuletzt noch die stets mustergültig gestylten Schnurrbarthaare dran. Als Tastsinnesbart sind sie besonders wichtig. »Übrigens werden diese Schnurrhaare bei der Jagd kurz vor dem Ergreifen eines Fisches gleichmäßig in Form eines Korbes nach vorn gerichtet«, schreibt dazu der Experte Alwin Pedersen. Sie dienen demnach nicht nur zum Tasten und Fühlen, sondern auch als Fanggerät. Kein Wunder, daß sie besonderer Fürsorge unterliegen.

Die Seebären oder Pelzrobben tragen — der Name läßt es schon ahnen — von allen Robben den schönsten Pelz. Am begehrtesten bei denen, die sich mit »fremden Federn schmücken« oder die Kapital aus den Fellen schlagen, sind die Jungbären. Etwa vier Monate nach der Geburt machen sie ihren ersten Fellwechsel durch und tragen dann den besonders wertvollen seal, weich und samtig, noch ohne jeden Kratzer und vernarbte Unebenheit. Schon der nächste Fellwechsel, der von nun an jeden Sommer stattfindet, bringt zumindest für die Pelzbranche Qualitätsverluste mit sich.

Während beispielsweise Neuseeländische oder Australische Seebären nicht mehr kommerziell genutzt werden, müssen manche Populationen vor der Küste Uruguays oder Südafrikas noch in von den Regierungen festgelegten Stückzahlen für ihre schöne »Oberbekleidung« herhalten. Allerdings spielt auch der Cape seal, 1979 noch mit einer Fangzahl von 60 000 bis 80 000 Jungtieren plus etwa 2000 Bullen pro Jahr bei der »Food and Agriculture Organization of the United Nations« (FAO) angegeben, nach Angaben der deutschen Pelzbranche nur noch eine untergeordnete Rolle. Obwohl die Felle als seal deklariert und samtartig kurzgeschoren werden, so daß nur die Unterwolle in Erscheinung tritt, von vielen also nicht als Robben erkannt werden, ist die Nachfrage auch für diese Robbenfelle stark zurückgegangen.

Südafrika kontrolliert den Robbenfang über den »Sea Birds and Seal Protection Act of 1973«, der neben Quoten auch die Altersgruppen, Jahreszeiten und Regionen sowie die Tötungsmethoden regulieren soll. Das Rechenmodell (vor 1979), auf dem die Quotenregulierung beruht, geht von einer zumutbaren Tötungsrate von 35 Prozent neugeborener Weibchen und bis zu 40 Prozent neugeborener Männchen aus, ohne daß der Bestand darunter leiden soll. Für die Pelzbranche interessant sind insbesondere die Tiere nach dem ersten Fellwechsel, zwischen sechseinhalb und zehneinhalb Monate alt. Der als weiteres Produkt anfallende Blubber, der Speck, wird zur Herstellung von Öl genutzt.

Wie wohl bei allen Robben kommt auch bei den kommerziell genutzten Arten eine zusätzliche Tötungsrate hinzu, die bislang niemand in ihrer Größenordnung oder gesamten Tragweite erfassen kann: der illegale Fang beispielsweise, weil die Robben als Fischfresser verteufelt werden, oder der Fang, um sie — wie auch manche Delphine — als Köderfleisch zu mißbrauchen, oder ganz einfach der Fang aus Versehen. Mehr und mehr werden Robben — es sei nochmals gesagt — in unseren Weltmeeren aber auch Opfer von Umweltschmutz und Giften, und sie verrecken elendiglich in den sogenannten Geisternetzen.

Für eine Robbe unglaublich elegant schwingt sich der Badegast vor der Falklandinsel zielsicher und mit gekonntem Schwung auf eine Klippe. Sie ist schön glitschig, meerumspült und mit Kelp sowie anderem Grün weich gepolstert. Klar, daß sich das Tier in gebührendem Abstand von den bellenden und bissigen Haremsmeistern hält. Er würde nur Prügel beziehen.

Ein kräftiges Schütteln, daß der ganze Körper bebt, genügt, und glitzernd und blitzend perlen Millionen von Wassertropfen aus dem seidigen Fell. Im Handumdrehen ist die Bärenrobbe trocken. Im Gegensatz zu den Seelöwen, die auch zu den Ohrenrobben gehören, tragen die Seebären eine wasserdichte Unterwolle unter den weitaus struppigeren und härteren Grannenhaaren. Die abgeflachten Grannenhaare bilden eine Art Überdachung oder »Taucheranzug« über der feinen Unterwolle und schützen diese davor, daß Wasser eindringt. Ähnliche Schutzanzüge aus Pelzwerk tragen auch die putzigen Meerotter oder nach vergleichbarem »Schnittmuster« — nur aus Federn — die Pinguine. Ihre äußeren dachziegelartig übereinandergeschichteten, flachen Federn schützen den darunterliegenden Flaum.

Nachdem sich unsere »Touristenrobbe« — sie zieht einen Auftritt ab, daß man meinen könnte, unsere Reiseleitung hätte sie für die Charterreise in den Tiefen Süden eigens angeheuert — trockengeschüttelt hat, macht sie sich es erst mal auf der Seite bequem. Erst mit der rechten, dann mit der linken Hinterhand beginnt sie nun ausgiebig ihr Fell durchzukämmen, wobei ihr die für andere Robben unüblichen Zehennägel oder Krallen hilfreich sind. Desgleichen profitiert sie von ihrer unglaublichen Beweglichkeit. Es gibt wohl keine Körperstelle, die sie nicht mit ihren Füßen erreicht.

Seelöwen oder Seehunde können da nicht so gut mithalten. Die Seebären verdanken dies einer besonderen Entwicklung von Schulter- und Beckengürtel sowie einer lockeren Verbindung der Wirbel, die ihnen auch erlaubt, den Kopf ganz nach hinten zu wenden. Die Robbe vor unseren Augen versäumt nicht, uns auch diese anmutige Übung vorzuführen, als hätte sie hier auf Falkland für den Zirkus trainiert.

Wie die meisten Autoren habe auch ich Schwierigkeiten, die Farbe der Südlichen Seebären zu beschreiben. Sah unsere »Badenixe« eben noch dunkelbraun aus, so verändert sich ihre Färbung beim Trocknen — und je nach Sonnenlicht. Alles in allem wirkt das Tier auf dem Rücken dunkler — dunkelgraubraun und etwas aufgehellt von unten. Weiße oder helle Haarspitzen lassen sich nur ahnen. Die Jungen sind nach dem ersten Fellwechsel in aller Regel silbrig.

Unsere zirkusreife Robbe scheint dem Kindesalter zwar entwachsen, aber noch nicht alt genug für einen Streit um Fortpflanzungsrechte zu sein. Sonst könnte sie sich wohl kaum so gelassen mit sich selber beschäftigen. Wahrscheinlich wird es nicht lange dauern, und andere Spielgefährten aus jugendlichen Kreisen werden sich zu ihr gesellen. Vielleicht, um ein wenig Bullenkämpfe oder Paarungsverhalten zu üben.

So alt, um schon zu schwach und deshalb ins Junggesellenlager abgeschoben zu sein, sieht das Tierchen nicht aus. Kommt Zeit, kommt Kampf. Wohl schon im nächsten Jahr wird auch diesem Faulpelz der robbentypische

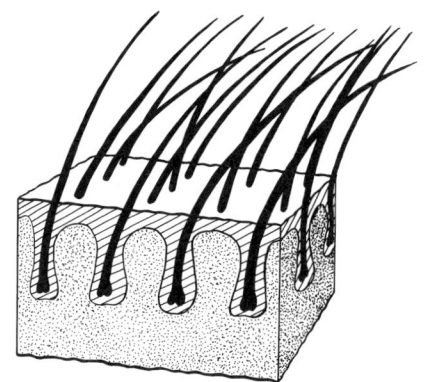

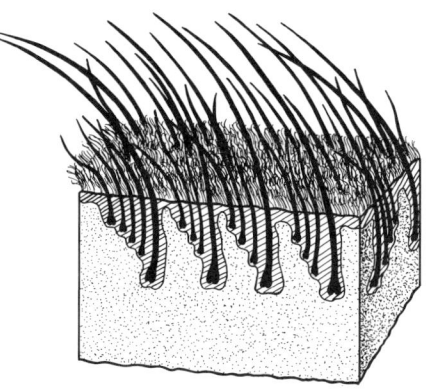

Schematische Querschnitte: Haut eines Seelöwen, Fell ohne Unterwolle (links), Haut eines Seebärs, Fell mit Unterwolle (rechts).

Körpersprache: Imponieren, Beobachten, Unterwerfen, Mutter ruft Kind, Suchen.

Ärger mit dem anderen Geschlecht und insbesondere mit seinen Art- und Geschlechtsgenossen nicht erspart bleiben. Als Jungbulle und unerfahrener Junggeselle wird er noch ganz schön an den Strapazen, zum sogenannten starken Geschlecht zu gehören, zu knacken haben. Die harte Schule kommt für jeden. Und nur, wer Manns genug ist, hat Erfolg bei den Damen. So manches schöne Fell der Pelzrobben wird seine unschönen Kerben und Narben davontragen müssen. Das Leben ist hart an der Küste.

Derweil der junge Junggeselle die erfrischenden Fluten genießt, geht es einem seiner Kameraden gar nicht gut. Übel zugerichtet, mit klaffender Rückenwunde, blutüberströmtem, struppigem Fell liegt er matt und mitgenommen auf einer der untersten Felsklippen. Man möchte meinen, sein letztes Stündchen habe geschlagen. Nur mit Mühe und ganz langsam hebt der arg ramponierte, von einem Rivalen soeben offensichtlich k.o. geschlagene Pelzträger seine Schnauze, um sogleich wieder unter leisem Stöhnen in sich zu sacken. Weder Saft noch Kraft stählen seinen noch ziemlich jugendlichen Körper. Ganz klar, ein älterer Widersacher hat ihn in seine Schranken verwiesen.

Jeder Pelztierjäger würde sicherlich das kalte Grausen kriegen bei dem Anblick des demolierten, von Natur aus so attraktiven Fells, das fast den ganzen Körper bedeckt.

Lediglich die Nasenspitze, die Schwimmpaddel, die Flossen von unten und die Ohrzipfel sind nackt. Äußere Ohrmuscheln sind ein typisches »Markenzeichen« dieser Flossenfüßer. Sie sind, wenn auch für Säugetiere im allgemeinen sehr klein und wegen der Anpassung an die Stromlinienform deutlich unterentwickelt, als Merkmal immer noch, anders als bei den Hundsrobben, bezeichnend: für die Ohrenrobben. Durchaus mehr Eindruck machen diese — auch äußerlich erkennbare Ohren tragenden — Meeressäuger allerdings mit ihrem Gang. Anders als die Hundsrobben können sie ihre Hinterbeine unter den Körper schlagen und auf allen vieren — und in ganz schön gehörigem Tempo — laufen.

Die Hundsrobben können ihre hinteren Extremitäten dagegen an Land nur wie unnütze Körperanhängsel hinter sich herschleifen. Als »Motor« dienen sie ausschließlich der Fortbewegung im Wasser. Dagegen können die Seehunde ihre mit Krallen bewehrten Vorderextremitäten — wie dies bei der Sattelrobbe auf dem Eis besonders deutlich wird — kräftig in den Untergrund schlagen und sich mal im »Klimmzug« hangelnd, mal mit dem ganzen Körper robbend fortbewegen. Ohrenrobben benutzen ihre Vorderflipper eher zu einer Art Liegestütz, zumal, wenn sie hohe Klippen erklimmen wie auf den Falklandinseln. Sie stemmen sich von Fels zu Fels und können ihren Körper mit den Hinterbeinen nachschieben helfen. Solche

Ausflüge in schwindelnde Höhen sind für Hundsrobben freilich unerschwinglich.

Auch im Wasser werden Unterschiede deutlich: Während die Hundsrobbe ihre Schwimmfüße als Motor durch Seitwärtsschläge in Bewegung setzen, schwimmen Ohrenrobben hauptsächlich mit den längeren Vorderflippern. Bei beiden macht der ganze Körper schlängelnde Bewegungen mit. Seebären oder Seelöwen dienen die hinteren Extremitäten als Stabilisator beziehungsweise zum Steuern, den Hundsrobben die Vorderflipper. Einer Art Mischung aus beiden Schwimmtechniken bedienen sich die Walrosse.

Ich würde niemandem raten, mit einem rauflustigen Seebären am Strand ein Wettrennen zu starten. Brüllend und am ganzen Körper bebend, kann eine solche Kämpfernatur ungeahnte Kräfte und Geschwindigkeiten entwickeln. Beweise ihrer glänzenden, wenn auch nicht gerade olympiareifen Leistungen erbringen die Bullen alle Jahre wieder, wenn es um den Wettkampf bei der Gunst um die Weibchen geht. Und daß die »noblen Ritter« nicht nur schnell zu Fuß sein können, sondern sich auch zu beachtlichen »Bergsteigern« emporhangeln, beweisen sie mit ihren eindrucksvollen Liegeplätzen.

So entdecke ich in schwindelnder Höhe auf rundgewaschenen Klippen über brausender See die wohnliche Wurf- und Paarungsstätte eines kapitalen Bullen. Ganz klar ein Sieger aus so mancher Runde. Um sich hat er ein knappes Dutzend Weibchen geschart. Und bei genauem Hinsehen entdecke ich auch ein noch hilflos tapsiges Junges. Schwankend und wankend, den wie zu groß geratenen Kopf noch kaum unter Kontrolle, versucht der Säugling in dem pechschwarzen Babyfell tastend und suchend die Zitzen der bereitwillig stillhaltenden Mutter zu finden. Auch die wie künstlich angeklebt wirkenden ledernen Vorder- und Hinterflossen scheinen um mindestens eine Nummer zu groß. Gelassen auf der Seite liegend, läßt die Mutter ihr Junges saugen; genüßlich hat es die Augen geschlossen, die schon vom Tage der Geburt an geöffnet sind. Sie ist die erste in der Runde, die Mutterglück empfindet. Die anderen Weibchen um das aufgeregt nach allen Seiten witternde und in einem Bogen brüllend bis knurrend schimpfende Männchen stehen kurz vor ihrer Niederkunft. »Honk, honk, honk . . .«, warnt sein Ruf. Er hat uns als Eindringlinge entdeckt und als störend befunden. Erschöpft von den Anstrengungen der ersten Stunden, sinkt das Junge schon bald wieder in sich zusammen. Es hat Mühe, nicht über die eigenen Flossenfüße zu stolpern. Ob das Baby zuerst mit dem Kopf oder mit dem Schwanz auf die Welt gekommen ist, wissen wir nicht. Ob Steiß- oder Kopflage — das scheint bei Robben mit ihrer spindelförmigen »Figur« keine bedeutende Rolle zu spie-

len. Beide Lagen kommen vor. Bei Walen, die als Meeressäuger zur Geburt kein festes Land aufsuchen, scheint sich die Steißlage im Laufe der Evolution als die günstigere Position durchgesetzt zu haben.

Während sich die Bullen in der gesamten Fortpflanzungszeit nicht ins Wasser trauen, fasten die Weibchen nur vier bis zwölf Tage nach der Geburt ihres einzigen Jungen. Schon im November erobern die kampflustigen Männchen ihre Territorien in den meist felsigen Kinderstuben. Weibchen sind derweil kaum zu sehen. Offenbar sammeln sie kräftig Futter und Energie für die folgenden mageren Zeiten. Erst rund zwei Wochen später lassen sich die jetzt hochträchtigen Weibchen blicken, ehe sie sich in relativ lockerer Gesellschaft und ohne großes Interesse an den gebieterischen Paschas auf den besseren Klippen niederlassen, wo sie nach ein bis fünf Tagen ihr Junges werfen, um sich dann bald mit dem nächstbesten Männchen zu paaren. Kein Wunder, daß Seebären mit das strengste Territorialverhalten unter den Säugetieren entwickelt haben. Zwar sammeln die Männchen keine Weibchen zusammen, doch lassen sie ihre Zufallsbekanntschaften der Saison auch möglichst nicht wieder aus ihrem Reich entschwinden.

Anders als beispielsweise die See-Elefantinnen beginnen die Seebärinnen schon bald nach ihrer »Entbindung« wieder Ausflüge auf See zu unternehmen. Schließlich haben die vergleichsweisen »Fliegengewichte« auch bei weitem nicht soviel zuzusetzen wie ihre entfernten Verwandten mit dem dicken Blubber. Nach Untersuchungen des Biologen W. Nigel Bonner bei *Arctocephalus gazella,* dem Verwandten von den Kerguelen, folgt nach Geburt und Begattung eine Serie von »Freß-Ausflügen«, von denen die Kuh in Intervallen zu ihrem Jungen zum Säugen zurückkehrt. Dabei ist das Weibchen etwa 40 von den ersten 90 Tagen unterwegs. Während es in der ersten Zeit ziemlich regelmäßig alle drei Tage zum Säugen kommt, verlängert sich die Zeit seiner Abwesenheit nach dem ersten Monat auf mehr als das Doppelte. Ein paar Rufe genügen, und Mutter und Kind erkennen sich an der nach der Geburt eingeprägten Stimme wieder.

Schon diese frühzeitige Wanderfreudigkeit der Weibchen sorgt dafür, daß das Getümmel auf den Fortpflanzungsfelsen allmählich wieder lichter wird, daß auch das sogenannte starke Geschlecht die Lust am Lauern verliert. Gegen Ende des südlichen Sommers, im späten Februar und März, haben die geschlechts- und sozialreifen Super-Bullen die heißumkämpften »Hochzeitsklippen« längst freigegeben. Ihnen auf den Fersen folgen, schon lange wartend, halbwüchsige Männchen, die sich zu noch verweilenden Gruppen jugendlicher und säugender Weibchen gesellen.

Die Länge der Säugezeit scheint bei den Südlichen Seebären unterschiedlich zu sein. So konnte Bonner auf den Falklandinseln ein im November hochträchtiges Weibchen beobachten, das immer noch sein Junges vom Vorjahr trinken ließ. Auch von den Seebären vor Neuseeland und Australien ist bekannt, daß die Kühe noch im September ihren Nachwuchs versorgen, der aber im Alter von einem Jahr gewiß entwöhnt ist.

Für den Südafrikanischen Seebär wird eine Säugezeit von bis zu zwölf Monaten oder auch länger angegeben. So kann es vorkommen, daß eine Kuh, die ihr Neugeborenes verliert, aber noch in Vergesellschaftung mit dem Jungen des Vorjahrs lebt, letzteres noch einige Zeit weitersäugt.

Weitaus kontaktfreudiger als die erwachsenen Tiere sind offensichtlich die heranwachsenden Kinder. Während sie kurz nach ihrer Geburt rund 70 Prozent ihrer Zeit ohne jede Aktivität verbringen, entwickeln sie sich mit zunehmendem Wachstum zu abenteuerlustigen Gesellen. Je länger die Ausflüge ihrer Mütter werden, desto mehr rot-

ten sie sich in »Kindergärten« zusammen und üben sich am Rande des Strandes auf höher gelegenen Ebenen oder im Schutz von überhängenden Felsen im Spielen. Sie tollen herum und fechten schon mal zur Probe für die Zukunft Scheinkämpfe aus. Im Alter von gut einer Woche verlieren sie auch ihre anfängliche Scheu vor dem Wasser und beginnen zunächst in flachen Zonen herumzuplanschen, ehe sie sich vorsichtig auch ins offenere Meer hinauswagen.

Mit ihren Vätern haben die Jungen genausowenig im Sinn wie die Herren mit der Kinderschar. Zugegeben, sie wissen ja auch nie, welches ihr Sprößling ist. Ihr Interesse gilt nur dem gerade paarungsfähigen Weibchen. Aber es erlischt rasch, nachdem der Paarungsakt vollzogen ist. Auch mit Brautwerbung haben die Bullen mit typischem Haremssystem nicht viel im Sinn, sobald sie ein Weib erst einmal unter ihrer Fuchtel, sprich in ihrem Territorium, haben und ihr Streunen unterbinden können.

Bei einem Paar von *Arctocephalus gazella* währte die Vorbereitung höchstens vier Minuten. Die Partner umkrei-

Wie alle Ohrenrobben kann ein Seebär seine Hinterextremitäten unter den Körper schlagen und klettern.

sten einander und beleckten sich gegenseitig Kopf und Nacken. Dann legte sich das Weibchen hin, während das Männchen brüllend und grunzend auftritt . . .

Offenbar führen Seebären — wie beispielsweise auch bei See-Elefanten zu beobachten — den für Raubtiere beim Sexualverhalten typischen »Nackengriff« während oder kurz vor der Kopulation durch. Ein Fehlen dieses Nackengriffs wird als eine sekundäre Ausnahme gewertet. Eine weitere Spezialisierung erfährt der Griff nach dem Nacken bei vielen Säugern zum Beispiel, wenn sie ihren Nachwuchs herumschleppen oder wenn sie Beute schlagen. Bei letzterem schließen sich die Beißmuskeln mit aller Kraft und ohne jede Hemmung, während die Eltern ihre Jungen zum Transport nur so zart oder hart wie eben nötig zwischen die Zähne nehmen.

Nicht selten tragen auch Seebärmütter ihre Kinder mit sich herum oder zum Beispiel aus dem Gewirr von steilen Klippen in die Nähe der Brandungszone oder an den Strand. An Stellen, an denen die Brandung hart gegen das Ufer oder die Felsriffe schlägt, passiert es des öfteren, daß Junge ertrinken, weil sie nicht genügend Kraft haben, um gegen die Strömung anzukämpfen und wieder festen Boden unter die Flossenfüße zu bekommen. An mangelnder Schwimmfähigkeit fehlt es diesen Robben nicht, sie ist ihnen angeboren.

Mir vergehen die Stunden auf den Falklandinseln wie im Fluge. Ich kann mich gar nicht satt sehen an soviel Natur, Schönheit und Abgeschiedenheit vom hektischen Alltag der restlichen Welt. Doch die »World Discoverer« wartet nicht. Wir müssen wieder an Bord, wir wollen ein neues Ziel anlaufen. Noch mehr Abenteuer erleben. Port Stanley im tiefen Dornröschenschlaf, der nächste größere Hafen in der Nähe von Kap Hoorn, erwartet uns. Ende 1977 ließ auch nicht das leiseste Zeichen hier und anderswo den später wütenden Falkland-Krieg erahnen. Nur stumme Zeugen aus längst vergangenen und vergessenen Tagen bezeugen, daß die Inseln der Schafzüchter schon früher Streitwert hatten. Neben einem vom Ersten Weltkrieg hierher verschlagenen Schiffswrack spricht ein gewaltiges Naturdenkmal deutlich Bände. Vor der Kirche der Hauptstadt prunkten jeder Witterung strotzend zwei Paar Unterkiefer von Blauwalen. Mögen sie ein Mahnmal sein, nicht auch noch die letzten Wale auszurotten.

Nicht viel scheint sich verändert zu haben, seit der Hamburger Kapitän Carl Kircheiß »als Walfisch- und Seelenfänger rund um die beiden Amerika« hier Station machte. »Das Land ist nicht sehr hoch und absolut kahl«, schreibt Kircheiß in seinem Buch »Polarkreis Süd, Polarkreis Nord«. »Der Hafen ist aber geradezu ideal . . . Stanley selbst liegt auf dem Abhang einer Anhöhe. Kleine Häuser, kahl, nicht ein einziger Baum . . . Im übrigen war hier alles wie in den Jahren, als ich noch ein kleiner Junge war . . . Aber sauber war's und zu essen gab's genug, nur jeden Tag Hammelfleisch. Man muß sich wundern, daß die Menschen hier nicht Wolle kriegen und blöken. Hammelfleisch nennt man hier 365, weil es an den 365 Tagen des Jahres jeden Tag auf den Tisch kommt. Der ganze Hammel kostet 4—6 Mark.«

Es ist anzunehmen, daß sich das kulinarische Angebot derweil erweitert hat; wir haben nur Kaffee und Kuchen in einem privaten Gasthaus genossen, unter einem Baum. An folgender Beschreibung von Kircheiß hat sich allerdings bis 1977 nicht viel geändert: »Wenn nun gar ein Fremder ankommt, rennt zitternde Neugier durch alle Häuschen . . . Auf der Straße reckten sich die Hälse, hinter jedem Blumentopf zeigten sich Gesichter . . .«

Nach einem halben Tag »Großstadtluft« zieht es uns doch wieder in die freie Natur. Der Himmel mag wissen, an welchem Strand wir nun per Schlauchboot landen werden. Königspinguine soll es hier geben. Nicht weit von unserem Ankerplatz. Mit 91 bis 96 Zentimeter Länge können die stattlichen Vögel schon fast mit den in der Antarktis lebenden und im dicksten klirrenden Winter brütenden Kaiserpinguinen mithalten. Um etwa 25 Zentimeter überragt der Kaiser noch den König. Die gefrack-

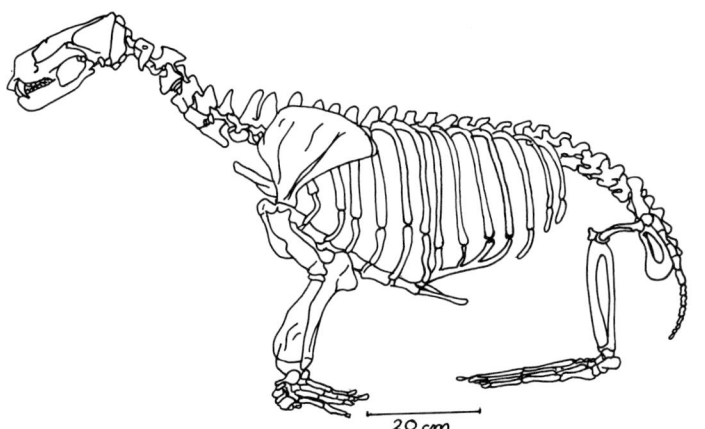

Am Skelett einer Ohrenrobbe ist die Fortbewegung auf vier Beinen zu erkennen. Rechts das Skelett einer Hundsrobbe.

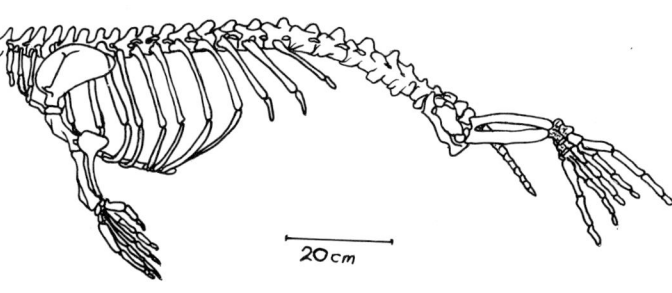

Seebär (historischer Stich)

ten Vögel beeindrucken besonders durch ihren eigenartigen Körperbau. Mit herkömmlichen Vögeln haben sie zumindest äußerlich nicht viel gemeinsam, obwohl sie noch alle Zeichen ihrer engeren Verwandtschaft an sich tragen. So haben sie Flügel, aber sie sind nicht mehr zum Fliegen geeignet, sondern umgewandelt zu elastischen, flachen Rudern, zu einer Art Schwimmflossen, mit denen die Tiere mit kräftigen Schlägen zu Unterwasserflügen abheben. Pinguine haben sich zu »Flügeltauchern« gemausert und vergleichbar den Meeressäugetieren eine perfekte Stromlinienform angenommen. Mit etwa 200 Flügelschlägen in der Minute erreicht beispielsweise ein Eselspinguin eine Unterwassergeschwindigkeit von 36 Stundenkilometern.

Diese für ein Wasserleben hervorragende Umkonstruierung mit den großen Paddelfüßen erlaubt den fetten Vögeln freilich nicht mehr, in die Luft zu gehen. Anders als ihre entfernten Verwandten im hohen Norden haben sie das Fliegen aber auch nicht nötig, zumal sie weder in der Subantarktis noch in der Antarktis an Land natürliche Feinde zu befürchten haben. Lediglich ihre Jungen werden hin und wieder — selbst mitten aus einer großen Brutkolonie heraus — Opfer von Raubmöwen, die ständig auf vorübergehend von den Eltern verlassene Gelege oder Küken lauern.

Im Wasser sieht das schon schlechter aus, wohl ein Grund, weshalb die Pinguine auch den Delphin-Schwimmstil beherrschen, der ihnen ganz schönes Tempo verschafft: Im Wasser lauern Haifisch, Schwertwal und Seeleopard auf fette Beute. Da kann, wenn das Schicksal ungnädig ist, auch ein gestandener Kaiserpinguinmann hart getroffen werden. Sobald nämlich sein Weib im tiefen antarktischen Winter ihr etwa ein Pfund schweres Ei gelegt hat, schiebt sie es ihrem Gatten auf die Füße. Er, treu ergeben, stülpt, seinen Vaterpflichten gehorchend, seine Bruttasche über das beginnende Leben und verharrt mehr als zwei Monate stocksteif, tobenden Schneestürmen von bis zu 140 Stundenkilometern trotzend, mitunter wie in einer Tiefkühltruhe eingeschlossen, bis das unbarmherzige Klima es wieder besser mit ihm meint. Er wartet und wartet und zehrt von seinem Fett, sein Frack flattert ihm längst um die steifen, müden Knochen. Erst nach 62 Tagen bricht sein Weibchen seinen Freßurlaub im Meer ab und kommt mit rund sieben Pfund Frischfisch im Kropf den langen Fußmarsch zum Brutplatz zurückgewatschelt.

Um etwas mehr Tempo draufzukriegen, wirft es sich hin und wieder auf den Bauch und schiebt sich selber mit kräftigen Fußtritten zu einer Art Schlittenpartie an. Am besten geht so eine Tour natürlich bei leichtem Gefälle. Kaum hat das Weibchen mitsamt dem durch einen besonderen Mechanismus konservierten — im Kropf also nicht längst verdauten — Picknickkorb das mit seiner Erschöpfung kämpfende Männchen erreicht, ist auch schon das Küken aus dem Ei geschlüpft. Nun übernimmt die Mutter für zwei bis drei Wochen die Kindespflege und verfüttert portionsweise die mitgebrachte Nahrung. Derweil gönnt sich ihr Gatte einen, wenn auch erheblich kürzeren, Erholungsurlaub im Meer, sofern er den bis zu 150 Kilometer langen Fußmarsch nach all den Strapazen auch noch übersteht. Wehe aber, wenn nun das Weibchen nicht rechtzeitig kommt, wehe, wenn es zum Beispiel einem Seeleoparden zum Opfer gefallen ist. Dann muß der geplagte Vater zusehen, wie sein zitternder Sprößling auf seinen Füßen erbärmlich verhungert.

Gerade habe ich meine Kameraausrüstung fertig geladen, da ruft mich der Kapitän auf die Brücke. Etwas Schreckliches ist passiert. Sein Kommando reißt mich aus den schönsten Träumen, war ich doch so tief in Gedanken versunken, weit weg bei den Tieren. Genau an der Stelle, an der wir landen wollten, hat eine Vorhut unserer Mannschaft soeben zwei verletzte See-Elefantenbabys gefunden. Besonders ein Tier scheint zwischen Leben und Tod zu schweben. Mit einer breiten, tiefklaffenden Wunde, schätzungsweise mehr als 30 Zentimeter lang durch den dicken Babyspeck gerissen, blutdurchtränkt, kauert das Häufchen Elend im Sand. Die Tide ist gnädig, es ist Ebbe. Doch mit der kommenden Flut muß das verletzte Junge ins Wasser oder sich weiter den Strand hinaufquälen. Mit aufgeschlitztem Körper. Unmöglich.

Mit dreht sich fast der Magen um, als ich das Elend sehe. Doch was können wir tun? Dem Tier, solange es geht, Ruhe gönnen, die Touristen nicht zu nah heranlassen. Schon bald entflammt eine heiße Diskussion: Man muß dem Tier einen Gnadenschuß geben. Aber das geht nicht. Die Tiere hier, alle, stehen unter Naturschutz. Auch ein Gnadenschuß ist nicht erlaubt. Genausowenig darf dem Übeltäter ein Haar gekrümmt werden: ein randalierender Seebär, ein fast erwachsener Bulle, der keinen Liegeplatz für seinen Harem ergattern konnte. Nun hat er seinen Frust an harmlosen, unbekümmert am Strand liegenden See-Elefantenbabies ausgelassen.

Felsenpinguine legen erstaunlich weite Fußmärsche zurück, um zu ihren Brutkolonien zu gelangen.

3

Walrosse lieben die Geselligkeit und den direkten Körperkontakt. Sie können einander kaum dicht genug auf der nackten Pelle liegen. Streit wird nur vom Zaun gebrochen, wenn sich die behäbigen Schwergewichtler gegenseitig auf die Zähne nehmen. Während die Dickhäutigen auf ihren Wurfplätzen im Pazifik noch häufiger sind, ist das Atlantische Walroß stark gefährdet. Der Hauptgrund: Das Elfenbein (1).

Anders als in der Gefangenschaft, trägt »Barbarossa« in der Natur stets einen kurzen Bart. Die Schnurrbarthaare dienen hauptsächlich zum Aufspüren von Beutetieren und werden dabei abgenutzt. Auf der Suche nach Nahrung durchpflügen die Walrösser den Meeresgrund mit ihren Elfenbeinhauern. (2)
Die Kegelrobbe (3) ist in Nord- und Ostsee ein immer seltene-

rer Gast geworden. Umweltschmutz macht ihr zu schaffen. Nicht besser ergeht es dem Nordsee-Seehund. Zusätzliche Belastungen entstehen durch Unruhe in seiner Kinderstube, weil Mütter ihre Jungen verlieren. Solche Heuler (4) werden in Seehundaufzuchtstationen, wie in Büsum (5), von Menschen aufgezogen. Zunächst bekommen sie Sahne als Nahrung, später Fisch. Typisch für die Waisenkinder: Solange sie noch nicht gut im Futter ste-

hen, zeichnet sich ihr Hals unter dem Fell deutlich ab. (6) Im Herbst werden die aufgepäppelten Jungtiere auf Kutter verladen und wieder ins offene Meer gebracht. (7) Bevor sie den Nordseefluten übergeben werden, müssen sie sich noch einige Prozeduren gefallen lassen, wie Markierungen an den Hinterflossen und Vermessen. (8, 9) Biologen erhoffen sich aus Wiederfunden Informationen.

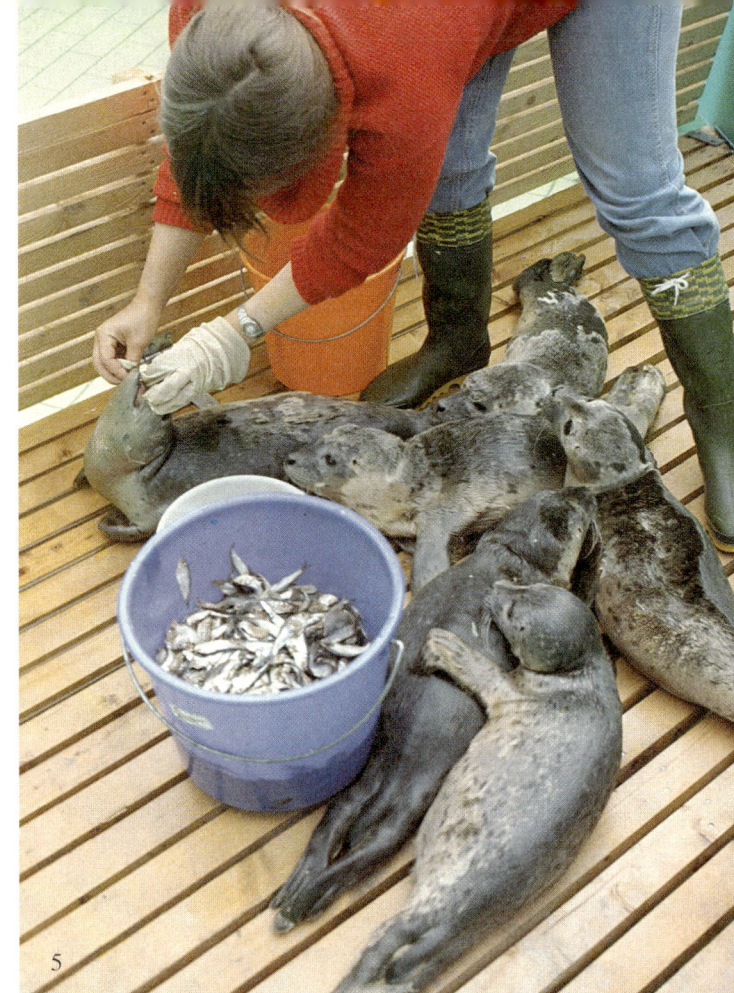

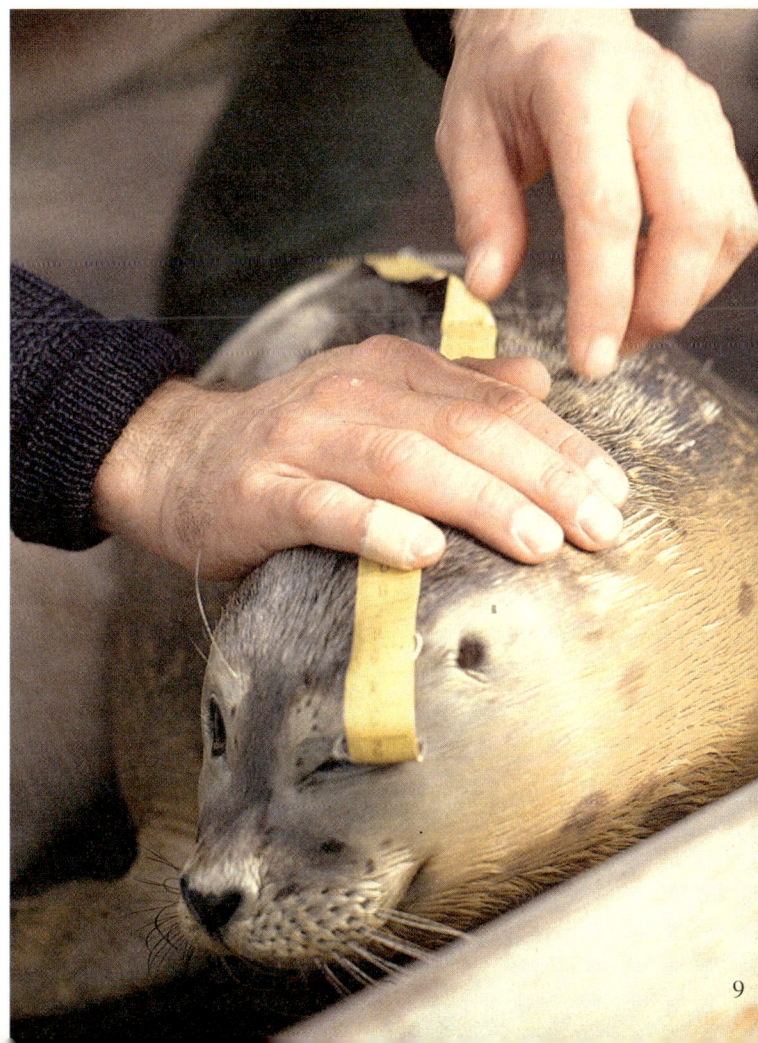

10

11

Im Harem der See-Elefantinnen vor der Baja California hat sich der erste Nachwuchs eingestellt. Hungrig tastet sich das noch ganz dünne, schwarz gefärbte Junge in Richtung der mütterlichen Zitze. Die geplagte Mutter hat im Gedränge mit ihren Haremsgenossinnen ein »blaues Auge« abbekommen. Solche Blessuren sind nicht eben selten. Weitaus lästiger dürften die penetranten Fliegen sein, die sich überall auf der Haut der Tiere niederlassen.

Bei den Junggesellen, die noch keinen Harem gründen dürfen, vergnügt sich offensichtlich ein wildgewordener Dorfköter. Der Gernegroß stammt aus einem nahegelegenen, pro Saison in Betrieb genommenen Fischerdorf. Er scheint sich einen riesigen Spaß daraus zu machen, die müden Kolosse vor seiner Nase immer wieder laut kläffend auf Vordermann zu bringen. (10, 11)

Anfang März werden im Golf von St. Lorenz die Sattelrobben geboren. Nur zehn Tage lang säugt die »Eisliebende« ihr Junges. Während dieser Zeit behält der Säugling sein weißes Embryonalfell, das andere Robbenkinder schon im Mutterleib abstoßen. Die Mutter, mit der typischen Zeichnung wie die einer Harfe, erkennt ihr Kind am individuellen Geruch. (12)
Ein offengehaltenes Atemloch ist ihre Ausstiegsstelle aus dem Wasser. (13) Ihr Junges rührt sich während der ersten Tage

nach der Geburt kaum von der Stelle. In der Eiswüste ist es vor natürlichen Feinden — Menschen nicht inbegriffen — gut geschützt. Während sich die Tiere auf festem Boden recht unbeholfen bewegen, sind sie im Wasser ganz und gar in ihrem Element. (14)
Seebären, wie auf den Pribilof Inseln, werden auch heute noch wegen ihres seidigen Fells, genannt »seal«, getötet. (15, 16)

12

13

14

15

16

Hätte ich diese gnadenlose Szene nicht selber miterlebt, ich hätte sie niemandem geglaubt. Aber soll eine Region völlig naturbelassen sein, völlig sich selbst überlassen, eben ein Stück Natur, dann sehe ich auch ein, daß man ihr nicht ins Handwerk pfuschen darf. Gewalt ganz ohne Sinn ist in der Natur ausgesprochen selten; so bekämpfen sich zwar rivalisierende Seebären bis an den Rand der Erschöpfung, bis einer nicht mehr kann und einen Rückzieher machen muß, doch enden ihre Kämpfe nur ausnahmsweise mit dem Tod eines Gegners.

Brutalität im Tierreich gibt es natürlich, und zwar insbesondere dann, wenn es um das Fressen und Gefressenwerden geht. Doch auch hier sieht die blutigste Szene meist schlimmer aus, als sie ist. Denn schon um den Weg des geringsten Widerstands einzuschlagen, töten die meisten Fleischfresser oder auch andere Tiere so schnell wie möglich. Das spart Zeit und Energie. Kaum ein Merkmal, kaum ein Verhaltensschema ohne sinnvolle und einsatzfähige Bedeutung hat dem Selektionsdruck der über Millionen Jahre währenden Evolution standhalten können. So »töten Katzen meist durch Biß in die Nakkengegend«, schreibt der deutsche Verhaltensforscher Prof. Dr. Paul Leyhausen. »Die Eckzähne durchbohren dabei das Halsmark oder Nachhirn, was den sofortigen Tod zur Folge hat.« Ausnahmen können freilich degenerierte Hauskatzen bilden, deren Verhalten durch die Zucht verändert oder gestört sein kann.

Manche Hundeartige — wie Fuchs oder Marderhund oder auch Schleichkatzen — töten ihre Beute durch Nakkenbiß und Totschütteln. »Töten auf Raten« gibt es allerdings auch beispielsweise bei Wölfen oder Hyänenhunden, die in Meuten große Beutetiere jagen. Sobald sie ihr Opfer umzingelt haben, werfen sie es nieder und reißen ihm meist den Bauch auf. Sie töten durch viele kleine Wunden. Aber auch diese Beutegreifer bemühen sich, ihr Opfer schnellstmöglich zur Strecke zu bringen. Schließlich kostet jede Verzögerung ihre Kraft.

Da junge See-Elefanten keineswegs auf den Speiseplan von Seebären gehören, bleibt um so unverständlicher, daß sich randalierende Bullen an solch harmlosen, wehrlosen Geschöpfen vergreifen. Ein solches Verhalten kann nur damit zu erklären sein, daß paarungswütige Junggesellen, von ihren stärkeren Rivalen auf die »Notsitze« am Rande der Fortpflanzungskolonie abgedrängt, unter totaler Frustration leidend buchstäblich Amok laufen und die ahnungslosen Babies zu vergewaltigen versuchen. Ähnliche Vergewaltigungen kommen beispielsweise auch bei See-Elefanten vor, wenn sich frustrierte Junggesellen über badende und nahrungsuchende Weibchen hermachen, die sich, gerade nach der Aufzucht ihrer Jungen, wieder in die Fluten wagen.

Nach längerer Lagebesprechung, wie wir dem armen um sein junges Leben ringenden Jungtier helfen können, beschließen wir, ihm schlicht und einfach absolute Ruhe zu gönnen. Zu diesem Zweck lasse ich mich freiwillig abkommandieren und lege mich als Wache in den Sand. In dieser »Robbenposition« fühlen sich die Jung-Elefanten durch meine Nähe in keiner Weise gestört. Eher halten sie mich in meinem feuerroten Anorak für eine Artgenossin in komischem Fell. Die Signalfarbe, die uns unsere Reiseleitung verpaßt hat, scheint die Robben wenig zu stören. Nur derart hochgewachsene Wesen wie aufrecht gehende Menschen sind weniger nach ihrem Geschmack, was jeder Seehundjäger bestätigen kann. Dementsprechend pflegten auch die Seehundjäger in unseren deutschen Wattenmeeren auf dem Bauch robbend auf die Pirsch zu gehen, ehe der Seehund als »jagdbares Wild« ganzjährig unter Schutz gestellt wurde.

Mir wird der Bauch in dem kühlen, feuchten Sand naß und nässer, und mir gehen natürlich die Königspinguine »durch die Lappen«. Aber ich bringe gern dieses Opfer, wenn ich nur in irgendeiner Weise den mißhandelten Dikkerchen hilfreich sein kann. Immer wieder schaue ich mir ihre Körper und Gesichter an. In all dem dicken Speck, in all den Falten rund um ihre noch kugelrunde Babyschnauze kann ich nur kindlich-zufriedenes Grinsen entdecken. Kein Zug verrät Schmerz und Leid, keine Träne. Ähnlich wie bei Delphinen erlaubt ihre Gesichtsmuskulatur solche für uns Menschen deutbaren Stimmungen oder Launen nicht.

Jeder Delphin hat wegen der fehlenden Mimik stets ein schelmisches Lachen im Gesicht, auch wenn es ihm noch so dreckig geht, auch wenn ihn die tagtägliche Show, die er in der Gefangenschaft abziehen muß, weil sie zu seinem täglichen Fisch gehört, noch so sehr anödet. Wie auch die Robben kann jeder Delphin die Körpersprache eines Artgenossen deuten und verstehen, desgleichen die akustischen Signale. Wir Menschen tun uns damit schwer. In bezug auf Delphine bleibt vielleicht noch abzuwarten, wer intelligenter ist, um den anderen verstehen zu lernen: der Mensch oder der Delphin? Eigentlich kann ich ihnen nicht wünschen, daß sie uns verstehen lernen. Sie könnten nie begreifen, daß es auf unserer Erde ein Lebewesen gibt, das nicht nur in der Lage ist, sich und die Welt zu zerstören, sondern das auch auf dem von ihm selber programmierten Weg ist, dieses Unheil tatsächlich zu vollziehen . . .

Die See-Elefanten vor meiner Nase rühren sich nicht von der Stelle. Das ist auch gut so, jede Bewegung muß höllisch schmerzen, bringt neues Blut in Bewegung, läßt es aus den Wunden fließen. Ob man solch eine Wunde wohl nähen könnte? Aber wie, und womit? Ich grüble und grüble. Doch was nützt das alles. Ich kann und darf ja doch nicht eingreifen. Wenigstens ist jetzt kein Seebär in der Nähe. Plötzlich hasse ich diese wunderschönen, anmutigen Robben, die mich gestern noch begeistert haben. Aber noch mehr hasse ich die Touristen, die immer wieder zu mir kommen, an mir vorbei wollen, um doch schnell ein Erinnerungsfoto zu ergattern. Nicht einen lasse ich durch. Soll die Reiseleitung doch Kritik üben und mich vom Platz verweisen. Sie tut es nicht. Unsere Expeditionsreise geht ins Reich der Tiere. Wäre ja noch schöner, wenn die Gefiederten und Behaarten nicht einmal in ihren Schutzgebieten den Vortritt hätten.

Als wir gegen Abend den Strand verlassen, die Fotojäger auch die Königspinguine im Kasten haben, ich einen nassen Bauch davontrage, lasse ich die See-Elefanten mit wehem, wundem Herzen zurück. Mir bleibt nur ein Fünkchen Hoffnung. See-Elefanten haben wirklich ein dickes Fell. Die unglaublichsten Narben haben manche schon davongetragen, also auch die unglaublichsten Verletzungen. Vielleicht wächst ja auch die Wunde des am schlimmsten zugerichteten Tieres wieder zu. Vorstellen kann ich mir das zwar nicht, aber einreden . . .

Schreckliche Träume quälten mich die ganze Nacht. Die »Disco«, wie wir unser Schiff kurz und liebevoll nannten, hatte Kurs auf Süd genommen. Vor uns lag das Ziel aller Ziele, die Antarktis. So weit wir kommen, lautet die Reiseroute. Keiner weiß, wie weit die Eisgrenze vorgedrungen ist, keiner weiß, welches Abenteuer uns im ewigen Eis, am Ende der Welt, erwartet. Ein Abenteuer aber bestimmt.

ANTARKTIKA RÜCKT NÄHER

Antarktika schlummerte unermeßlich lange Zeit am anderen Ende der Welt. Erst mit dem 18. Jahrhundert begann der Mensch, den »Kühlschrank der Erde« mit seinen Reichtümern und Rohstoffen auszubeuten. In kürzester Zeit wurden auch dort Robben, Wale und Pinguine an den Rand der Ausrottung getrieben. Inzwischen gibt es hochfliegende internationale Bestimmungen, die das Land von Eis und Schnee vor der Plünderung schützen sollen. Die Frage ist nur, ob die Gesetze auch halten können, was sie versprechen.

Vier Jahreszeiten an einem Tag«, hat Kapitän Raimund Krüger für unsere Antarktis-Expedition vorausgesagt. Und er hat nicht übertrieben. Tapfer kämpft sich unsere »Disco« durch die windgepeitschte See. Kaum ein Sturmvogel begleitet mehr unsere Reise. Die meisten Passagiere sind seekrank, liegen nach dem Gebrauch einer Tablette, die zwar das schlimmste Übel bekämpft, dafür aber hundemüde macht, in den Kojen. Auch die Gruppe unserer fast rund um die Uhr mit Ferngläsern und Superobjektiven bewaffneten Ornithologen ist außer Gefecht gesetzt. Der Barmixer hat vorsichtshalber alle derzeit überflüssigen Utensilien vom Tresen geräumt, Gläser und Flaschen im seegangsicheren Regal verstaut. Ein paar Unermüdliche und Seefeste haben sich trotz Wankens und Schwankens auf die Barhocker verteilt.

Dieser Tag wird weder der Küche viel Arbeit bescheren, noch an mich als »Bordbiologin« große Anforderungen stellen. Der Wissensdurst der meisten ist für das erste gedeckt. Die Unermüdlichen diskutieren schon lange wenig in die Tiefe gehende Allerweltsthemen; so haben wir das Wetter schon durch. Es scheint, als würden Petrus und Neptun heute um die Wette grollen. Aber unser Kurs ist unbeirrbar. Wir fahren mit gleichmäßig stampfenden Maschinen weiter gen Süden. Um mir ein wenig Abwechslung zu verschaffen, gehe ich zu einer Stippvisite auf die Brücke. Wir drei Bordbiologen haben das Recht, die Kommandozentrale zu betreten, ein Recht, das den Passagieren, außer zur speziell arrangierten Besichtigung, verwehrt bleibt. Auf einem Schiff herrschen strenge Sitten. Wahrscheinlich zu Recht.

Wie wichtig Absprachen mit der Schiffsführung sein können, zeigte sich nicht zuletzt, als wir lange debattierten und dann doch entschieden, an einer bestimmen Anlegestelle nicht vor Anker zu gehen. Es gab dort nämlich nur einen Trampelpfad, den wir hätten benutzen können, um weiter Richtung Festland vorzudringen. Dieser Trampelpfad aber gehörte einer Kolonie Adeliepinguinen. Wären jetzt wir kunterbunte, lärmende Karawane diesen Weg gegangen, hätten wir die emsig Futter zu ihren Küken tragenden Eltern behindert. Durch eine solche Zeitverzögerung wären die Pinguine unweigerlich mit schon weitgehend verdautem Futter im Kropf bei ihrer nimmersatten Brut angekommen. Eine durch uns erzwungene Hungerkur wollten — und durften — wir den Tieren nicht zumuten.

Wie auf den Falklandinseln haben auch auf Antarktika die Tiere Vortritt. Für Besucher lautet das Gesetz: mindestens drei Meter Abstand halten. Bitte nicht näher treten. Natürlich haben wir Biologen und auch die Reiseführer uns den Mund fusselig geredet, um unsere Touristenschar von dieser Notwendigkeit zu überzeugen. Schließlich läßt kaum ein gefiederter oder bepelzter Ureinwohner erkennen, wenn er doch ein wenig Angst oder »Fracksausen« vor allzu aufdringlichen Fotojägern bekommt. Untersuchungen zum Beispiel von den Galapagosinseln, wo die Tiere genauso zahm sind wie in der Antarktis, zeigen eindeutig Streßsymptome bei brütenden Vögeln, wenn ihnen Menschen zu nahe kommen. Zum Beispiel steigt bedenklich die Herzfrequenz.

Gleich bei einer unserer ersten Visiten bekommen wir vorgeführt, wie ernst allerdings andere die antarktischen Schutzbestimmungen nehmen. Wir machen fest vor der polnischen Antarktisstation Arctowski. Hier herrscht im Dezember 1977 noch emsiges Treiben. Die Station beherbergt zwar schon seit einigen Jahren ein Team von ein paar Dutzend Männern, hauptsächlich Wissenschaftlern der Geophysik, Geologie, Zoologie und Meteorologie — im Winter, wenn auch die Tage nicht mehr hell werden, bleibt nur ein knappes Dutzend zurück —, doch die Anlage ist noch lange nicht ganz fertig. Raupenschlepper, Bulldozer und Lastkraftwagen rumoren dröhnend und klappernd in der Stille der weißglitzernden Umwelt. Heute scheint die Sonne. Es wird ganz schön heiß in dem dick gefütterten Anorak.

Plötzlich macht ein Raupenschlepper halt. Zwei Mann springen gelassen auf die noch zu befestigende Straße. Mitten auf dem Fahrweg hat es sich eine See-Elefantin bequem gemacht. Sie hält die Augen fest verschlossen, schenkt den Männern auch nicht einen Blick. Nur ein tiefer Schnaufer gibt zu verstehen: Madame ist müde. Sie will schlafen, nichts weiter als schlafen. Auch ihre Nasenschlitze sind zusammengeklappt, verschlossen. Nur wenn sie einatmet, macht sie durch Muskelzug eines der beiden Löcher auf — und gleich wieder zu. Ein solcher »automatischer« Verschlußmechanismus ist, wie auch bei den Walen, eine der typischen Anpassungen von Meeressäugetieren an ihren sekundären Lebensraum, das Meer, das sie am Leben erhält, aber auch erhebliche Anforderungen an ihre Körper stellt. Wie ein Mensch, der den Atem anhält, benutzt auch die Robbe ihre Muskeln an der Rückseite der Kehle. Daß sämtliche »Klappventile« auch im Falle einer Ohmacht auf Automatik stehen, beweisen die wasserleeren Lungen von in Gefangenschaft tot auf dem Beckenboden aufgefundenen Tieren. Klappventile schützen die Atemwege der Tiere beim Schwimmen oder Tauchen gegen einströmendes Wasser. Kaum haben sie kräftig und vernehmbar eingeatmet, wird die Nase auch schon wieder abgeschottet.

Die beiden Polen, weniger zum Staunen als zum Arbeiten gekommen, machen kurzen Prozeß. Da die Robbin wohl kaum innerhalb der nächsten Stunden den Weg zu räumen gedenkt, packen sie den klotzigen Körper und rollen

Bei der polnischen Forschungsstation schlummert ein See-Elefantenweibchen. Im Hintergrund die »Disco«.

ihn ganz einfach ein paar Meter weiter an die Seite. Jetzt erst riskiert die Elefantin einen Blick. Aus der Ruhe läßt sie sich allerdings auch nicht durch diese Handgreiflichkeiten bringen. Unbeirrt setzt sie ihre Mittagspause fort, zwei, drei Meter neben der Autopiste. Es ist ganz offensichtlich: See-Elefanten haben ein dickes Fell.

Arctowski ist ein Tummelplatz nicht nur für Menschen, sondern auch für Tiere. Unweit der Station hat eine Großkommune Adeliepinguine ihr Brutlager aufgeschlagen. Während die einen dieser nach dem Kaiserpinguin am besten der Kälte und dem Klima trotzenden Vögel schon voller Elternstolz auf ihr Ei oder ein Knäuel frischgeschlüpften Lebens herabblicken, sind die anderen noch mit Geschimpfe und Gezeter in Streitereien um die wenigen Steinchen verstrickt. Ein Steinchen ist hier alles: Brautstrauß für die Auserwählte, Nistmaterial, Bremsklotz, um ein Wegrollen der Eier zu verhindern. Aber weil Steinchen eben knapp sind, beklauen die Pinguine sich gegenseitig buchstäblich wie die Raben. Kaum paßt einer nicht auf, hat der Nachbar ihm schon sein Heiligtum gemopst.

Mich wundert nicht mehr, daß die polnischen Wissenschaftler ein ganzes Jahr hier aushalten. Sie haben ja die Tiere. Gott sei Dank, die früheren Tranlieferanten dürfen heute leben. Das war nicht immer so. Überall, zwischen all dem Geröll, liegen, mehr oder weniger dem Erdboden gleichgemacht, vom Wind fast zugeschüttet oder als Mahnmale deutlich freigeweht, Walknochen. Traurige Überreste der Vergangenheit. Stumme Denkmäler an die grausamen Zeiten, als sich hier Buchten und Baien, Strände und Eisschollen rot mit Blut färbten, als hier Wale, Robben, Pinguine zu Tausenden und Abertausenden verkocht wurden . . . für des Menschen Gier nach dem »flüssigen Gold«, dem Tran. Nur ein Eselspinguin weiß den Knochenfriedhof für sich zu nutzen. Er hat es sich zum Brüten hinter einem Walwirbel bequem gemacht. Der Knochen gibt ihm Geborgenheit und schützt ihn wenigstens ein wenig vor dem meistens mächtig wehenden Wind, hält ein wenig den oft auch im Sommer mit rasendem Tempo über den kahlen, kalten Boden fegenden Schneesturm ab.

In unseren Breiten wäre der exrem poröse Knochen, der von Natur aus stark ölhaltig ist, um dem Wal im Wasser Auftrieb zu verleihen, längst vergammelt und verrottet. Aber in der Antarktis hält sich alles taufrisch. Der »Kühlschrank der Erde« konserviert alte Knochen oder Konservendosen gleichermaßen, erhält Naturdenkmäler genau wie Gifte und Gerümpel, Unrat und Umweltschmutz. Bis hier etwas den Prozeß des Recycling — der im offenen Meer schnell für »Ordnung« sorgt, solange die Biologie nicht durch übermäßige Belastung aus dem Gleichgewicht gebracht wird — vollzogen hat, vergeht eine halbe Ewigkeit. Zu lange dauert ein solcher Prozeß, um die Lebewelt vor Schäden zu bewahren.

Aber der Mensch, so sieht es aus, wird nichts auslassen, um auch dieses Plätzchen am Ende auf unserem Planeten zu plündern. Mit derselben unbeirrbaren Kurzsichtigkeit, mit der Politiker meist nur in den Grenzen einer Legislaturperiode denken, werden die Ausbeuter von Antarktika ihre Weichen stellen oder haben dies längst getan. Zuviel Reichtum scheint unter Schnee und Eis zu schlummern. Schon lange geht es für Forschung und Technologie nicht mehr darum, bloßen Wissenschaftsdurst zu löschen oder existierende Ressourcen zu erkunden und zu erfassen. Zwar haben sich die an der Antarktis interessierten Nationen fürs erste auf eine Art Stillhalteabkommen geeinigt, doch hat der Wettlauf um das größte Stück am Kuchen längst begonnen.

Bis 1991 gilt das 1961 ratifizierte Antarktisabkommen (siehe Anhang), welches das antarktische Land vor Ausbeutung und Territorialansprüchen schützen soll. Der schon im Jahre 1957, im Geophysikalischen Jahr, von 13 Gründerstaaten angeregte Vertrag »könnte der Vorläufer eines Plans für andere gemeinsame Erdgebiete, die Hochsee und möglicherweise die Erforschung des Weltalls sein«, schrieb im April 1979 Sir Peter Scott, Nachfahre des berühmten Polarforschers, in seinem Vorwort zu dem Buch »Antarktika — Ein Kontinent rückt näher«: »Ob diese hochfliegenden Pläne jemals verwirklicht werden, ist heute noch nicht abzusehen . . .« Ich meine, sie können nicht verwirklicht werden. Sie werden der Habgier und Herrschsucht des Homo sapiens schon bald zum Opfer fallen, liegen sie derzeit auch mehr oder weniger sicher auf Eis . . .

Es geht um viel. Das läßt schon die Entstehungsgeschich-te des sechsten Kontinents erkennen. Noch vor rund 200 Millionen Jahren war Antarktika mit Afrika, Australien, Indien, Neuseeland und Südamerika zu dem Superkontinent Gondwanaland vereint. Nach der Theorie des Polarforschers, Meteorologen und Geophysikers Alfred Wegener bestand die Erde früher aus einer nördlichen Landmasse: Laurasia, und einer südlichen: Gondwanaland, die beide zusammen eine Einheit bildeten: Pagaea. Das Wort kommt aus dem Griechischen und bedeutet »die gesamte Erde«.

Unermeßliche irdische und galaktische Kräfte erfaßten irgendwann vor Jahrmillionen die Erdkruste und erschütterten sie, bis sie nachgab, barst. Sie trennten und verdrängten die Kontinente in ihre neuen Positionen, umgeben von den sieben Meeren. Antarktika landete, in den Weiten der Ozeane wie auf Nimmerwiedersehen verschwunden, fernab gen Süden verdriftet, vor 30 bis 50 Millionen Jahren innerhalb des Südlichen Polarkreises bei 66°33′S, wo es vor rund 30 Millionen Jahren um den Südpol endlich zur Ruhe kam. Vier Monate im Jahr herrscht dort Dunkelheit, geht die Sonne nicht auf.

Während das Klima zunächst offenbar noch nicht gar so unwirtlich war, manche Tiere und Pflanzen, die einst Gondwanaland bewohnten, sich noch über kurz oder lang halten konnten, zumindest an den Küsten noch Wälder wuchsen, begann der Kontinent alsbald zu vereisen. Schicht um Schicht verhüllten Eis und Schnee das gesamte 12,5 Millionen Quadratkilometer umfassende Gesteinsfundament.

Das glitzernde Weiß reflektierte die wärmebringenden Sonnenstrahlen, schickte sie zurück ins Nichts, ließ sie nicht den Boden und die Umwelt erwärmen. Die eisige Decke wuchs und wuchs, schuf neues Eis und Kälte. Mit den Jahreszeiten türmten sich die Eisschichten auf durchschnittlich 2200, an manchen Stellen auf 4000 Meter. Unter ihrer Last schien sich die Erdkruste in die Tiefe zu versenken. Der Kontinent war nun umgeben von einem Ozean, der ihn 3000 Kilometer trennte von Afrika oder Südamerika und der fast vollständig mit Eis bedeckt ist. Er trägt allein 90 Prozent des auf unserer Erde existierenden Eises und damit ein entsprechend großes Reservoir von etwa 80 Prozent des gesamten Süßwassers der Erde. Nur fünf Prozent von Antarktika sind eisfrei, brechen hie und da als kahler Fels durch den weißen Mantel. Mit 5150 Meter Höhe ist der Mount Vinson der höchste Berg.

Die Trennung der Kontinente brachte Schritt für Schritt klimatische Veränderungen mit sich. Pflanzen und Tiere starben aus. Heute verraten nurmehr fossile Farne und Südwasserfische, Amphibien und Reptilien die ursprüngliche Existenz von Fauna und Flora. Menschen, Blumen oder Landsäugetiere hat es hier früher nie gege-

ben, demzufolge auch keinerlei Kultur. Die frühe geographische Trennung hat eine Einwanderung von anderen Kontinenten verhindert. Das kalte, trockene, wüstenartige Klima tat sein übriges.

Aber in der Erde, im Boden, unter der schier undurchdringlichen Schicht von Eis und Schnee, müssen Schätze schlummern, wie sie auch in den anderen ehemals angrenzenden Kontinenten vorhanden sind. So scheinen die Grenzen des Festlandes nicht allein der Wissenschaft

ist den Fluten mit etlichen Kratz- und Schnittwunden an Armen und Beinen wieder entstiegen. Der Krill, sozusagen das »Brot der Antarktis«, eine Kleinkrebsart, von der sich indirekt oder direkt alle hier lebenden Tiere ernähren, kommt an solchen Stellen mitunter frisch gekocht an den Strand gespült.

Neben den Bodenschätzen und anderen »toten« Ressourcen ist der Mensch insbesondere dem Krill, *Euphausia superba,* wie die in Schwärmen von Millionen lebende

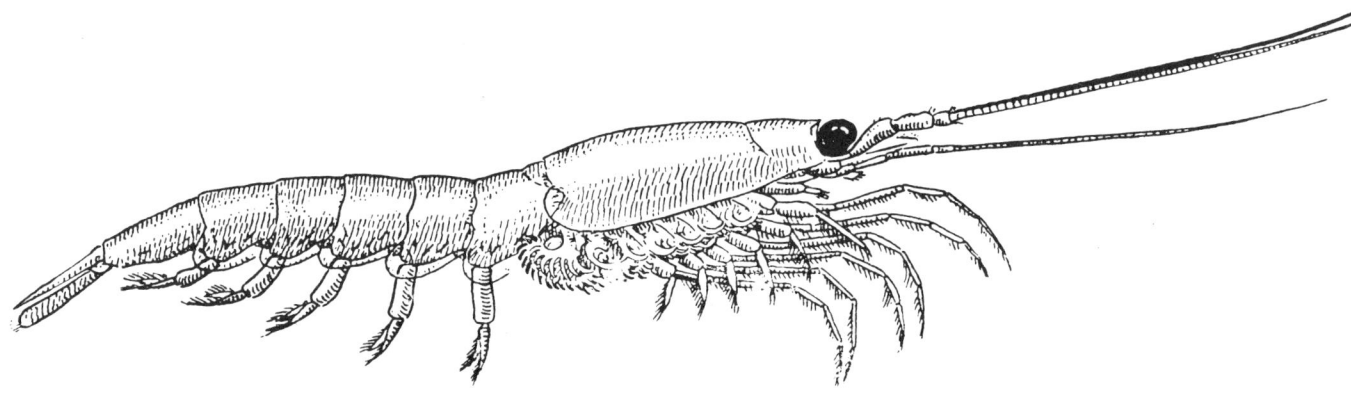

Fast alle Antarktistiere ernähren sich von dem in Riesenschwärmen lebenden Krill, einem daumengroßen Krebs, der auch für die Fischerei interessant ist.

die Theorie der Kontinentalverschiebung Alfred Wegeners zu bestätigen, sondern auch Rohstoffe wie Kohle, Uran, Erdgas und Erdöl, Metalle wie Kupfer, Nickel, Chrom, Silber und Gold zu versprechen.

Die Gesamtfläche der Antarktis beträgt etwa 52 Millionen Quadratkilometer, wobei der antarktische Ozean etwa 38 und das das Festland umsäumende Schelfeis etwa 1,5 Millionen Quadratkilometer einnehmen. Hinzu kommen, je nach Jahreszeit und Wetter, 4 bis 25 Millionen Quadratkilometer Meereis. Mit 530 000 Quadratkilometern ist das Ross-Schelf die größte zusammenhängende Schelfeiszone. Es gibt noch spuckende Vulkane wie den Mount Melbourne mit knapp 2590 und den Mount Erebus mit 3794 Meter Höhe. Heiße Quellen im Meer — mit 50 Grad Celsius und mehr — laden uns sogar zu einem Bad ein. Allerdings müssen wir uns vor vorbeischwimmenden und angetauten Minieisbergen höllisch in acht nehmen. Sie bringen zwar in dem eher zu heißen Dampfbad angenehme Kühlung, doch sind sie an den Kanten messerscharf, und manch einer von unseren Badegästen

Leucht-Garnele wissenschaftlich heißt, auf der Spur. Zwar schmeckt das »Zeug« weder frischgepult noch als Paste verwurstet, doch hoffen die an der Antarktis interessierten Fischerei-Nationen hier eine schier unerschöpfliche Eiweißquelle gefunden zu haben oder aber sie suchen nur eine Art Alibi, um in dem vielversprechenden Neuland Flagge zu zeigen.

Sie sprechen von »Überschuß« an Krill, beispielsweise wegen der drastisch zusammengeschossenen und reduzierten Walbestände, sie sprechen von »billigem Protein« für eine hungrige Welt. So sollen die Wale um 1900, bevor der antarktische Walfang begann, um die 190 Millionen Tonnen Krill verschlungen haben, während für die letzten Überlebenden angeblich 43 Millionen Tonnen reichen mußten. Der Rest, so erlaubt es eine Milchmädchenrechnung, ist für die Menschen. Aber hier irrt der Mensch schon wieder. Man muß davon ausgehen, daß längst andere, natürliche Bewohner der Antarktis, wie Pinguine oder Robben, die Krillbilanz auskosten. Eine — wenn auch unvollständige — Schätzung stellen die Auto-

ren Creina Bond und Roy Siegfried für den jährlichen Krillverbrauch auf:
Für Wale: 43 Mio. Tonnen
Für Fische: 60 Mio. Tonnen
Für Vögel: 40 Mio. Tonnen
Für Robben: 80 Mio. Tonnen
Für Tintenfische: 100 Mio. Tonnen
Wie dicht solche Schätzungen an die Fakten kommen, wie schnell sich eine Bilanz durch menschliche Nutzung ändert, steht natürlich nach wie vor in den Sternen. Um sich mehr Sicherheit in den Berechnungen zu verschaffen, um das antarktische Ökosystem mit seinen Wechselwirkungen zwischen den direkten und indirekten Krillnutznießern besser zu verstehen, um gravierende Fehler durch Überfischung möglichst zu vermeiden, wurde 1977 BIOMASS gegründet (»Biological Investigation of Marine Antarctic Systems and Stocks«), zu deutsch: die biologische Erforschung der marinen Antarktis-Systeme und Bestände.

In diesem Rahmen betreibt auch das bundesdeutsche »Alfred-Wegener-Institut für Polarforschung«, Bremerhaven, besondere Grundlagenforschungen wie im Gebiet der Weddell-See. Zu den Untersuchungen in der Antarktis gehören auch schon seit geraumer Zeit die Erfassung und Anreicherung von Schadstoffen in den Meeren und in den Lebewesen. Wie bereits erwähnt, halten sich Schadstoffe und auch bei den Stationen anfallender Müll wie in einem Tiefkühlhaus. Zudem bilden die Meere ein Fließgleichgewicht, so daß Schadstoffe, sei es über die weltweiten Strömungen, sei es durch die Luft über die Troposphäre, auch Antarktika erreichen. So darf es eigentlich niemanden wundern, daß schon vor einigen Jahren Pinguine an Ölpest eingingen oder daß sie an Infektionskrankheiten leiden, die nur der Mensch eingeschleppt haben kann; daß Kaiserpinguine Nachwuchssorgen haben, weil ihre in der Schale mit DDT angereicherten Eier unter ihrer Brutlast zerbrechen . . . Schon heute gibt es Fischarten, die, noch nicht richtig erforscht, bereits vom Aussterben bedroht sind. Überfischung lautet die Diagnose, zum Beispiel für den Marmorbarsch.

Was immer heute in der Antarktis kreucht, fleucht, robbt oder schwimmt, besitzt die ungewöhnlichsten Anpassungen, um mit dem ungastlichen Milieu aus Kälte, Trockenheit an Land und Eis fertig zu werden. Ob Vogel oder Robbe, die meisten Tiere kommen allenfalls an Land, um sich zu paaren, ihre Jungen zu gebären, um zu schlafen oder — so die Robben — ihren Fellwechsel durchzumachen. Die meiste Zeit ihres Lebens verbringen sie im Meer. Das Meer ist auch der Grund, weshalb sie sich in eine solch ungemütliche ökologische Nische begeben haben. Das Meer ist im tiefen Süden — mehr noch als im hohen Norden — eine Art Schlaraffenland für alle, die die richtigen Voraussetzungen mitbringen. Hier tummeln sich auf »fetten Weiden« die meisten Robben auf der

Ein Krabbenfresser genießt die antarktische Sonne.

Erde, und hier fressen auch die meisten großen Wale, damit sie in nur 100 bis 120 Sommertagen genug Speck auf die Rippen bekommen, um alsbald in die wärmeren, aber nährstoffärmeren Fortpflanzungsgebiete abwandern zu können. In der Antarktis decken sie den Hauptnahrungsbedarf für ein ganzes Jahr.

Schon 1977, als wir den »weißen Kontinent« mit unserer »Disco« besuchten, erfaßte uns das kalte Grausen: Bei der argentinischen Station Esperanza, die laut Vertrag nur Forschung und friedlichen Zwecken dienen darf, machte uns verdutzte Touristen ein Schild darauf aufmerksam, daß wir soeben ein Stück Argentinien betreten

hatten. Von einer Zugehörigkeit zum argentinischen Festland sprechen übrigens auch etliche Landkarten. Und wohl kaum ohne jeden Grund läßt man auf Esperanza auch Frauen überwintern. 1976 erblickte der erste Säugling das Licht der eisigen Welt. Welche Staatsangehörigkeit mag er wohl haben? Als dann auch noch Militärs vor einer Landegenehmigung in ihrem »Dorf« nach unseren Pässen fragten, schien die Verwirrung perfekt. Sie wurde nur noch übertroffen, als wir miterleben mußten, wie sich in langer Reihe angebundene und mit Langeweile quälende Schlittenhunde auf besondere Art vergnügten: Sie schnappten nach tapsig und ahnungslos daherwatscheln-

Bei der polnischen Station leben viele Tiere, wie Adeliepinguine. Im Vordergrund: Walknochen.

den Pinguinen, die nur diesen einen Weg kannten, um für ihre Küken unweit der Station Futter zu fischen. Blutüberströmt konnten sich manche der völlig fassungslosen Vögel in Richtung Meer retten. Andere brachen kurz danach humpelnd und zuckend zusammen oder wurden von den gelangweilten Angreifern als klobige Fleischklöße achtlos liegengelassen.

Die Hunde wollten nur ihre Frustration loswerden. Miteinander durften sie nicht herumtollen, ausgelastet durch harte Arbeit waren sie nicht. Sie dienten den Stationsbewohnern nur als eine Art »Sportartikel«. Für notwendige Arbeiten wurden, wie fast überall in der Arktis, längst motorisierte snowmobils eingesetzt. Um die Hundemeute gut im Futter zu halten, schossen die Argentinier hin und wieder eine Robbe. Wie sie diese Verhaltensweisen mit dem Antarktis-Vertrag unter einen Hut brachten, blieb mir ein Rätsel, darf doch den Tieren — zumindest an Land — kein Haar gekrümmt werden, seit das »Internationale Komitee für Antarktisforschung« (SCAR) seit 1964 strenge Schutzbestimmungen für Fauna und Flora zur Erhaltung des ökologischen Gleichgewichts beschlossen hat. Speziell für Robben zuständig ist seit 1978 die »Konvention zum Schutz antarktischer Robben«.

Mit einem lachenden und einem weinenden Auge verabschieden sich einige polnische Wissenschaftler der Station Arctowski von uns. Besuch ist selten in dieser Einöde — von den Tieren freilich abgesehen. Noch schnell nehmen sie einen Drink an unserer Bar. Dann heißt es für uns wieder »Leinen los!«. Eine festgelegte Reiseroute haben wir nach wie vor nicht. Wohin wir fahren? Das Schicksal muß es gut mit uns meinen, dann bewundern wir dort die Eisberge, wo sie sich gerade in ihrer Vielfalt, Schönheit und Gewaltigkeit präsentieren.

Für die Seeleute sind sie nicht eben ein Vergnügen, sehen wir doch buchstäblich nur die Spitze des Eisbergs, und niemand weiß, wie sich die restlichen zwei Drittel unter Wasser fortsetzen, wo vielleicht ein Stück gefährliches, eisiges Bollwerk auf uns wartet und unserem Schiffsrumpf ein Leck schlagen könnte. Eine Seekarte gibt es nicht. Sie hätte auch wenig Sinn. Die Situation ist nicht einen Tag die gleiche, geschweige denn jedes Jahr. Eisberge und Treibeis wachsen und schmelzen, driften davon oder kippen einfach um.

Einen solchen umgekippten Eisberg haben wir plötzlich vor unserem Bug. Er sieht aus wie eine Kinderrutsche. Hoch oben auf ihm sitzen einige Seevögel. Selbst für Pinguine ist die Steilwand nicht erklimmbar. Eigentlich schade, sonst könnten sie auf dem Weg zurück ins Meer die Rutsche nutzen, wie sie es nur zu gern tun, um ordentlich Geschwindigkeit zu machen. Sie werfen sich dazu auf den Bauch und schliddern bäuchlings über einen Abhang. Wo

ein Gefälle fehlt, schieben sie sich selber mit ihren dikken, kräftigen Füßen an; übrigens die einzige nackte Körperstelle an einem Pinguin. Der Rest ist wohlverpackt unter dem den Bedingungen angepaßten Gefieder.

Wir schippern an einem riesigen Tafeleisberg mit einem wie von Menschenhand hineingesprengten Tunnel vorüber. Er schillert im nächtlichen Sonnenlicht, das um diese Jahreszeit nie am Horizont verschwindet, in allen Spektralfarben. Durch den Tunnel schickt die Sonne glutrotgelbes, gleißendes Licht. Plötzlich steigt unmittelbar vor dem Eingang eine Dampfwolke empor, durchbricht wie schweres Öl das vor uns liegende Wasser. Kein Windeshauch regt sich, die Dampfwolke verfliegt wieder. Auftaucht jetzt ein rundes Stück Rücken, gelbgold glänzend, versinkt wieder lautlos und ohne die Spur einer Turbulenz zu hinterlassen. Ein Buckelwal. Dann noch einer und noch einer. Das waren aber auch die einzigen großen Wale auf unserer dreiwöchigen Reise im antarktischen Gewässer; sie und ihre großen Artgenossen — wie Blauwal, Finnwal oder Pottwal — sind rar geworden.

Immer andere Eiskonditionen, immer anderes Licht zaubern Wind und Wolken in diese unwirklich anmutende Welt, in diese Unendlichkeit. Nebelschwaden legen sich drückend schwer auf unser Schiff, tauchen uns und unsere Umwelt in bleiernes Grau in Grau, lassen wie verirrt wirkende Sonnenstrahlen milchigtrüb durch den wuchtigen Vorhang dringen, schweben fort, lösen sich auf in dem tiefen Blau des glasklaren Firmaments. Schneeflocken zaubern Millionen von Kaleidoskopen in die Luft. Noch immer kreuzen wir ziemlich ziellos durch diese verzauberte Welt, entlang der Antarktischen Halbinsel, an der die meisten Forschungsstationen liegen. Plötzlich erstreckt sich vor uns eine umfangreiche, für Antarktisbewohner bequem zu besteigende Treibeisinsel. Und prompt entdecken wir auch schon eine Schar Pinguine bei ihrem wichtig aussehenden Stehkonvent. Erst als das Schiff näher an die »Partie« herandümpelt, zieht sich ein Teil der Gefrackten, auf der weißen Weste rutschend, ins Meer zurück. Mit superelegantem Kopfsprung gleiten sie ins eisige Naß.

Während die komischen Vögel, die sich schon vor Jahren zu Tauchern »gemausert« haben, eben auf dem Eis noch voller Gelassenheit die Nähe eines Seeleoparden geduldet hatten, müssen sie jetzt, im Wasser, vor dieser schlanken, gewandten und räuberischen Robbe auf der Hut sein. Der Seeleopard gehört, wie auch der Schwertwal, zu den gefährlichsten Feinden der Pinguine. Einige Merkmale lassen untrüglich im Vergleich zu all den anderen meist plumpen Robben den geschickten Jäger erkennen: die lange, schlanke Gestalt, die äußerlich deutlich sichtbaren Konturen eines recht beweglichen Halses, der an

Reptilien erinnernde flache, massige Kopf mit dem sehr breiten Maul mit langen Backenzähnen, die langen, schlanken Vorderflossen. Daß diese Hundsrobbe aber an Land oder auf dem Treibeis auch nur eine »lahme Ente« ist, wissen die Pinguine ganz offensichtlich, denn sonst würden sie sich dort wohl kaum mit stoischer Ruhe in der Nähe eines ihrer tödlichen Feinde aufhalten.

Im Gegensatz zu anderen Flossenfüßern wie den Ohrenrobben ist der Seeleopard ein typischer Einzelgänger, der sich dementsprechend zur Wurfzeit auch nicht in lärmenden Kolonien auf angestammten Liegeplätzen zusammenrottet. Er bevorzugt die Ruhe und Abgeschiedenheit auf dem flottierenden Eis. Wie die Krabbenfresserrobben sind auch die Leopardenrobben mehr oder weniger gleichmäßig auf dem Eisgürtel rund um Antarktika zu finden. Nach Angaben der britischen Zoologin Judith E. King können sie unterschiedlichen Alters in unterschiedlichen Bereichen angetroffen werden. So scheinen die Adulten die äußeren Zonen des Packeises zu bevorzugen. Im Sommer suchen Drei- bis Neunjährige offenbar die Küste des Kontinents auf und junge Tiere im Winter die subantarktischen Inseln. Vor Neuseeland gehören diese schnellen Robben zu den regelmäßigen Besuchern. Ihr exaktes Verbreitungsgebiet ist allerdings nicht bekannt. Einzelne Sichtungen können auch Ausnahmen von der Regel sein; so wurde beispielsweise eine Robbe noch nördlich vom argentinischen Buenos Aires beobachtet. Ungewißheit herrscht auch über ihre Fortpflanzungsbiologie.

Seeleoparden werden nicht selten in der Gesellschaft von Krabbenfresserrobben angetroffen; daher hält der Biologe R. J. Hofman folgende Relation für möglich: Neben ihrer bekannten Vorliebe für Adeliepinguine, aber auch für Krill — zur Abwechslung gibt es auch Fisch, Tintenfisch oder unvorsichtige Seevögel, die sich nicht schnell genug auf ihre Schwingen machen und von unten zu erwischen sind —, goutieren die Robben mit dem großen Appetit auch das Fleisch ihrer nächsten Verwandten. Sie laben sich offensichtlich an Resten von Wal- oder Robbenkadavern und greifen insbesondere die Jungen von Krabbenfresserrobben, Weddell Robben und See-Elefanten an. Immerhin 18 Kilogramm Krabbenfresserfleisch wurden 1969 im Magen eines ausgewachsenen Seeleopardenweibchens gefunden.

Da Krabbenfresser in denselben Gebieten wie Seeleoparden ihre Welpen werfen — nur etwas früher in der Jahreszeit —, schließt der Experte D. B. Siniff auf eine zeitlich geprägte Anpassung. Wenn die kleinen Seeleoparden geboren werden, gibt es nämlich reichlich Nahrung an jungen Krabbenfressern, aber auch an Krill, auf den sich die Krabbenfresser ausschließlich spezialisiert haben. Während die Welpen der Seeleoparden vermutlich im

Die dachziegelartig liegenden Federn der Pinguine über dichtem Flaum bilden einen wasserdichten »Frack«.

Anschluß an ihre rund vier Wochen dauernde Säugezeit auf Krillkost umsteigen, könnte es sein, daß sich ihre Eltern an die etwa zur gleichen Zeit entwöhnten Krabbenfresserjungen halten, die eine leichte Beute bieten. So bescheiden geben sich die Jäger unter den Robben aber offensichtlich allenfalls, wenn sie sich noch ein wenig geschwächt fühlen vom Kinderkriegen oder -zeugen, mit all den Ritualen, die mehr oder weniger intensiv dazugehören. Aber auch darüber ist relativ wenig bekannt.

Nach Judith E. King sind die schlanken Schwimmer gar nicht zimperlich und sollen auch schon, ohne provoziert worden zu sein, Menschen aufs Korn genommen haben. So soll ein Seeleopard mit rasantem Tempo durch eine Bruchstelle im Eis gespurtet sein, nach dem Fuß eines ahnungslosen Wissenschaftlers geschnappt und diesen 100 Meter weit über das Eis geschleppt haben. Allerdings ist anzunehmen, daß der Jäger weniger einen Wissenschaftler vernaschen wollte, als daß er diesen bei schlechter Sicht für einen Kaiserpinguin gehalten hat.

Im Falle eines leibhaftigen Pinguins verfolgt der Leopard der Meere etwa die folgende Strategie: Er patrouilliert entlang einer Eiskante, bis er einen unvorsichtigen Pinguin in Reichweite hat, schnappt ihn unter Wasser und schüttelt und schlenkert sein Opfer so lange, bis Federn und Haut »abgepellt« sind. Dann beißt er sein Mahl fein säuberlich in Stücke, bis kaum mehr als ein nacktes Skelett übriggeblieben ist. Die ganze Prozedur dauert, sofern es sich beispielsweise um einen kleinen Adeliepinguin handelt und der Appetit angemessen ist, nicht länger als fünf Minuten. Kein Wunder, daß sich Pinguine angewöhnt haben, möglichst nicht allein, sondern in Gruppen baden zu gehen, nach dem Motto: Einigkeit macht stark.

Obwohl die Leopardenrobben eine Art Tarnfarbe gegen Feinde vermutlich nicht brauchen, weil ihnen in der Antarktis nicht einmal der Mensch — zumindest nicht derzeit — nachstellt, tragen sie dennoch dezent: von oben Dunkel, von unten Hell, mit hier und da ein paar auflockernden Tupfen. Ein solches Tarnkleid ist für Beutemacher natürlich von Vorteil, zumal die Opfer das heranschleichende Unheil nicht so schnell bemerken.

Oben Dunkel, unten Hell, diese Komposition hat sich — in einigen Varianten durch Glanz- und Schillereffekte abgewandelt — im Meer grundsätzlich als passend und sinnvoll durchgesetzt. Auch große Fische wie Thune, Wale oder Delphine — oder Kleinfische wie der Hering —, die vor der ständigen Gefahr, gefressen zu werden, im

Anders als im Wasser kann der Seeleopard (unten) Krabbenfressern auf dem Eis nicht gefährlich werden.

Schwarm Schutz suchen, halten sich an diese Farbskala. Sie erfüllt für jeden im Wasser Lebenden ihren Zweck: Von oben betrachtet, verschwinden Konturen und Körper optisch im Dunkel des tiefen Meers; von unten betrachtet, lösen sie sich scheinbar auf in Licht und Helligkeit, die vom Himmel einfallen. Kaum einer will gesehen werden, mit Ausnahme der tropischen Korallenfische.

Zum Beispiel Kaiserfische schwimmen wie Leuchtplakate umher und sind überhaupt nicht zu übersehen. Lange haben Wissenschaftler gebraucht, um hinter den Trick dieser an Angeberei kaum zu übertreffenden Selbstdarstellung zu kommen. Der Sinn dieser Effekthascherei besteht darin, einem jeden Artgenossen zu verkünden, daß er sich hier in gefährlicher Nähe eines längst besetzten Reviers befindet — und bis auf den Tod nicht geduldet wird. Der Grund: Als ärgsten Feind betrachtet der Kaiserfisch seinesgleichen, da auf dieselbe Nahrung spezialisiert. Damit ein in Wallung geratener Revierverteidiger nicht gar die eigenen Kinder mit bis unter jede Schuppe gestauter Aggressivität attackiert, tragen diese in ihrer Jugendzeit grundverschieden gefärbte Schuppenkleider. Um diese verwandtschaftlichen Beziehungen herauszufinden, haben sich Wissenschaftler besonders lange die Köpfe zerbrochen.

Doch zurück in die Welt aus Eis und Wüste. Wir liegen mit unserer »Disco« längsseits der Eisscholle. Einige Pinguine sind geblieben, andere sind mit kräftigem Unterwasseranlauf und Katapultstart wieder zum geselligen Stelldichein zurückgekommen. Auch der unweit von dem Pinguinentreffpunkt vor sich hin dösende Seeleopard hat kaum die Absicht, seinen Platz zu verlassen. Er scheint schon ziemlich lange hier zu ruhen. Jedenfalls bekräftigen Kotspuren gleich neben ihm im supersauberweißen Schnee eine solche Annahme. Ein ganz klein wenig unwohl scheint er sich doch in seiner Haut zu fühlen, je näher sich unsere »Disco« an seinen Liegeplatz schiebt. Er dreht und windet sich, zeigt uns das imponierende Innere seines weitaufgerissenen Mauls. Nicht schlecht, die Drohgebärde.

Ob wir nun ein Weibchen oder ein Männchen vor uns haben, ist schlecht zu entscheiden. Anders als bei den meisten polygamen Robben, bei denen die Männer gar nicht auffällig und imposant genug sein können, um sich bei den Weibchen und bei ihren Rivalen den gebührenden Respekt zu verschaffen und um möglichst viele Geschlechtsgenossinnen um sich zu scharen, sehen sich Leopard und Leopardin sehr ähnlich. Sie unterscheiden sich nicht durch so deutlichen Geschlechtsdimorphismus wie beispielsweise Seebären oder See-Elefanten.

Nicht weit entfernt von dem noch immer mit uns grollenden Seeleoparden, wie seine Körpersprache unumwunden kundtut, rasten und ruhen in lockerem Abstand ein paar Krabbenfresserrobben. Wie die Pinguine scheinen auch sie ihren Feind nur im Wasser — nicht aber auf der Eisscholle, wo sich ein jeder Angreifer buchstäblich auf Glatteis begibt — zu respektieren und, wenn immer möglich, zu umschwimmen. Dabei hat zumindest eines der Tiere mit Sicherheit schon schreckliche Erfahrungen gemacht. Wie ein breiter Gürtel umsäumt vernarbtes Gewebe den Körper etwa in der Gegend, die man bei den Menschen als Taille bezeichnet. Trotz dieser einmal immens gewesenen Blessuren scheint das Tier wohlauf und sich wieder bester Gesundheit zu erfreuen. Jedenfalls ist es dick und rund, und es scheint auch in keiner Weise behindert.

Die meisten Krabbenfresser sehen reichlich angefressen und zerkratzt aus, tragen Spuren von Angriffen, die ihnen wohl schon in jungen Jahren Seeleoparden verpaßt haben. Schwertwale sind dafür wohl weniger verantwortlich zu machen. Die gerissenen Jäger dürften kaum Mühe haben, ein Robbenkind blitzgeschwind zu erwischen, mit Kopf und Kragen in einem Bissen hinunterzuschlingen. Aber für ein erwachsenes Tier dürfte der »Killer« wiederum zu plump und nicht genügend wendig sein.

Mir gibt der Anblick der derartig zugerichteten, aber wieder genesenen Robbe auf der Eisscholle Grund zu hoffen, daß auch das See-Elefantenbaby von den Falklandinseln noch einmal mit seinem jungen Leben davongekommen ist. Robben haben offenbar wirklich ein dickes Fell.

Weiter geht unsere Reise. Wir wollen es mal mit einem Ausflug auf Deception Island versuchen, einer hufeisenförmigen Insel vulkanischen Ursprungs, die noch vor gar nicht vielen Jahren einem Kriegsschauplatz glich. Hier prunkte eine der Hochburgen für den antarktischen Walfang, der erst um 1925 mit Einsatz der ersten Fabrikschiffe, schwimmenden Kochereien und Heckaufschleppe, so richtig zum Zuge kam. Mit Macht gingen die Walfangnationen den einst schier unerschöpflich scheinenden Beständen an den Speck. Niemand hatte aus den Fehlern der Vergangenheit gelernt, niemand wollte wahrhaben, daß ein paar Jahrzehnte in arktischen Fanggründen genügten, um die dortigen Glattwale auf ein Minimum zusammenzuschießen — und das seinerzeit noch mit der angeblich so bestandsschonenden Handharpune. Schon die Methode à la Melville oder à la Moby Dick, mit Handharpune und Handlanze von kleinen Segelbooten aus, war gründlich genug, um diesen »Richtigen« — »Right Whales« heißen diese langsamen Trantiere auf englisch — Bucht für Bucht und später im offenen Meer den Garaus zu machen.

Seit Verbesserung der Harpunenkanone durch den Norweger Svend Foyn im Jahre 1864 war es auch möglich

Relikte aus der vergangenen Walfängerzeit auf Deception Island dienen See-Elefanten als Windschutz.

geworden, die schnellschwimmenden Furchenwale, wie das mit gut 30 Meter Länge größte je auf Erden lebende Tier, den Blauwal, oder seinen etwas kleineren Verwandten, den Finnwal, aufs Korn zu nehmen. Weil diese relativ schlanken Wale nach dem Tod auf den Meeresgrund sinken, konnten die Fänger sie erst mit moderner Technik bergen, indem sie ihnen mit der Kanone Preßluft in den Körper jagten. Tot oder noch lebendig waren sie somit verdammt, an der Oberfläche zu treiben, bis sie in dem riesenhaften Loch des schwimmenden Schlachthofs verschwanden, um gnadenlos verkocht, verhackstückt und in Fässern abgefüllt zu werden.

Noch heute stehen am Strand von Deception Island übergroße, vor sich hin rostende Tanks, verziert mit Aufschriften derer, die hier gearbeitet haben, die hier vorbeigekommen sind. Obwohl die Tanks schon lange keine Funktion mehr erfüllen, obwohl sie als Schandfleck Zentimeter um Zentimeter tiefer in den sandigen Boden sinken, sobald die Sonne genügend Kraft hat, um den meist gefrorenen Boden ein wenig aufzuweichen, fühlt sich niemand verantwortlich, sie fortzuschaffen. Nur zu deutlich

zeigen die wuchtigen Monumente, wie vorzüglich sich Schrott und Schutt im Kühlschrank der Erde halten.

Der schwarze Sand, einst aus dem Innern der Erde mit Höllenkraft herausgeschleudert, ist übersät mit Abfall und jeder Art von Andenken an eine zu Beginn unseres Jahrhunderts operierende norwegische Walfangstation über eine britische und dann chilenische Forschungsstation. Hals über Kopf mußten die in den noch erhaltenen Quartieren hausenden Forscher die Flucht ergreifen, weil wieder einmal der Vulkan der Kraterinsel zu spucken begann. Volle Bierflaschen und Konservendosen, Werkzeuge und Möbelgeripppe, Kisten, Kästen und und und . . . mal mehr, mal weniger vom Sand verschüttet, tiefgefroren oder angewärmt, ruhen neben einem demolierten Flugzeug und einer abgetakelten Reparaturwerkstatt. Ein-, zweihundert Meter weiter ragt ein hölzernes Kreuz aus dem Sand und erinnert an einen hier Verstorbenen. Zwischen all den zivilisatorischen Relikten brüten Seeschwalben und verteidigen heroisch durch haarscharf kalkulierte Flugangriffe ihr Gelege. In der Brandungszone schreitet ein Paar Pinguine. Im Wasser tummelt sich ein Eselspinguin. Er genießt das kühle Naß in der auf einmal durch die Wolken brechende Sonne, dreht und scheuert sich mit seinen Stummelflügeln. Ganz offensichtlich nimmt er ein Bad und läßt ausnahmsweise das Wasser bis an seine Haut vordringen.

Während ich am Strand kniend dem jetzt gar nicht wie ein Pinguin aussehenden Vogel zuschaue, schreckt mich plötzlich ein prustendes Geräusch aus meinen Gedanken. Mit der Eleganz einer Nixe, golden im Sonnenlicht schimmernd, ist neben mir wie auf einer Rutsche eine Robbe gelandet. Hätte sie nicht in diesem Moment ausgeatmet, ich hätte sie wohl kaum sogleich bemerkt. Sie schaut sich einmal kritisch um, entdeckt offenbar doch zu viele herumgeisternde Figuren und macht sich schleunigst wieder auf dem Bauch davon. Weichfließende Wellen in dem gleißenden Licht folgen mit jeder Bewegung dem spindelförmigen Körper, ehe das Tier unweit seiner Landestelle wieder jeder Reichweite entgleitet. Ein kurzes Gastspiel, aber lange genug, um es mit der Kamera eben noch festzuhalten.

Soeben vor meinen Augen entschwunden ist ein Meister im Tauchen, eine gestandene Weddell Robbe, die wie alle antarktischen Hundsrobben cirkumpolar beheimatet ist, wohl aber nicht weite Wanderungen unternimmt wie manche arktischen Vertreter. Vielmehr scheinen diese bis gut drei Meter lang werdenden Tiere mit den sich von Saison zu Saison ändernden Eiskonditionen mitzugehen. Obwohl einzelne Individuen auch weiter nördlich als South Georgia angetroffen werden, scheint dieser Bezirk doch als nördlichster Wurfplatz die Norm zu sein.

Im Süden bestimmt das Eis jede Aktivität, nicht zuletzt, weil die Taucher zum Luftschnappen auf offenes Wasser oder auf Atemlöcher im Eis angewiesen sind, die sie mit ihren speziell etwas horizontal ausgerichteten Eckzähnen in nicht allzu dicke Eisschichten beißen und sägen können. Allerdings birgt diese hervorragende Anpassung nach der Expertin Judith E. King auch einige Nachteile in sich, indem sich die Zähne so stark abnutzen, daß sich Infektionen in der Pulpa bilden, die bis zu unheilbaren Abszessen führen können.

Ich erwische mich dabei, daß ich immer noch auf die Stelle starre, an der eben die Weddell Robbe wie vom Meer verschluckt verschwunden ist. Winzige Luftbläschen kennzeichnen perlmutschimmernd und lautlos den Weg. Eben noch kreisrund, verliert sich die Abtauchstelle an der rundum kriseligen Oberfläche, löst sich auf. Ob die Robbe wohl senkrecht nach unten taucht, um, so tief sie kann, in etwa 600 Metern, vielleicht noch tiefer, nach Nahrung zu suchen? Nach Fisch oder Tintenfisch, die jeder zur Hälfte den Hunger dieser Fettwänste stillen, mit je nach Angebot zusätzlicher Krustentiernahrung. Bis zu 88 Kilo-

gramm täglich, ermittelt eine Studie, könnten es schon sein. Doch mit diesem Durchschnittskonsum werden die Weddell Robben von anderen Gewichtigeren glatt in den Schatten gestellt, trotz folgender imponierenden Beobachtung: An einem zu Tauchexperimenten künstlich angelegten Atemloch hievte sich eine Robbe mit einem eineinhalb Meter langen Fisch, der schätzungsweise 31 Kilogramm auf die Waage brachte, auf das Eis, um dann in aller Ruhe mit der Beute drei Stunden lang zu tafeln. Als dieselbe Robbe in der nächsten Nacht mit einem weiteren Fisch diesen Kalibers kam, schaffte sie allerdings nur noch die Hälfte.

Wie mag sich ein solcher Taucher wohl fühlen, so tief da unten? Zwar hält das Wasser — ganz gleich, auf welchem Breitengrad auf unserem Globus — etwa seine Temperatur von minus ein Grad Celsius, zumal Meerwasser seine größte Dichte bei minus 1,9 Grad Celsius hat, also die geringste Ausdehnung hat beziehungsweise dank seiner Schwere zu Boden sinkt. Sobald es stärker abkühlt, muß es sich weiter ausdehnen, zu Eis gefrieren, an der Oberfläche, nicht aber in der Tiefsee. Bei Süßwasser wird diese Grenze, die größte Dichte, schon bei vier Grad plus erreicht. Damit ist sichergestellt, daß beispielsweise ein See nicht zufriert, sondern am Grund immer noch eine Wasserzone behält, in die sich Fische und andere Bewohner zurückziehen können.

Auch wenn die Temperatur im tiefen Meer keine Rolle spielt — das Thermometer oben, wie bereits erwähnt, ja auch nur so um die minus 1,7 Grad Celsius anzeigt —, so sind 600 Meter Tiefe und 73 Minuten Zeit kein Pappenstiel für einen Säuger. Zum Vergleich: Ein geübter Perltaucher schafft bei Überstrapazierung seiner Gesundheit 40 bis 60 Meter und zweieinhalb Minuten — ohne Gerät, versteht sich. Weder Wal noch Robbe konnten schließlich trotz erstaunlichster Anpassungsfähigkeiten an das Wasser auf die Lungenatmung mit all den damit verbundenen Schwierigkeiten nicht verzichten. Immerhin müssen folgende Vorsichtsmaßnahmen garantiert sein:

1. Der Körper muß gegen eindringendes Wasser verschließbar sein.

2. Hoher Druck muß ausgeglichen werden.

3. Die für Menschen gefährliche Taucher- oder Caissonkrankheit darf nicht auftreten.

4. Eine ausreichende Sauerstoffversorgung muß gewährleistet sein.

Natürlich haben es die Robben — wie die Wale und Seekühe — geschafft, sonst wären sie längst ausgestorben und keine »modernen« Robben. Nach Bergungen von Todfunden — in Netzen oder von Fischerhaken — sowie wissenschaftlichen Untersuchungen faßt Judith E. King

folgende so akkurat wie möglich ermittelten Spitzenleistungen zusammen:
Phoca vitulina: 90 m; im Experiment
Halichoerus grypus: 146 m; am Haken gefunden
Erignathus jubatus: 146 m; von Fischern angegeben
Zalophus californianus: 170 m; trainiertes Tier
Mirounga angustirostris: 183 m; mit Leine gefangen
Callorhinus ursinus: 190 m; frei schwimmend mit Tiefenmesser
Pagophilus groenlandicus: 273 m; mit Leine gefangen
Mirounga angustirostris: 300 m; im Experiment
Leptonychotes weddelli: 600 m; frei schwimmend mit Tiefenmesser
Dabei muß der Fairneß halber natürlich gesagt werden, daß der »Jury« nicht von allen Robben die Leistungen vorlagen, daß beispielsweise Ohrenrobben und das Walroß weniger »unter die Lupe genommen« wurden. Immerhin schafft ein Walroß etwa 40 Minuten unter Wasser. Allgemein scheinen Ohrenrobben im Vergleich hinter den Hundsrobben zu liegen, und Jungtiere tauchen weder so lange noch so tief wie ihre Eltern. Im Schnitt dauert ein Robbentauchausflug um die fünf Minuten.

Da sich Wissenschaftler offensichtlich am intensivsten mit der Weddell Robbe beschäftigt haben, gibt es über den vermutlichen Rekordler auch die meisten Daten. Ich möchte nicht in der Haut der armen Versuchstiere stecken, die irgendwann von wißbegierigen Forschern geschnappt und zum Experimentieren verschleppt wurden. Vermutlich ohne jeden Argwohn haben sich die wenig oder gar nicht scheuen Tiere einfangen lassen. Menschen fürchten sie nicht und geben sich kaum die Mühe zu fliehen, zumal, wenn sie sich gerade zu einem Nickerchen aufs Eis oder an einen einsamen Strand zurückgezogen haben. Allenfalls zeigen sie nach King ein kurios wirkendes Verhalten im Falle einer Störung: Sie rollen sich auf die Seite, demonstrieren dem Störenfried die helle Bauchseite und strecken ihre Vorderflipper in die Höhe. Neptun mag wissen, wem sie mit dieser »Nummer« imponieren wollen . . .

Aus tiefstem Schlaf der Bewußtlosigkeit, verursacht durch stärkste Narkotika, ist die Versuchsrobbe geschwächt und mit fast bewegungsunfähigen Gliedmaßen, bleiern, taumelnd, am ganzen Leib zuckend und ohne jede Orientierung in dem schweren Kopf aufgewacht. Um sie herum lautes Gerede, Getrampel und Gerassel, eine ungewöhnliche Lärmkulisse. Männerbeine vor der Nase. Wunderliche, summende Maschinen mit Drähten und Kabeln. Über dem Kopf ein künstlicher Himmel, dunkle, bedrückende Enge. Auf dem Rücken festgeschnürt eine Art Rucksack. Unter der Haut und in den Gefäßen pieken kleine Nadeln mit Kanülen . . . Es tut

zwar nicht besonders weh, aber es ist unangenehm, fremd und beängstigend.

Für die Wissenschaft leben oder sterben. Die Männer haben das Tier etwa sechs Kilometer entfernt von der Eisgrenze entfernt zum offenen Meer verfrachtet. Sie haben ein künstliches Atemloch in das dicke Packeis gestanzt und darüber ein Zelt oder ähnliches geschlagen, ein wenn auch nicht gerade komfortables, so doch technisch ausgereiftes Außenlabor installiert. Die Robbe mit allen möglichen am und im Körper verankerten Meßgeräten und an den Computer für die Aufzeichnung und Auswertung ihrer »technischen« Daten angeschlossen, soll zeigen, was sie kann. Tauchen. Sie möchte allerdings am liebsten weg, so schnell sie die Füße tragen. Kaum abgetaucht, merkt sie aber sehr schnell: Weit und breit ist kein offenes Meer, kein weiteres Atemloch zu erreichen. Es gibt also nur eines, dorthin zurück, woher sie gekommen ist. Damit haben die Forscher freilich gerechnet. Ihr Versuchstier ist ihnen sicher, ihre Kalkulation kann nur aufgehen.

Die Robbe versucht, die Last auf dem Rücken abzuschütteln. Doch jeder Versuch ist zwecklos. Sie muß die Meßinstrumente mit sich herumschleppen. Wenn die Forscher glauben, daß sie jetzt gleich ihre maximale Tiefe aufsucht, so haben sie sich gewaltig getäuscht. Vorsichtig tastet sie sich heran. Erst mal nur auf etwa 100 Meter Tiefe. Graublau ist das Meer, mit einem Stich ins Grüne. Oben schimmern milchig und glatt, bizarr oder monumental die undurchdringlichen Eismassen. Hin und wieder dringen Lichtstrahlen in die schwere Dämmerung, lassen in ihrem Kegel Millionen kleiner Organismen tanzen. Auch Fische ziehen vorüber, solche, in deren Körper eine Art Frostschutzmittel pulsiert, das aus Glykoproteinen besteht, einer bestimmten Zusammensetzung aus Eiweiß und Kohlehydraten. Das Frostschutzmittel sorgt dafür, daß das Blut dieser Schuppenträger einen niedrigen Gefrierpunkt einhält. Nach Angaben des Biologen Schneppenheim bleibt es bei zwei Minusgraden Außentemperatur immer noch flüssig, während »normales« Blut bei etwa einem Minusgrad gefriert.

Aber unsere Versuchsrobbe interessiert sich jetzt weder für Fisch noch für Krebsgetier oder Tintenfisch, mag ihr auch noch so der Magen knurren. Vielmehr liegt ihr ihre eigenartige Situation im Magen, sie weiß sie einfach nicht einzuschätzen. Um nicht ihr Leben zu riskieren, erkundet sie nur die Umgebung um das künstliche Atemloch, durch das sie mehr oder weniger freiwillig geschlüpft ist.

Nach 15 Minuten taucht sie wieder an dem Forschungsloch auf. Die Männer verfolgen gebannt ihre Instrumente. Ihnen wird klar, daß sie momentan nicht ermitteln können, wieviel Sauerstoff die Robbe beispielsweise

maximal tanken und speichern kann. Sie müssen davon ausgehen, daß das Tier gezielt nur soviel aufgenommen hat, wie es für einen Tauchgang dieser Art benötigt. Warum auch sollte sich die Robbe für eine Stunde oder länger mit dem »Stoff zum Überleben« rüsten, wenn sie, was ihre Beobachter nicht wissen können, weiß, wohin und wie lange sie tauchen will.

Noch etliche Male wiederholt sich der geschilderte Prozeß — und etliche andere Robben haben im Dienste der Forschung das gleiche vorgeführt. Jetzt endlich macht unsere Versuchsrobbe einen Senkrechtstart. Der Tiefenmesser zeigt: 600 Meter. Aber auch jetzt ist das Tier nach 15 Minuten schon wieder oben. Weitere »Senkrechtstarts« folgen — meist in Tiefen bis zu 200 oder 400 Meter. Die Wissenschaft resümiert: Solche Tauchgänge in die Vertikale bevorzugt eine Weddell Robbe auf der Futtersuche. Offensichtlich ist dabei das Risiko geringer, daß sie ihre lebenswichtige Luftquelle aus dem Orientierungsfeld verliert, während sie sich aufs Fischen konzentriert. Hat sie andererseits im Sinn, ein neues Atemloch auszukundschaften, etwa, weil eine Artgenossin dasselbe Revier mit dem Atemloch beansprucht möchte, ein Anliegen, das den lieber allein lebenden Tieren an Auftauchstellen mit wenig Platz nicht behagt, dann macht sie sich für längere Zeit auf die Schwimmfüße.

60 Minuten kann es nachweislich dauern, bis die Kundschafterin wieder — vermutlich kapitulierend — an dem alten Atemloch auftaucht. Sie wäre doch nur zu gern dem Wissenschaftlerteam durch die Lappen gegangen. Das weitere, verblüffende Ergebnis: Ganze acht Kilometer hat die Messung nachgewiesen, bei allerdings geringer Schwimmtiefe. Für eine solche Leistung müssen die Robben ganz genau navigieren können, so etwas wie einen

inneren Kompaß besitzen — und dazu eine innere Uhr. Irgendein Sinn muß sie alarmieren, wann Halbzeit ist, wann sie umkehren müssen, um mit dem verbliebenen Sauerstoffvorrat wieder das Luftloch zu erreichen. Er muß ihnen helfen, nicht nur bei Tageslicht, sondern auch in der lange dauernden Periode von ewiger Finsternis, in der ungastlichen Polarnacht, zu tauchen und zu jagen.

Dank der Weddell Robben, die etliche Forschungen über sich haben ergehen lassen, existieren einige aufschlußreiche Befunde. So schließen sich die im Ruhezustand ohnehin verschlossenen Nasenlöcher unter zunehmendem Druck noch stärker. Im Innern der Atemorgane verhindern starke Muskeln am Kehlkopf durch ein weiteres Verschlußsystem, daß Wasser in die Trachea eindringen kann, beispielsweise, wenn die Robbe unter Wasser bei der Jagd nach Nahrung das Maul öffnet.

Das nächste Problem ist der Druckausgleich. Immerhin lasten bei einer Tauchtiefe von 100 Metern schon elf Atmosphären oder zehn Atü auf dem Körper. Die gasgefüllten Hohlräume, wie die mit Luft gefüllten Lungen, würden um die Hälfte schrumpfen. Das bedeutet, daß den Tieren sämtliche Rippen bersten müßten, hätten sie nicht einen Ausgleich geschaffen. Dieser besteht darin, daß die Robben nicht wie wir Menschen einatmen, bevor sie tauchen, sondern sie atmen aus. Zudem drücken die sehr flexiblen Brustkorbrippen und das schräg stehende Zwerchfell die meiste noch verbliebene Luft aus dem Lungengewebe. Bei etwa 28 Metern kollabieren die Alveolen, die für den Gasaustausch zuständigen Lungenbläschen, während stabilisierende Knorpelsubstanzen an Bronchien und Bronchiolen die Lunge immer noch ein wenig offenhalten, um kleine Reste an Luft zu halten. Die Robben benötigen sie vermutlich, um unter Wasser Laute zu produzieren.

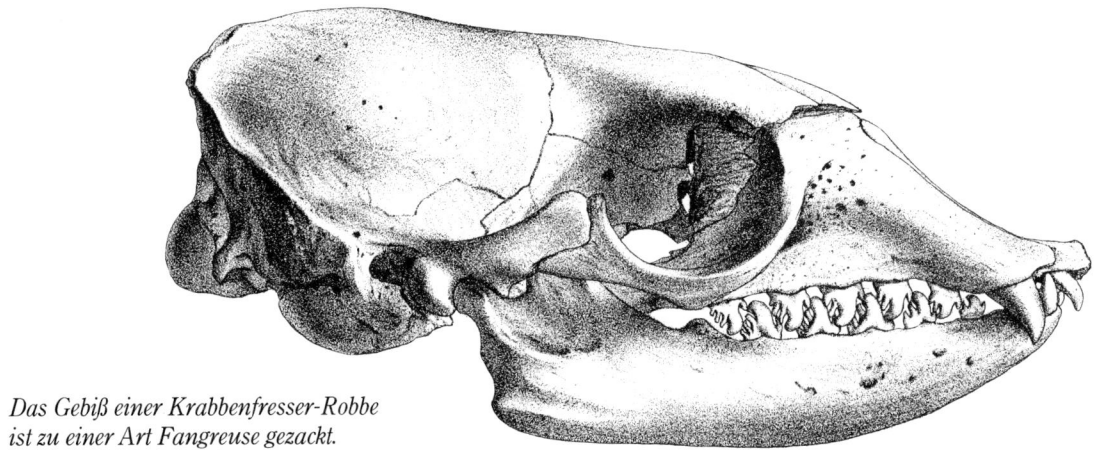

Das Gebiß einer Krabbenfresser-Robbe ist zu einer Art Fangreuse gezackt.

Um genügend Sauerstoff aufnehmen beziehungsweise die Luft lange genug anhalten zu können, haben Robben, ähnlich wie Wale, folgende Anpassungen erfahren: Sie reagieren nicht wie wir Menschen auf Kohlendioxyd-Überschuß, das auszuatmende Stoffwechselprodukt, sondern erst Sauerstoffmangel gibt ihnen den physiologischen Befehl zum Auftauchen.

Weiterhin verfügen Robben im Vergleich zu Landsäugern und im Verhältnis zu ihrem Körpergewicht über eine große Blutmenge: Bei Weddell Robben beträgt sie nach King 14 Prozent des Körpergewichts, das entspricht etwa 55 Litern, eine Südliche See-Elefantin hat 59 Liter, der Mensch hingegen nur 4,5 bis 6 Liter. Durchschnittlich beträgt bei Robben die Prozentzahl zum Körpergewicht allgemein 12 Prozent.

Zudem sind die Blutkörperchen, die das Hämoglobin (Hb), den roten Blutfarbstoff, tragen, grundsätzlich größer als bei Landsäugern. Neben dem großen Hb-Gehalt und einer großen Sauerstoffbindekapazität verfügen Robben wie auch Wale über einen dem Hämoglobin sehr nah verwandten Stoff, das Myoglobin. Sein Sitz ist in den Muskeln, weshalb Robben und Wale sehr dunkles Muskelfleisch haben. Jeder, der einmal bei einer Wal- oder Robbenverarbeitung dabei war, kann davon ein Lied singen und wird sich nicht eben mit Begeisterung an die dunklen Fleischberge und übermäßigen Blutlachen erinnern. Da das Myoglobin ein noch höheres Sauerstoffbindevermögen hat als das in der Lunge aufgetankte Hämoglobin, wird es vom Blut zu den Muskeln transportiert, abgegeben und hier gespeichert.

Durch Freisetzung von roten Blutkörperchen aus der Milz kann der Gehalt an diesen Sauerstoffträgern auch noch um etwa drei Viertel gesteigert werden. Allein im Blut transportiert eine Weddell Robbe als eine Rekordhalterin unter den Säugern zweimal soviel Sauerstoff wie ein Nordsee-Seehund und fünfmal soviel wie ein Mensch.

Hat eine Robbe nun lange genug geatmet, ihren »Reservekanister« in Blut und Muskeln bis zum Rand des Fassungsvermögens aufgefüllt, geht sie beim Tauchen dennoch keineswegs verschwenderisch damit um, sondern stellt sich voll und ganz auf Energiesparen ein. So bleibt die Blutzufuhr beispielsweise zum Gehirn konstant, zu momentan nicht so bedürftigen Organen wie der Haut, den Flippern oder den Muskeln wird sie jedoch um drastische 90 Prozent reduziert. Ein wenig verlangsamt sich auch die Zufuhr zur Nebenniere.

Während die normale Herzfrequenz mit bis zu 120 Schlägen in der Minute gemessen wurde, tritt beim Tauchen »Bradycardie«, eine Verlangsamung, ein: Sie fällt auf vier bis sechs Schläge pro Minute und steigt erst nach dem Auftauchen wieder an. Für eine kurze Zeit liegt die Herz-frequenz dann über dem normalen Maß, reagiert mit »Tachycardie«.

Es wird angenommen, daß sich das Herz den Bedürfnissen des Blutgefäßsystems anpaßt. So könnte die Bradycardie dafür sorgen, daß das Blut weiterhin mit normalem Druck strömt, obwohl es beim Tauchen nur in bestimmte Regionen des Körpers gelangt; beispielsweise die Arterien an der Peripherie ziehen sich zusammen, werden vorübergehend nicht versorgt. Damit besitzen Robben wie auch Wale eine Art Einbahnstraßennetz, das je nach »Verkehrs«- beziehungsweise Blutaufkommen geschaltet werden kann.

Will die Robbe — oder muß sie — noch weitertauchen, obwohl der Sauerstoff aus dem Blut von den keinen Mangel tolerierenden Organen aufgebraucht ist, geht sie an ihre stillen Reserven. Sie mobilisiert den im Myoglobin gespeicherten Sauerstoff, der über das frei gewordene Hämoglobin in »Notstandsgebiete« verfrachtet wird.

Da beispielsweise Muskeln beim Tauchen keineswegs »arbeitlos« werden, funktionieren sie vorübergehend anaerob, das heißt ohne Sauerstoff. Die dabei anfallende und sich anreichernde Milchsäure ist zwar das, was uns Menschen als Muskelkater plagt, den Robben aber nichts ausmacht. Sobald sie wieder an die atmosphärische Luft gelangen, atmen sie gründlich und anhaltend, bis auch das letzte Sauerstoffmanko ausgeglichen ist.

Es ist schwer zu beurteilen, ob die tauchenden Robben freiwillig oder regelmäßig an ihre stillen Reserven gehen oder nicht beziehungsweise ob sich der Herzschlag wie eine Art »Herzflattern« ändert, weil durch die Experimente eine Streßsituation ausgelöst wird. So deuten etliche Untersuchungen, wie die des Biologen Koymann, darauf hin, daß Robben unter »freien« Konditionen beim Tauchen weder ihre Herzfrequenz noch ihre Körpertemperatur stark verändern. Weiterhin sollen beispielsweise Weddell Robben in 97 Prozent ihrer Tauchgänge »aerobisch geblieben sein«, das bedeutet, daß sie nicht ihre maximale Tauchzeit ausschöpften, ihren Sauerstoffvorrat nicht bis auf die letzte Reserve ausnutzten. Solange die Tiere sich nicht durch Streß gezwungen fühlen — wenn sie unter natürlichen Bedingungen beispielsweise von einem Schwertwal verfolgt werden oder weil sie unter dichtes Eis ohne leicht zu findende Atemlöcher geraten sind —, scheinen sie ihrem Körper kaum maximale Leistungen abzuverlangen. Sicherlich gehört auch dieses Verhalten zum Energiesparen.

Ein weiteres Problem ist die von Tauchern so gefürchtete Caisson- oder Taucherkrankheit, die Menschen schon zu schaffen macht, wenn sie nur 14 Meter tief gehen und schnell wieder nach oben kommen. Um nicht an dem Trä-

Bald nach der Geburt wird ein See-Elefant von seiner Mutter verlassen, die dann paarungswillig wird.

gergasstoff des atmosphärischen Sauerstoffs, dem Stickstoff, der unter zunehmendem Druck Bläschen bildet und die Gefäße zu verstopfen droht, wie an einer Embolie zu sterben, müssen Menschen nach dem Tauchen in Dekompressionskammern.

Daß Robben weder am Tiefenrausch noch an »bends« — auf lange Sicht krankhaften Gelenkveränderungen infolge des Stickstoffs — leiden, liegt insbesondere daran, daß sie beim Tauchen nicht atmen, hingegen der Mensch mit Preßluftgeräten unter Wasser atmet und somit für ständig neuen Gasnachschub sorgt. Die geringe Menge Luft, die nach dem Ausatmen zum Tauchen in der Lunge verblieben ist, wird dank des beschriebenen Verschlußsystems und mit Hilfe des Knorpelgerüsts festgehalten. Stickstoff, der schon vor dem Tauchen im Blut war, wird von vermehrtem Hämoglobin gebunden und an Organe wie Muskeln und den Blubber abgegeben, so daß auch diese Dosis harmlos ist.

Die geschilderten Ergebnisse von Tauchmanövern der Weddell Robbe kamen zu einem guten Ende. Sie stammen von einer Forschergruppe aus den USA, der Bundesrepublik Deutschland, Australien und Neuseeland von 1983 am McMurdo Sound in der Antarktis. Die vier zwischen 350 und 450 Kilogramm schweren männlichen Weddell Robben, die der Leiter, Dr. Warren Zapol, und sein Team in der Nähe der US-Außenstation untersuchen konnten, weil die Tiere gezwungen waren, immer wieder zu dem künstlich angelegten Atemloch in dem drei Meter dicken Eis zurückzuschwimmen und ihre Daten, wenn

auch unfreiwillig, abzuliefern, waren Pioniere in der Freilandforschung. Daß sie ihre absoluten Rekordzeiten nicht jederzeit vorführten, darf ihnen niemand verübeln. Schließlich müssen sie unter gewissem Streß gestanden haben — mit den Meßinstrumenten auf dem Rücken und den Kanülen in den Blutgefäßen, mit der Erkenntnis, daß sie nur ein einziges Atemloch, das für die Forschung angelegte, erreichen konnten. Es heißt, daß die Vier im Dienste der Wissenschaft nach fünf arbeitsreichen Tagen wieder in die Freiheit am Rande der Eisgrenze entlassen worden sind. Mögen sie ihre Erfahrungen mit dem wissensdurstigen Menschen nicht in allzu schlechter Erinnerung bewahren.

Eine volle Stunde habe ich an der Abtauchstelle auf die Rückkehr der Weddell Robben gewartet. Deception Island liegt auch ganz schön nördlich für eine extrem eisfeste Robbe. Sie hat sich offensichtlich aus dem Staub gemacht. Also trabe ich weiter in meinen Gummistiefeln, die hier die einzig tragbaren Schuhe sind. Alle die modisch in »Moonboots« gedreßten Ausflügler holen sich bei jedem Landgang nasse Füße. Ob auf dem Eis oder auf dem Festland, wir staksen grundsätzlich durch knöchelhohe Pfützen. »Die vier Jahreszeiten an einem Tag« halten, was sie versprechen. Auch der Schnee ist matschig, und wir versacken bis zum Knie und tiefer. Wenn die Sonne scheint, brennt sie mit gewaltiger Kraft. Wenn gleich darauf wieder Schnee oder Regen fällt, Frost und Sturm über uns hereinbrechen, gefriert nur eine dünne Oberfläche des Bodens.

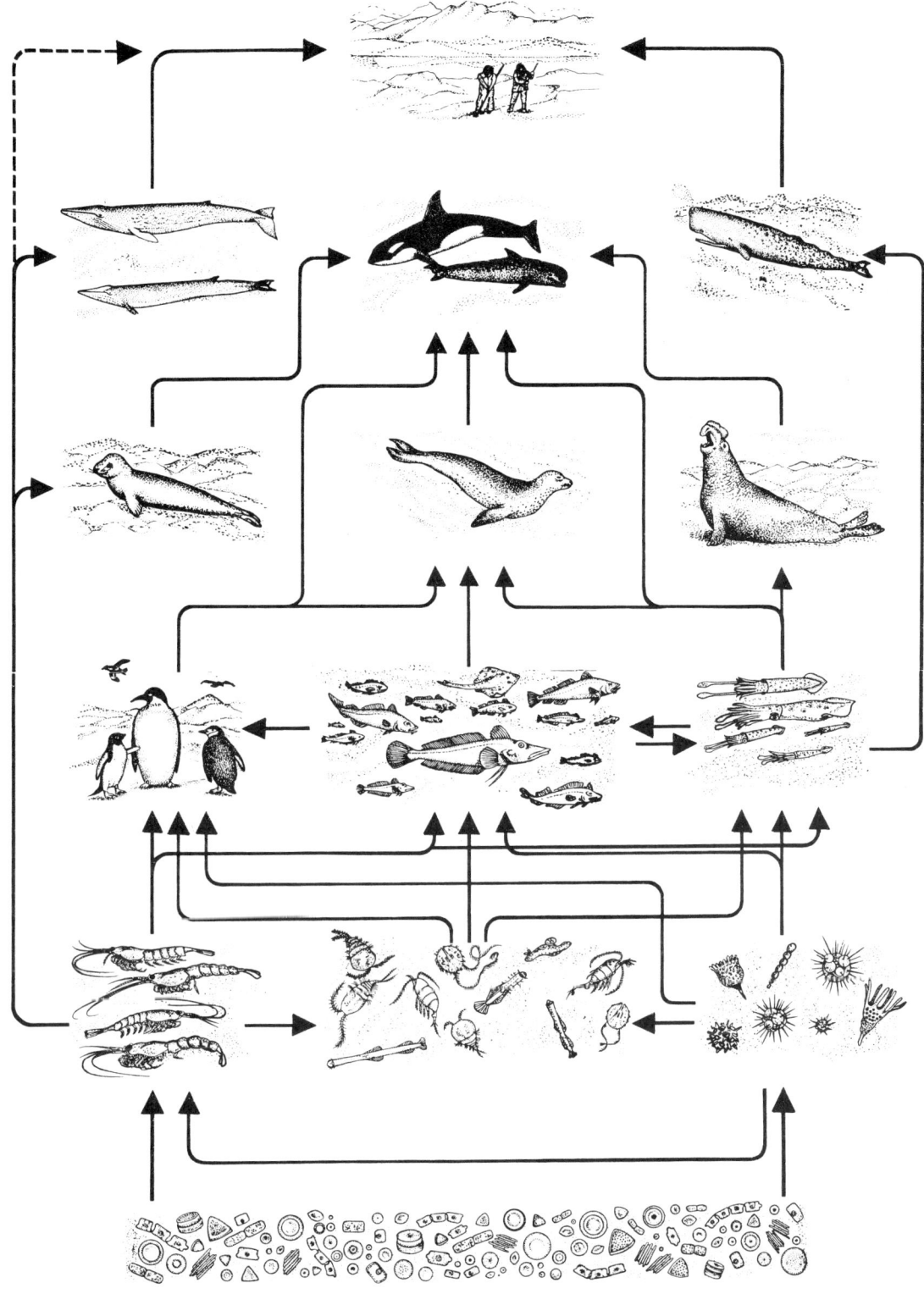

Ich komme auf meinem Weitermarsch gerade noch zur rechten Zeit, um ein paar Touristen an die antarktischen Richtlinien für Besucher (siehe Anhang) zu ermahnen. Zwar haben die Hobby-Filmer, denen ich gerade begegne, die Annäherungsgrenze von drei Metern an eine schlummernde Krabbenfresserrobbe eingehalten, doch werfen sie unermüdlich mit Steinchen nach dem Tier, damit es endlich irgendwelche Bewegungen vollführt, um ein wenig Abwechslung in den Super-8-Streifen zu bringen. Es ist doch nicht zu fassen, auf was für gemeine Ideen manche Menschen kommen. Eigentlich gehört die ganze Tierfotografiererei und Filmerei im Nahbereich verboten.

Das dokumentiert auch das lautstark uns begleitende Fernsehteam. Wie Elefanten im Prozellanladen walzen die wichtigtuenden Typen durch die Natur, stiften Unruhe bei den Pinguinen, zertreten deren Watschelwege und ohne Rücksicht auch ein paar Eier, nur um möglichst alles dicht genug vor die Linse zu bekommen.

Aber nicht viel besser wird es auch bei uns zu Hause gemacht. So verlassen so manche Vogeleltern ihr Nest mitsamt den Jungen, wenn sie sich durch Fotojäger verunsichert und gestört fühlen. Ein Grund, weshalb der Schweizer Biologe Dr. Fred Kurt jetzt beim schweizerischen Rignier Verlag durchgesetzt hat, in den Zeitschriften keine Nestabbildungen mehr zu bringen.

Nachdem die penetranten Fotojäger mürrisch und meckernd endlich von der Krabbenfresserrobbe ablassen mußten, tut das schläfrige Tier ihnen — und mir — doch noch einen Gefallen: Es reißt sperrangelweit sein Maul auf, weniger zum Gähnen, als uns doch endlich zu drohen, und lange genug, um uns einen informativen Blick in das weit aufgerissene Maul zu gönnen. Deutlich sind die eigens dem Krillfischen angepaßten Zähne zu erkennen. Die spitz zulaufenden Backenzähne sind seitlich tief eingesägt. Bei geschlossenem Maul passen Ober- und Unterkieferzähne wie eine Greifzange ineinander. Das Gebiß bildet, ähnlich wie die Barten bei den Bartenwalen, einen Fangkorb für Plankton, in diesem Fall den Krill. Ein jagender Krabbenfresser zieht mit beachtlichem Sog durch einen Krillschwarm schwimmend Beute plus Nahrung in sein weitgeöffnetes Maul. Dann schließt er seine »Reuse« und läßt an den Seiten, zwischen den gezackten Zähnen hindurch, das überschüssige Wasser wieder abfließen. Zurück bleibt nichts weiter als nahrhaftes Krebsfleisch — wenn auch mit Schale. Immer wieder

Wegen der Stromlinienform ist der Hals des Krabbenfressers — wie bei allen Robben — unter dem Speck verborgen.

sehen wir deutlich auf Schnee und Eis die rötliche Färbung des Kots, die auch bei anderen Robben dieser Region den Speiseplan verrät.

Abgesehen von den der Einfachheit halber als Backenzähne bezeichneten — die in der Wissenschaftssprache Praemolares und Molares, Vormahlzähnen und Mahlzähnen, entsprechen —, sitzen im Robbengebiß noch Canini, Eckzähne, und Incisivi, Schneidezähne. Zumal alle Robben »Wasserraubtiere« sind, benutzen sie die meist gleichmäßig nur von Art zu Art verschieden gestalteten Backenzähne weniger zum Mahlen von Nahrung als zum Festhalten, so auch bei Fisch- oder Tintenfischkost. Zum Schnappen, eventuell zum Zerteilen, aber auch als wehrhafte Waffe oder zum »Eisraspeln« sind die Schneide- und Eckzähne geschaffen.

Wie bei fast allen Säugern hat auch bei den Robben eine Reduktion vom ursprünglichen Gebiß mit 44 Zähnen stattgefunden. In keinem Robbengebiß kommen nach King pro Kieferhälfte mehr als drei obere und zwei untere Schneidezähne vor; mitunter weniger. Die genaue Zahnformel schwankt zwischen den Arten. Milchzähne sind verschiedentlich vorhanden, werden aber noch vor der Geburt wieder resorbiert oder fallen bald nach der Geburt aus. Röntgenaufnahmen von Krabbenfressern, Weddell Robben und See-Elefanten haben nach King gezeigt, daß sie erstmalig vier bis sechs Wochen nach der Implantation der Blastocyste in Erscheinung treten. Wenn der Fötus drei Monate alt ist, sollen sie ihre maximale Entwicklung erfahren haben. In der weiteren Embryonalentwicklung bilden sie sich wieder zurück.

Für Biologen von besonderem Interesse sind die Eckzähne. Zum Beispiel bei See-Elefanten zeigen sie einen deutlichen Geschlechtsdimorphismus: Beim adulten Männchen sind die Eckzähne länger als beim Weibchen. Zudem lassen sich, ähnlich wie bei Bäumen, an den Eckzähnen aller Robben im Schnittpräparat Wachstumsringe ablesen. Diese unterschiedlich angelegten Dentinschichten geben Auskunft über das Alter der Tiere, aber auch über mit der Fortpflanzungsperiode und dem Fellwechsel verbundene »Fastenzeiten«.

So beschreibt Judith E. King die Sequenz der wohl auch für die meisten anderen Robben als normal geltenden Wachstumsringe der Krabbenfresserrobbe wie folgt: Schon beim Fötus wird unter dem Zahnschmelz (Email) eine dichte Dentinschicht angelegt. Bei der Geburt tritt eine Linie in Erscheinung, die eine deutliche Diskontinuität darstellt. Darauf folgt eine zweite dichte Dentinschicht, die die Säugezeit repräsentiert, gefolgt von einer dunklen Linie durch die Entwöhnung. Sobald die Tiere ihr normales Erwachsenenleben führen, wiederholt sich jährlich die Ablagerung von wenig calcifiziertem Dentin

im September/Oktober, zumal die regelmäßige Nahrungsaufnahme unterbrochen wird. Dichteres Dentin folgt, sobald die Tiere wieder normal fressen.

Nach der kurzen Gebiß-Demonstration, die uns die schläfrige Krabbenfresserin darbot, gehe ich noch ein Stück weiter am Strand von Deception Island entlang. Und plötzlich liegt ein blutjunges Exemplar vor meinen Füßen. Schon möglich, daß es sich um das Junge — den etwa vier Wochen Säugezeit zufolge, die für die antarktischen Hundsrobben typisch sind — der eben noch von uns bewunderten Mutter handelt. Nicht ein einziger unserer Passagiere ist mir gefolgt. Welch ein Glück. Jetzt kann ich mich endlich einmal richtig satt sehen an solch einem Knirps. Er sieht schon drollig aus, wie ein plumper Mehlsack mit seinem vielen Fett rund um den ganzen Körper. Aber Fett muß sein. Schließlich muß die Reserve halten, bis das junge Bündel Leben gelernt hat, sich selber zu versorgen. Wunderschön dunkelgrau schimmert der seidige Pelz, der schon nach dem hellgrauen Babyfell gewachsen ist.

Das völlig zutrauliche Kerlchen schaut mich aus seinen riesengroßen Kinderaugen an, kratzt sich verträumt mit einer Flosse erst am Hals und dann ungeniert auch in der Nase. Es gähnt herzzerreißend, windet und wälzt sich in dem jetzt angenehm warmen schwarzen Lavasand. Es macht die Augen wieder zu, ohne auch nur weiter von mir Notiz zu nehmen. Ich fasse das als Aufforderung auf, mich ein Weilchen danebenzulegen, zumal ich mit dem Tierchen ganz alleine bin — und es so bestimmt nicht störe. Auf einmal hebt es doch sein Köpfchen, schaut mich noch einmal mit beinahe langem, prüfendem Blick an, juckt sich rund um seine Leibesfülle und schläft ein . . .

Na gut, ich nehme meine Patrouille wieder auf. Schließlich müssen wir auf Schritt und Tritt auf einige unserer Pappenheimer achten. Gerade bücke ich mich, um als Andenken — aus der Antarktis — einen alten, rostigen Kleiderhaken aufzuheben, als ich ein weiteres Robbenbaby entdecke. Es muß ein kleiner See-Elefant sein, der auch noch nicht so recht zu wissen scheint, ob er nun schon mal einen Schwimmausflug wagen soll oder lieber nicht. Er liegt etwas abseits, ein paar Meter weiter tummeln sich etwa gleichaltrige Spielgefährten, die sich zu einer Art Kindergarten zusammengefunden haben und buchstäblich alle auf einem Haufen liegen.

Das possierliche Robbenkind, noch in sein samtiges Jugendfell gehüllt, war anscheinend gerade ausgiebig mit einem Mittagsschlaf beschäftigt. Da ich aber wußte, daß hinter mir eine Schar von Touristen kommen würde, die mit Sicherheit alle dieses Jungexemplar auf das Korn der Kamera nehmen würden, wollte ich ihm zumindest einen geeigneten Fluchtweg verschaffen.

Da sich aber solch ein schlaftrunkener See-Elefant kaum die Mühe macht, eine Körperbewegung mehr als eben notwendig auszuführen, sich allenfalls immer der Nase nach vorwärts bewegt, ahnte ich Fürchterliches: Vor der Nase des Schläfers häuften sich Stacheldraht, Eisenstükke und andere Verletzungen hervorrufende Gegenstände, in die er schnurstracks hineinrobben würde. So ging ich vorsichtig näher an das Robbenkind heran, mit dem Ziel, seine Robbrichtung durch behutsames Scheuchen umzuleiten. In diesem Augenblick überschritt auch ich die Drei-Meter-Grenze, die man von Antarktis-Tieren fernbleiben muß. Ich hatte ja einen guten Grund, doch der kleine runde Kerl spielte nicht mit. Er hielt es keineswegs für angebracht, seinen Schlafplatz auch nur um einen Zentimeter zu verrücken, und würdigte mich nicht mal eines einzigen Blickes.

Nun sah ich mich berechtigt, etwas zu tun, was ich schon lange gern getan hätte, mir aber wie den anderen Touristen stets versagt hatte: Ich faßte ihn an. Doch auch das Streicheln mißfiel ihm nicht, er rührte sich nach wie vor nicht von der Stelle. Einen herrlichen »Pelzmantel« hatte er am Leib, weich und schön. Jetzt gab ich ihm einen Klaps auf die Region, die etwa dem Hinterteil entspricht. Und endlich reagierte das »unartige Kind«, jedoch anders, als ich erwartet hatte. Er robbte nicht etwa zur Seite, sondern drohte mir. Wie zu einem Hufeisen aufgerichtet, schnellten Hinter- und Vorderteil in die Höhe, unterstützt durch Gebaren mit der Schnauze. Er riß sein Mäulchen auf und rümpfte das, was später einmal Eindruck schinden sollte, seine Nase. Doch bei dem »Kindchenschema« mit Stupsnase und Kulleraugen wirkte seine Drohgebärde nur komisch: Das Näschenrunzeln hätte jedem Plüschtier Ehre gemacht. Doch soviel muß man ihm lassen, er hatte schon die Mimik drauf, die bei einem erwachsenen, sechs Meter langen Bullen überzeugend und furchterregend wirkt.

Da offenbar keine Chance bestand, das Robbenbaby zum Robben zu animieren, stellte ich mich als Hindernis auf, so daß es nicht in den Schrott geraten konnte. Es kam mit heiler Haut davon, zumindest, solange wir mit unserer »Disco« noch vor Deception Island lagen.

Es ist schon unglaublich, wie beweglich die Kolosse von See-Elefanten sein können. Nicht nur die Männchen, grantig bis unter jede Haarwurzel während der Fortpflanzungszeit, sondern auch die Weibchen. In einer wie zum Kaffeeklatsch versammelten schlummernden Gruppe, in einer seichten Mulde hinter den vor sich hin rottenden Öltanks, wurde unentwegt ein Streit vom Zaun gebrochen. Man ist sehr ungnädig, zeigt drohend das Knallrot im weitklaffenden Maul. Schneller, als ich es je einer See-Elefantin zugetraut hätte, schlägt sie einen »Körperha-

ken«, reißt den Kopf und die platten Flossen in die Höhe. Ein Blick auf das Fell der Damen macht die Lage klar: Fellwechsel, das jährliche Elend. Offenbar macht auch ihnen diese Prozedur keinen Spaß — und sie verstehen erst recht überhaupt keinen Spaß, sobald einer ihre heilige Ruhe stört. Ihre Jungen haben sie längst davongejagt, auch die Paarung mit den danach an Aggression endlich nachlassenden Männchen haben sie, wie gewöhnlich etwa 18 Tage nach der Geburt des Jungen, über sich ergehen lassen. Sie haben sich auch schon wieder einigermaßen hochgepäppelt, nach den etwa 23 Tagen Säugezeit, bei denen sie rund 320 Kilogramm verlieren, während das Junge im zunächst schwarz-wolligen Haarkleid jeden Tag neun Kilogramm zulegt.

Der Ausflug ins Meer hat gutgetan. Fressen, fressen und noch mal fressen. Jetzt kommen vier bis vierzig Tage Fellwechsel. Wie bei der Hawaii Mönchsrobbe, vielleicht auch beim Walroß, schilfert bei den See-Elefanten auch die oberste Hautschicht mit ab. Bei Menschen beispielsweise läuft dieser Wechsel unmerklich, aber beständig durch kleine Schuppen ab. Bei den Robben löst sich Haut mit Haaren in ganzen Fetzen ab, manchmal bis zu 20 Quadratzentimeter. Sie verunstalten nicht nur die Tiere, sondern auch ihre Liegeplätze, die sie jetzt einmal mehr nicht verlassen. Nur in der äußersten Not quält sich ein See-Elefant während des Haarwechsels ins Wasser.

Die Prozeduren beginnen auf der südlichen Erdhalbkugel im Dezember und enden etwa im Februar. Je nach Altersklasse treten die Tiere an. Den Anfang machen die Jüngeren, ihnen auf den Fersen folgen die Älteren. Ähnlich verhält es sich auch bei den nördlichen Art- und Leidensgenossen. Die Jugend und manche Weibchen »frisieren« sich schon im Frühjahr um, die werdenden Väter erst im Sommer. An den Vorder- und Hinterflippern geht es los, es folgen Gesicht und Nacken, der Rücken und zuletzt der Bauch. Je älter und größer die Tiere sind, desto länger müssen sie sich mit ihrer Haut abschinden, ehe sie endlich wieder zurück ins Wasser können, zum Fressen.

Wohin und wie weit sie jetzt ihre Wanderungen im Wasser unternehmen, weiß der Himmel. Einzelne Tiere, trächtige Weibchen, deren Fötus sich übrigens erst vier Monate nach der Begattung, etwa Anfang Mai, in der Gebärmutter festsetzt und zu wachsen beginnt, und ein paar Jugendliche gehen hin und wieder auch während der Wintermonate für kurze Zeit an Land. Vielleicht, um zur Abwechslung mal nicht im Wasser zu schlafen.

Weiter geht unsere Reise. Kreuz und quer durch Eis und noch mal Eis. Wir versuchen, an einer amerikanischen Forschungsstation festzumachen. Aber es geht nicht. Der Kapitän findet keine geeignete Stelle, um vor Anker zu gehen. Auch wird das Wetter plötzlich unge-

Hundsrobben, wie dieser junge See-Elefant, bewegen sich an Land in einer Art Liegestütz vorwärts.

mütlich. Ein Sturm peitscht über Wasser und Treibeis, der sich weiß Gott gewaschen hat. Kein Mensch von uns ist auf dem Deck. Alle haben sich verkrochen; die meisten mal wieder gleich in ihre Kojen. Wie gewohnt, suche ich auf der Kommandobrücke Einzelheiten einzuholen. Doch mit ein paar knappen Worten jagen sie mich davon. Alle Offiziere sind oben versammelt. Das kann eigentlich nichts Gutes heißen. Die See scheint schlimmer, als ich mir das ausmalen kann. Notstand?

Die Mannschaft legt das Schiff über Nacht in eine geschützte Bucht, was man hier überhaupt geschützt nennen kann. Wir sind wieder vor Deception Island. Aber an Ausbooten ist gar nicht zu denken. Es heißt hier nur, mit auf Hochtouren laufenden Maschinen gegen das rasende Unwetter anzukämpfen. Achtern soll uns der ausgeworfene Anker Stabilität verleihen. In dieser höllischen Nacht hat, glaube ich, keiner ein Auge zugemacht. Aber als ob das alles nicht geschehen wäre, erwartet uns der kommende Morgen wieder mit strahlendem Sonnenschein. Fast tränen mir vor so viel Licht die Augen. Nicht mal einen Pullover braucht man überzuziehen. Ein Sommertag, mal sehen, wie lange. Wir haben Kurs aufgenommen, um eine chilenische Forschungsstation aufzusuchen. Eine russische liegt gleich nebenan. Beide machen hauptsächlich meteorologische Forschung.

Immer wieder begegnen uns Robben und Pinguine, Pinguine und Robben. Die meisten Robben sind Krabben-fresser. Kein Wunder, sie sollen auch am weitesten verbreitet sein. Ausgesprochen rar macht sich die Ross-robbe. Nicht eine hat sich uns gezeigt. Wie die anderen im Bunde, Seeleopard, Weddell Robbe und Krabbenfresser, soll sich auch diese Eismeerspezialistin verstreut auf dem Eis aufhalten, sofern sie gerade zwecks Nachkommenschaft oder Haarwechsel einen Liegeplatz sucht. Am häufigsten scheint sie im Ross Meer zu sein und außerhalb der Paarungszeit ein Einzelgängerdasein zu bevorzugen. Es wird aber angenommen, daß sich auch zur Fortpflanzung eher ein einzelnes Pärchen zusammenfindet als eine größere Gruppe.

Auch wenn Weddell Robben manchmal in Kolonien von hundert und aberhundert Tieren anzutreffen sind, so scheinen auch sie doch nicht die Nähe ihresgleichen zu suchen wie so manche »Gesellschaftsrobben«. Der immer noch mit gewissem Respekt eingehaltene Abstand zwischen einzelnen Tieren spricht eher dafür, daß sich Versammlungen mehr der Not gehorchend als einem dringlichen Wunsch folgend bilden. Ein Grund dafür könnte Platzmangel in der zwar großen, aber nicht überall »wohnlichen« Antarktis sein, auch wenn Weddell Robben unter den Säugern die wohl härtesten Temperaturen vertragen. Innerhalb der mehr oder weniger freiwillig gewählten »Thingstätten« werden offensichtlich je nach Saison territoriale Ansprüche gestellt — und verteidigt. Zudem sprechen Beobachtungen dafür, daß auch Weddell

Robben zwischen »Loge« und schlechteren Plätzen unterscheiden. Jedenfalls haben die Jüngeren bei den Älteren nichts zu suchen, genausowenig wie die Kinderlosen bei ihren Artgenossen mit Elternsorgen. Die Männer, so sieht es aus, haben erst mit sieben oder acht Jahren eine Chance, Vater zu werden, auch wenn sie zwischen dem dritten bis sechsten Lebensjahr, wie auch die Weibchen, geschlechtsreif werden.

Um sich bei den »Damen« durchsetzen zu können, muß das sogenannte starke Geschlecht im Reich der Robben auch die soziale Reife mitbringen. Mit anderen Worten, die jungen Spunte müssen warten, bis sie den Älteren »das Wasser reichen« können oder von den Weibchen akzeptiert werden. Dieser Kampf um die holde Weiblichkeit findet bei den polygamen Robben, bei den harembildenden Arten, erst so richtig deutlich seinen Ausdruck. Bei den sogenannten monogamen Arten, wie etliche Hundsrobben, sind die Rangelei um die Gunst der

Auserwählten wie auch die Vor-Liebesspiele allenfalls ein Abklatsch. Auch wenn die Partner sich nur für eine kurze Saison die Treue halten, kommen sie doch relativ schnell zur Sache. Nicht weniger schnell gehen sie in aller Regel nach der Paarung wieder auseinander — und schwimmen ein jeder seinen Weg.

Wir sind derweil bei den Stationen Chiles und der Sowjetunion angekommen. Es ist schon komisch: Beide Teams betreiben hauptsächlich meteorologische Forschung, ohne aber die Werte oder Ergebnisse miteinander auszutauschen. Die Russen sprechen auch kein Wort einer anderen Sprache. Lediglich auf dem hier angelegten Fußballfeld, dem wohl südlichsten auf unserer Erde, können sich die Männer zumindest im Spiel verständigen.

Unser Besuch ist auch nur eine Stippvisite. Tierkolonien sind zu Fuß nicht zu erreichen. Außerdem drängt die Zeit. Über Feuerland geht es mit dem Flugzeug wieder zurück in die Heimat.

WIEDER NACH MADEIRA

Meerumspült aus dem tiefblauen Atlantik erhebt sich die schroffe Vulkanküste von Madeira.
Bevor portugiesische Seefahrer den Archipel entdeckten und besiedelten, gehörten die Buchten
und Strände Dutzenden oder Hunderten von Mönchsrobben. Noch heute hält sich versteckt in nur von
See aus zugänglichen Grotten eine verschwindend kleine Population dieser Tiere. Nur besonders
strenge Schutzmaßnahmen können erreichen, daß diese bislang knapp dem Aussterben entronnenen
Robben überleben.

Die Sonne ist noch längst nicht aufgegangen. Schemenhaft dämmert hinter uns die schroffe Steilküste der Atlantikinsel Madeira. Unter uns wühlt tiefschwarz die See. Schaumkronen tanzen auf den Wellen. Der aufbriesende Wind peitscht uns Salzwasser auf die Lippen. An Bord unserer »Maribela«, einem Sportanglerboot, sind wir nicht gerade zu einer Vergnügungsfahrt in See gestochen: Wir sind auf der Suche nach »Lobo do Mar«, zu deutsch »Wolf der Meere«. Es grenzt fast an ein Wunder, daß in den Gewässern des Archipel noch einzelne dieser seltenen Mönchsrobben überleben konnten. Sechs bis acht Individuen hat die letzte »Volkszählung« ergeben. Das ist freilich eine Bestandszahl, bei der man nicht weiß, ob man vor Freude lachen oder vor Kummer weinen soll. Niemand weiß, ob eine so arg zusammengeschrumpfte Population noch je eine Chance haben wird zu überleben oder ob mit jedem Tier, das verendet, die sichere Ausrottung näherrückt.

Am Heck unseres Schiffes haben zwei Männer der Besatzung Angeln ausgeworfen. Sie wollen nichts unversucht lassen, um während unserer etwa einstündigen Fahrt zu den Robbenplätzen noch den einen oder anderen Fisch an den Haken zu bekommen. Allerdings sind die Aussichten nicht gerade rosig. So unvermittelt Madeira und seine kleineren Nebeninseln, Porto Santo und die Desertas, aus dem immer blauen Atlantik auftauchen, so deutlich fällt der Meeresboden schon nach rund eineinhalb Meilen Schelfzone wieder ab und verliert sich in einer Tiefe von 3000 bis 4000 Metern, umhüllt von Finsternis und Kälte. Würde man sich das Wasser wegdenken, so würde Madeira auf einem 6000 Meter hohen Gebirge thronen. Ein solch verschwindend kleiner Schelfgürtel vermag freilich keine großen fischereilichen Reichtümer zu produzieren. Nur verhalten baut sich hier — trotz relativ geringer Meeresverschmutzung — eine Nahrungskette auf. Zwar fehlt es nicht an Licht und Sauerstoff, doch um so mehr an organischen Partikelchen und anderen Schwebestoffen, die in dem unermüdlichen Kreislauf der Natur recycled und zu neu erwachendem Leben verarbeitet werden. Unweigerlich folgt einer somit mageren Primärproduktion, dem pflanzlichen oder »Phyto-Plankton«, eine nicht weniger karge sekundäre Stufe, die Sekundärproduktion und so weiter . . . Das Meer lockt fast rund ums Jahr mit azurnem Blau, doch verbirgt sich unter seinem Spiegel nicht viel mehr als ozeanische Wüste.

Die wenigen dicken Fische, die nicht unmittelbar vor der Küste zwischen Gesteinen und Grotten hausen, bewohnen tiefere Zonen oder ziehen nur auf ihren mehr oder weniger regelmäßigen Wanderungen zwischen Fortpflanzungs- und üppigem Futtergebiet vorüber. Zu solchen nimmerrastenden Wanderern gehören die Riesen unter den »Schuppenträgern«: Thune, Marline und Schwertfische, aber auch Haie oder Makrelen. Nicht zu vergessen die Fliegenden Fische, die sich auf ihre Brustflossen schwingen, um fast wie Vögel zu gleiten, beispielsweise, wenn ihnen ein Feind nach dem Leben trachtet. Weil die Fischer von Madeira schon immer gegen den tückisch zerklüfteten Grund vor ihrer Küste ankämpfen mußten, konnten sie kaum Schleppnetze auswerfen. Seit eh und je mühen und placken sie sich, um mit Angeln und Langleinen dem Meer bescheidene Erträge abzutrotzen.

So ergibt es sich, daß der Espada oder Degenfisch allmorgendlich ausgerechnet hier seinen festen Platz auf dem Fischmarkt hat. Zwar kommt dieser schmackhafte Fisch mit dem zarten weißen Filet auch in anderen Meeresbereichen vor, doch haben sich anderswo die Fischer nicht auf seinen mühevollen Fang zu spezialisieren brauchen. Wie schon die großen Augen und die schwarze Farbe des schlangenförmigen Tiers verraten, lebt der Espada in Tiefen von 300 bis 500 Metern, wo das Licht spärlicher wird, er nur mit großen, funktionstüchtigen Augen optische Signale erhaschen kann, wo seine Färbung keine Rolle mehr spielt.

Die Madeirenser rücken dieser »Spezialität«, wie auch einem weiteren großäugigen Tiefenbewohner, dem Freira, einem diskusförmigen Flossenträger, mit altbewährten Tricks zu Leibe: Leinen von mehr als eineinhalb Kilometer Länge werden mit 150 und mehr einzeln beköderten Angelhaken in gleichen Abständen von etwa zwei Metern bestückt und an den letzten 300 Metern Schnur ins Wasser gehängt. Mehr als 1500 Tonnen holt die auf Espada spezialisierte Fangflotte von »Camara de Lobos«, Madeiras wichtigstem Fischereizentrum, alljährlich an solchen »Mundschnüren« und »Langleinen« aus dem atlantischen Abgrund. Dennoch gibt der »Pirat der Tiefsee« mit den spitzen, degenartigen Zähnen der Wissenschaft Rätsel über Rätsel auf. Obwohl Fischereibiologen, wie der ehemalige Direktor des Museums von Funchal, Günther E. Maul, die Fortpflanzungsbiologie des eigenartigen Fisches zu ergründen suchen, tappt die Wissenschaft darüber buchstäblich noch immer im dunkeln.

Niemand weiß, in welche Meerestiefe die abgelaichten Fischeier absinken — oder aufsteigen; niemand weiß, wo und wie die aus dem Laich geschlüpften Larven leben, geschweige denn, wie sie aussehen. Das Meer wahrt so manche Geheimnisse.

Bei uns an Bord kommt allmählich Leben in die morgenmüde Gruppe. Selten gut schmeckt der trübe Kaffee aus verbeulten Blechnäpfen. Soeben ist die Sonne über die markante Silhouette des nordöstlichsten Zipfels von Madeira geklettert. Noch steht sie als glutroter Feuerball unmittelbar am Horizont. Unsere »Maribela« nähert sich

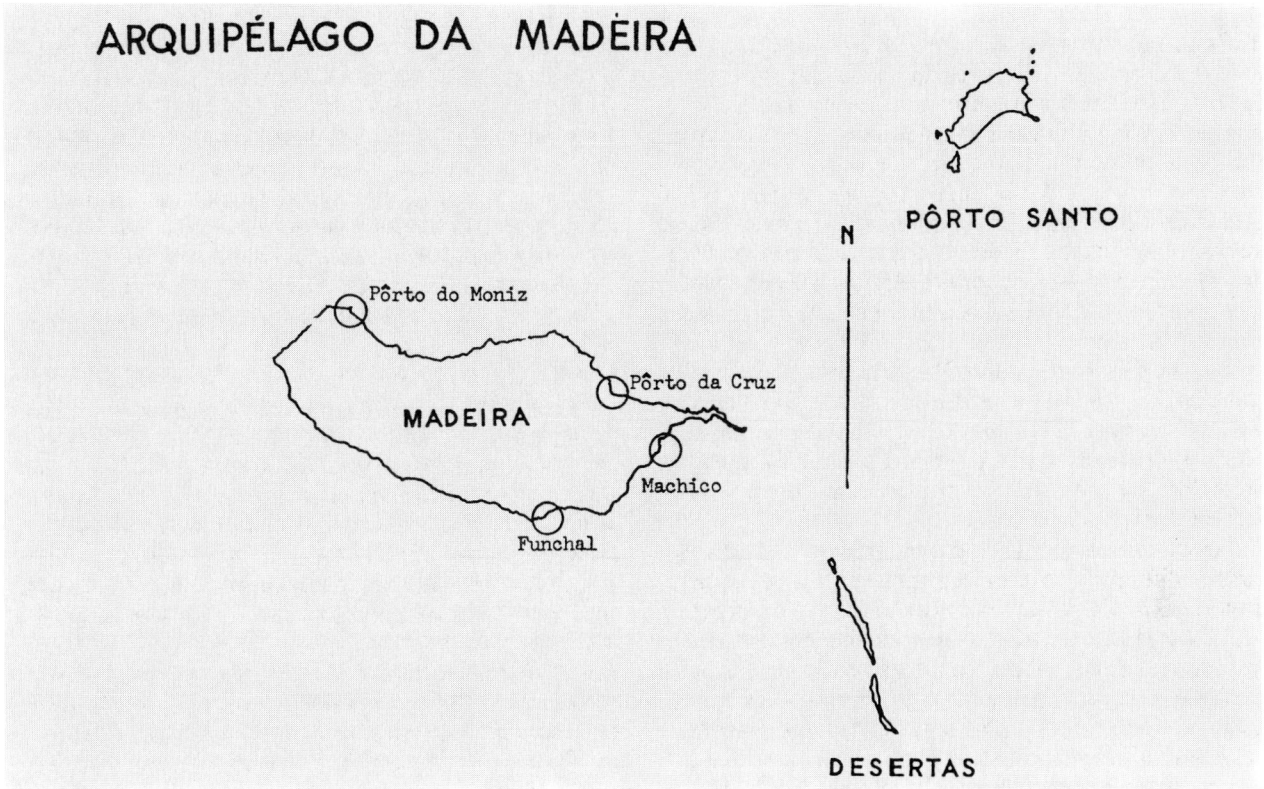

Die unbewohnten Desertas bieten heute die letzten Zufluchtmöglichkeiten für die Mönchsrobben.

mit monoton stampfenden Motoren den Desertas, einer Gruppe von drei Vulkanfelsen im südlichen Bannkreis von Madeira, die eine Laune der Natur irgendwann im Tertiär aus dem glühenden Erdinnern ausgespuckt hat. Als hätte nie ein Mensch die »Ausgedörrten« oder die »Wüsten«, wie sich die Desertas übersetzen lassen, berührt, erheben sie sich in ihren leuchtend rot und gelb bis braunschwarzen Gesteinsmassen, die noch alle Spuren ihrer Entstehungsgeschichte tragen, über den Meeresspiegel. Nur hoch oben auf nacktem Fels krönen wilde Pflanzen, an denen sich nie ein Gärtner probierte, kleinwüchsig, dem ewig wehenden Wind angepaßt, der Sonne und dem Dunstschleier aus salziger Luft trotzend, das naturgewachsene Monument. Diese Welt gehört nicht den Menschen. Die wilde Schroffheit — und fehlendes Trinkwasser — hat die drei Schwestern aus Stein und Trockenheit vor allzu zudringlichem Zugriff bewahrt. Auf Desertas kreucht und fleucht es, herrschen wie eh und je Tiere und Pflanzen.

Eidechsen oder abenteuerliche Spinnen wie hochgiftige Taranteln und die Schwarze Witwe, deren Anblick jedem, außer er zählt sich zu den Spinnenkundlern, eine Gänse-haut den Rücken runterlaufen läßt. Als Rast- und Brutvögel finden sich die unterschiedlichsten Seevögel ein, um einen friedvollen Landausflug zu genießen. Und last but not least haben ein paar Säugetiere das Eiland erobert, wie Wildkaninchen und die Nubische Falbkatze, die wildlebende Hauptstammform unserer Hauskatze, sowie verwilderte Ziegen.

Zumindest letztere stammen vermutlich aus der Zeit der Seefahrer, als es Sitte war, Ziegen als Frischfleisch-Reserven auf Inseln am Rande der Schiffahrtswege auszusetzen — wie auf so vielen Inseln unserer Weltmeere. Geschickt wie Gemsen springen die Ziegen auf den Desertas, die vielleicht irgendwann einmal zugänglichere Wege besessen haben müssen als heute, über Geröll und Gestein, wenn auch hin und wieder ein im Fels vertrocknetes Skelett von dem tödlichen Absturz einer Kletterziege kundet.

Das Meer nagt und zehrt an Desertas. Nicht selten stürzt tosend ein Stück Steilwand in die glucksenden Fluten. Der letzte größere Erdrutsch soll so gewaltig gewesen sein, daß soviel geballte Naturgewalt nichtsahnende Frauen auf Madeira beim Wäschewaschen im Fluß von

Machico, der zweitgrößten Stadt, überraschte, mit einem Schwall ins Wasser spülte — und ertränkte . . .

»Lobo, lobo«, brüllt plötzlich Eleuterio Reis, »da ist ein Meerwolf.« Der ehemalige Kommandant der ehemaligen Walfangstation von Madeira gerät fast aus dem Häuschen, so freut er sich über den Anblick der vor uns aus dem Wasser auftauchenden Mönchsrobbenschnauze. Mit dem unschuldigen Blick ihrer großen, dunklen Kulleraugen mustert uns die Robbe für ein paar Sekunden, und schon ist sie wieder von der Bildfläche verschwunden. Sicher ist sicher. Als letztes Lebenszeichen hat sie einen Hauch von Atem von sich gegeben, der fast wie der kleine Blas eines Wals — die unter hohem Druck ausgestoßene und daher kondensierende Luft — einen Moment über dem Meeresspiegel schwebt.

Nicht einmal sich kräuselndes Wasser verrät mehr die Abtauchstelle, als Lobo genauso plötzlich einen zweiten Blick auf unser Schiff und uns riskiert. Neugierig, wie alle Robben nun einmal sind, steht das putzige Tier wie zum »Männchen machen« bis in Brusthöhe über Wasser. Wie ein Spiegel leuchtet uns ein Stück vom typischen weißgefärbten Bauch entgegen. Der lange Schnurrbart sieht aus wie ein wenig auf Trauer gekämmt. Glitzernde Tropfen perlen aus seinen Haaren. Sicher erfüllt er als Tastsinnesorgan eine gute Funktion, wie beispielsweise auch beim Walroß. Ende der Vorstellung.

Obwohl wir noch zwei Stunden in derselben Region herumkreuzen, gelingt uns kein weiteres Rendezvous mit einem dieser Flossenfüßer. Lobo do mar scheint wie von den Wellen verschluckt. Während wir gebannt das Wasser absuchen, fällt mir wieder meine erste Begegnung mit einer solchen Robbe ein. Wer weiß, vielleicht hatte ich eben solch eine alte Bekannte getroffen.

Damals, vor etwa zwölf Jahren, war mein Freund Eleuterio Reis noch aus ganz anderen Gründen in See gestochen. Noch heute läuft mir ein Schauer über den Rücken, denke ich an diese Zeiten. Reis jagte, tötete Moby Dick, den Pottwal, den größten unter den Zahnwalen. Bis an den Rand der Ausrottung hat er diesen »König der Meere« verfolgt, wenn auch nur mit der Handharpune und der Handlanze — von kleinen Holzbooten, sogenannten Schaluppen, aus. In seinen 40 Jahren Praxis hatte der gebürtige Azoreaner alle Tricks und Raffinessen ausgeklügelt, um diesen intelligenten Meeressäuger auch mit primitiven Methoden zu stellen.

Moby Dick kann sich — wie auch die anderen Wale — gegen den Menschen nicht wehren. So praktizierten Reis und seine Mannen zwar eine Art historischen Walfang — wie zu Melvilles Zeiten —, doch erwies sich eine nach außen hin unwesentlich erscheinende Modernisierung als buchstäblich todsicher, um auch diesen Rekordtaucher,

der als ausgewachsener Bulle immerhin eine Tiefe von mehr als 1000 Metern schafft und länger als eine Stunde die Luft anhalten kann, zur Strecke zu bringen.

5885 Wale hat Reis getötet, 5885. Dann ließ er sich wie vom Saulus zum Paulus bekehren und wurde zum Wal- und Naturschützer.

Als eines Tages keine Wale in Sicht waren, Reis auch sicher war, daß keine kommen würden — er hatte so etwas im Gespür —, beschloß er, eine Spazierfahrt zu den Desertas zu unternehmen. Sein Kommentar: »Mal sehen, was für ein Abendessen wir uns an Land ziehen können.«

Bei diesen Worten zückte er seine Harpune für Fische, ein Werkzeug, das ich nicht minder haßte als die große Ausführung für Wale. Immerhin tolerierte er das stille Gesetz mancher Sporttaucher, nur mit dem Schnorchel auf Fischjagd zu schwimmen, statt mit der Preßluftflasche. So habe jeder Fisch immer noch eine Chance, ihm zu entkommen. Schließlich müsse er oft genug nach oben, Luft schnappen. Auch versicherte er mir, daß er nur so viele Fische schießen würde, wie wir auch tatsächlich essen wollten und könnten. Ein wenig hatte er gemogelt. Doch den Grund sollte ich erst später erfahren.

Während ich das glasklare Wasser mit seiner farbenfrohen Unterwasserwelt durch meine Taucherbrille genoß — in sicherem Abstand zu Reis versteht sich —, tauchte plötzlich und unerwartet ein dunkler Schatten vor mir auf. So plötzlich, daß ich vor Schreck fast einen Schwall Seewasser durch meinen Schnorchel verschluckt hätte. Weder eine tödlich-giftige Seeschlange noch das Ungeheuer von Loch Ness hätten mich mehr aus der Fassung bringen können als diese Begegnung. Geradewegs auf mich zu paddelte in aller Seelenruhe und offenbar freundlichster Absicht eine Mönchsrobbe. Fast auf Tuchfühlung schob sich der runde, aber im Wasser bei jeder Bewegung so grazile und bewegliche Körper an mich heran, tanzte wie schwerelos in den Fluten, angetrieben durch ein paar sanfte Stöße der wie zwei Fächer gespreizten und sich schließenden Schwimmfüße.

Auf einmal war ich mir trotz allen Heldenmuts nicht so sicher, ob das Tier nicht doch irgendwelche Aggressionen gegen mich hegen könnte. Es konnte schließlich sein, daß hier ein rauflustiger oder angriffswütiger Bulle patrouillierte, um sein Revier gegen Eindringlinge zu verteidigen, wie bei anderen Robben üblich. Es konnte sein, daß ein führendes Weibchen die Heldin spielte, um ihr Junges zu beschützen. Am liebsten hätte ich nicht in meiner Haut gesteckt. Kaum habe ich mir zu Ende ausgemalt, was mir alles hätte passieren können, da hielt Lobo mit seinen 250 bis 300 Kilogramm Lebendgewicht endlich inne, wie angewurzelt.

Einmal im Jahr kommt für alle Robben die Zeit des Haarwechsels. Diese körperliche Prozedur machen die Tiere, wie See-Elefanten auf den Falklandinseln, an Land durch. Sie scheint mit einigem Unwohlsein verbunden zu sein. Nicht selten streiten die Tiere oder üben sich spielerisch im Kampf. Typisches Erkennungsmerkmal ist das geöffnete Maul, das bei jungen Tieren noch nicht sonderlich gefährlich auf Menschen wirkt. (17)

Pascha Seebär kann weder rasten noch ruhen. Das deutlich größere Männchen muß rund um die Uhr auf seine Weibchen aufpassen mitsamt dem einen Tag alten Jungen. (18)

Die Nebenbuhler schlafen nicht, die Weibchen lassen sich nur zu gern becircen. Der in die Flucht geschlagene Rivale auf dem unteren Rand der Klippen wird zumindest vorerst keinen weiteren Ärger machen. Er hat damit zu tun, seine Wunden zu pflegen. (19)

Obwohl sich die Tiere gern ein Sonnenbad gönnen (20), gehen sie zumindest in wärmeren Breiten schnell wieder ins kühle Naß. Es ist für den wendigen Schwimmer kein Problem, im Wasser zu springen wie Delphine. (21)

23

24

25

26

27

28

29

30

31

32

Zwei noch jugendliche See-Elefanten auf Deception Island, in der Antarktis, üben sich in ihrem Rivalenkampf. Noch bringen sie nicht viel mehr als ein Naserunzeln zustande. Wie sehr sich im »Kühlschrank der Erde« Unrat und Ruinen halten, dokumentiert eine übriggebliebene Hütte einer ehemaligen Forschungsstation. (22)
Typisch für die antarktischen Gewässer sind die Tafeleisberge. (23)

Ein See-Elefantenbulle patrouilliert entlang der Küste. Sein Imponiergehabe wird durch die rote Färbung des aufgerissenen Mauls mit der Rüsselnase unterstützt. (24)
Unweit der polnischen Antarktisstation »Arctowski« ist ein Tummelplatz für Adeliepinguine und eine Herde von See-Elefanten. (25)
Eine See-Elefantin inmitten von alten Walknochen fühlt

sich offensichtlich durch uns bedroht. (26)
Auf dem typisch vulkanischen Strand in der Antarktis ruht sich ein blutjunger Krabbenfresser aus. Die Robbe genießt wohlig die wärmenden Sonnenstrahlen, die auch angenehm den schwarzen Untergrund aus Sand aufheizen. Nicht nur ihre Augen, sondern auch die Nasenlöcher hält sie fest verschlossen. Nur zum Atmen öffnet sie die stets gegen eindringendes Wasser wie »automatisch« abgedichteten

Schlitze der Nase durch Muskelzug. Daß sich einer unserer Expeditionsgäste neben die müde Schläferin gelegt hat, scheint sie nicht im geringsten zu irritieren; sie kratzt sich ungeniert mal am Hals, mal an der Nase. Lediglich einen einzigen, flüchtigen Blick riskiert sie in die Richtung ihres ungewöhnlichen Nachbarn, ehe sie sich alsbald wieder schlafenlegt. (27—32)

Von 1941 bis 1981 existierte auf Madeira eine Walfangstation, die hauptsächlich Pottwale verarbeitete.

Wir schauten uns tief in die Augen. Nichts passierte. Ich mußte zwinkern. Lobo nicht. Ich werde wohl nie erfahren, ob der tiefgründige Blick mir galt oder doch nur dem Spiegelbild in meiner Taucherbrille. Als ich Reis nach einer Weile wiedertraf und ihm von meinem Unterwasser-Stelldichein berichtete, hielt er mir einen toten Fisch unter die Nase. Er hatte mir zeigen wollen, wie sich eine Mönchsrobbe von ihm füttern läßt — so wie früher. Doch er hatte keine gefunden. Die Zeiten der Robben waren schon damals vorbei, vor zwölf Jahren. Der Meerwolf war rar geworden.

Als der Archipel Madeira in der ersten Hälfte unseres Jahrhunderts noch unberührt von Menschenhand seiner Entdeckung durch portugiesische Seefahrer entgegenschlummerte, muß dort ein Meer von Mönchsrobben gewesen sein. Noch heute bezeugt der Name »Camara de Lobos« — des Fischereizentrums der Insel unweit der Hauptstadt Funchal — von diesen »Ureinwohnern« in dem natürlich gewachsenen Hafen: die Bucht der Meerwölfe oder Wolfsbarsche. Wie viele Tiere genau hier lebten, weiß heute niemand, aber es müssen vermutlich doch einige tausend gewesen sein, wie der portugiesische Biologe Francisco Reiner schätzt.

»Hierher kamen sie, die Entdecker unter Kapitän Joao Gonçalves Zargo, mit ihren Booten, wo sie zu ihrem Erstaunen so viele Wolfsbarsche fanden, und zu ihrem Zeitvertreib und Vergnügen jagten sie viele, und diese

Jagd war für sie ein Vergnügen und ein Fest, und darum gaben sie diesem stillen Ort den Namen Camara de Lobos.« So schreibt Gaspar Frutuosa in »Saudades da Terra«. Vermutlich war damals nicht allein diese Bucht mit einem Strand aus rundgewaschenen Lavasteinen von Mönchsrobben bevölkert, sondern auch die wenigen flach auslaufenden Uferregionen, wie vor der heutigen Hauptstadt Funchal, oder in Prainha, dem einzigen, wenn auch vulkanisch braunschwarz gefärbten Sandstrand, der sich am östlichen Zipfel der Insel zwischen Gesteinsschluchten schmiegt.

Es ist zu vermuten, daß die »Seemönche« schnell in ihrem Bestand reduziert wurden, so schnell, wie die Eroberer Madeira besiedelten. Der erste Abschnitt der Besiedlung fiel in die Zeit zwischen 1420 bis 1425, gefolgt von einem zweiten: 1425 bis 1433, dessen Kosten Heinrich der Seefahrer bestritt, der seit 1418 die Befehlsgewalt über den zuständigen Christusorden innehatte. Am 26. September 1433 wurde Heinrich dem Seefahrer der ganze Archipel von seinem Bruder, König D. Duarte, vermacht. Die Insel wurde »zu einem Garten des Prinzen«, so Guido de Monterey in seinem Madeira-Führer.

Nicht eben zimperlich gingen die Siedler — die ersten waren Zwangsarbeiter und Häftlinge — mit dem Eiland um, das den Namen »Madeira« trug, zu deutsch »Holz«, weil es zu Zeiten seiner Entdeckung unter einem schier undurchdringlichen Urwald schlummerte. Zu den heimischen Pflanzen gehören Lorbeerwälder, die schon die letzte Eiszeit überdauerten, Brasilholz und Eisenholzbaum oder Linde und Zeder und viele andere mehr. Weil aber die eingesetzten Verwalter der beiden Hafenbezirke von Funchal und Machico gegen das üppige Dick und Dünn durch Rodungen allein nicht ankamen, befahlen sie, an den für Bebauungen vorgesehenen Stellen Feuer zu legen:

»Sogleich begannen die jahrhundertealten Bäume zu bersten«, schreibt Arnaldo Gama, »das Feuer breitete sich in den gewaltigen Wäldern aus, die Flammen erhoben sich darüber und spiegelten sich in den Ozeanen meilenweit wider, der Flammenschein der riesenhaften Feuerzungen, welche den Luftraum durchtobten, schien die Unendlichkeit zu entzünden. Sieben Jahre dauerte der Brand.« Besonders bei Funchal hinterließ er deutliche Zonen immenser Verwüstung.

Doch zurück zum Seemönch. Wie all die anderen Artgenossen, deren Hauptverbreitungsgebiet sich im Mittelmeerraum, aber früher auch im Schwarzen Meer erstreckte, ist die Mittelmeer Mönchsrobbe dem Menschen nicht gewachsen. An Land war sie auf ihren Ruhe- und Schlafplätzen Millionen Jahre von Natur aus vor gefährlichen Feinden verschont geblieben. Nur im Wasser mußte sie vor Schwertwal oder Hai auf der Hut sein, aber eben nur im Wasser. So konnte sich dieses harm- und arglose Tier nicht auf die feindlichen, lebensbedrohenden Tücken einstellen, die erst der moderne Mensch im Laufe seiner Entwicklung mitbrachte.

Dieses Schicksal teilte die Mönchsrobbe nicht zuletzt mit den »kommerziell genutzten Walen«, wie es bei der »Internationalen Walfang Kommission« (IWC) so bezeichnend heißt. Obwohl manche Wale, wie der männliche Pottwal, länger als eine Stunde und tiefer als 1000 Meter tauchen können, sind auch diese Rekordler nicht darauf »programmiert«, vor den ihnen zu Leibe rückenden Menschen das Weite zu suchen. Als könnte sich nichts und niemand in den Weltmeeren mit ihren geballten Kräften messen, pendeln sie zwischen Oberflächenwasser und Tiefsee auf und ab und kommen ihren Feinden blindlings vor die Harpune, statt sich unter Wasser klammheimlich zu verdrücken.

Jede Entwicklung, die Evolution, vollzieht sich in lähmend langsamen Schritten, in Prozessen von Jahrmillionen. Das kalte Grausen erfaßt und erschüttert mich, versuche ich mir die ersten Begegnungen zwischen Mönchsrobbe und Mensch vorzustellen. Mit ihren ahnungslosen, feuchtglitzernden Augen, ohne jede Spur von Mißtrauen, müssen diese Kreaturen am Strand in aller Seelenruhe abwartend ihren Mördern unschuldig entgegengeblickt haben. Fassungslos, vielleicht mit einem Anflug von Neugierde und Interesse, verharrten sie und müssen wahrhaftig gesehen haben, wie sie plötzlich unbarmherzig erschlagen oder erstochen wurden. Was für eine Barbarei. Kaum ein Tier ist fähig, über andere Lebewesen in so massiver Brutalität herzufallen.

Nur in den seltensten Fällen kann ein unglücklich aufgebauter Aggressionsstau bei Tieren im allgemeinen zu blindwütigem Kampfverhalten ohne überlebenswichtigen Sinn führen, wie beispielsweise bei den unbeweibten Seebären, die ich auf den Falklandinseln beobachtete, als sie sich an wehrlosen Babies der See-Elefanten vergriffen. Normalerweise dient im Tierreich jedes Töten dem Selbsterhaltungstrieb des Angreifers, der in aller Regel nicht mehr Schaden anrichtet, als für seine Situation notwendig. Nur der Mensch scheint hier einmal mehr aus »dem Ruder zu laufen«. Aber was kann man schon von einem Wesen erwarten, das nicht einmal Skrupel hat, auch sich selber zu vernichten?

Jäh werde ich aus meinen Gedanken gerissen. Die Maschine ist klar, der Motor unseres Schiffes beginnt wieder sein Lied zu summen. Laut polternd plumpst der Anker an Deck. Wir nehmen Fahrt auf. Immer an der steilen Küste entlang schippert uns die »Maribela«. Senkrecht erhebt sich vor uns Deserta Grande, die größte der Inseln. Das Meer ist auf einmal totenstill geworden. Fast so schwerfällig wie Öl schwappt es jetzt gegen die Bordwand. Reis, der sonst in seinem Redefluß mit jeder Sportübertragung im Radio in Konkurrenz treten könnte, ist verstummt. Alle Augen schauen aus, ob sich nicht doch noch irgendwo eine Seehundschnauze blicken läßt.

Sechs bis acht Tiere sollte es doch geben, diese niederschmetternde Bilanz. Und ein Tier hatten wir doch vorhin entdeckt. Immerhin, ein Lebenszeichen. Und wo einer ist, ist unter Umständen noch einer. Ich erwische mich dabei, daß ich mich am liebsten selber belügen möchte. Ich will einfach nicht daran glauben, daß für Lobo hier und auch anderswo vielleicht die Uhren längst abgelaufen sind, daß ein halbes Dutzend Individuen einen Bestand nicht mehr halten kann, daß womöglich keine fortpflanzungsfähigen Tiere mehr da sind, daß erst unlängst wieder eines elendig in einem Fischernetz ersaufen mußte oder gar mit Absicht totgeknüppelt wurde, weil ja, wie soft in den überfischten Meeresregionen, die Meeressäuger als Fischräuber verteufelt — und angeblich »bekämpft« — werden müssen.

Es sollte uns nicht gelingen, noch eine Mönchsrobbe zu treffen. »Früher«, sagt Reis, »früher kamen immer welche angeschwommen, wenn wir in der Nähe ihrer Höhle die Schiffsmotoren abstellten. Sie tauchten auf, um zu gucken, was denn hier wohl los ist.« Nichts ist mehr los, kann man nur resigniert seufzen. Ja, früher. Trotz allen Kummers über eine solch traurige Begegnung, bei der mir bewußt wird, daß ich hier möglicherweise den Prozeß des Aussterbens einer Tierart miterlebe, weil mit der hier eben noch vorbeischwimmenden Mönchsrobbe vielleicht morgen oder übermorgen ein Bestand ausgelöscht sein wird . . . muß ich über eine längst vergangene Begegnung schmunzeln, die Reis mir geschildert hat.

Es muß etwa 35 Jahre her sein. Reis machte mit seiner Familie einen Sonntagsausflug zu den Desertas, um mal wieder Fische für den Suppentopf zu jagen. Während er fleißig fischte, schaukelte derweil seine kleine Tochter, Maria Helena, in einem Gummiboot in den leise tänzelnden Wellen — statt in einer Wiege, wie es sich für das Kind eines solchen Seebären wohl gehört. Da Reis zu faul war, seine Beute nach jedem Fang zum Schiff zu bringen, lud er sie vorübergehend einfach in der Wiege seiner Tochter ab, die sich an den glitschigen Mitbringseln offenbar nicht weiter störte. Doch plötzlich begann sie wie am Spieß zu schreien. Der Vater bekam einen gehörigen Schreck, bis er die Ursache entdeckte: Eine offensichtlich besonders pfiffige Mönchsrobbe hielt das Schlauchboot für eine Art Selbstbedienungsladen und hatte sich darangemacht, die neben dem Baby liegenden Fische zu stibitzen. Dazu war einige Akrobatik notwendig, und damit brachte sie natürlich die Wiege mächtig zum Schaukeln und Klein Maria Helena aus der Ruhe — und aus der Fassung. Als diese plötzlich in eine nasse, stachelige Seehundschnauze griff, war das doch zuviel für ihr zartes Gemüt. Sie plärrte los, was immerhin die Robbe für einen Moment verscheuchte. Doch zu groß war die Verlockung, und Lobo klaute weiter.

Dieses Erlebnis brachte Reis später auf die Idee, Fische für die Mönchsrobben zu fangen. Auch als ich mein erstes Erlebnis mit einer Mönchsrobbe hatte — vor zwölf Jahren —, ließ sich ein Tier von einem solchen Leckerbissen locken und füttern. Dieses Verhalten zeigt einmal mehr, wie bar jeder Scheu oder Angst diese Robben von Natur aus sind, wie wenig sie gerüstet sind, im Kampf ums Überleben zu bestehen.

Schon lange nützt es diesen friedlebenden Lebewesen nichts, daß sie sich beispielsweise in einsame und verlassene Regionen, wie an die Küsten unbewohnter Inseln — sei es im Mittelmeerraum oder hier vor die atlantischen Desertas —, zurückgezogen haben. Die sogenannte Zivilisation ist durch nichts und nirgends zu bremsen. Selbst Inseln ohne Trinkwasser und ohne jede Basis für eine Erschließung und Besiedlung bleiben nicht vor dem Zugriff des Menschen verschont. Sei es, weil Fischerboote die Küste unsicher machen, sei es, weil Touristen oder Segler auf der Suche nach einem lauschigen Plätzchen die Idylle der einsamen Insel suchen.

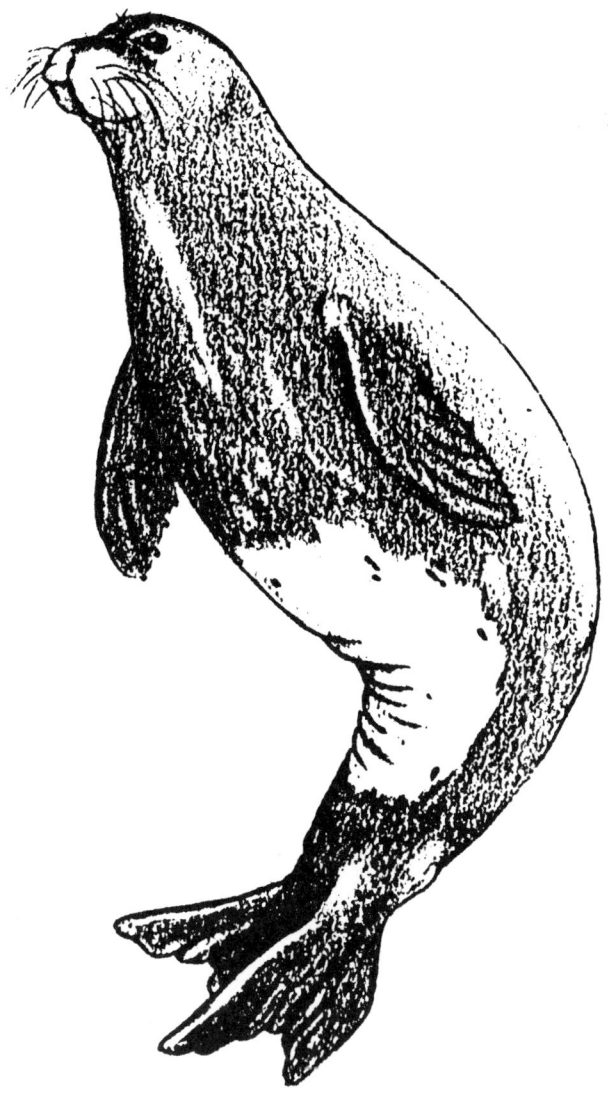

Typisch für die Mönchsrobbe ist der weiße Bauch.

Arthur Schopenhauer
Man sehe nur, wie unser christlicher Pöbel gegen die Tiere verfährt, sie völlig zwecklos und lachend tötet oder verstümmelt oder martert. Man möchte wahrlich sagen: Die Menschen sind die Teufel der Erde und die Tiere ihre geplagten Seelen.

Alexander von Humboldt
Grausamkeit gegen Tiere kann weder bei wahrer Bildung noch wahrer Gelehrsamkeit bestehen.

So wenig einladend und so unbezwingbar sich die Desertas auch präsentieren, auch sie bilden hiervon keine Ausnahme. Jeden Morgen, noch ehe die Sonne aufgeht, kommen zum Beispiel in der Thunfischsaison etliche Fangboote, um unmittelbar vor der Küste Köderfisch aufzunehmen. Eigens zu diesem Zweck führen Thunfänger an Bord einen Frischwasserbottich. Mit Hilfe einer starken Lampe locken die Fischer in der Dunkelheit ganze Schwärme von kleinen Fischen an, die sie zu Hunderten, Tausenden in ihre Tanks pumpen. Mit dieser lebenden quirligen Fracht fahren die Fischer aufs offene Meer. Sobald sie das Gefühl haben, die Route der wandernden Thunfische zu kreuzen, schalten sie eine Spritzanlage rund um das Fangboot ein, die pausenlos aus durchlöcherten Schläuchen Wasser auf die Meeresoberfläche spritzt. Dazu werden in regelmäßigen Abständen Köderfische wahllos über Bord geworfen.

Irgendwann, wenn die Fischer Glück haben, fängt die See plötzlich an »zu kochen«. Als sei ein Seeungeheuer in den Fluten, beginnt es unter dem Meeresspiegel zu brodeln und zu brausen. Die Thune beißen, das ist das deutliche Zeichen. Ein gnadenloser Wettlauf setzt ein. Wenn ein Thun beißt, dann beißen alle, ein ganzer Schwarm. Die Fischer brauchen nicht einmal mehr Köder auf die Angelhaken aufzuziehen. Sie brauchen nur die nackten Haken, abwechselnd mit Ködern, neben der weiterarbeitenden Wasserspritzanlage auszuwerfen. Wie von Sinnen schnappen die großen, schnittigen Fische nach den mörderischen Werkzeugen und lassen sich — einer nach dem anderen, bis der ganze Schwarm dran glauben muß — nichtsahnend aus ihrem Element zerren, um alsbald, wild um ihr Leben zappelnd, nach Sauerstoff ringend, ein mörderisches Trommelfeuer auf den Decksplanken verursachend, zu verstummen.

Immerhin hat diese Fangmethode — mit der sogenannten Hungerschnur, weil der Fischer mehr oder weniger auf sein Glück angewiesen ist oder aber hungern muß — einen großen Vorteil für die Bestände dieser beliebten »Konservenfische«. Wenn der Thun auf Laichwanderung ist, also kurz vor dem Ablaichen steht, verweigert er jede Nahrungsaufnahme. Er beißt nicht, er geht also auch nicht an den Haken. Damit wäre eine sinnvolle Garantie gegeben, dieses mittlerweile in fast allen Meeren überfischte Tier wenigstens in seiner Fortpflanzungsperiode zu schonen — und damit den Nachwuchs zu sichern. Doch da sind moderne Fischer, wie aus Japan oder aus Korea, anderer Meinung. Um den Thun auch auf der Laichwanderung zu überlisten, werfen sie die sogenannte Ringwade aus, ein Netz, das den ganzen Schwarm, auch zu Zeiten des Fastens, umschließt — und mitsamt der nächsten Generation vernichtet.

Während die madeirensische Methode mit der Hungerschnur zwar die laichreifen Tiere vor dem Tode bewahrt, läßt sie allerdings in anderer Hinsicht zu wünschen übrig. So machen die Fischer nichtsahnend, oder jede Belehrung ignorierend, nicht selten mit ihrer Köderfischerei die Brut an Jungfischen — und damit auch ihren Fang von morgen — zunichte. Nicht selten nämlich erwischen sie als Köder die heranwachsenden Thune, die sich in ihrer ersten Entwicklungsphase — wie fast alle Jungfische — in seichterem Wasser und in Küstennähe aufhalten, ehe sie sich später ins offenere Wasser mit größeren Tiefen zurückziehen.

Aber verheerende Folgen für die Mönchsrobbe hat nicht so sehr die Köderfischerei, obwohl sie natürlich auch einen Eingriff ins ökologische Gleichgewicht bedeutet, sondern die Stellnetzfischerei. In den tückischen, feinmaschigen Fallen für Fische, die entlang der Küste aufgereiht werden, verfangen sich mitunter auch die Mönchsrobben und ersticken unter Sauerstoffmangel elendiglich darin. Sei es, weil die Robben diese in jüngerer Zeit meist aus Nylon hergestellten Netze nicht beizeiten lokalisieren können, sei es, weil sie vielleicht versuchen, sich der darin gefangenen Fische zu »bedienen« — die Stellnetzfischerei wird für sie leicht zur Todesfalle. Bei dem Bestreben, aus dem ziemlich reißfesten Garn wieder freizukommen, verheddern sich die armen Tiere oftmals um so hoffnungsloser und ertrinken dann gnadenlos gefesselt. Bessere Chancen, sich zu befreien, hatten die Robben freilich, als diese Netze noch aus Naturgarnen — wie Manilahanf — waren.

Außer, wenn sie sich besonders unglücklich verstrickt hatten, konnten sie natürliches Netzwerk oftmals noch mit eigener Körperkraft zerreißen und dem Tode noch einmal entrinnen. Zerrissene Netze freilich brachten — und bringen — den Robben bei den Fischern allerdings keine Sympathien ein. Und so war es leider schon immer gang und gäbe, daß Fischer ihre verhaßten Konkurrenten verfolgen und töten, wo immer sie sie erwischen konnten und können. Gegen soviel blinde Wut helfen in aller Regel auch keine Gesetze.

Einige von ihnen pfeifen auch auf die Paragraphen, die ihnen das Fischen mit Dynamit, mit der »Bombe«, verbieten, obwohl sie sich damit selbstverständlich ins eigene Fleisch schneiden. Sie scheren sich buchstäblich einen Dreck um ihre Erträge von morgen, wenn ihnen die Mühen von heute keine vollen Netze versprechen. Sie jagen — ohne an weitere Konsequenzen zu denken — Dynamit ins Wasser, das sie oft unter der Hand illegal erstehen oder angeblich für andere Zwecke, wie zum Beispiel Straßenbau, benötigen. Natürlich bleiben bei solch rohen Methoden immer ein paar mehr Fische auf der

Strecke, als wenn man dem Zufallstreffer an der Angel oder im Netz vertraut. Aber was kommt danach? Eine Ladung Dynamit vernichtet in ihrem Wirkungskreis einfach alles. Ob groß oder klein, ob Fisch oder Plankton, jegliches Leben wird schon im Keim erstickt. Bis sich in einem derartig verwüsteten Gebiet wieder eine Nahrungskette aufbaut, die auch noch fischereilich wieder ausgebeutet werden kann, vergehen Jahre. So weit aber scheint manch einer nicht denken zu können, geschweige denn, daß er überhaupt einen Gedanken an die Erhaltung der seltenen Seemönche verschwendet, denen natürlich mit der Dynamit- oder Bombenfischerei der Rest gegeben wird. Fadenscheinige Argumente, wie »man habe sich bedroht gefühlt« und »sich verteidigen müssen«, »nur aus Notwehr habe man die Robbe töten müssen«, sind an der Tagesordnung. Denn öffentlich und per Gesetz ist das Töten ja verboten.

Francisco Reiner beschreibt allein für die Epoche zwischen 1983 und 1984 folgende erschütternde Befunde:

1. Fischer von Santa Cruz bestätigen, ein erwachsenes Tier von der Insel Chao mit der »Bombe« getötet zu haben.

2. Ende 1983 bestätigen Fischer, bei der Insel Chao den Kadaver eines erwachsenen Tieres gefunden zu haben, das zwei tiefe Einschlagstellen im Schädel aufwies.

3. Fischer von Machico geben zu, an der Südküste von Deserta Grande zwei Exemplare mit der »Bombe« getötet zu haben.

4. Fischer von Canical berichten vom Tod eines erwachsenen Individuums in den Netzen vor Deserta Grande — Mai 1984.

Zwar haben Reiner und seine Expedition im Juni 1984 auch ein paar positive Beobachtungen zu verzeichnen, doch gibt die Entwicklung insgesamt eigentlich gar keinen Grund zur Hoffnung.

Wenn nicht jede Hilfe überhaupt schon zu spät ist, kann als letzte Rettung für die Mönchsrobbe nur noch eine einzige Maßnahme in Frage kommen: die totale Unter-Schutz-Stellung der Desertas. Das bedeutet, daß die Inselgruppe zumindest in der nächsten Zukunft gegen jeden Eindringling gesperrt sein muß. Sie muß Tabu-Zone sein für Fischer, aber auch für neugierige Touristen oder Fotojäger. Die Inselgruppe muß — wie so lange Zeit zuvor — wieder in eine Art Dornröschenschlaf verfallen dürfen, sie muß wieder den Tieren und Pflanzen allein gehören. Nur völlig abgeschieden von der Öffentlichkeit kann Lobo do Mar eine Chance haben.

Davon freilich werden nicht zuletzt auch die dort brütenden Sturmvögel profitieren. Obwohl auch sie längst gesetzlich geschützt sind, mußten sie gehörig Federn lassen. Klammheimlich kletterten Vogeldiebe in waghalsigen Tag-und-Nacht-Aktionen in die Brutfelsen, um die hilflosen Küken zu stehlen — und als eine Art billiges Geflügel frei Haus zu liefern. Daß sich auch hier wieder eine derart eigennützige Skrupellosigkeit auf keinen Fall bezahlt macht, sondern wie ein Schuß nach hinten losgeht, wollte niemand wahrhaben. Dabei mußten so manche Fischer schon für ihre Frevel bitter büßen. Kaum oder gar nicht mit technischen Hilfsmitteln ausgerüstet, verlassen sie sich beim Fang gerne auf diese Vögel. Als Fischfresser und geschickte Taucher, die sich — ihrem sicheren Instinkt folgend — aus der Luft an ihre Beute heranpirschen, dienen sie ihren Konkurrenten, wenn auch unfreiwillig, als sichere »Wegweiser«. Fehlen sie, sucht so mancher Fischer vergeblich . . .

Ein ausgefüllter Tag auf See neigt sich für uns dem Ende zu. Einen kleinen Abstecher wollen wir noch wagen. Wir wollen wenigstens einmal dem Seemönch heimlich gewissermaßen unter die Bettdecke schauen. Überall hier entlang der zerklüfteten Küste der Desertas, an der tagein, tagaus die Gezeiten nagen, hat das Meer tiefe Höhlen und Grotten in das Gestein hineingefressen. Manche sind so groß, daß wir mit unserer »Maribela« bequem hineinschippern können, andere sind so klein, daß wir sie nicht einmal registrieren. In ein paar Jahrtausenden vielleicht entsteht dann eine geräumige Höhle, vielleicht aber spült auch die Strömung alle Ansätze wieder weg, oder sie läßt das Naturdenkmal wie ein Kartenhaus in sich zusammenfallen.

In diesen Höhlen und Grotten richten sich die Mönchsrobben häuslich ein. Am besten, eine solche möglichst tiefe Grotte ist von außen und von Land aus nicht einmal zu sehen, sondern hat einen Unterwassereingang. Noch besser, sie hat zwei. Und wenn dann im kuschelig trockenen Innern auch noch eine gemütliche Sandkuhle zu finden ist, gar ausgepolstert mit einer Matratze aus Seegras oder trockenen Algen, dann kann man sich als Seemönch ruhig niederlassen — und sich fühlen wie in einer Art Himmelbett.

Nur eine kleine Delegation unserer Gruppe macht sich tauchklar. Ein kaum zu erkennender Felsvorsprung markiert den gut versteckten Unterwassereingang, der durch eine enge Schleuse in das abgeschiedene Robbengemach führen soll. Als sei sie der Portier vom Dienst, thront eine Möwe auf dem Felsvorsprung. Den Kotspuren nach zu urteilen schiebt »Emma« hier offenbar schon länger Wache. Als erster — und ganz vorsichtig, um ja keine Robbe zu erschrecken — bewegt sich George de Castro, Ingenieur und Unterwasserfotograf, in Richtung Höhle. Er wagt kaum, richtig zu atmen, um bloß keine Unruhe zu stiften. Gebannt verfolge ich jede seiner Bewegungen.

Jetzt dreht er sich um. Er hat die Höhle erreicht. Gibt ein Zeichen. Wir dürfen kommen. Offensichtlich unternehmen die — oder der — Höhlenbesitzer gerade einen Ausflug, es ist niemand zu Hause.

Ganz schön geräumig ist die Höhle mit gleich zwei Ausgängen — und ganz schön feucht. Auch wenn im Innern kein Wasser steht, so tropft doch salzige Feuchtigkeit von allen Wänden wie in einer Tropfsteinhöhle. Das wird die Robbe freilich nicht stören. Tatsächlich gibt es in diesem Schlafzimmer so etwas wie ein Bett. Schöner heller Sand, wie die Inseln ihn uns sonst überall vorenthalten, häuft sich, wie absichtlich von Hand aufgeschüttet, in einer Ecke. Und deutliche Spuren markieren die Oberfläche, Spuren und Abdrücke von Fell und Flossen. Ganz offensichtlich hat hier noch vor kurzem ein müder Mönch ein geruhsames Nickerchen gehalten.

Wir sind uns einig. Ganz schnell müssen wir das Feld wieder räumen. Nicht, daß Herr oder Frau Robbe nach Hause kommt und uns womöglich noch am — etwas unordentlich hinterlassenen — Bett vorfindet. Und richtig, kaum schwimmen wir durch den schmalen Felskanal wieder ins Freie, bewegt sich unter Wasser ein asphaltgrauer Schatten auf uns zu, stutzt und verharrt wie angewurzelt. Wir machen schnell, daß wir uns entfernen und wieder an Bord unserer »Maribela« klettern. Die Robbe gönnt uns noch eine kleine Vorstellung aus der Ferne. Sie legt sich auf die Seite, als wolle sie uns zublinzeln. Mit lautem Geplatsche und Geplansche haut sie jetzt mit ihrer linken Flosse immer wieder auf die Wasseroberfläche, während sie dennoch eilig auf ihren Höhleneingang zusteuert. Noch einmal bäumt sich ihr naßglänzender Rücken auf, ehe sie sang- und klanglos verschwindet. Was genau sie uns mitteilen wollte, werden wir wohl nie ergründen. Möglich, daß ein solches Flossenplatschen der Warnung oder Revierverteidigung dient, ausdrücken soll, daß wir da nichts zu suchen haben. Denkbar auch, daß solche »Wasserspiele« eher werbenden Charakter haben und gar nicht uns, sondern einem Partner gelten sollen.

Daß sich Mönchsrobben in so unzugängliche und gut versteckte Grotten verkriechen, hat sicherlich einen guten Grund. Vermutlich gaben sich die Tiere, bevor sie mit den Menschen so schlechte Erfahrungen machen mußten, noch mit schlichten Sand- und Geröllstränden zufrieden, zum Beispiel mit einem Dach aus Fels über dem Kopf, um sich vor sengender Sonne kühlenden Schatten zu garantieren. Vermutlich mußten die Mönchsrobben erst im Laufe der Zeit lernen, sich in versteckte Höhlen zurückzuziehen, um ihre Haut vor den sie nachstellenden Menschen in Sicherheit zu bringen. Lediglich bei Cap Blanc, an der nordafrikanischen Küste von Mauretanien, soll es noch eine kleine Mönchsrobben-Kolonie geben, die nicht Grotten als Stammquartiere hat.

Solche Grotten sind natürlich nicht allein als Schlafhöhlen von großer Bedeutung, sondern insbesondere für die Kinderstube oder als Schutz gegen die Hitze. Abgeschieden von der Außenwelt, kann sich hier eine werdende Mutter nach rund oder knapp einem Jahr Tragzeit — niemand kennt die Daten so genau — auf die Niederkunft vorbereiten. Noch schnell hat sie sich eine gehörige Portion Speck auf die Rippen gefressen, um sich ausschließlich um das leibliche Wohl ihres Jungen kümmern zu können. Ob womöglich Zwillingsgeburten bei diesen Robben vorkommen oder gar häufig sind, läßt sich nicht sagen. Vielleicht könnte die Tatsache, daß Mönchsrobbenweibchen — wie auch die Weibchen der Bartrobben — zwei Paar Zitzen haben, dafür ein Indiz sein.

Der Biologe Thomas Schultze-Westrum fand bei Dreharbeiten in der Ägäis in einer Schlafhöhle auf einer Insel zwei Robbenbabys, die wie zwei junge Hunde aneinandergekuschelt lagen. Die beiden Kleinen konnten aber auch von zwei Müttern stammen, die sich für ihren Kindergarten eine Höhle teilen.

Vier bis sechs Wochen fastet die »Wöchnerin«. Sie zehrt in dieser Zeit von den eigens angesammelten Fettreserven, während sie fürsorglich ihr Junges mit der sehr fettreichen Milch säugt. Obwohl das Baby, das ein pechschwarzes Jugendfell mit manchmal weißen Punkten oder Flecken trägt, schon offenbar gleich nach der Geburt schwimmen kann, wird es, wie bei allen Robben, ausschließlich an Land gesäugt. Es wird zusehends dicker, wenn auch zu Beginn seines jungen Lebens nicht länger. Auf rund das Vierfache muß es während der Säugezeit sein Geburtsgewicht von etwa 20 bis 25 Kilogramm »trimmen«, ehe die Zeit der Entwöhnung — und des Hungerns — folgt.

Rührend kümmert sich die Mutter um ihr Junges und gibt ihm auch zum Beispiel Schwimmunterricht. So konnte Schultze-Westrum mit seiner Kamera festhalten, wie sich eine Mutter verspielt mit ihrem Nachwuchs in den Fluten tummelte und behaglich aalte. Gemeinsam holten beide zum Kurztauchen aus, um gleich wieder — Schnute an Schnute — aus dem Wasser zu lugen. Immer wieder tätschelte die Mutter zärtlich ihr Junges mit ihrer kurzen Schwimmflosse und hielt es in ihrem Arm.

In die Zeit der Entwöhnung etwa fällt auch der erste Haarwechsel. Das schwere, wollige, mitunter wie bei einem Kälbchen leicht gekräuselte Babyfell ist ausgegangen, es folgt ein auf dem Rücken silbriggrau gefärbter Jugendpelz mit heller Unterseite. Bei den erwachsenen Tieren kann die Rückenfärbung zwischen Grau und Braun schwanken, mit hellen Flecken gemustert sein bis silbrig glänzend,

Nahezu senkrecht erheben sich die Küsten der Desertas aus dem Meer. Sie sind fast überall unbesteigbar.

wobei aber fast immer ein dunkler Untergrund dominiert und sich gegen die helle Bauchseite abhebt. Es scheint, als hätte jedes Individuum seine eigene »Kutte«, die sich in ihrer Färbung von anderen individuell unterscheidet. Obwohl in ihrer Tönung variabel, eignet sich eine solche Hell-Dunkel-Kombination sowohl im Wasser als auch an Land — zwischen Lava und Sand — als Tarnfarbe. Im Wasser verschwindet, von unten betrachtet, der helle Bauch optisch gegen den gleichermaßen hellen Himmel. Von oben hingegen verliert sich das Dunkel gegen den dunklen Untergrund.

Möglich, daß das Farbkleid der Tarnung dient, bestimmt dient es der Wärme- oder Thermoregulierung dieser typischen Warmblüter. Schließlich sind auch diese Robben nicht eben mager, schließlich können in diesen Breiten unter der Sommersonne ganz schöne Temperaturen entstehen. So fand in diesem Zusammenhang der Experte Whittow über die Thermoregulation der Hawaii Mönchsrobbe heraus, daß die Tiere auch an heißen, windstillen Tagen kühl blieben, indem sie sich auf den feuchten Sand nahe der Brandungszone legten und Suhlen in tiefere, kühlere Schichten gruben. Den höher gelegenen, trokken-heißen Sand suchten sie nur bei Kälte, Wind und Wolken auf. Whittow resümiert: »Die meiste Zeit in Ruhestellung verbringen die Tiere mit der hellen Bauch-

seite zur Atmosphäre. Auf dieser Seite liegt die Temperatur an der Oberfläche deutlich unter der des dunkleren Rückenfells.« Abgesehen von der Ausrichtung in verschiedene Hell- oder Dunkel-Positionen, passen die Robben an Land auch ihren Lebensrhythmus den Gegebenheiten an: Sie verhalten sich extrem inaktiv. Sie halten lange die Luft an, wobei der Herzschlag stark gedrosselt ist. Bei dieser Art von »Energiesparen« dürfte im Körperinnern nur wenig Hitze entstehen, aber möglichst viel nach außen abgegeben werden.

Abgesehen von ihrer Hell-Dunkel-Kombination, tragen Mönchsrobben als typisches Merkmal einen weißen bis gelbgrauen, deutlich abgesetzten Bauchfleck. Dazu schreiben Duguy und Robineau, daß dieser Fleck bei den Neugeborenen zwischen Bauchnabel und Anus »sich manchmal zum Rücken hin verlagert . . . auch bei manchen älteren Tieren beobachtet werden kann«. Auch die Hamburger Zoologin Erna Mohr räumt ein, daß der Bauchfleck nicht grundsätzlich vorkommt; sie zitiert Johann Wolf: »Die an sich gute Beschreibung einer Mönchsrobbe sagt nichts über den Bauchfleck, auf seiner Tafel IV ist auch nichts davon angedeutet; das Tier wurde einfarbig dunkel gezeichnet.«

Etwa zwei Monate nach der Geburt oder gleich nach Beendigung der Säugezeit paart sich das Weibchen wieder mit einem Männchen. Nach Beobachtungen vor Desertas Grande nimmt Sergeant an, daß diese Mönchsrobben polygam leben und sich im Wasser paaren. So wurde am 1. August 1976 eine Paarung beobachtet, wobei »ein Männchen eine Gruppe von vier Robben besuchte« und ein paarungswilliges Weibchen fand.

Aber, wie fast alles, was die Wissenschaft über die Mönchsrobbe weiß, stützt sich eine solche Aussage auf nur wenige Beobachtungen. Ob wir je mehr über diese rührende Nixe erfahren, hängt davon ab, ob wir sie vor der Ausrottung, die wir betrieben haben — und immer noch betreiben —, bewahren können.

Solche — und viele mehr — Gedanken schießen mir durch den Kopf, als wir die Desertas nun endlich verlassen. Nicht einmal die Tauchtiefe dieser Robbe kennen wir oder wie lange sie die Luft anhalten kann. So um die 30 Meter tief wird das Wasser wohl sein, das sie als Tauch- und Fischgrund bevorzugt, vermutet man, obwohl auch schon in 75 Meter Tiefe ein in einem Netz ertrunkenes Tier geborgen wurde. Nach Kenyon registrierten Fischer vor der Küste von Spanisch-Sahara Mönchsrobben, die den Schiffen zwischen fünf und 20 Seemeilen weit folgten und wo die Meerestiefe 615 Meter erreichte.

Berichte von Fischern oder Magenuntersuchungen machen deutlich, daß sie sich hauptsächlich von Fischen, aber auch von Tintenschnecken oder Langusten und gar von Meeresalgen ernähren. Zu den besonderen Leckerbissen rund um den Archipel von Madeira gehören Papageifische, mit lateinischem Namen *Sparisoma cretense,* so genannt, weil sie sehr funktionstüchtige Mundwerkzeuge aus wie zu Papageischnäbeln verwachsenen Zähnen besitzen, mit denen sie spielend Pflanzenstücke aus Steinritzen schneiden oder Korallen knacken und zermalmen können. Diese Fische, bei denen das Weibchen rotgrundig in vielen Farben schillert, während sich das Männchen in bedecktem Grau hält, haben ziemlich große Schuppen.

Reis berichtet von folgender sowohl interessanter als auch lustiger Beobachtung, wie sich die Tiere die Fischmahlzeit maulgerecht zubereiten: Bei einem seiner Ausflüge zu den Desertas tauchte plötzlich eine Mönchsrobbe vor ihm auf. Soweit nicht ungewöhnlich. Aber der Flossenfüßer hantierte geschickt mit etwas Zappelndem an der Oberfläche herum. Bei näherem Betrachten entdeckte Reis, daß Lob offensichtlich damit beschäftigt war, den Fisch von seinen lästigen Schuppen zu

Der Thun ist ein wichtiger Fangfisch. Er wird vor Madeira noch mit der „Hungerschnur" geangelt.

befreien. Jedenfalls schleuderte die Robbe den Fisch mehrmals mit den Flossen in die Luft und scheuerte ihn anschließend zwischen den Vorderextremitäten hin und her. Dann kennen wohl auch die Mönchsrobben so etwas wie Werkzeuggebrauch, wie zum Beispiel die putzigen Meerotter.

Um an den köstlichen weichen Kern von Austern und anderen Meeresfrüchten zu gelangen, legen sich diese Leckermäuler im Wasser auf den Rücken und schlagen die harten Muschelschalen so lange gegen einen Stein, bis sich das Opfer endlich geschlagen gibt . . .

Auch wenn die Mönchsrobben zu den primitiveren Flossenfüßern gehören, so sind sie doch nicht ohne Talent — wie auch historische Beobachtungen aus der Gefangenschaft dokumentieren —, wenn Dompteure versuchten, Mönchsrobben für die Menagerie oder den Zirkus abzurichten. So schreibt v. Baer über diese Robben, die vor reichlich hundert Jahren nicht selten gezeigt wurden: »Diese Art ist so gelehrig und so leicht zu erhalten, daß sie am häufigsten die Reise durch Europa macht, und ich kenne kein Beispiel von einer öffentlich zur Schau gestellten Mönchsrobbe, die nicht völlig gezähmt gewesen wäre, und oft so weit als ein Hund.« Weiter zitiert Erna Mohr: »Bei fast allen heißt es, daß die Tiere auf Befehl Töne von sich geben, die Flossen reichten, sich wälzten und anderes. Eine konnte sogar mit der Nase ein Licht ausblasen. Von einer anderen, deren Zuneigung zur Pflegerin gerühmt wird, heißt es: Freudig schrie das Thier auf, sobald es diese erblickte.«

Auch geht aus den Berichten hervor, daß diese Robben recht »redselig« sind. So berichtet Gray von einer Robbe, die in London als »sprechender Fisch« ausgestellt wurde. Als typische Lautäußerungen — zumindest in der Gefangenschaft — geben die Autoren tiefes Gebell, wie bei einem Hund auch, wie bei einem verletzten Hund, ununterbrochenes Niesen, Rülpsen, Geblöke oder ein Owahowahawawa . . . etc. an. Die Tonbandaufzeichnungen, die Schultze-Westrum von Mutter und Kind, also in der Freiheit, gemacht hat, lassen sich etwa auch mit einem tiefen, nasalen Owahowahowawa . . . bis zu einem heiseren Bellen vergleichen.

An dieser Stelle sei gesagt, daß sich die Mönchsrobbe in der Gefangenschaft offensichtlich nie gut eingelebt hat. Nach Kenyon »überlebt sie selten länger als ein Jahr«, wobei eine Robbe bei ihrem Tod Symptome von Lungenentzündung zeigte. Derartige Diagnosen sind auch für andere Meeressäugetiere wie Delphine keine Seltenheit. Solch traurige — abschreckende — Ergebnisse muß unbedingt vor Augen haben, wer sich mit dem ehrgeizigen Gedanken trägt, Mönchsrobben einzufangen, um diese Art in der Gefangenschaft zu halten — wenn auch

mit der ehrlichen Überzeugung, diese aussterbende Art zu erhalten. Jeder noch so harmlose oder gutgemeinte Eingriff kann verheerende Folgen haben, sei es, weil ein Tier beim Fang oder in der Gefangenschaft stirbt, sei es, daß beispielsweise beim Einfangen einer noch existierenden Kolonie einzelne vergessen oder übersehen werden — und allein übrigbleiben. Jedes einzelne Tier, das verlorengeht, kann die Ausrottung der ganzen Art nach sich ziehen. Jeder Tod ist ein Tod zuviel.

Ich jedenfalls halte jedes noch so gut durchdachte und organisierte Unternehmen zur Rettung durch Umsiedlung — ob in ein noch so geräumiges Ozeanarium oder an eine noch so geeignete Stelle in der Natur — für Wahnsinn, wenn nicht für Mord. Das heißt natürlich nicht, daß wir die Hände in den Schoß legen und abwarten können. Wir müssen handeln. Aber wir müssen dafür sorgen, daß der Meerwolf oder der Seemönch endlich Ruhe findet, Ruhe vor uns Menschen.

Wichtiger als jedes Argument, wichtiger als jeder Fischer, der um seine Netze jammert, ist das Überleben dieser Art. Dabei darf es überhaupt nicht darum gehen, ob eine Art nun nützlich oder sogenannt schädlich ist. Mit welchem Recht trifft der Mensch eigentlich diese Klassifizierung? Und es darf auch keinesfalls darum gehen, daß wir Menschen diese Robbe oder eine andere brauchen, weil sie unseren Wissenschaftlern vielleicht zeigen kann, wie ein lebender Körper mit dem Abbau bestimmter Giftstoffe fertig werden kann — wie es manche Robben tatsächlich können.

Es muß einzig und allein darum gehen, daß alle Lebewesen ein Recht darauf haben, auf unserer aller Erde zu existieren, miteinander und nebeneinander zu leben, auch voneinander zu profitieren, aber nicht in dem Maße, daß eine Tier- oder Pflanzenart für den Profit des Menschen mit dem Leben bezahlen muß. Jedes Lebewesen hat eine bedeutende Funktion im ökologischen Gleichgewicht der Natur, auch wenn wir diese vielleicht nicht — oder noch nicht — definieren können. Wir können so vieles nicht definieren, nicht in Formeln fassen, nicht begründen, weil wir noch lange nicht alle Zusammenhänge genügend durchblicken.

Mit bitterer Regelmäßigkeit gehen wir fahrlässig mit der Natur und ihren Schätzen um, bis zum plötzlichen, bitteren Erwachen, bis sie sich rächt. Mit bitterer Regelmäßigkeit treiben wir so lange Schindluder mit einer Art, bis wir selber dadurch in einen Teufelskreis geraten. An zu bedenken gebenden Beispielen soll es nicht mangeln: Schon so viele Froschschenkel mußten beispielsweise für Gourmets auf den Tisch, daß diese Reptilien in so manchen Gegenden ihrer Ursprungsländer, wie Indien oder Bangladesch, heute fehlen. Das Resultat: Insektenpla-

Der Schwertwal ist eine Art Gesundheitspolizei im Meer. Er ist ein natürlicher Feind der Mönchsrobbe.

gen. Um der Lage Herr zu werden, greifen die Menschen zu DDT und anderen Giften, mit denen sie freilich nicht allein sogenannten Schädlingen zu Leibe rücken, sondern auch sich selber.

Die meisten ökologischen Zusammenhänge liegen fast immer erst dann klar und deutlich auf der Hand, wenn wir schon viel zu lange Hand an sie gelegt haben, wenn das Gleichgewicht aus dem Lot ist. Bleibt zu hoffen, daß wir es nicht auch mit den Robben so weit treiben, bis wir durch nicht mehr reparierbaren Schaden klug geworden sind. Alle Robben zwischen Arktis und Antarktis sind mehr als nur haarige Lebewesen, die der Fischerei Konkurrenz machen oder Pelzmäntel liefern.

Während uns die »Maribela« mit gleichmäßig stampfenden Maschinen wieder an die Küste der Blumeninsel, Madeira, schippert, ist wohl ein jeder bei uns an Bord in seine Gedanken versunken. Was können wir nur tun? Was kann ich zum Beispiel tun? Es ist wirklich zum Verzweifeln. Ich weiß, daß da eine Mönchsrobbenpopulation bis heute überlebt hat. Ich habe mit eigenen Augen entweder zweimal dasselbe Tier oder zwei verschiedene Tiere gesehen. Und wenn ich schon ein bis zwei gesehen habe, dann werden diese beiden ja wohl nicht die einzigen Exemplare gewesen sein. Denke ich. Aber was nur kann ich machen? Ich habe das Wasser gesehen, die Felsen, die Grotten, ein paar Fischerboote. Aber die Fischer haben doch nichts getan. In dem Moment jedenfalls nicht . . . Es ist wirklich zum Verzweifeln.

Ich weiß nicht, ob jemand das nachempfinden kann. Es ist irgendwie, als hielte man einen besonders wertvollen Schatz in Händen und weiß doch, daß ein anderer ihn morgen schon fallen lassen wird. Die wundersame Schöp-

fung wird ins Nichts zersplittern. Niemand wird die Scherben finden, genauso, wie niemand die Spuren von ausgerotteten Mönchsrobben entdecken wird. Sie vergehen und verwehen. Einmal ausgelöscht, werden weder eine Schlafhöhle noch der Sand in ihrem Innern von den wunderschönen und sanftmütigen, harmlosen und liebenswerten »Flossenengeln« künden. Es wird still sein. Kein heiser-nasales Oawhoawawawaoawa wird zu hören sein. Nie wieder. Und Fische wird es vor den Desertas — auch ohne Mönchsrobben — noch lange nicht geben, nicht, solange Menschen die Gewässer ausbeuten, anstatt sie sinnvoll zu nutzen. Mit Dynamit wird früher oder später wieder ein Dummkopf sich und all die anderen um aller Existenz bringen. Die Stellnetze werden allerdings kaum noch Löcher tragen. Wovon auch. Wo nichts ist, kann auch nichts zerstört werden.

Wie meinen schwarzen Gedanken zum Trotz muß einer der Männer unserer Besatzung plötzlich Erfolg mit der Angel haben. Helle Aufregung an Bord. Fast wäre ihm sein Werkzeug aus der Hand geglitten. Da zieht etwas. Mit aller Macht. Mit Kraft. Ein zweiter Mann hilft beim Einholen der Angel. Je näher der Haken kommt, desto stärker schlingert die Schnur von Steuerbord nach Backbord und zurück.

Da plötzlich taucht ein silbern-dunkel glänzendes Maul auf, dann ein nicht enden wollender Fischkörper, schlank und elegant, zappelnd und rasend in seinem Kampf gegen den widerspenstigen Haken in seinem weitaufgerissenen Maul. Die spitzen Zähne blinken uns bedrohlich entgegen. Mag er auch noch so ein Gigant sein, mag er noch so um sein Leben zappeln. Auch dieser Fisch, einmal seinem Element entrissen, an Bord auf den Schiffsplanken

BIOS
Pressemitteilung der GSM

Alle reden vom Naturschutz . . . Eine kleine Insel im Nordatlantik macht's vor: Madeira. Nachdem in den Gewässern des Archipels Walfänger in nur 40 Jahren 5885 Wale, hauptsächlich die großen Pottwale, abgeschlachtet haben, haben die Killer endgültig die Segel gestrichen. Statt Moby Dick und Co. weiterhin mit Handharpune und Lanze nach dem Leben zu trachten, setzen sich Ex-Kommandant, Eleuterio Reis, und seine Mannen jetzt für das Überleben der vom Aussterben bedrohten Meeressäugetiere ein.

Daß ausgerechnet die Madeirenser eine Harpune für die Wale brechen, kommt nicht ganz von ungefähr. Petra Deimer, Meeresbiologin und Vorsitzende der in Hamburg ansässigen »Gesellschaft zum Schutz der Meeressäugetiere« (GSM), hat der portugiesisch-autonomen Regierung ein bislang einmaliges Konzept vorgelegt: die Erschaffung eines »Nationalpark Meeressäugetiere«. »Das bedeutet,« so Petra Deimer, »Schutz in einem über 200 000 Quadratkilometer großen Gebiet für gefährdete Arten, wie Pottwal, Finn-, Buckel- und Seiwal, etliche Delphine, die die Walfänger gern als Fleischlieferanten mitnahmen, und die extrem vom Aussterben bedrohte Mönchsrobbe.«

Fast müßig zu erwähnen, daß von einem solchen Biotopschutz auch Abertausende anderer Arten profitieren, wie Seevögel, Fische und und und . . . Aber auch die Insulaner, die insbesondere von rund einer halben Million Touristen pro Jahr leben, machen sich mit so viel Umweltbewußtsein sicher eher Freunde als Feinde.

In diesen Tagen wird in Kooperation mit der Regierung eine Gesellschaft zum Schutz von Fauna und Flora gegründet mit Namen BIOS sowie die madeirensische GSM. Als Sitz soll ein Walfangmuseum errichtet werden. In diesem alten, romantischen Gemäuer werden Touristen und Wissenschaftler, Schüler und andere Interessierte in naher Zukunft eine wahre Fundgrube für historischen und angewandten Walfang, für die Biologie des Meeres und seiner Bewohner, insbesondere der Wale, finden.

Nicht zuletzt, weil eine solche Umstellung — vom Nutz zum Schutz — freilich Geld kostet, ist kurzentschlossen auch der »Internationale Tierschutz-Fonds« (IFAW) auf Anfrage der GSM mit in das Projekt eingestiegen. IFAW-Chef Brian Davies kam, sah und spendierte 10 Mio. Escudos (über DM 200 000), zum Beispiel, um dem Museum eine Starthilfe zu geben, aber auch, um soziale Probleme lösen zu helfen sowie ein Funktionieren des »Nationalpark Meeressäugetiere« zu garantieren. So werden beispielsweise Walfänger nicht brotlos, sondern wie eh und je von Hand Harpunen schmieden — allerdings als Souvenirs und nicht als Mordwerkzeuge. Sie werden weiterhin Fangboote zimmern — aber im Format von handlichen Modellschiffen. Andere wiederum sollen ganz wie in den alten Zeiten auf den Desertas, einer nahe gelegenen kleinen, unbewohnten Inselgruppe vor der Hauptinsel Madeira, Wache schieben. Nur suchen sie nicht länger den Meeresspiegel nach Pottwalen ab, sondern achten darauf, daß Fischerboote den geschützten Wüsteninseln fernbleiben. Damit die seltene Mönchsrobbe hier noch eine Kinderstube hat.

Wichtiger Bestandteil des gesamten Projekts ist besserer Schutz für diese Inselgruppe, vor deren Küste Fischer immer wieder zu verbotenem Dynamit gegriffen hatten, um ihre kargen Tageserträge aufzubessern. Daß sie mit den letzten Mönchsrobben auch sich selber um ihre Existenz zu bringen drohten, wollten sie nie begreifen.

Nur noch acht Mönchsrobben konnte die letzte »Volkszählung« dieser an warme Regionen angepaßten Art ermitteln. Dennoch hat Lobo do mar, der Meerwolf, wie die Madeirenser diesen Meeressäuger nennen, der vor Besiedlung der Hauptinsel durch die Portugiesen im 14. Jahrhundert auch in den Buchten Madeiras heimisch war, vor den Desertas eine Überlebenschance. Das Meer hat viele Grotten in das felsige Gestein genagt, die diesem urtümlichen »Flossenfüßer« geeignete Schlafhöhlen bieten.

Die Situation dieses wenig scheuen Seehundes gleicht weltweit einer Katastrophe: Die Karibische Mönchsrobbe wurde wohl schon in den fünfziger Jahren für ihren Speck und ihr Leder ausgerottet. Um die Verwandten vor Hawaii ist es nicht viel besser bestellt. Und im Mittelmeer plus Atlantik leben vielleicht noch um 200 bis 500 Tiere. Nicht zuletzt für dieses Robbenvölkchen lohnt jede Mühe um einen »Nationalpark Meeressäugetiere«. Immerhin gibt es in dem im Naturschutz vorbildlichen Israel ein Schutzgebiet für Mönchsrobben — aber nicht ein einziges dieser Tiere.

sich windend, muß sterben. Es ist ein gewaltiger Barrakuda, einer der gefräßigsten, gefährlichsten Raubfische unserer Meere.

Während das Exemplar zu meinen Füßen »nur« rund einen Meter mißt, kann ich mir gut vorstellen, daß die Menschen in manchen Gegenden, wie in Florida, die bis zu 2,40 Meter Länge erreichenden »Pfeilhechte« mitunter mehr fürchten als Haie. Man sagt, sie seien so raffinierte Jäger, daß sie manchmal Fischschwärme ins seichte Wasser treiben, nachdem sie sich den Bauch vollgeschlagen haben, und diese wie Viehherden bewachen, bis sie wieder Hunger haben . . .

Für mich ist auch dieser Raubfisch von so majestätischer Gestalt ein schönes, ein edles Tier. Was kann denn dieser Fisch dafür, daß auch seine Bestimmung im Haushalt der Natur ist, andere zu töten und zu fressen. Nie wird es den Barrakudas gelingen, eine Art in ihrem Revier auszurotten, zu vernichten, genau wie dies auch den Robben nicht gelingen wird. Mich macht ganz krank, daß die Männer den stolzen Fisch zappeln lassen, um sein Leben. Ich bitte um einen Gnadenstoß. Das ist zwar einfacher gesagt als getan, bei soviel geballter Kraft. Aber endlich kriegt der Fisch den tödlichen Messerstich ins Genick.

Ob der Seemann meinen Standpunkt verstanden hat? Er tut zwar so, aber ich bezweifle, ob er sich — wäre ich nicht dagewesen — auch beim nächsten Fisch die Mühe gemacht hätte, ihm einen Gnadenstoß zu geben. Das bedeutet ja Arbeit, auch wenn man von Menschen eigentlich verlangen könnte, daß sie human mit anderen Kreaturen umgehen. Töten muß sein, töten müssen auch wir Menschen, aber nicht mehr, als wir essen können. Und auf das Wie kommt es hier an.

Der Barrakuda, ich gebe es zu, hat uns allen vorzüglich geschmeckt.

Der 16. November 1985 war ein großer Tag. 15 Gründungsmitglieder, unter ihnen mein Freund Hans-Martin Neumann und ich aus Hamburg, unterzeichneten feierlich das Dokument BIOS. Nicht nur eine »Gesellschaft zum Schutz der Meeressäugetiere« war damit auf Madeira ins Leben gerufen worden, sondern auch eine »Gesellschaft zum Schutz der Fauna und Flora«. Zum Präsidenten wählten wir Dr. Rui Relvas, zum Vizepräsidenten Eleuterio Reis, den ehemaligen Walfang-Kommandanten. Nun war er auch sozusagen von Amts wegen zum Walschützer geworden.

Mit BIOS hatten wir — nicht zuletzt auf Wunsch der autonomen madeirensischen Regierung — neben allen unseren für Meeressäugetiere gesetzten Zielen zugleich einen Dachverband gegründet, dessen Aufgabe auch darin besteht, beispielsweise dafür zu sorgen, daß endlich keine Meeresschildkröten gefangen und an Touristen verkauft werden, daß die restlichen Urwälder unter Schutz stehen, daß Seevögel und andere Tiere oder Pflanzen bestmöglichen Schutz genießen. BIOS verfolgt nicht nur eigene Ideale und Ziele, BIOS bekommt sogar von der Regierung Aufträge, wenn es darum geht, sinnvolle Gesetze oder Projekte anzugehen — und durchzusetzen. BIOS sollte zur Nachahmung empfohlen werden . . .

Einzig und allein ein Gedanke trübt die Freude: Hoffentlich kommt BIOS, hoffentlich kommt jede Hilfe für die Mönchsrobbe nicht doch schon zu spät, zumal die Regierung die Desertas im Dezember 1986 immer noch nicht unter totalen Schutz stellen will. Die Fischer wollen nicht. Und die Politiker kneifen . . .

ANHANG

Zoologisches Stichwort

Obwohl die Wiege des Lebens auf unserem Planeten zwischen Himmel und Tiefsee das Meer ist, haben sich alle Meeressäugetiere — Wale und Delphine, Seekühe und Robben oder die putzigen Meerotter — erst im Laufe von Jahrmillionen mit dem feuchten Element sekundär angefreundet. Als Säugetiere haben sie sich ursprünglich aus landlebenden Reptilien entwickelt; das dokumentieren noch heute einige typische Merkmale: Säugetiere sind warmblütig und bringen lebende Junge zur Welt, die sie mit Muttermilch säugen. Sie tragen ein Skelett mit zwei Vorder- und zwei Hinterextremitäten, ein wärmendes Haarkleid und atmen atmosphärische Luft. Auch wenn Walen und Seekühen die Haare — von ein paar Sinnestasthaaren abgesehen — ausgegangen sind, auch wenn ihnen als Fortbewegungsorgan eine Schwanzflosse gewachsen ist, die die Hinterbeine als überflüssig degenerieren ließ, so verraten zumindest im Körperinneren noch reduzierte Elemente, oder »Rudimente«, den Grundbauplan.

Deutlicher als diese ihr Milieu freiwillig nie verlassenden Aquatiker lassen die Robben (Wasserraubtiere oder *Pinnipedia*) ihre einstige Herkunft erkennen. Als amphibisch lebende Meeressäuger fressen sie sich zwar — wie Wale und Sirenen — auch eine wärmeisolierende Speckschicht an, einen »Blubber«, der zugleich als Energiereserve für magere Zeiten dient, doch hüllen sich die meisten zugleich in wärmenden Pelz. Nur bei Walroß und See-Elefant verliert das »Schmuckstück« mit zunehmendem Alter an Wert.

Das wärmste und üppigste Fell tragen in aller Regel die Neugeborenen in kalten Regionen oder auch die Seebären, die ihrer dichten Unterwolle unter den Deck- oder Grannenhaaren auch den kommerzversprechenden Namen »Pelzrobben« verdanken. Ihr »Markenzeichen«: mehr als 300 Millionen Haare auf dem Durchschnittskörper eines Nördlichen Seebären. Diese Art von eiswasserfestem Taucheranzug nutzen die Tiere, indem sie im Fell Luftblasen speichern, die das Wasser nicht an die Haut vordringen lassen — und schön warm halten.

Ein vergleichbares »Unterhemd« aus isolierender Luft bürstet sich auch der Meerotter in seinen Pelz. Allerdings macht diese Schutzvorrichtung die Tiere anfällig, beispielsweise gegen Ölverschmutzung, die nur zu leicht zu Wasserdurchlässigkeit und Unterkühlung führen kann. Obwohl so perfekt gegen Kälte gerüstet, haben Seebären — beispielsweise auf ihren »Brutplätzen« auf den Pribilof-Inseln — mitunter ihre Probleme, die im Eifer der Fortpflanzungsgeschäfte aufsteigende Hitze loszuwerden. Da ihnen in ihren nackten Flippern nur bedingt funktionstüchtige Wärmeaustauscher zur Verfügung stehen, können

Robbenschläger die Tiere an Land leicht zu Tode hetzen; sie erleiden einen Hitzschlag.

Apropos Flipper: Robben haben ihre Vorder- und Hinterextremitäten zu Schwimmorganen umkonstruiert, statt — wie Wale — auf die hinteren zu verzichten. Ein wesentlicher Unterschied zwischen Hundsrobben und Ohrenrobben besteht — außer dem gravierenden, daß Ohrenrobben noch äußerlich sichtbare Ohrmuscheln besitzen — in der »Arbeitsweise« ihrer Extremitäten. So ziehen Seehunde die deutlicher zu Flossen umgestalteten »Paddel« an Land nach und robben sich in einer Art Liegestütz vorwärts, während Ohrenrobben auf allen vieren gehen können, indem sie die Hinterflossenfüße unter den Körper schlagen.

Daß sich die Tiere überhaupt an Land begeben — oder quälen —, hat im wesentlichen zwei Gründe: Auf festem Grund gebären und säugen sie ihre Jungen; manche Arten paaren sich hier auch. Zum anderen absolvieren sie hier ihren jedes Jahr fälligen Haarwechsel. Da sie aber weitaus mehr Zeit im Wasser als an Land verbringen, überwiegt der dem aquatischen Lebensraum angepaßte Körperbau mit dem Grundschema der Stromlinienform, die bei den Hundsrobben deutlicher ausgeprägt ist als bei den Ohrenrobben.

Wie auch bei den Walen sind Körperanhängsel, die beim Schwimmen die Stromlinienform beeinträchtigen, reduziert — zum Beispiel die Ohrmuscheln der Hundsrobben — oder ins Körperinnere verlagert beziehungsweise einziehbar. So ist der Penis der Männchen, der einen Penisknochen hat, in einer Hautfalte verborgen; bei den Weibchen der Ohrenrobben, Walrosse, Bart- und Mönchsrobben vier Zitzen, bei allen anderen Hundsrobben zwei. Anders als bei männlichen Ohrenrobben allgemein sind bei den Hundsrobben und dem Walroß Hoden ins Körperinnere gebettet.

Obwohl fast alle Robben — außer vielleicht bei Arten, die in relativ konstantem Klima und standorttreu leben, wie Mönchsrobben oder Galapagos-Robben — ziemlich regelmäßig auf die Jahreszeit abgestimmt ihre Welpen werfen, kann dennoch nicht von einer generellen Tragzeit von rund einem Jahr die Rede sein. Nach Judith E. King macht der Keimling nach der Befruchtung je nach Art eine Ruhepause von sechs Wochen bis fünf Monate durch, ehe sich der Zellhaufen oder Blastocyste in der Gebärmutter einnistet und seine eigentliche Wachstumsphase beginnt. Der Vorteil: Beispielsweise die Jungen der Sattelrobbe kommen mit der größten Wahrscheinlichkeit dann zur Welt, wenn sich ihre Kinderstube aus Eis auch tatsächlich aufgebaut hat.

Da die Stammesgeschichte der Flossenfüßer keineswegs als entschlüsselt gilt, sollte jeder Interessierte die vorhandene Fachliteratur einsehen. Die Übersicht über die geschätzten Bestände der Robbenpopulationen auf Seite 174 führt die Tiere unter dem lateinischen Namen auf, da die wissenschaftliche Bezeichnung die einzige tatsächlich unverwechselbare ist. Die Texte im Zoologischen Stichwort wurden von Rolf Gramckow erarbeitet.

Wasserraubtiere *(Pinnipedia)*
1. Über-Familie Ohrenrobbenartige *(Otarioidea)*

Familie Ohrenrobben *(Otariidae)*
Unter-Familie Seelöwen *(Otariinae)*
    Stellers Seelöwe *(Eumetopias jubatus* Schreber, 1776)
    Kalifornischer Seelöwe *(Zalophus californianus* Lesson, 1828)
    Mähnenrobbe *(Otaria byronia* Blainville, 1820)
    Australischer Seelöwe *(Neophoca cinerea* Péron, 1816)
    Auckland-Seelöwe *(Phocarctos hookeri* Gray, 1844)
Unter-Familie Seebären *(Arctocephalinae)*
    Guadelupe-Seebär *(Arctocephalus townsendi* Merriam, 1897)
    Galapagos-Seebär *(A. galapagoensis* Heller, 1904)
    Juan-Fernandez-Seebär *(A. philippii* Peters, 1866
    Südamerikanischer Seebär *(A. australis* Zimmermann, 1783)
    Subantarktischer Seebär *(A. tropicalis* Gray, 1872)
    Kerguelen-Seebär *(A. gazella* Peters, 1875)
    Südafrikanischer Seebär *(A. pusillus* Schreber, 1776)
    Australischer Seebär *(A. doriferus* Wood Jones, 1925)
    Neuseeland-Seebär *(A. forsteri* Lesson, 1828
    Nördlicher Seebär *(Callorhinus ursinus* Linnaeus, 1758)
Familie Walrosse *(Odobenidae)*
Unter-Familie Walrosse *(Odobeninae)*
    Walroß *(Odobenus rosmarus* Linnaeus, 1758)

2. Über-Familie Hundsrobbenartige *(Phocoidea)*

Familie Hundsrobben, Seehunde *(Phocidae)*
Unter-Familie Nördliche Hundsrobben, Seehunde *(Phocinae)*
Tribus-Seehunde (eigentliche) *(Phocini)*
    Kegelrobbe *(Halichoerus grypus* Fabricius, 1791)
    Seehund (gemeiner) *(Phoca vitulina* Linnaeus, 1758)
    Largha-Seehund *(P. largha* Pallas, 1811)
    Ringelrobbe *(P. hispida* Schreber, 1775)
    Kaspi-Ringelrobbe *(P. caspia* Gmelin, 1788)
    Baikal-Ringelrobbe *(P. sibirica* Gmelin, 1788)
    Sattelrobbe *(P. groenlandica* Erxleben, 1777)
    Bandrobbe *(P. fasciata* Zimmermann, 1783)
Tribus-Klappmützen *(Cystophorini)*
    Klappmütze *(Cystophora cristata* Erxleben, 1777)
Tribus-Bartrobben *(Erignathini)*
    Bartrobbe *(Erignathus barbatus* Erxleben, 1777)
Unter-Familie Südrobben, Südliche Hundsrobben *(Monachinae)*
Tribus-Mönchsrobben *(Monachini)*
    Mittelmeer Mönchsrobbe *(Monachus monachus* Hermann, 1779)
    Karibische Mönchsrobbe *(M. tropicalis* Gray, 1850)
    Laysan-, Hawaii-Mönchsrobbe *(M. schauinslandi* Matschie, 1905)
Tribus Südliche Hundsrobben (eigentliche) *(Lobodontini)*
    Krabbenfresser *(Lobodon carcinophagus* Hombron & Jacquinot, 1842)
    Weddell Robbe *(Leptonychotes weddelli* Lesson, 1826)
    Ross-Robbe *(Ommatophoca rossi* Gray, 1844)
    Seeleopard *(Hydrurga leptonyx* Blainville, 1820)
    Südlicher See-Elefant *(Mirounga leonina* Linnaeus, 1758)
    Nördlicher See-Elefant *(M. angustirostris* Gill, 1866)

Kalifornischer Seelöwe

Der aus Zoos und vom Zirkus bestens bekannte Kalifornische Seelöwe *(Zalophus californianus* LESSON, 1828) ist ein Vertreter aus der Familie der Ohrenrobben *(Otariidae).* Von den meisten Wissenschaftlern wird die Art entsprechend ihrer Verbreitung in drei Unterarten geteilt: der eigentliche Kalifornische Seelöwe *(Z. c. californianus* LESSON, 1828), der Galapagos-Seelöwe *(Z. c. wollebaeki* SIVERTSEN, 1953) und der Japanische Seelöwe *(Z. c. japonicus* PETERS, 1866). Der letztgenannte ist wahrscheinlich bereits ausgerottet, denn ob noch irgendwelche Restbestände an der felsigen Südküste Koreas überleben konnten, ist zweifelhaft.

Seelöwen oder Haarrobben unterscheiden sich von den nahe mit ihnen verwandten Seebären insbesondere durch das Fehlen einer dichten Unterwolle, ihr löwenartig klingendes Gebrüll und eine stumpfere Schnauze. Ferner stellen sie die in der Regel größeren Arten. So erreichen die Männchen des Kalifornischen Seelöwen stattliche 2,4 m Länge und 275 kg Gewicht. Die Weibchen werden 1,8 m groß und sind rund 100 kg schwer. Der augenfällige Geschlechtsdimorphismus ist bereits bei den Neugeborenen erkennbar, die etwa 75 cm lang sind und 5 bis 6 kg wiegen. Das trockene Fell des Erwachsenen ist dunkelschokoladenbraun, im nassen Zustand praktisch schwarz. Den Männchen beginnt vom fünften Lebensjahr an ein hoher Stirnwulst zu wachsen, der dadurch noch deutlicher hervortritt, daß das Fell an dieser Stelle immer mehr ausbleicht.

Die Fortpflanzungsperiode des Kalifonischen Seelöwen beginnt an den Küsten Nordamerikas im Mai und endet im Juli. Auf den Galapagos-Inseln dauert sie von Oktober bis Dezember. Die erwachsenen Männchen erobern sich, sobald Weibchen an den an Felsküsten oder auch Sandstränden gelegenen Wurfplätzen erscheinen, ein mehr oder weniger festes Territorium mit Zugang zum Wasser. Dieser ist wichtig, da sie sich von Zeit zu Zeit abkühlen müssen.

Die Abgrenzung des Haremsbereichs wird dabei nicht so sehr blutig erkämpft, sondern durch Drohgebärden und häufiges lautes Gebrüll erreicht. Etwa alle zwei bis drei Wochen geht jeder Bulle für kurze Zeit im Meer auf Nahrungssuche, um sich danach wieder sein altes oder ein neues Territorium zu erkämpfen. Die geselligen Weibchen können währenddessen recht frei auf den Wurfplätzen umherrobben. Zur Geburt der Jungen ziehen sie sich für zwei bis drei Tage zurück und bewachen streng das stets einzige gelbbraun gefärbte Neugeborene. Anschließend schwimmen auch sie zum Fressen aufs Meer hinaus, während der Nachwuchs sich zu kleinen Gruppen zusammenfindet.

Die Begattung der Weibchen erfolgt etwa 14 Tage nach der Geburt und wird von diesen aktiv durch Körperkontakt mit dem Haremsbullen eingeleitet. Die Tragzeit dauert fünfzig Wochen. Die Jungen werden fünf bis zwölf Monate lang in immer größeren Abständen gesäugt. Außerhalb der Fortpflanzungszeit bleiben die Mütter mit ihrem Nachwuchs in den Gewässern vor Kalifornien und Mexiko. Von Männchen sind dagegen Wanderungen nordwärts entlang der Küste bis nach Kanada beobachtet worden.

In der Natur erreicht der Kalifornische Seelöwe vermutlich ein Höchstalter von zwanzig Jahren. Schwertwale und Haie stellen dem gewandten Schwimmer nach.

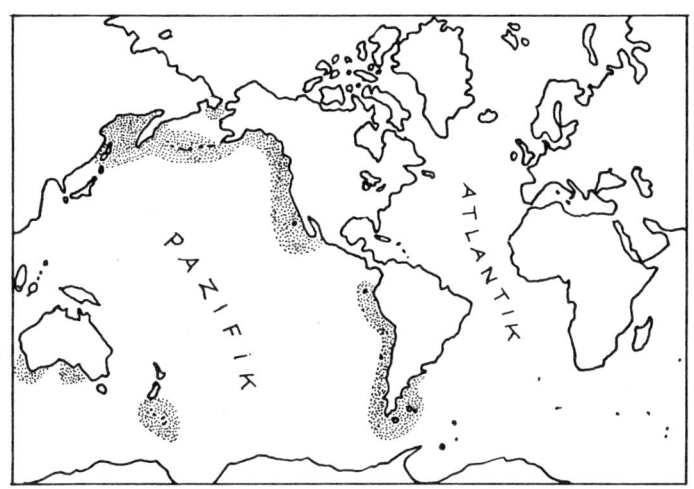

Mähnenrobbe

Die Mähnenrobbe *(Otaria byronia* BLAINVILLE, 1820) gehört als eine der fünf Seelöwen-Arten zur Familie der Ohrenrobben *(Otariidae).* Sie ist auch als Südamerikanischer Seelöwe bekannt und wird außerdem in einigen Büchern mit dem wissenschaftlichen Namen *Otaria flavescens* bezeichnet.

Besonders die Männchen haben mit ihrer Bulldoggenschnauze und dem muskulösen Stiernacken, der noch durch eine lange Mähne hervorgehoben wird, eine massig wirkende Gestalt. Sie werden bis zu 2,5 m groß und erreichen am Beginn der Fortpflanzungsperiode ein Gewicht von 350 kg und mehr. Die Weibchen sind mit 1,95 m Länge, wobei sie nur höchstens 145 kg schwer werden, deutlich kleiner. Die Jungen kommen mit einer Größe von 80 bis 85 cm und einem Gewicht von über 14 kg zur Welt.

Neben der Mähne, die bei den Bullen besonders ausgeprägt ist, zeichnet sich diese Robbenart durch sehr unterschiedlich gefärbte Felle aus. Bei den Männchen reicht das Farbspektrum von Dunkelbraun bis Orange oder Blaßgelb, die Weibchen sehen allgemein heller aus. Oft zeigen bestimmte Bereiche des Pelzes von der Grundfarbe abweichende Schattierungen. Bei den Bullen sind außerdem die Mähnen heller gefärbt. Die Bauchseiten beider Geschlechter sind in der Regel dunkelgelb.

Ab August beginnen die Bullen in den unstrukturierten Seelöwenherden Interesse an den Weibchen zu zeigen. Auf den Wurfplätzen finden sich nach und nach die geschlechtsreifen Tiere zusammen, umgeben von einem Ring juveniler Artgenossen. Die erwachsenen Männchen erkämpfen sich nun ihre dicht beieinander liegenden Territorien, wobei die Grenzen kaum zu erkennen sind. Ein Harem umfaßt in der Regel zehn Weibchen. Die Bullen bewachen ständig ihr Revier, selbst Hochwasser kann sie kaum von dort vertreiben. Die meisten der schwarzen Seelöwenbabys werden von Ende Dezember bis Ende Januar geboren. Zwillinge sind äußerst selten. Einige Tage nach der Geburt werden die Muttertiere von ihrem »Haremspascha« begattet und dürfen dann wieder ins Meer zur Nahrungssuche. Zum Ausruhen und zum Säugen des Nachwuchses kehren sie an ihren Wurfplatz zurück. Die Stillzeit beträgt sechs bis zwölf Monate, selten werden Weibchen mit Neugeborenen und einem Jährling beobachtet. Nachdem alle Seelöwenkühe begattet sind, lösen sich die Harems wieder auf.

Die Tragzeit bei der Mähnenrobbe liegt bei knapp einem Jahr. Die Weibchen werden mit vier Jahren, die Männchen erst mit fünf bis sechs Jahren geschlechtsreif. Die Tiere können ein Höchstalter von etwa zwanzig Jahren erreichen. Auch außerhalb der Fortpflanzungszeit halten sie sich meist in der Nähe der Wurfplätze auf, regelmäßige Wanderungen unternehmen sie nicht. Mähnenrobben jagen meist in Küstennähe im flachen Wasser. Dabei werden besonders Fische, Krebse und Kopffüßer erbeutet. Sie stellen aber auch Pinguinen und den Jungen der Südamerikanischen Seebären nach.

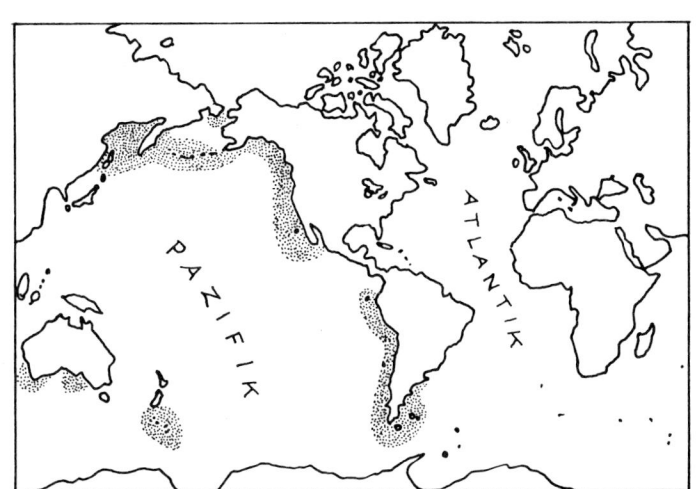

Galapagos-Seebär

Die acht Arten der Gattung *Arctocephalus* werden, obwohl sie nicht ausschließlich auf der Südhalbkugel der Erde verbreitet sind, als Südliche Seebären zusammengefaßt und dem Nördlichen Seebären *(Callorhinus ursinus)* gegenübergestellt. Alle zusammen bilden mit den Seelöwen (fünf Gattungen) die Familie der Ohrenrobben *(Otariidae)*. Die verwandtschaftlichen Beziehungen innerhalb der Gattung *Arctocephalus* sind noch nicht vollständig geklärt. Bei einer so weit verbreiteten Tiergruppe steht für vergleichende Untersuchungen nicht genug Material aller, insbesondere der seltenen, fast ausgerotteten, Arten zur Verfügung. So wird auch der am weitesten nördlich vorkommende Vertreter, der Guadelupe-Seebär *(Arctocephalus townsendi* MERIAN, 1897) aus den Küstengewässern Nordwest-Mexikos, von einigen Wissenschaftlern für synonym mit dem Juan-Fernandez-Seebär *(A. philippi* PETERS, 1866) gehalten, andere wollen den beiden Arten den Rang einer eigenen Gattung *Arctophoca* zuerkennen.

Der Galapagos-Seebär *(Arctocephalus galapagoensis* HELLER, 1904) gehört zur Familie der Ohrenrobben *(Otariidae)* und ist als kleinster der Südlichen Seebären (Gattung *Arctocephalus)* der Zwerg der gesamten Gruppe. Die Männchen erreichen eine Länge von höchstens 1,5 m, für die Weibchen hat man wegen fehlender Meßdaten einen Wert von 1,34 m errechnet. Beim größten Seebären, der Südafrikanischen Pelzrobbe *(A. pusillus* SCHREBER, 1776), fälschlich auch »Zwergseebär« genannt, werden die Bullen dagegen bis zu 2,35 m groß und 350 kg schwer, die Kühe bringen es immerhin noch auf 1,8 m Länge und 120 kg Gewicht.

Die kleine tropische Robbe zeichnet sich durch eine kurze, fleischige Schnauze und einen geringen Geschlechtsdimorphismus aus. Sie unterscheidet sich dadurch recht deutlich auch von ihrem nächsten Verwandten, dem Südamerikanischen Seebären *(A. australis* ZIMMERMANN, 1783). Trotz der allgemein großen Ähnlichkeit zwischen den verschiedenen Arten der Südlichen Seebären sind sie wegen ihrer meist isolierten Verbreitung gut auseinanderzuhalten. Sympatrisch kommen unter anderem nur der Südafrikanische und der Australische Seebär *(A. forsteri* LESSON, 1828) vor.

Der dichte Pelz, der nur die zu Flossen umgewandelten Extremitäten unbedeckt läßt, ist in trockenem Zustand graubraun, in nassem fast schwarz, wobei die Bauchseite stets etwas heller ist. Hiervon weicht nur der Subantarktische Seebär *(A. tropicalis* GRAY, 1872) deutlich ab. Er hat eine blaß-rötlichgelbe Unterseite. Gesicht und Hals sind weißlich bis orange, die Barthaare weiß gefärbt. Die längsten Tastborsten an der Schnauze besitzt der Kerguelen-Seebär *(A. gazella* PETERS, 1875), bei dem sie bis zu 48 cm erreichen.

Alle Ohrenrobben sind in der Lage, ihre Hinterextremitäten nach vorne zu drehen. Dadurch können sie sich an Land recht schnell fortbewegen und auch gut klettern. So wurden Bärenrobben auf Küstenfelsen in über 100 m Höhe beobachtet. Ferner ist es ihnen möglich, sich mit diesen »Flossen« sogar am Kopf zu kratzen. Da nur noch die mittleren drei Fußzehen wohlentwickelte, nägelartige Krallen tragen, ist dies insbesondere beim alljährlichen Haarwechsel von großer Bedeutung.

Wahrscheinlich als Folge seiner tropischen Verbreitung scheint der an Land scheue Galapagos-Seebär keine bestimmte Jahreszeit für die Vermehrung zu bevorzugen. Es wurden verschiedenaltrige Jungen im Dezember und auch im August beobachtet. Sonst beginnt bei Südlichen Seebären die Fortpflanzungsphase im November und endet im Januar oder Februar. Die erwachsenen Bullen besetzen an den Wurfplätzen, die meist an Felsküsten oder auf -inseln liegen, kleine Territorien, die sie aggressiv gegen Nebenbuhler verteidigen. Nach Ankunft der Weibchen werden diese nicht so gewaltsam wie beim Nördlichen Seebären dem eigenen Harem eingegliedert. Die Geburt der Jungen erfolgt wenig später, und nach Ablauf etwa einer Woche werden die Kühe brünftig und von den Bullen begattet. Die Tragzeit beträgt ein Jahr. Die Mütter säugen ihr meist einziges Junges vier Monate *(A. gazella)* bis ein Jahr lang *(A. pusillus)*. Bald nach der Geburt gehen sie wiederholt für mehrere Tage auf Nahrungssuche ins Meer. Die Männchen fressen während ihres Aufenthalts auf den Wurfplätzen nicht.

Trotz fehlender genauer Daten scheint der Galapagos-Seebär ausgedehnte Wanderungen im Meer zu unternehmen. Er geht wie seine südlichen Verwandten häufig zum Ausruhen an Land, obwohl er auch auf offener See schlafen kann. Ansonsten sind Südliche Seebären recht standorttreu.

Nördlicher Seebär

Seebären gehören zur Familie der Ohrenrobben *(Otariidae)*. Der Nördliche Seebär *(Callorhinus ursinus* LINNAEUS, 1758) ist die Pelzrobbe schlechthin und kommt nur im Nordpazifik vor. Er unterscheidet sich von seinen südlichen Verwandten (Gattung *Arctocephalus)* durch eine kürzere, nach unten gebogene Schnauze und längere, äußerlich sichtbare Ohrmuscheln. Ferner sind an den Hinterflossen die die Zehen überragenden Knorpelstützen stark verlängert.

Ein von Geburt an erkennbarer Sexualdimorphismus der Nördlichen Seebären wird mit zunehmendem Alter immer ausgeprägter. Ausgewachsene Bullen werden über 2,1 m groß und 182 bis 272 kg schwer, die Weibchen erreichen dagegen nur eine Länge von etwa 1,5 m bei 43 bis 50 kg Gewicht. Der bräunliche Pelz ist im Bereich der Hals- und Brustregion bei den Männchen länger und struppiger und läßt sie dadurch noch gewaltiger erscheinen als die mehr grau gefärbten Weibchen.

Neben dem dicken Unterhautfettgewebe, das auch als Energiereserve dient, wird die Konstanz der Körpertemperatur durch den dichten Pelz der Seebären gewährleistet. Die Haare sind in winzigen Büscheln angeordnet. Um ein langes Grannenhaar sind etwa 17 feine Härchen angeordnet, die eine sehr dichte Unterwolle bilden. Da diese Wolle nicht vollständig beim alljährlichen Haarwechsel abgestoßen wird, vervielfacht sich die Zahl der Härchen pro Büschel. Junge Seebären haben die meisten solcher Haargruppen pro Flächeneinheit, etwa 1300 pro cm^2. Durch das Fett kleiner Talgdrüsen wird ein Durchnässen des Pelzes im Wasser verhindert.

Von ihren nördlichen Wurfplätzen (östliche Population im Beringmeer, westliche im Ochotskischen Meer) wandern die Bullen bereits im August, die Weibchen und Jungtiere erst im Oktober einzeln oder in kleinen Gruppen südwärts. Während des Tages schlafen sie dabei auf offener See und jagen vom Abend bis zum frühen Morgen. Ihre Beute besteht hauptsächlich aus verschiedenen Fischarten und Kopffüßern.

Die erwachsenen Männchen erscheinen Anfang Juni wieder an den Wurfplätzen und besetzen möglichst in Strandnähe feste Territorien, die sie gegen Nebenbuhler hartnäckig, in oft blutigen Kämpfen, verteidigen. Die Weibchen lassen bis Mitte Juni auf sich warten. Wenn sie an Land kommen, versucht jeder Seebärbulle möglichst viele von ihnen, manchmal auch mit Gewalt, seinem Harem einzuverleiben. Starke Männchen bringen es auf fünfzig und mehr Weibchen. Meist zwei Tage nach ihrer Ankunft bringen diese ein ca. 65 cm großes und 5 kg schweres, mit schwarzem Haarkleid bedecktes Junges zur Welt. Etwa eine Woche bleibt die Mutter ständig bei dem Neugeborenen und säugt es. Nach Ablauf dieser Zeit paart sie sich mit ihrem Haremsbullen.

Die Tragzeit beträgt beim Nördlichen Seebären 51 Wochen, wobei die Blastocyste erst nach 3,5- bis 4monatiger Verzögerung implantiert wird. Die Weibchen gehen nun wieder auf Nahrungssuche ins Meer. Bei seiner Rückkehr findet jedes Muttertier auf wunderbare Weise sein Junges auch aus Hunderten von gleichaltrigen Tieren heraus, obwohl diese sich zu großen Gruppen zusammenschließen. Inzwischen löst sich die strenge Ordnung der Harems mehr und mehr auf, und die Bullen kehren nach mehrmonatigem, anstrengendem Landaufenthalt ohne Nahrungsaufnahme ins Wasser zurück. Die Jungen werden etwa drei Monate lang gesäugt, wobei die mit einemmal aufgenommene Milchmenge bis auf 4,5 l gesteigert wird. Schließlich verlassen auch die Weibchen mit ihrem inzwischen selbständigen Nachwuchs die Wurfplätze und gehen getrennt auf Nahrungssuche im Meer.

Die Geschlechtsreife setzt nach drei bis vier Jahren bei weiblichen, nach etwa fünf Jahren bei männlichen Seebären ein. Allerdings können es die jungen Bullen erst im Alter von neun bis 15 Jahren wagen, sich an den Kämpfen um Territorien an Land zu beteiligen. Bis dahin versammeln sie sich im Sommer zu Junggesellenherden und halten sich in der Nähe der Wurfplätze auf. Die Lebenserwartung liegt bei dieser Robbenart bei maximal 25 Jahren.

ATLANTIK
Sowjetunion
Alaska
Kanada
Aleuten
PAZIFIK

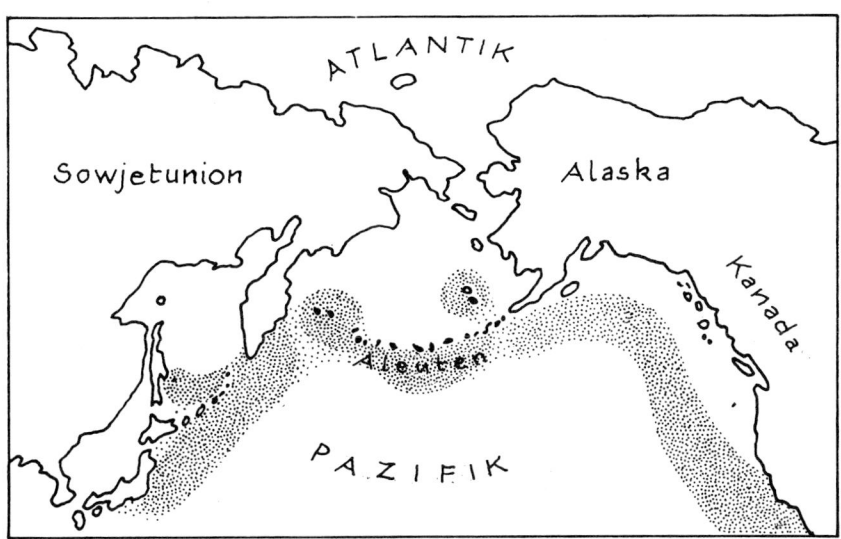

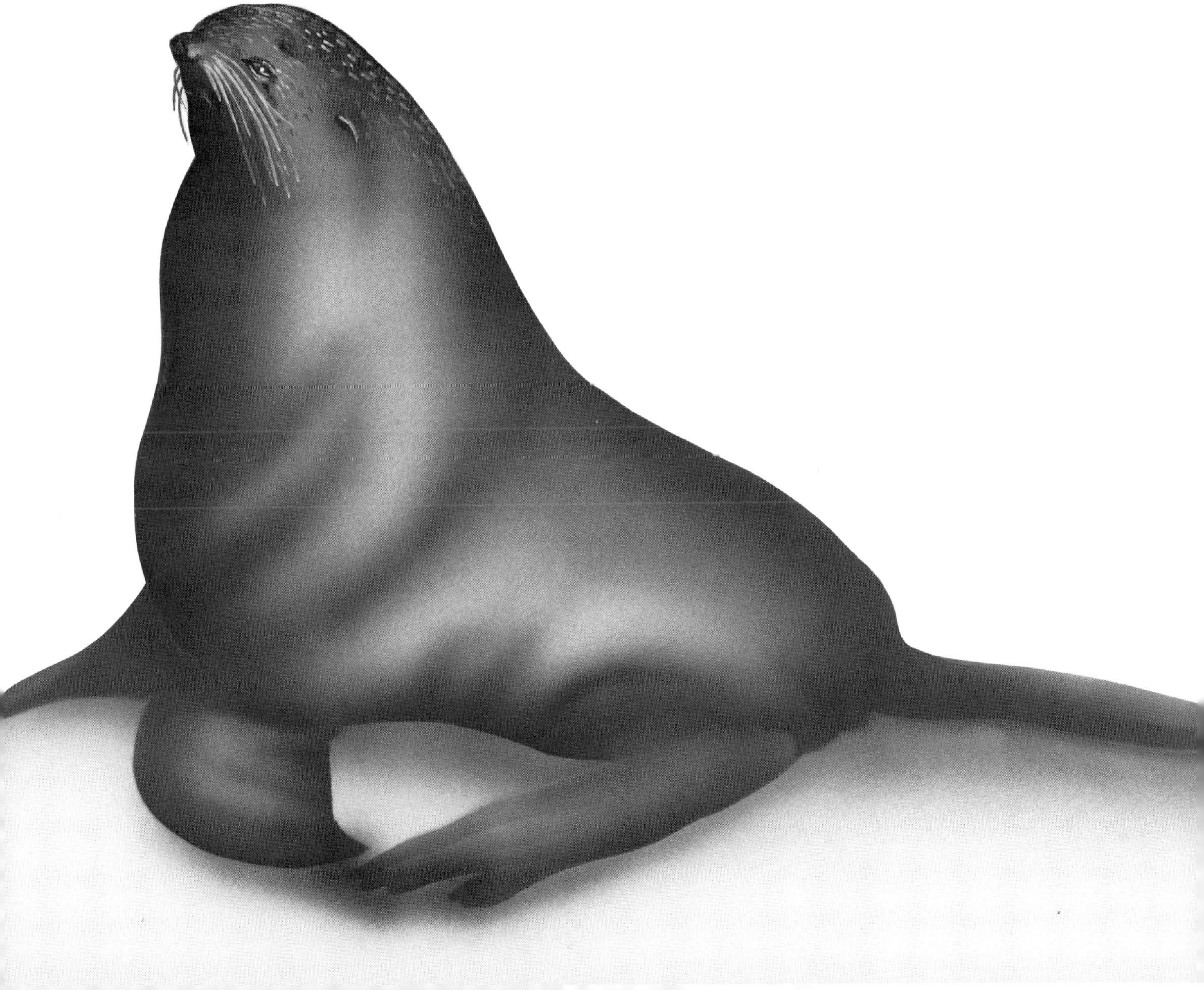

Walroß

Die Walrosse *(Odobenidae)* bilden die zweite Familie der Ohren-
robbenartigen *(Otaroidea)*, sind aber nur durch eine einzige Art,
das *Walroß (Odobenus rosmarus* LINNAEUS, 1758), vertreten.
Nach ihrem Vorkommen und aufgrund anatomischer Merkmale
insbesondere des Schädels werden zumindest zwei Unterarten
unterschieden. Das *Polarmeer-Walroß (O. r. rosmarus* LINNA-
EUS, 1758) ist in den Küstengewässern des Nordatlantik beheimatet und durch Nasenöffnungen an der Vorderseite des Kopfes
gekennzeichnet. Das größere *Pazifische Walroß (O. r. divergens*
ILLIGER, 1815) besiedelt die Beringseeküste und trägt die
Nasenöffnungen auf der Oberseite des Kopfes. Einige Wissen-
schaftler sehen auch das *Laptewsee-Walroß (O. r. laptevi* CHAPIS-
KII, 1940) der Küsten Nordsibiriens als eigene Unterart an. Es
gleicht seinem pazifischen Verwandten, ist aber kleiner als
dieser.
Nach den See-Elefanten sind Walrosse mit ihrer plumpen, mas-
sigen Gestalt die größten Robben. Im Atlantik erreichen die
Männchen eine Länge von etwa 3,6 m bei 1200 kg Gewicht, die
Weibchen nur 2,5 m bei 800 kg. Die wurzellosen Hauer sind bei
Jungtieren beiderlei Geschlechts vom vierten bis fünften Monat
an äußerlich sichtbar und wachsen zeitlebens. Durch Abnutzung wird ihre Länge auf etwa 45 bis 50 cm begrenzt, in Einzel-
fällen können sie jedoch auch 1 m erreichen.
Wie die anderen Ohrenrobben kann das Walroß seine zu
Antriebsflossen umgewandelten Hinterextremitäten nach vorne
unter den Körper drehen, wodurch eine größere Beweglichkeit
an Land erhalten bleibt. Die sonst in dieser Robbenfamilie charakteristischen, äußerlich sichtbaren Ohrmuscheln fehlen, der
Gehörgang ist durch eine Hautfalte verdeckt. Im Verhältnis zum
Körper ist der Kopf dieser Robbenriesen klein, ein Hals ist je
nach Haltung der Tiere wenig bis gar nicht zu erkennen. Ihre
dicke, rauhe, in zahlreiche Falten gelegte Haut scheint den Walrossen immer ein paar Nummern zu groß zu sein. Bei erwachsenen Bullen erreicht sie eine Stärke von über 2,5 cm, in der
Halsregion sogar 5 bis 7 cm und weist hier eine typische War-
zenstruktur auf.

Jungtiere haben, außer an den Innenflächen ihrer Flossenfüße,
ein dichtes, weiches Haarkleid. Mit zunehmendem Alter wird
es immer spärlicher, und alte Exemplare besitzen nur noch Spuren einer Behaarung. Die Farbe der Walrosse hängt insbesondere von ihrem Alter ab. Sie ist im typischen Fall Rotbraun.
Junge Tiere sind dunkler als alte, die manchmal wie Albinos
aussehen. Bei zunehmender Wassertemperatur »erröten« die
Eismeerriesen als Folge einer gesteigerten Durchblutung der
äußeren Hautschichten, nicht aber, wie vielfach angenommen,
wegen eines Sonnenbrandes.
Walrosse sind typische Flachwasserbewohner und halten sich
gerne im Packeis auf. Sie ernähren sich von benthischen Wir-
bellosen, insbesondere von Muscheln, die sie im »Kopfstand«
am Meeresgrund von bis zu 80 m Tiefe aus dem Boden wühlen.
Die Nahrungsaufnahme wird durch einen starken Saugeffekt
erreicht, so daß praktisch keine Muschelschalen in den Magen
gelangen. Vereinzelt werden auch Wirbeltiere wie Fische und
sogar andere Robben erbeutet. Neben dem Menschen und dem
Schwertwal haben diese Dickhäutigen keine natürlichen Feinde.
Der Eisbär kann einem erwachsenen Walroß kaum gefährlich
werden, vielleicht aber den Jungen.
Die Eismeerkolosse sind soziale Tiere, die in Familienverbän-
den, bestehend aus einem erwachsenen Bullen, ein bis drei
Weibchen und einigen Jungtieren, leben. Einzelfamilien können
sich zu großen Familienherden zusammenschließen. Daneben
existieren auch reine Bullenherden. Die Paarung findet in den
Monaten Januar bis März im Wasser statt. Nach einer Tragzeit
von 15 Monaten kommen die Jungen von Mitte April bis Mitte
Juni zur Welt und werden in der Regel bis zu zwei Jahren
gesäugt. Oft bleiben die Jungtiere noch weiterhin bei der Mutter, junge Männchen schließen sich dagegen auch häufig zu
Junggesellenherden zusammen. Im Alter von sechs bis sieben
Jahren werden die Weibchen geschlechtsreif, die Bullen etwa
zwei Jahre später. Walrosse können ein Höchstalter von vierzig
Jahren erreichen und sind damit wohl die Robben mit der größten Lebenserwartung.

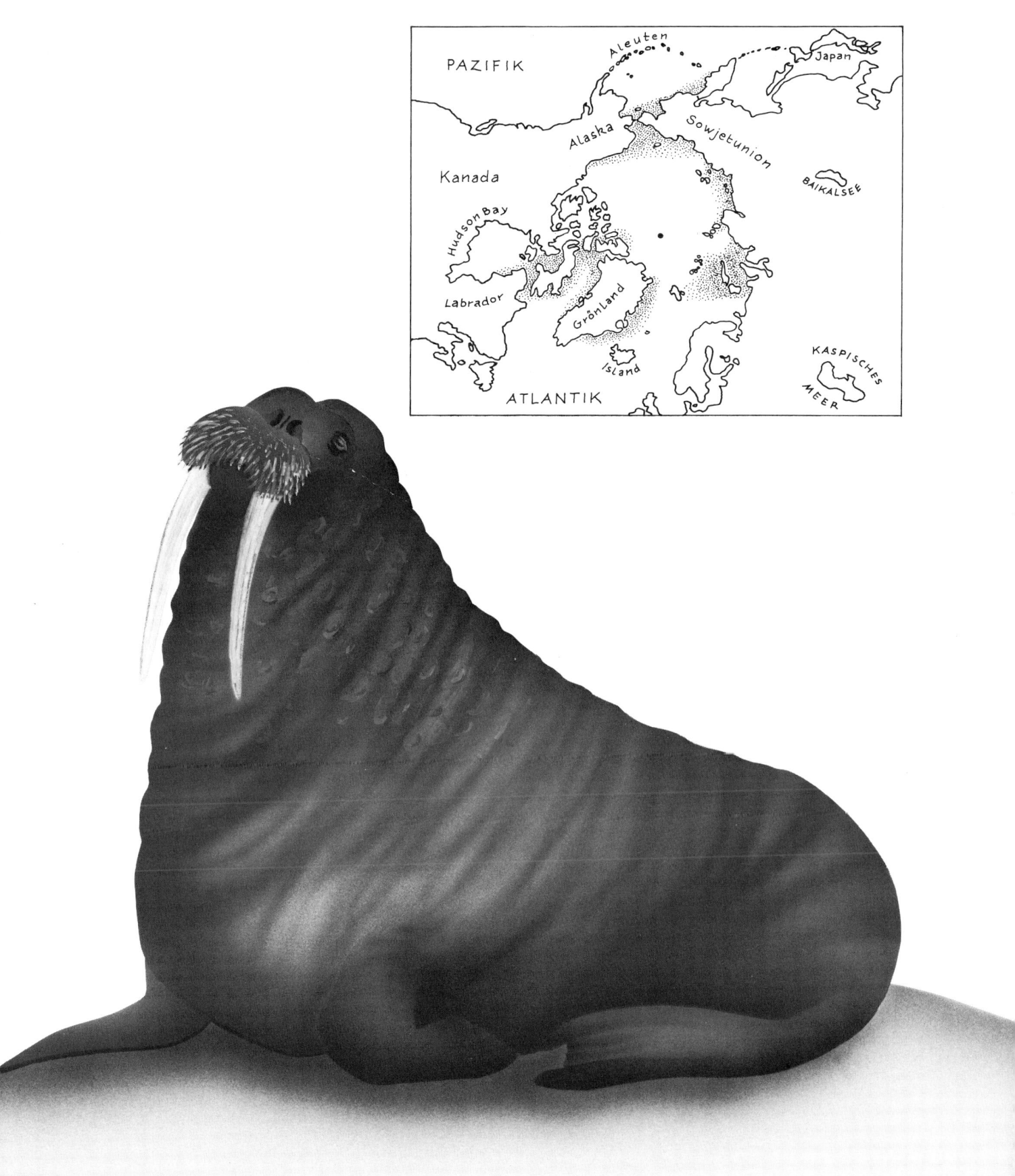

Kegelrobbe

Die Kegelrobbe *(Halichoerus grypus* FABRICIUS, 1791) ist ein Seehund (Unter-Familie *Phocinae)* der gemäßigten und subarktischen Zonen des Nordatlantik. Sie wird mit den zahlreichen Arten der Gattung *Phoca* im Tribus *Phocini* vereinigt. Man unterscheidet aufgrund unterschiedlicher Fortpflanzungszeiten und wegen geographischer Isolation eine west- und eine ostatlantische Population. Von der letztgenannten hat sich eine weitere abgespalten. Diese Ostsee-Kegelrobben sollen ein wenig kleiner sein als ihre atlantischen Verwandten. Die Männchen sind im Alter von elf Jahren ausgewachsen und dann 1,95 bis 2,3 m groß. Sie wiegen 170 bis 310 kg. Erst 15jährig erreichen die Weibchen ihre endgültige Größe von 1,65 bis 1,95 m. Ihr Gewicht beträgt ungefähr 150 kg, schwankt aber wie bei allen Robben saisonal ganz erheblich. Die Fellfarbe ist sehr variabel und reicht von Dunkel- bis Hellgrau. Beide Geschlechter kann man bereits nach dem ersten Haarwechsel an einem bestimmten Muster des Pelzes unterscheiden. Männchen haben helle Flecke auf dunklem Grund, Weibchen dagegen dunkle Flecken auf hellem Grund. Bei einigen Tieren von den Hebriden wurden auch rötliche bis orange Farbschattierungen beobachtet.

Von anderen Robben unterscheidet sich dieser größte Seehund vor allem durch seinen kegelförmigen Kopf. Die Männchen haben dabei im Profil eine »römische Hakennase«. Das der Weibchen ist flacher und die lange Schnauze schlanker, so daß eher eine gestreckte »Stupsnase« resultiert. Auch bei diesem Merkmal liegt demnach Sexualdimorphismus vor. An den sehr beweglichen Vorderextremitäten fallen die fünf langen, gekrümmten Krallen auf, die die Finger um 2 bis 3 cm überragen. So ausgerüstet, können die Robben auch die unwegsamen Felsküsten ihres Verbreitungsgebietes erklettern.

Die Fortpflanzungsphase an den einzelnen Wurfplätzen liegt in der kalten Jahreszeit. In Südwales dauert sie beispielsweise von September bis Oktober, in der Ostsee dagegen von Mitte Februar bis März. Etwa einen Monat vor der Geburt versammeln sich die trächtigen Kühe und die Bullen an den Wurfplätzen. Die stärksten Männchen halten dabei einen gewissen Abstand zueinander ein und treiben schwächere Geschlechtsgenossen zurück ins Meer. Sobald die ersten Jungen zur Welt kommen, grenzen die Bullen echte Territorien ab.

Die Neugeborenen sind ungefähr 85 bis 105 cm groß und 15 kg schwer. Sie besitzen ein cremigweißes, seidiges langes Fell.

Dieses wird vom Beginn der dritten Woche an abgestreift und in vier bis fünf Tagen durch ein kurzhaariges ersetzt, das dem der adulten Tiere gleicht. Obwohl die Robbenbabys von Geburt an schwimmen können, machen sie meist erst nach ihrem ersten Haarwechsel mit dem Wasser Bekanntschaft. Während der 16- bis 21tägigen Stillzeit verbringen die Mütter, soweit möglich, viel Zeit im Meer, fressen aber kaum. Wenn sie zum Säugen an Land robben, erkennen sie ihr Junges an der Stimme und am Geruch wieder.

Ein Bulle begattet meist an Land sechs bis sieben Weibchen. Dagegen ist auch beobachtet worden, daß Weibchen mit mehr als einem Bullen kopulieren. Neben diesem polygamen Verhalten kommt an weitläufigen Wurfplätzen auch Monogamie vor. Das befruchtete Ei entwickelt sich in acht bis zehn Tagen zur Blastocyste. Nach einer zirka hunderttägigen Ruhepause wächst der Keim in gut elf Monaten zum fertigen Robbenbaby heran. Mit vier bis sieben Jahren, in dichten Kolonien auch später, werden Kegelrobben geschlechtsreif. Weibchen haben eine Lebenserwartung von etwa 45 Jahren, für Männchen wurden nur knapp 30 Jahre ermittelt.

Weder Kühe noch Bullen fressen während der Fortpflanzungsphase und magern stark ab. Ein Weibchen verliert dabei in 18 Tagen etwa 25 Prozent seines Gewichts. Daher setzt ab Ende November eine regelrechte Freßphase ein. Denn zum Haarwechsel, der bei den Bullen Anfang Februar, bei den Kühen erst Mitte März beginnt, müssen sie wieder genug Reserven haben. Sie verbringen dann wieder die meiste Zeit an Land.

Von Streifzügen einzelner jugendlicher Tiere abgesehen, unternehmen Kegelrobben keine großen Wanderzüge. Sie versammeln sich zur Fortpflanzung und zum Haarwechsel bevorzugt an Felsküsten. In der Regel handelt es sich dabei um zwei verschiedene Plätze. Die übrige Zeit des Jahres verbringen sie weit verstreut in ihrem Verbreitungsgebiet.

Sie sind typische Fischfresser, haben aber keine bevorzugte Art. Krebse und Weichtiere machen nur einen kleinen Teil ihrer Beute aus. Hauptsächlich jagen sie in freiem Wasser, gehen aber auch auf dem Meeresboden in 70 m Wassertiefe auf Futtersuche. Die größten Verluste treten bei den Neugeborenen auf, die an den Felsküsten manchmal abstürzen, im Hochwasser ertrinken oder von der Mutter nicht wieder gefunden werden und dann verhungern.

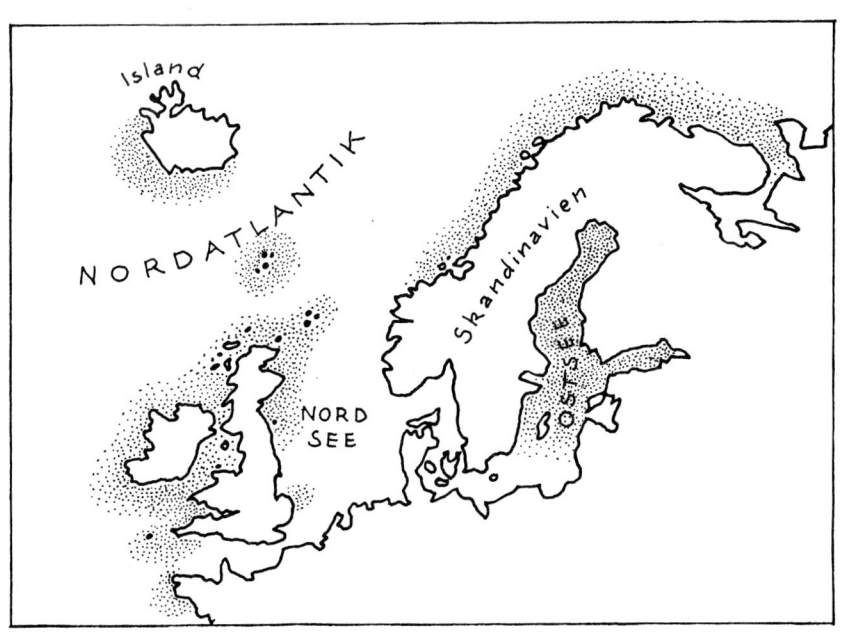

Seehund

Der Seehund *(Phoca vitulina* LINNAEUS, 1758) gehört innerhalb der Unter-Ordnung der Robben *(Pinnipedia)* zur Familie der Hundsrobben *(Phocidae).* Der deutsche Begriff »Seehund« wird nun sowohl für die Unter-Familie *(Phocinae)* als auch den Tribus *(Phocini)* und die Art *(Phoca vitulina)* verwendet. Das führt oft zu Mißverständnissen. Die große Verbreitung der Art Seehund hat zu einer Aufspaltung in verschiedene, voneinander isolierte Populationen geführt, für die zum Teil nur ein wissenschaftlicher Name existiert.

So gibt es unseren Ostatlantischen Seehund *(P. v. vitulina)* und einen westatlantischen *(P. v. concolor).* Im Nordpazifik leben *P. v. stejnegeri, P. v. richardsi* und *P. largha,* dem man aufgrund anatomischer Besonderheiten und wegen seines abweichenden Vorkommens im Packeis den Rang einer eigenen Art zuerkannt hat. In Kanada lebt ferner *P. v. mellonae* östlich der Hudson Bay isoliert in Süßwasserseen.

Seehunde sind Bewohner der eisfreien Küstengewässer auf der Nordhalbkugel. In Flußmündungen, auf Sandbänken, an Kies- und flachen Felssträanden fühlen sie sich wohl. Die Männchen sind nach sieben Jahren bei einer Länge von 1,5 bis 1,8 m ausgewachsen.

Die etwas kleineren Weibchen erreichen ihre volle Größe von 1,2 bis 1,5 m bereits im fünften Lebensjahr. Das Gewicht übersteigt selten 100 kg.

Die Farbe der Robbe ist sehr variabel. Auf weißgrauem bis dunkel-braungrauem Grund sind verschieden große, meist dunkle Flecken verteilt. Auch kleine Ringmuster treten auf. Im Wasser schwimmend sieht man vom Seehund nur den rundlichen Kopf mit den V-förmig angeordneten Nasenlöchern. Wie bei allen Hundsrobben sind bei ihm die Flossen selbst auf der Unterseite mit Fell bedeckt.

Seehunde schwimmen meist einzeln umher, während sie an Land oft kleine Gruppen bilden, jedoch ohne sozialen Zusammenhang. So bringen auch die Weibchen in der Deutschen Bucht von Ende Juni bis Mitte Juli ihre Jungen allein zur Welt. Sie wählen dabei in der Regel eine bei Ebbe trockenfallende Sandbank aus. Das etwa 85 cm große und 11 bis 12 kg schwere Neugeborene hat sein weißes, langhaariges Embryonalfell bereits im Uterus abgestreift und kann mit seinem kurzhaarigen Adultfell beim Einsetzen der Flut seiner Mutter folgen. Die Stillzeit dauert bis zu sechs Wochen. Nach drei bis sechs Jahren bei den Männchen und zwei bis fünf Jahren bei den Weibchen sind Seehunde geschlechtsreif. Ihr Höchstalter liegt bei ungefähr vierzig Jahren.

Von Mitte August bis Mitte September erfolgt der Haarwechsel, und danach beginnt Ende September die Paarungszeit. Die sonst eher ruhigen Tiere planschen dabei lauthals im Wasser herum. Die befruchtete Eizelle macht, nachdem sie sich zur Keimblase entwickelt hat, bis Ende November eine Ruhepause. So resultiert eine insgesamt 10,5- bis 11monatige Tragzeit.

Seehunde sind typische Fischfresser, nur die Robbenbabys ernähren sich zuerst von Garnelen. 29 Beutearten hat man bisher ermittelt. Darunter sind Plattfische, Heringe, Aale, Meergrundeln und Dorsche. Aber auch Kopffüßer und Muscheln werden nicht verachtet. Die Population im britischen The Wash hat sich sogar auf Wellhornschnecken spezialisiert. Besonders durch Biotopzerstörung und Vergiftung der Umwelt werden wir Menschen dem Seehund gefährlich.

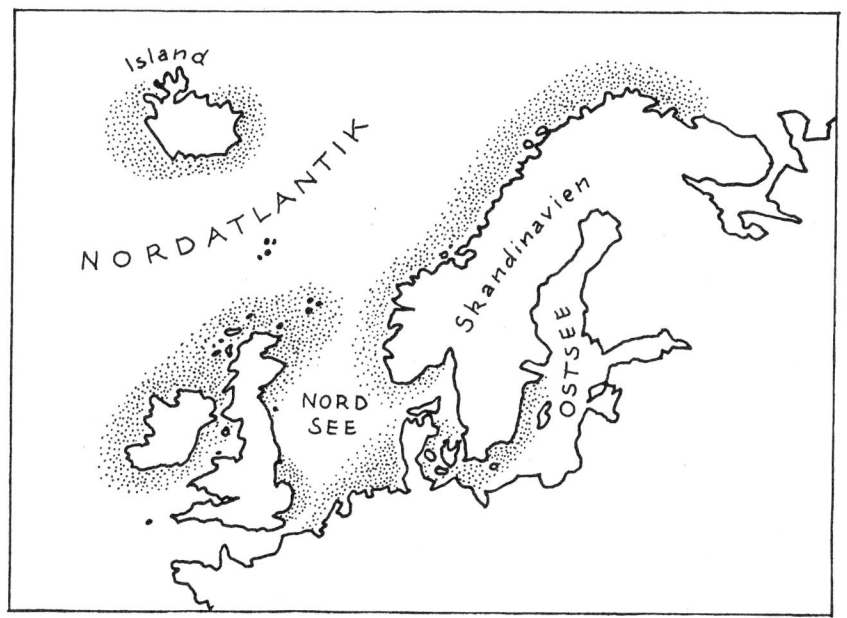

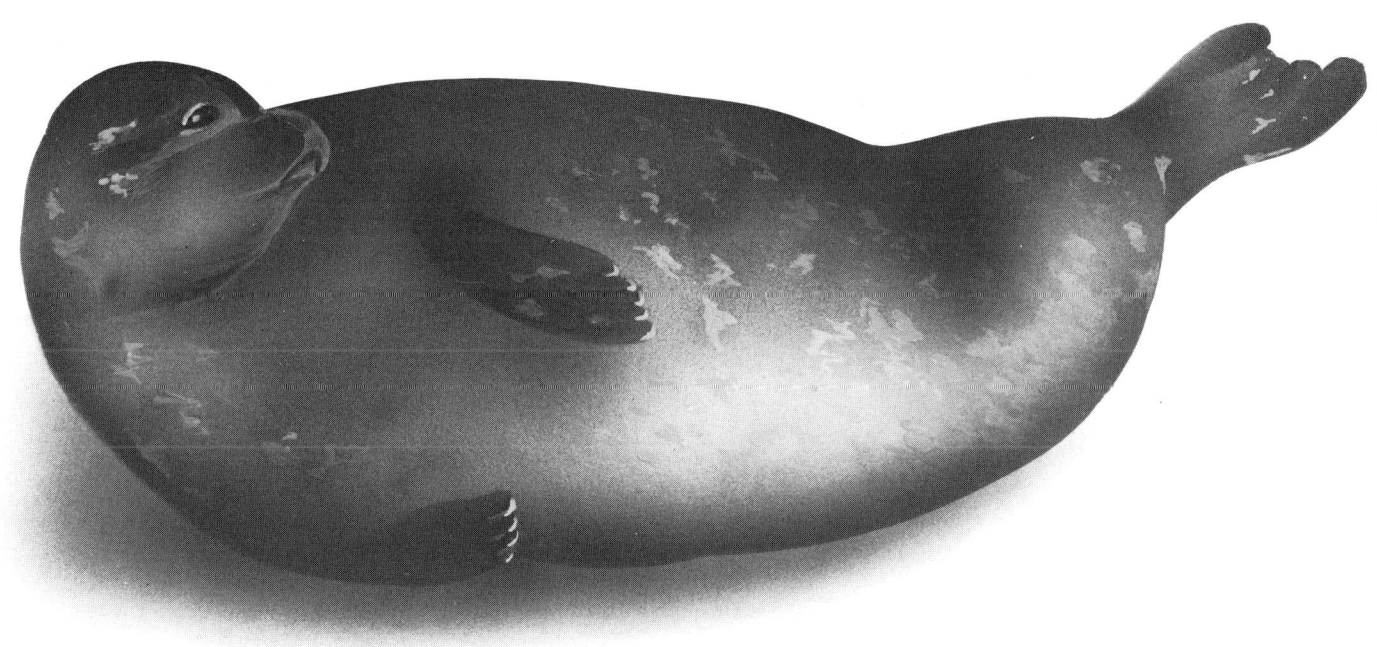

Ringelrobbe

Für die Zoologen ist die Eismeer-Ringelrobbe *(Phoca hispida* SCHREBER, 1775) von besonderer Bedeutung, da sie aufgrund ihrer weiten Verbreitung in viele Unterarten aufgespalten ist. Einigen Populationen billigt man sogar den Rang einer eigenen Art zu. Der Gattungsname *Pusa* wird allgemein nicht mehr anerkannt. Diese kleinste der arktischen Robben ist circumpolar in den nördlichen Küstengewässern beheimatet und von dort aus weit nach Süden auch ins Süßwasser vorgedrungen. Man unterscheidet heute u. a. folgende Unterarten: Eigentliche Eismeer-Ringelrobbe *(P. h. hispida)* aus den arktischen Gewässern, Beringsee-R. *(P. h. krascheninikovi)*, Gichiga-R. *(P. h. ochotensis)*, Ostsee-R. *(P. h. botnica)*, Saima-R. *(P. h. saimensis)* und Ladoga-R. *(P. h. ladogensis)*. Die Baikal-Ringelrobbe *(P. sibirica* GMELIN, 1788), eine reine Süßwasserform, und die Kaspi-Ringelrobbe *(P. caspia* GMELIN, 1788) sind als gute Arten allgemein anerkannt. Alle Ringelrobben gehören wiederum zum Tribus *Phocini* und damit zur Familie der Hundsrobben *(Phocidae)*.

Die Zwerge unter den Seehunden werden durchschnittlich 1,25 m groß und 65 kg schwer. Die Länge variiert dabei von 85 bis 160 cm, das Gewicht von 40 bis 90 kg. Dabei bleiben die Weibchen meist etwas kleiner als die Männchen. Das Fell ist sehr unterschiedlich gefärbt. Gewöhnlich ist es auf hellgrauem Untergrund gesprenkelt. Besonders dunkel sind diese in der Regel hell umrandeten Flecken auf dem Rücken. Sie sind das namengebende Merkmal der Art. Die Bauchseite der Tiere ist mehr silbergrau. Einige Formen sind aber auch einfarbig grau oder olivgrün.

Die meist ziemlich einzelgängerischen Ringelrobben bevorzugen Küstengewässer, wo festes Eis und offenes Wasser vorhanden sind. Die offene See meiden sie. Während des Winters leben die Jungtiere am Rand der Packeisgrenze, die Adulten unter dem Eis in Landnähe. Als lungenatmende Tiere müssen sie sich dabei unbedingt Atemlöcher offenhalten. Unter der Schneedecke in einer Höhle kommen die 65 cm langen und 4,5 kg schweren Babys von Mitte März bis Mitte April zur Welt. Ihr wolliges Fell ist lang und cremefarben.

Nach etwa 14 Tagen beginnt der erste, mehr als eine Woche dauernde Haarwechsel. Dann besitzen die Jungen einen wunderschönen Pelz, den »silver jar«, der dorsal dunkelgrau und ventral hellgrau ist. Mit ihm können sie erstmals ins Wasser gehen. Die Stillzeit ist mit fast zwei Monaten Dauer relativ lang. Die meisten Paarungen finden Mitte April statt, also bereits kurz nach der Geburt, noch während die Mütter ihren Nachwuchs säugen. Bei einer Tragzeit von 10,5 bis 11 Monaten wird die Blastocyste erst mit 81tägiger Verspätung implantiert. Die Männchen erreichen die Geschlechtsreife meist im siebten Lebensjahr, einige Weibchen bereits nach fünf Jahren. Das Höchstalter liegt bei etwa 45 Jahren.

Nach der Fortpflanzungszeit beginnt der Haarwechsel bei den adulten Tieren. Soweit möglich, lassen sie sich dabei an den Wurfplätzen die Sonne auf den Pelz scheinen und fasten.

Der Hauptfeind der Ringelrobben ist der Mensch. Nicht nur Robbenschläger, sondern insbesondere auch Eskimos stellen ihnen nach, um Pelze, Leder, Tran und Fleisch zu gewinnen. Den gefährlichsten natürlichen Feind haben sie im Eisbären. Daneben fallen viele Robben Schwertwalen zum Opfer. Besonders die jungen Tiere werden außerdem von Polarfüchsen und Walrossen erbeutet. Das Nahrungsspektrum dieses Seehundes ist sehr umfangreich. Hauptsächlich ernährt er sich aber von pelagischen Krebsen und kleineren Fischen, nach denen er bis zu 90 m tief taucht.

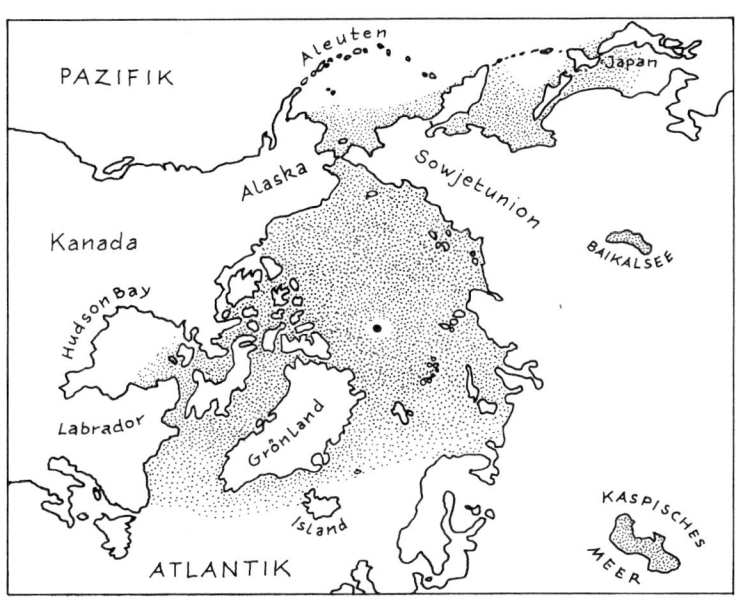

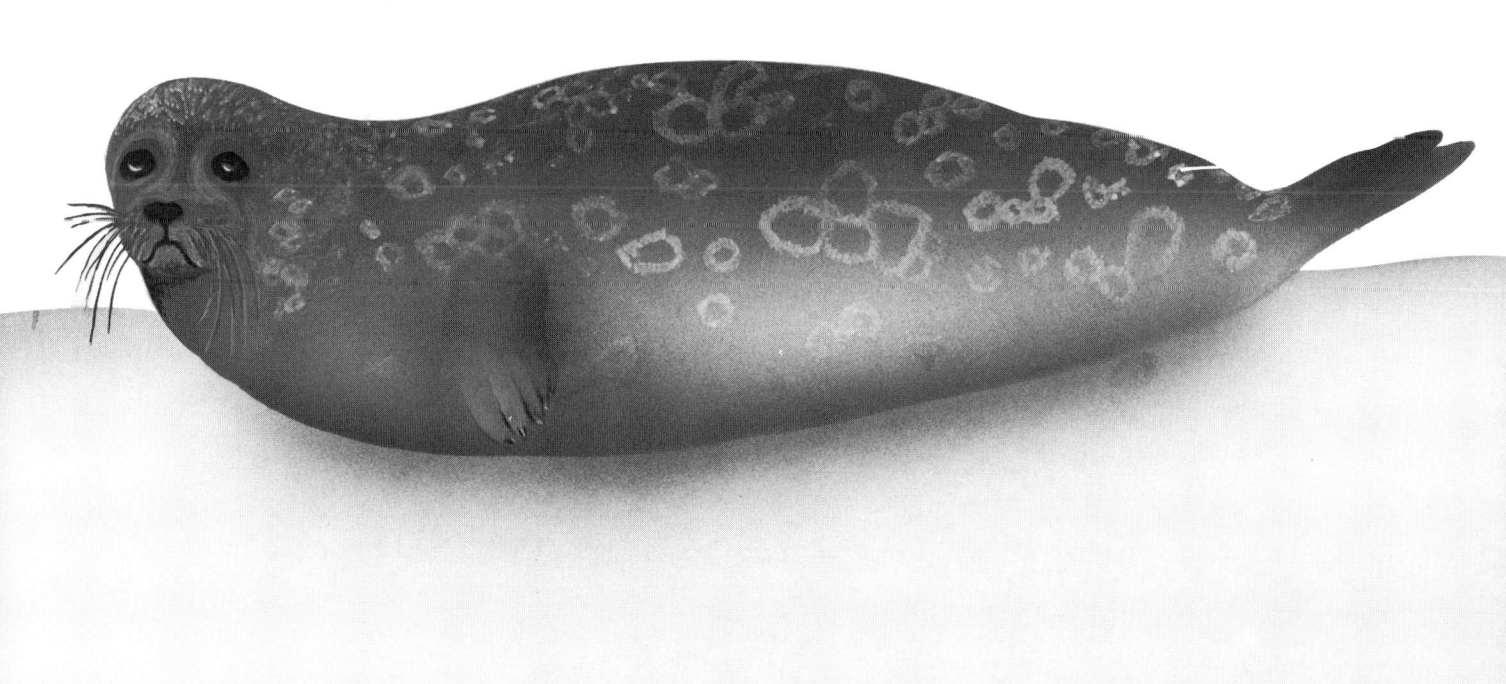

Sattelrobbe

Die Sattelrobbe *(Phoca groenlandica* ERXLEBEN, 1777) ist ein naher Verwandter unseres Seehundes und gehört wie dieser zum artenreichen Tribus *Phocini,* einer Gruppe aus der Familie der Hundsrobben *(Phocidae).* Der lange, schlanke Körper der Tiere läßt den guten Schwimmer erkennen. Beide Geschlechter erreichen eine Größe von ungefähr 1,7 bis 1,9 m und ein Gewicht von 135 kg, wobei die Werte je nach Ernährungszustand stark schwanken.

Die Farbe des Fells ist vom Alter der Tiere abhängig. Ausgewachsene Männchen sind hell-silbrig-grau, der hundeartig aussehende Kopf ist schwarz. Ein charakteristisches dunkles Band verläuft vom Nacken über die Seiten und fließt im hinteren Bereich des Rückens wieder zusammen. Besonders bei den Weibchen ist es etwas heller und zuweilen unterteilt, so daß es in einzelne Flecken zerfällt.

Dieser charakteristischen »sattelartigen« Zeichnung verdankt die Robbe ihren Namen.

Bei der arktischen Sattelrobbe werden nach Lage der Wurfplätze drei Populationen unterschieden: die kanadische, bestehend aus der »Golfherde« und der »Frontherde«; die »Grönlandherde«, deren Jungen nördlich von Jan Mayen geboren werden; und schließlich die »Ostherde« aus dem Weißen Meer. Die geselligen, wanderfreudigen Seehunde ziehen mit der Grenze des Treibeises im Sommer und Anfang Herbst nordwärts und kehren im Spätherbst und Winter wieder in südliche Breiten zurück.

Als gute und ausdauernde Schwimmer findet man sie auf offener See in Gruppen von etwa zehn Tieren, die sich weitgehend synchron bewegen. Im Februar versammeln sich zuerst die Weibchen und die noch nicht geschlechtsreifen Tiere an den Wurfplätzen. Die Männchen folgen wenig später.

Ende Februar bis Mitte März kommen hier die Babys zur Welt. Sie sind bei der Geburt etwa 90 cm lang und 6 bis 10 kg schwer. Ihr langes, weißes, silbrigglänzendes Fell ist als whitecoat bekannt. Nach etwa sieben Tagen beginnt bereits der erste Haarwechsel. Drei bis vier Wochen später besitzen die Neugeborenen dann ein silbriggraues, mit unregelmäßigen Flecken bedecktes, kurzes Haarkleid, mit dem sie auch ins Wasser gehen können. Während der acht- bis zwölftägigen Stillzeit haben die Mütter wenig gefressen. Nach Ablauf dieser Frist sind sie wieder paarungsbereit, und die Männchen vollführen wahre Schwimmkunststücke, um ein Weibchen für sich zu gewinnen. Sie scheuen aber auch nicht vor Kämpfen mit Rivalen zurück. Kopulationen wurden sowohl im Wasser als auch auf dem Eis beobachtet. Die Blastocyste wird erst nach ungefähr 4,5monatiger Verzögerung implantiert, die gesamte Tragzeit beträgt etwa 11,5 Monate. Die jungen Robben werden nach fünf bis sechs Jahren geschlechtsreif. Eine Lebensdauer von dreißig Jahren und mehr ist nachgewiesen.

Von April bis Mai versammeln sich die Sattelrobben zum alljährlichen Haarwechsel erneut auf den Eisfeldern im Gebiet ihrer Wurfplätze.

Als gewandte, schnelle Schwimmer erbeuten diese Seehunde je nach ihrer Größe pelagische und benthische Krebse, Lodden, Polardorsche, Heringe und andere Wassertiere. Sie können lange und tief tauchen. Natürliche Feinde haben sie kaum. Auch Schwertwale werden ihnen nur selten gefährlich, und der Eisbär erbeutet höchstens Jungtiere.

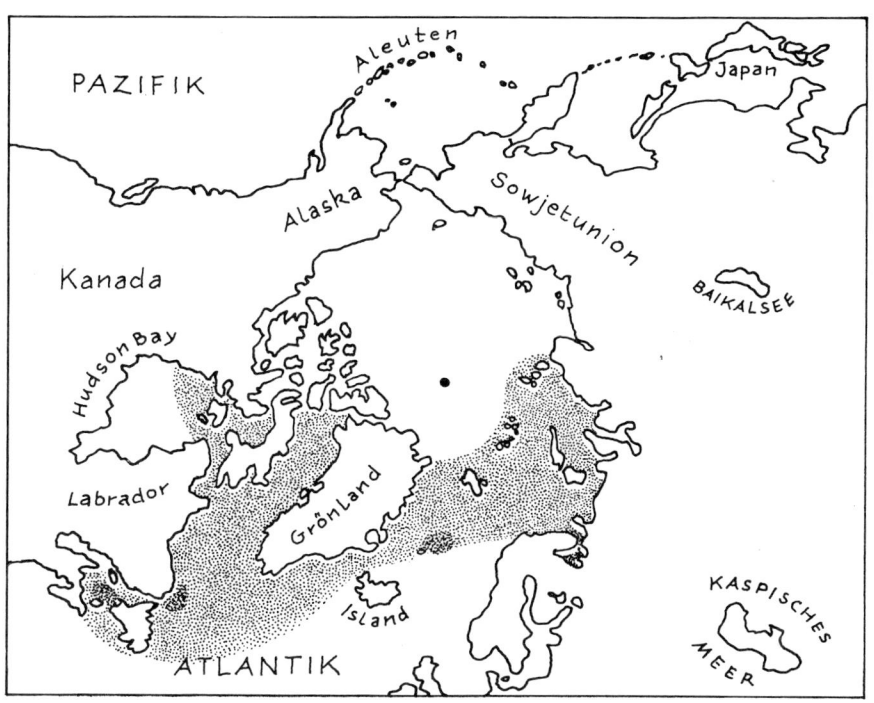

Bandrobbe

Die Bandrobbe *(Phoca fasciata* ZIMMERMANN, 1783) ist ein Vertreter aus der Familie der Hundsrobben *(Phocidae)* und wird mit der Kegelrobbe und den übrigen Seehunden zum Tribus *Phocini* vereint. Adulte Tiere besitzen einen auffallend stromlinienförmigen Körper und werden ungefähr 1,5 m groß und 90 kg schwer. Bei gleicher Länge sind die Weibchen meist etwas schlanker. Die Grundfarbe des Fells erwachsener Männchen ist Dunkel-Schokoladenbraun. Ein charakteristisches Farbmuster, bestehend aus breiten weißen oder gelblichen Bändern um den Hals, das Körperende und die Basis der Vorderextremitäten, gibt ihnen ein unverwechselbares Aussehen und hat zu ihrem Namen geführt. Die Weibchen sind etwas blasser, und das Farbmuster ist bei ihnen nicht so deutlich.

Über die Lebensweise dieses nordpazifischen Seehundes ist nur wenig bekannt. Im Winter können die einzelgängerischen Tiere weit weg von Land auf dem Treibeis beobachtet werden. Von Anfang April bis in den Mai hinein kommen hier die Jungen zur Welt. Sie sind ca. 90 cm lang und 10,5 kg schwer. Das lange, weiße Geburtsfell wird nach etwa fünf Wochen durch ein kürzeres ersetzt, das dorsal blaugrau und ventral silbergrau gefärbt ist. Das charakteristische Ringmuster erscheint aber erst nach dem Haarwechsel im zweiten Lebensjahr und ist in der darauffolgenden Saison voll entwickelt. Bei adulten Tieren erfolgt der Haarwechsel von Ende März bis Ende Juli, subadulte besitzen dann bereits ihr neues Fell.

Während der drei- bis vierwöchigen Stillzeit nehmen die Neugeborenen kräftig zu und wiegen schließlich 27 bis 30 kg. Die Mütter lassen ihren Nachwuchs währenddessen oft unbewacht auf dem Eis, wenn sie auf Futtersuche ins Wasser gehen. Zwei bis drei Wochen brauchen die Jungen noch nach der Entwöhnung, um sich selbständig ernähren zu können. Kurz nachdem die Weibchen ihre Kinder abrupt verlassen haben, werden sie begattet, wobei die meisten Kopulationen in der ersten Maiwoche beobachtet wurden. Die Männchen sind offensichtlich polygam, nähern sich einem Weibchen aber erst, wenn dieses auch paarungsbereit ist. Nach 10,5 bis 11 Monaten Tragzeit kommen dann die Jungen zur Welt. Fast alle Weibchen sind mit vier Jahren geschlechtsreif, die Männchen in der Regel erst eine Saison später. Meist werden Bandrobben nicht älter als zwanzig Jahre, das Höchstalter dürfte aber zehn Jahre höher liegen.

Wo sich die Seehunde nach dem Abschmelzen des Eises aufhalten, ist nicht bekannt. An Land wurden kaum Tiere beobachtet. Als Nahrung wurden bisher Schellfische, Dorsche, Wolfsfische und verschiedene Krebse ermittelt.

Klappmütze

Neueren Erkenntnissen zufolge ist die Klappmütze *(Cystophora cristata* ERXLEBEN, 1777) nicht so eng mit den See-Elefanten verwandt wie ursprünglich angenommen. Wissenschaftler ordnen ihr heute einen eigenen Tribus *Cystophorini* zu und reihen diesen in die Unter-Familie der Seehunde oder Nördlichen Robben *(Phocinae)* ein, die zur Familie der Hundsrobben *(Phocidae)* gehört. Die Männchen werden durchschnittlich 2,5 bis 2,7 m lang und gut 400 kg schwer. Die Weibchen sind mit 2,2 m etwas kleiner und wiegen entsprechend etwa nur 350 kg. Das Fell der adulten Tiere ist grau und von unregelmäßigen schwarzen Flekken bedeckt, die auf der Bauchseite kleiner sind als im Bereich des Rückens.

Das auffälligste und namengebende Merkmal der Art, das insbesondere die erwachsenen Männchen kennzeichnet, ist ein aufblasbarer Wulst auf dem Kopf. Diese Blase, die meist im Erregungszustand aufgebläht wird und dann doppelt so groß wie ein Fußball werden kann, ist die vergrößerte Nasenhöhle der Tiere. Sie zeichnet sich durch eine sehr elastische Haut aus und ist längs durch die Nasenscheidewand in zwei Kammern getrennt.

Die meiste Zeit des Jahres sind Klappmützen Einzelgänger und befinden sich auf Wanderzügen im Nordatlantik und im Eismeer. Während der Fortpflanzungsphase im März bilden sie allerdings Familien, die weit verstreut auf dem Packeis an ihren Wurfplätzen lagern. Diese Gruppen bestehen aus je einem Weibchen, einem Männchen und von der zweiten Märzhälfte an auch aus einem Neugeborenen. Es ist bei ungefähr 1 m Länge etwa 15 kg schwer. Sein embryonales, weißliches Wollfell hat es bereits vor oder bei der Geburt abgestreift und besitzt jetzt bis zum vierten oder fünften Lebensjahr einen wunderschönen Jugendpelz. Diese »Blaumänner« oder »bluebacks« sind dorsal silbrig-graublau und vental deutlich abgesetzt weißlich cremefarben.

Die Jungen werden nur zehn bis zwölf Tage gesäugt, wachsen aber dank der gehaltvollen Muttermilch schnell heran. Gegen Ende der Stillzeit paaren sich die Elterntiere. Die Neugeborenen bleiben weitere 14 Tage auf dem Eis, ehe auch sie das Wasser aufsuchen. Die Tragzeit dauert 11,5 Monate, wobei die Blastocyste die ersten vier Monate ruht. Die Weibchen sind vom dritten Lebensjahr an geschlechtsreif, die Männchen ab dem vierten bis sechsten Jahr.

Im Juli und August versammeln sich die Klappmützen erneut, diesmal hauptsächlich auf dem Packeis in der Dänemarkstraße. Hier machen sie den alljährlichen Haarwechsel durch. Die wanderlustigen Seehunde streifen anschließend auf Nahrungssuche wieder weit im packeisbedeckten Nordatlantik umher. Wo die Mehrzahl von ihnen den Winter verbringt, ist bis heute nicht bekannt. Eine Erklärung für die Züge einzelner Tiere bis nach Portugal beziehungsweise Florida gibt es ebenfalls nicht. Gesichert scheint allerdings die Erkenntnis, daß Klappmützen in zwei verschiedenen Populationen vorkommen, deren Hauptwurfplätze einerseits vor Neufundland, andererseits nördlich der Insel Jan Mayen liegen.

Eskimos jagen Klappmützen wegen ihres Fettes und Fleisches. Ihr größter natürlicher Feind ist der Eisbär. Als Nahrung erbeuten diese Robben Bodenfische, Rotbarsche, Dorsche und Kopffüßer. Sie jagen sie auch in großen Meerestiefen und tauchen dabei bis zu 180 m.

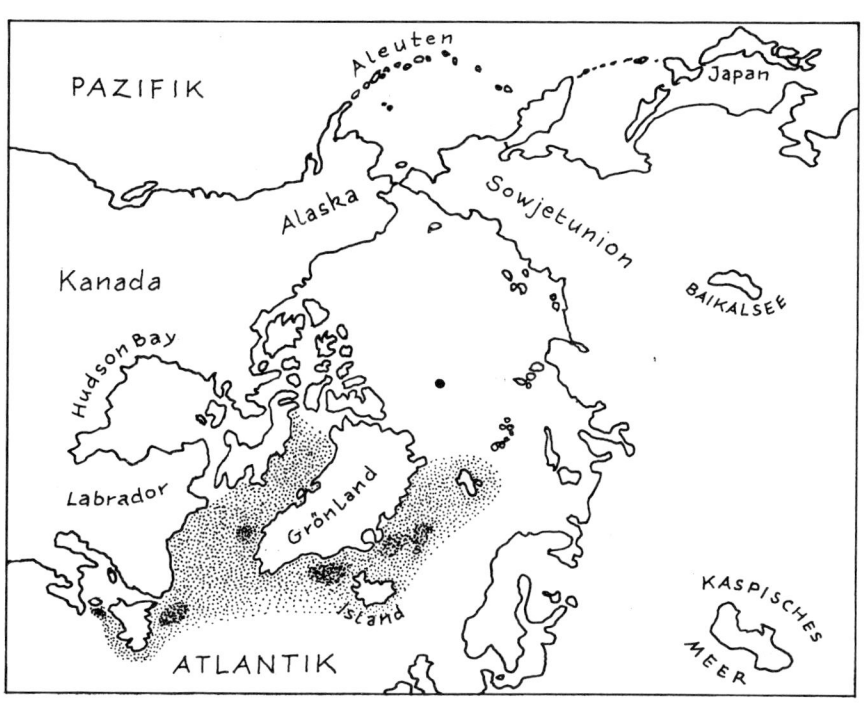

Bartrobbe

Der größte Vertreter der Unter-Familie der Seehunde oder Nördlichen Robben *(Phocinae)* ist die Bartrobbe *(Erignathus barbatus* ERXLEBEN, 1777). Sie ist die einzige Art des Tribus *Erignathini.* Entsprechend ihrer Verbreitung unterscheidet man zwei Unterarten: Atlantische Bartrobbe *(E. b. barbatus)* und Pazifische Bartrobbe *(E. b. nauticus).* Die Tiere werden in beiden Geschlechtern durchschnittlich 2,25 m groß und wiegen im Sommer etwa 275 kg, im Winter sogar 340 kg. An dem massigen Körper fällt der unproportional kleine Kopf mit dem großen Maul und dem riesigen Schnauzbart auf. Dieser besteht aus langen, weißen Sinnesborsten und hat der Art den Namen gegeben. Da der dritte Finger etwas länger als alle anderen ist, haben die »Vorderflossen« einen fast quadratischen Umriß. Im Gegensatz zu den anderen Seehunden *(Phocinae)* besitzen die Weibchen der Bartrobben nicht zwei, sondern vier Zitzen. Die Farbe des Fells ist unterschiedlich. Meist herrschen unscheinbare Grautöne vor, wobei im Bereich des Kopfes oft Braun überwiegt. Die Unterseite der Tiere ist stets heller gefärbt. Bartrobben sind keine geselligen Wesen. Größere Ansammlungen sind ausgesprochen selten. Als typische Flachwasserbewohner sind sie circumpolar an fast allen Küsten verbreitet. Sie bervorzugen seichte Gebiete, die im Winter keine feste Eisdecke haben. Sowohl auf Eisschollen im Treibeis als auch an Kiesstränden fühlen sie sich wohl. Bei starkem Frost sind sie in der Lage, sich Atemlöcher in dünnem Eis offenzuhalten. Nicht einmal während der Fortpflanzungszeit werden Herden gebildet. Die Jungen kommen abhängig von der geographischen Breite der Wurfplätze von April bis Ende Mai auf Eisschollen zur Welt. Sie sind ungefähr 1,2 bis 1,3 m lang und 30 bis 40 kg schwer. Ihr kurzes, wolliges Fell ist dicht und hat eine graue Farbe. Um Augen und Schnauze sind die Haare heller gefärbt. Während das Junge gesäugt wird, etwa 12 bis 18 Tage lang, hält sich seine Mutter stets in unmittelbarer Nähe auf, um es notfalls zu verteidigen. Gegen Ende der Stillzeit nimmt das Neugeborene zusätzlich zur Milch feste Nahrung auf, meist kleine Garnelen. Zu dieser Zeit beginnt der erste Haarwechsel. Die junge Robbe trägt nun ein Fell ähnlich dem der adulten.

Paarungsbereite Männchen machen durch eigentümliche Lautäußerungen auf sich aufmerksam. Die meisten Kopulationen finden im Mai statt. Die Weibchen sind danach 10,5 bis 11 Monate trächtig, wobei die Blastocyste mit einer gut zweimonatigen Verzögerung implantiert wird. Bei den Männchen tritt die Geschlechtsreife im Alter von sechs bis sieben Jahren ein, bei den Weibchen bereits nach fünf bis sechs Jahren.

Eisbären und Menschen sind die einzigen wirklichen Feinde der Bartrobben. Die arktischen Naturvölker schätzen insbesondere ihre Haut, aus der u. a. sehr reißfeste, flexible Riemen und haltbare Bespannungen für Kajaks hergestellt werden. Oft werden diese Robben von Parasiten befallen. Als Nahrung dienen ihnen verschiedene benthische Tiere, die sie mit Hilfe ihrer langen Sinneshaare aufspüren. Auf dem Meeresboden, in möglichst weniger als 130 m Tiefe, suchen sie nach Krebsen, Schnecken, Muscheln, Kopffüßern und Bodenfischen. Auch Borstenwürmer und Seegurken werden nicht verschmäht.

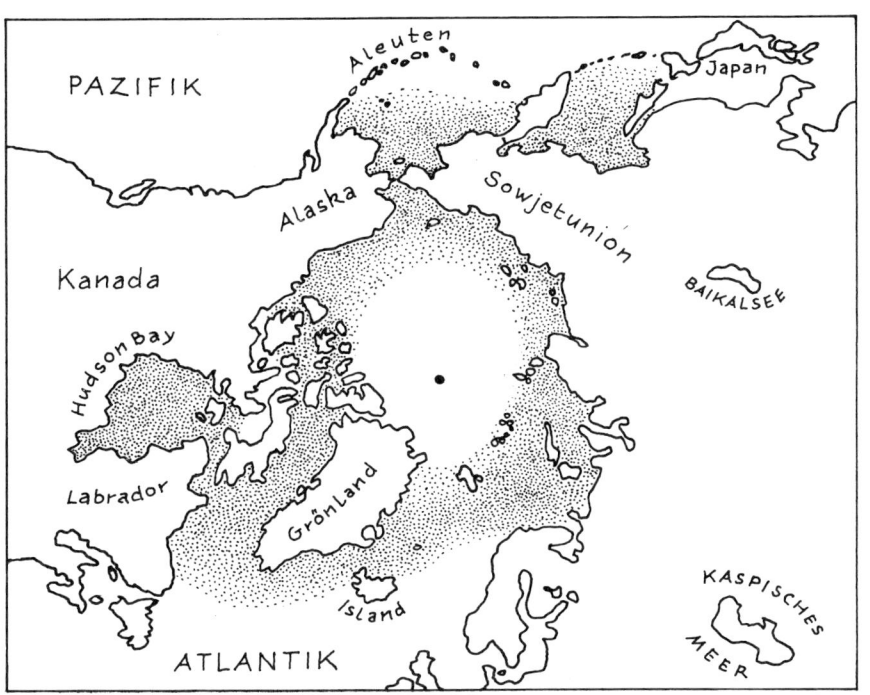

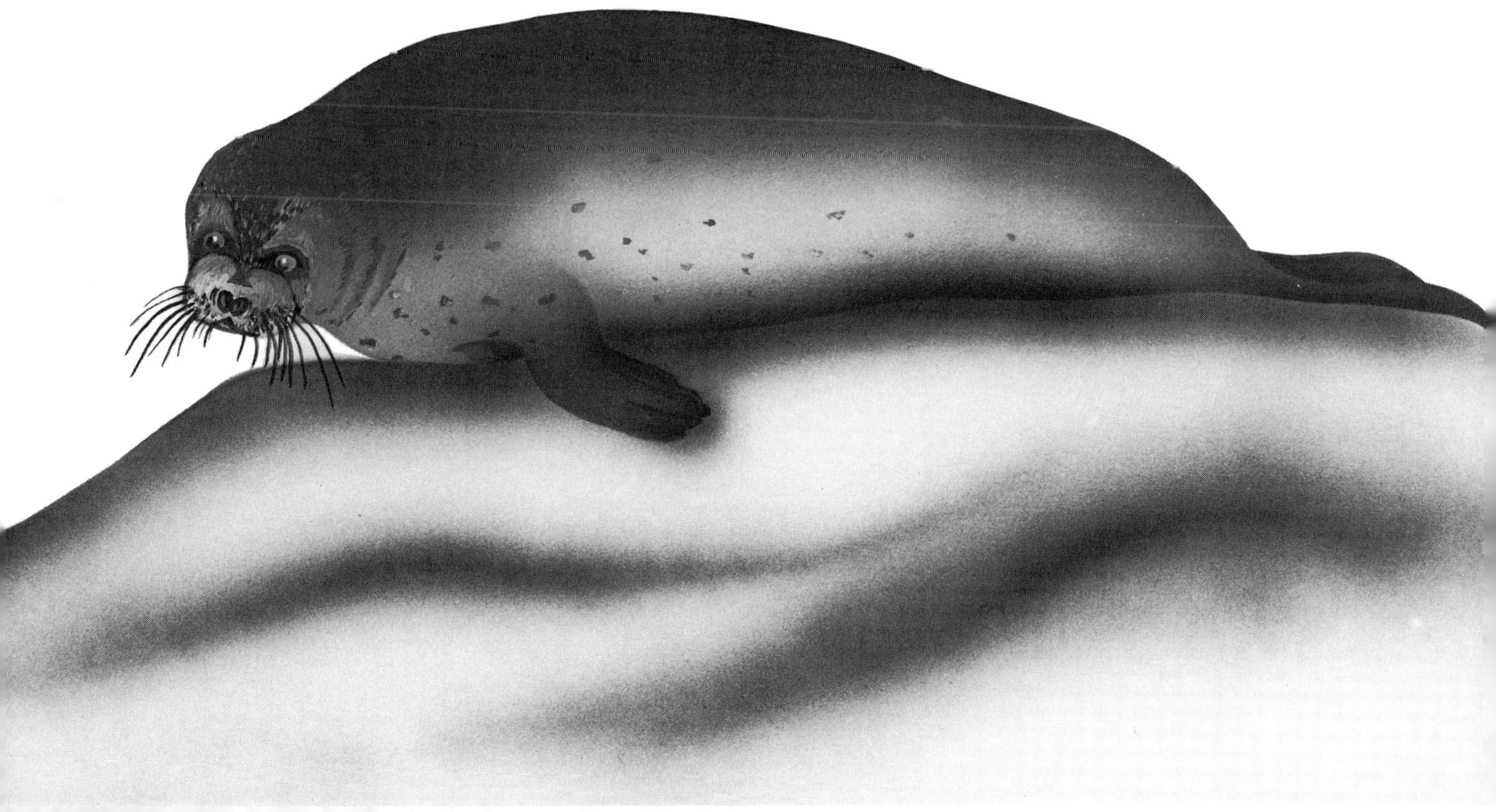

Mittelmeer Mönchsrobbe

Die Mittelmeer Mönchsrobbe *(Monachus monachus* HERMANN, 1779) gehört wie die Hawaii- oder Laysan-Mönchsrobbe *(M. schauinslandi* MATSCHIE, 1905) und die Karibische Mönchsrobbe *(M. tropicalis* GRAY, 1850) zur Unter-Familie der Mönchsrobbenartigen *(Monachinae)*. Die letztgenannte Art ist wohl bereits ausgestorben, da seit Jahrzehnten keine Tiere mehr beobachtet wurden und auch einer 1977 durchgeführten Suchexpedition kein Erfolg beschieden war. Alle Mönchsrobben reagieren auf Störungen in ihren ehemals menschenleeren Lebensräumen, Inseln mit Stränden und Höhlen, extrem empfindlich. Ob Schutzmaßnahmen zur Erhaltung der beiden überlebenden Arten erfolgreich sein werden, bleibt fraglich.

Fossile Funde lassen vermuten, daß die Vorfahren dieser drei Arten aus dem Nordatlantik stammen, wobei sich die Hawaii-Mönchsrobbe wohl schon vor etwa 15 Millionen Jahren von den atlantisch-karibischen Ahnen absonderte. Alle leben relativ standorttreu das ganze Jahr über auf ihren angestammten Ruheplätzen. Nur die Halbwüchsigen werden vereinzelt bei ausgedehnten Wanderzügen beobachtet.

Wegen fehlender Daten lassen sich nur wenige Angaben über die Mittelmeerrobben machen. Das größte vermessene Männchen war 2,38 m und das größte Weibchen 2,78 m lang. Das Durchschnittsgewicht wird wohl zwischen 250 bis 300 kg liegen. Das Junge wird vermutlich nach einer Tragzeit von elf Monaten gewöhnlich in einer Grotte mit Unterwasserzugang geboren. Das etwa 80 cm lange und rund 20 kg schwere Robbenbaby trägt ein schwarzes Embryonalkleid, manchmal mit weißen Flecken. Es wird etwa sechs Wochen lang gesäugt. Zur Zeit der Entwöhnung wechselt das Junge sein Fell und ist nun silbergrau mit hellem Bauch. Diesem Jugendfell folgt ein dunkles, unten meist helleres Erwachsenenfell, das zwischen grauen und braunen Tönen sehr variieren kann. Typisch ist der charakteristische weiße Bauchfleck. Dieser an eine Mönchskutte erinnernde Pelz soll namengebend für die Gattung gewesen sein. Die Tiere leben offensichtlich polygam.

Die Pazifischen Mönchsrobben ähneln weitgehend ihren Verwandten aus der Alten Welt. Die ausgewachsenen Tiere sind jedoch deutlich kleiner. Mit 1 m Länge und 16 kg Geburtsgewicht übertreffen die Robbenbabys aus dem Stillen Ozean dagegen die mittelmeerischen hinsichtlich der Größe. Die meisten Jungen werden an den europäischen Küsten von September bis Oktober geboren, auf den pazifischen Inseln kommt die größte Zahl von März bis Mai zur Welt. Wie die Bartrobbe haben alle Mönchsrobben vier Zitzen.

Als typische Einzelgänger meiden Mönchsrobben auch auf den Ruheplätzen die Nähe oder gar den körperlichen Kontakt zu Artgenossen. Eine Ausnahme bilden natürlich Mutter und Kind. Große Gefahr insbesondere für Jungtiere stellen neben Haien scharfkantige Felsen bei starker Strömung in der Nähe der Liegeplätze dar. Das von Dinoflagellaten erzeugte und in Fischen angereicherte Gift »Ciguatoxin« führte 1977/78 auf Laysan vermutlich zum Tod von mehr als 22 Tieren.

Krabbenfresser

Die heute wohl am häufigsten vorkommende Robbenart ist der Krabbenfresser *(Lobodon carcinophagus* HOMBRON & JACQUINOT, 1842). Als Angehöriger des Tribus *Lobodontini* gehört er zur Unter-Familie der Mönchsrobbenartigen *(Monachinae)*, auch als Südliche Robben bekannt. Diese pelagischen Bewohner des Packeises rings um die Antarktis werden etwa 2,6 m lang und 200 bis 300 kg schwer, wobei die Weibchen etwas größer sind.

Der Körper der Tiere ist schlank mit einem hundeartigen Kopf, an dem die lange Schnauze auffällt. Das Fell ist meist einfarbig. Jüngere Krabbenfresser sind silbrig-braungrau und zeigen verschiedentlich braune Flecken an den Seiten und im Bereich der Schultern. Die Bauchseite ist blaß. Insbesondere während des Sommers bleicht das Fell aus und ist daher schließlich cremefarben, was dieser Art auch die Bezeichnung »white seal« eingetragen hat. Nach dem Haarwechsel, der im Januar, also im antarktischen Sommer, stattfindet, sehen die Robben wieder etwas dunkler aus. Mit zunehmendem Alter »ergrauen« sie aber immer mehr.

Von September bis Oktober erklettern die trächtigen Weibchen Eisschollen, um ihren Nachwuchs zur Welt zu bringen. Meist hat sich jedem bereits zu diesem Zeitpunkt ein Männchen angeschlossen. Die Jungen sind etwa 1,2 m groß und wiegen um 20 kg. Das graubraune Geburtsfell ist weich und wollig und wird nach 14 Tagen im ersten Haarwechsel abgestoßen. Nach einer Stillzeit von wahrscheinlich vier Wochen haben sie bereits fast die Größe ihrer Eltern erreicht. Bis zu dieser Phase kann man insbesondere solche Dreiergruppen von Krabbenfresser-»Familien« beobachten. Von Ende Oktober bis November werden die meisten Robbenpaare gesehen. Größere Ansammlungen von Tieren dieser Art auch zu anderen Jahreszeiten sind selten. Die Männchen begatten ihr Weibchen zirka zwei bis drei Wochen nach der Geburt. Die Tragzeit dauert dann elf Monate, wobei die Blastocyste erst mit einer Verzögerung von zwei bis drei Monaten implantiert wird. Im Alter von drei bis fünf Jahren erreichen die Weibchen die Geschlechtsreife, die Männchen meist wenig später.

Krabbenfresser sind Nahrungsspezialisten. Sie ernähren sich nur von Krill, einer kleinen, pelagischen Krebsart mit dem Namen *Euphausia superba*. Meist nachts, wenn die Krustentiere in den oberen Wasserschichten schwimmen, stoßen sie mit weit geöffnetem Maul in solche Krebsschwärme hinein. Ihre in verschiedene Zapfen gegliederten Zähne, die in Ober- und Unterkiefer auf Lücke stehen, wirken dabei wie ein Sieb.

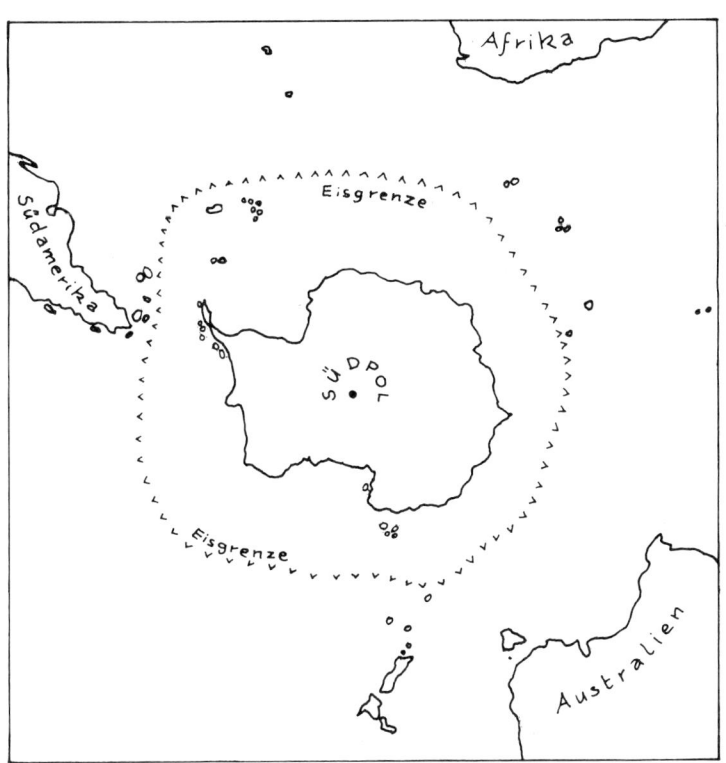

Weddell Robbe

Die Weddell Robbe *(Leptonychotes weddelli* LESSON, 1826) ist die Robbe mit der südlichsten Verbreitung. Sie wird heute meist mit den Gattungen *Mirounga, Lobodon, Hydrurga* und *Ommatophoca* zum Tribus *Lobodontini* zusammengefaßt und bildet mit den eigentlichen Mönchsrobben *(Monachini)*, von denen sie abstammen, die Unter-Familie der Mönchsrobbenartigen oder Südlichen Robben *(Monachinae)*.

Schon die Neugeborenen dieses ausgesprochen großen Seehundes sind 1,5 m groß und fast 30 kg schwer. Das größte erwachsene Tier, ein Weibchen, erreichte 3,29 m Länge bei einem Gewicht von 550 kg. Normalerweise sind die Weibchen mit 2,6 m etwa 10 cm größer als die Männchen. Ihr Durchschnittsgewicht im Frühling liegt bei 400 bis 450 kg. Auffällig ist der gegenüber dem massigen Körper relativ kleine, katzengleiche Kopf. Die Farbe des Fells ist recht variabel, im Sommer herrscht ein rostgrauer Ton vor. Der Rücken ist dunkel und mit weißen Streifen oder Flecken gemustert, die zur Bauchseite hin immer dichter werden. Während des Haarwechsels, der im antarktischen Sommer zwischen Dezember und März stattfindet, können die Tiere auch weiterhin zum Fressen ins Wasser gehen.

Der bevorzugte Lebensraum der Weddell Robben ist das küstennahe Festeis rings um die Antarktis. Als relativ ortstreue Tiere wandern sie nur mit dem jahreszeitlich bedingten Vor- und Zurückgehen der Eisgrenze, eigentliche Migrationen sind nicht bekannt. Ab Oktober suchen die trächtigen Weibchen alljährlich möglichst die gleichen Wurfplätze auf festem, mit Spalten durchzogenen Eis auf. An solchen Rissen können sie leichter ihre Atemlöcher offen halten. Während der Fortpflanzungsphase sind die einzelgängerischen Tiere gegenüber Artgenossen besonders aggressiv. Es werden daher keine zusammenhängenden Gruppen gebildet, die Weibchen sind weitläufig über das Eis verteilt.

Die Jungen werden von Mitte Oktober bis Mitte November geboren und besitzen ein graues, wolliges Fell mit dunklem Rückenstreifen. Dieses wird nach etwa vier Wochen beim ersten Haarwechsel durch eines, das dem der Erwachsenen gleicht, ersetzt. Die Robbenbabys gehen im Alter von acht bis zehn Tagen erstmals ins Wasser. Sie werden etwa sechs Wochen lang gesäugt und verdoppeln ihr Geburtsgewicht ungefähr nach zehn Tagen. Die Mütter verbringen währenddessen täglich mehrere Stunden im Wasser. Daß sie dabei auch fressen, ist nicht beobachtet worden. Am Ende der Stillzeit verlassen alle Tiere mehr oder weniger gleichzeitig die Wurfplätze. Die Weibchen werden nun begattet. Bisher ist allerdings erst einmal eine Kopulation, die unter Wasser erfolgte, beobachtet worden. Die Dauer der Tragzeit liegt bei elf Monaten, wobei der Keimling mit zweimonatiger Verzögerung implantiert wird.

Die Weibchen der Weddell Robbe können bereits mit drei Jahren geschlechtsreif werden, die Männchen erst vom siebten Lebensjahr an. Bei einem Geschlechterverhältnis von einem Männchen zu zehn Weibchen leben die Tiere polygam. Ihr Höchstalter liegt bei etwa 25 Jahren. Aggressives Verhalten zeigen diese Robben nur untereinander. Wegen fehlender natürlicher Feinde auf dem Trockenen sind sie daher auch gegenüber dem Menschen ausgesprochen träge und furchtlos. Im Wasser stellen ihnen Schwertwale nach. Ihre Nahrung besteht zur Hälfte aus Fisch, sowohl aus Bodenformen als auch großen pelagischen. Daneben werden noch Krebse und Kopffüßer gefressen.

Unter Wasser erzeugen Weddell Robben eine Reihe verschiedener Laute. Auffällig ist ein Klappern mit den Zähnen. Wahrscheinlich besitzen sie eine Art Sonar.

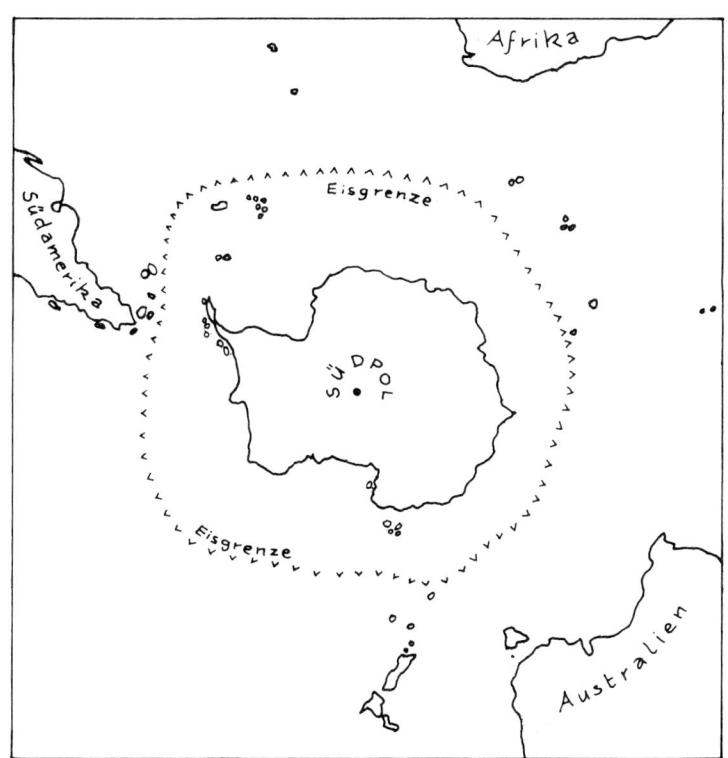

Seeleopard

Als Verwandter der Mönchsrobben gehört der Seeleopard *(Hydrurga leptonyx* BLAINVILLE, 1820) in die Unter-Familie der Mönchsrobbenartigen oder Südlichen Robben *(Monachinae)*, ist aber ein Vertreter des Tribus *Lobodontini*.

Die Männchen sollen eine Länge von 2,5 bis 3,2 m bei einem Gewicht von 200 bis 455 kg erreichen. Die Weibchen sind meist größer. Für sie werden Werte von 2,41 bis 3,6 m und 225 bis 591 kg angegeben.

Diese großen Robben zeichnen sich durch einen langen, schlanken Körper aus, dessen großer reptilienartiger Kopf durch eine eingeengte Halsregion deutlich abgesetzt ist. Seine langen, spitz zulaufenden »Vorderflossen« lassen den schnellen, gewandten Schwimmer erkennen. Das Fell der adulten Robben ist auf dem Rücken dunkelgrau, auf der Bauchseite deutlich heller. Hals, Schultern und die Seiten sind in unterschiedlich starkem Ausmaß dunkel gefleckt. Der bei vielen Seehunden ausgeprägte Schnauzbart ist bei dieser Art kaum zu erkennen.

Auch hinsichtlich der Fortpflanzung der Seeleoparden liegen nur wenige gesicherte Erkenntnisse vor. Wahrscheinlich werden die Jungen in der Zeit von September bis Dezember auf Eisschollen im Packeis der Antarktis geboren. Die Babys dürften 1,5 bis 1,6 m groß sein und etwa 35 kg wiegen. Ihr Fell ist dick, dorsal dunkelgrau mit schwarzem Rückenstrich, lateral und ventral weißlich und dabei schwarz gesprenkelt.

Seeleoparden sind ausgesprochene Einzelgänger. Die unterschiedlichen Altersgruppen scheinen dabei verschiedene Lebensräume zu bevorzugen. Die ausgewachsenen Robben sind am äußersten Packeisrand der Antarktis zu finden, juvenile Tiere verbringen den Winter meist in der Nähe der subantarktischen Inseln, und Drei- bis Neunjährige werden oft im Sommer an der Küste des sechsten Kontinents beobachtet.

Der einzige natürliche Feind dieser Seehunde ist der Schwertwal. In den nördlichsten Teilen ihres Verbreitungsgebiets stellen ihnen wahrscheinlich auch Haie nach. Sie selber haben ein breites Nahrungsspektrum. Bevorzugt jagen Seeleoparden Pinguine, die sie unter Wasser packen. Daneben sind besonders für ältere Tiere juvenile Krabbenfresser, Weddell Robben und See-Elefanten eine willkommene Beute. Aber auch Aas von Robben und Walen, andere Seevögel, Fische und Kopffüßer werden nicht verschmäht.

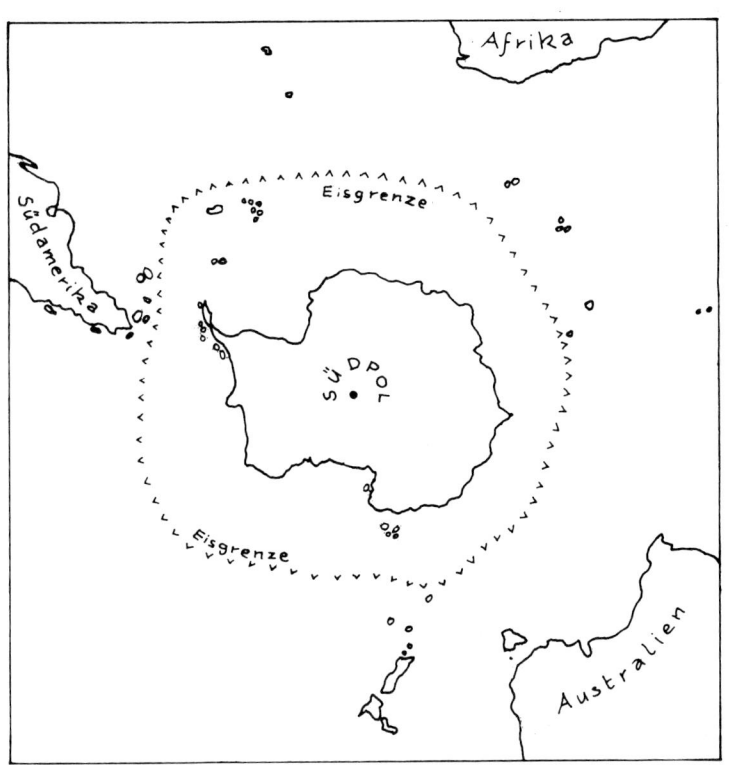

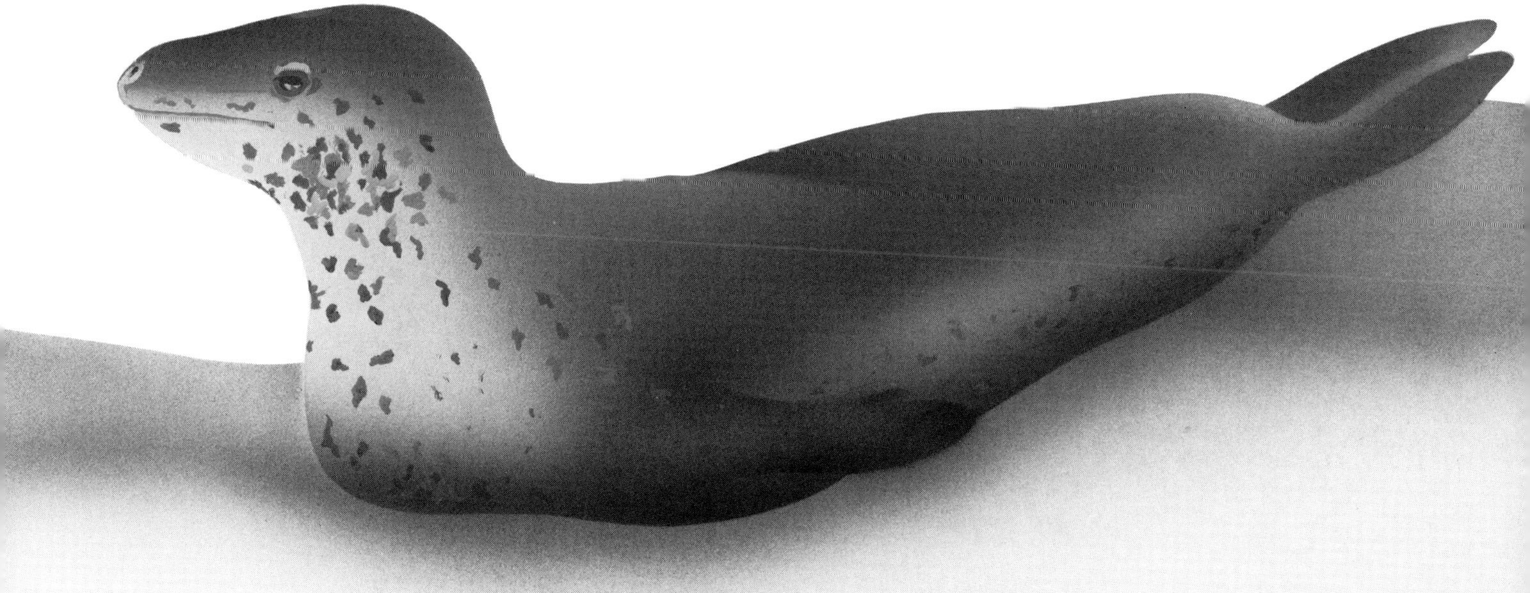

See-Elefant (Südlicher/Nördlicher)

Der Südliche See-Elefant *(Mirounga leonina* LINNAEUS, 1758) und sein nächster Verwandter, der Nördliche See-Elefant *(M. angustirostris* GILL, 1866), werden heute von den meisten Wissenschaftlern innerhalb der Unter-Familie der Mönchsrobbenartigen oder Südlichen Robben *(Monachinae)* zum Tribus *Lobodontini* gerechnet.

Ihrem Namen machen Elefantenrobben alle Ehre, denn sie besitzen nicht nur eine verlängerte Rüsselnase, sondern sind auch die größten Robben oder Wasserraubtiere (Unter-Ordnung *Pinnipedia)* überhaupt.

Für die subantarktischen Männchen sind folgende Durchschnittswerte errechnet worden: Länge 4,67 m, Gewicht 3692 kg. Ihre Weibchen werden 2,5 m groß und 360 kg schwer. Beide bleiben dabei weit hinter den Maßen ihrer Verwandten aus dem Norden zurück, die sich ebenfalls durch ausgeprägten Geschlechtsdimorphismus auszeichnen: Männchen bis zu 6 m bei 2700 kg, Weibchen etwa 3 m bei 900 kg.

Während der Südliche See-Elefant einen breiteren Kopf hat, ist bei dem nördlichen Vertreter der Rüssel, der den Männchen vom dritten Lebensjahr an wächst, länger. Manche Wissenschaftler gehen davon aus, daß der südliche Meeresriese bedingt durch seine geographische Verbreitung in drei Unterarten vorkommt: *M. l. falclandicus, M. l. macquariensis* und *M. l. crosetensis.* Obwohl über die pelagische Phase der Tiere wenig bekannt ist, wird angenommen, daß keine weiten Wanderungen und damit nur geringe Vermischungen der drei großen Populationen stattfinden.

Im Süden kommen die Robbenbabys etwa elf Monate nach der Begattung der Weibchen gegen Oktober, also im Frühjahr, im Norden im Dezember zur Welt. Schon nach einer drei- bis vierwöchigen Stillzeit mit der sehr gehaltvollen Milch vervierfachen die ursprünglich 1,2 m langen und 40 kg schweren Jungen ihr Gewicht. Sie werden dann von der Mutter von den Liegeplätzen der Erwachsenen verdrängt und vereinigen sich zu einer Art »Kindergarten« am Rande der Kolonie.

Im Alter von etwa zehn Wochen wagen die jungen See-Elefanten die ersten Ausflüge ins Meer. Die Geschlechtsreife erreichen die Weibchen von der Macquarie-Insel mit vier bis sechs Jahren, um dann jedes Jahr ein einzelnes Junges, in ganz seltenen Fällen Zwillinge zu gebären. Die Männchen sind zwar schon mit etwa sechs Jahren geschlechtsreif, können aber meist erst im Alter von zehn Jahren einen Harem erobern. Demgegenüber pflanzen sich die Weibchen auf South Georgia bereits ein Jahr und die Männchen sogar zwei bis drei Jahre früher fort. Eine solche Verschiebung dürfte ihren Grund darin haben, daß im Gegensatz zu Macquarie auf South Georgia bis in die frühen sechziger Jahre alljährlich Tausende von Bullen getötet wurden. Allgemein scheinen Weibchen ein Alter von 10 bis 13, Männchen bis zu 18 Jahren zu erreichen. Beide Geschlechter können aber auch über 20 Jahre werden.

Wie auch andere Robben machen die ohne Unterwolle ausgestatteten See-Elefanten je nach Altersgruppe und Geschlecht zeitlich unterschiedlich einen jährlichen Haarwechsel durch. Wie auch bei allen Mönchsrobben wird dabei zugleich die etwa einen Millimeter dicke Epidermis oder Oberhaut abgestoßen. Der gefährlichste Feind der Jungtiere ist der Schwertwal.

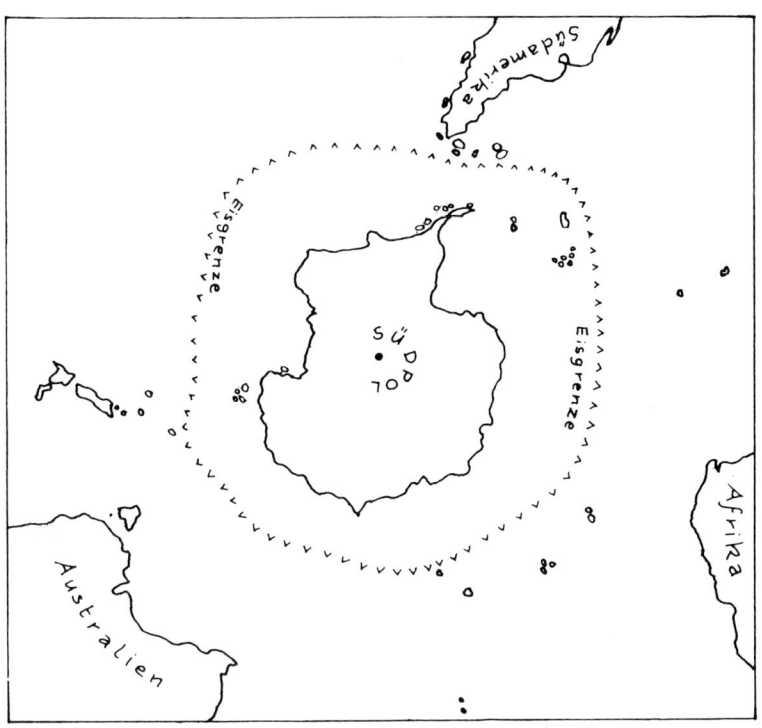

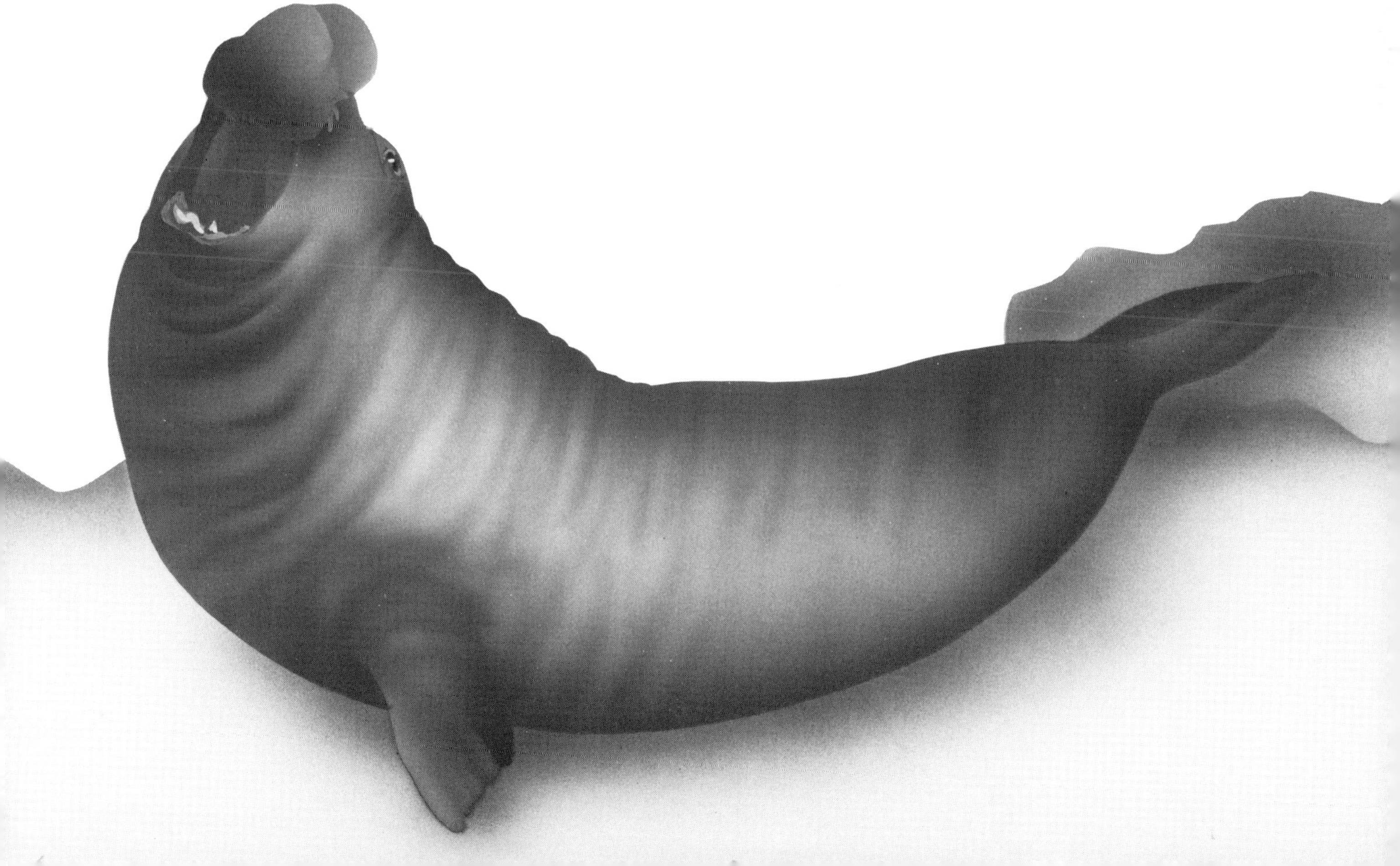

Kommerzieller Robbenfang

Küstenbewohner entlang der Arktis oder in wärmeren Breiten mit Robbenvorkommen machten auf diese Tiere seit eh und je Jagd, um ihren Bedarf an Speck, Häuten, Fleisch und Fell zu decken. Die Menschen aus aller Herren Länder gingen den nichtsahnenden Tieren, die besonders auf ihren Liegeplätzen eine leichte »Ernte« versprechen, bis in unser Jahrhundert ihres Trans wegen an den Speck. Wale, Robben und Walrosse galten bis in die fünfziger Jahre als »Trantiere«. Dabei mußten Robben insbesondere ihr Leben lassen, wenn die Erbeuter, die es vornehmlich auf die riesigen Wale abgesehen hatten, ihre Fässer mit Walöl allein nicht füllen konnten, weil die Bestände in allen Fanggebieten schon nach kurzen »Blütezeiten« überall zusammenbrachen. So mußte alles her, was genügend Speck auf den Rippen hatte, nicht selten auch Seevögel.

Den Pelzrobben im Nordpazifik gingen russische und amerikanische Pelztierjäger auch von Anfang an ans Fell. Pelz war für die Transucher zunächst nicht viel mehr als eine Art Beiprodukt gewesen, aber diese Einstellung sollte sich im Laufe der Zeit ändern.

Bereits aus vorgeschichtlicher Zeit gibt es Zeugnisse für den vorkommerziellen Robbenfang. Eiszeitliche Ritzzeichnungen deutlich erkennbarer Robben wurden zum Beispiel im französischen Dordogne-Tal (ca. 15 000 v. Chr.) und an vielen Orten in Norwegen (ca. 5000 bis 2000 v. Chr.) gefunden. Geologen entdeckten bei Sedimentforschungen an der finnischen Ostseeküste Robbenskelette mit Harpunenspitzen: Tiere, die dem Jäger der Vorzeit entkommen, aber dann verendet waren. Vor rund 9000 Jahren muß die Kaspisee-Robbe (*Phoca caspica*) die Nahrungsgrundlage der Menschen gewesen sein, die am Südufer des Kaspischen Meeres lebten. Die ionische Stadt Phokaia, heute Foça am Golf von Izmir, prägte in der Antike Münzen mit dem Motiv einer Robbe (griechisch: Phoke), wohl der Mönchsrobbe. Gebrauchsgegenstände aus Walroßzahn, die nicht durch Tauschhandel dorthin gelangt sein konnten, fanden sich in der Steinzeitsiedlung Skara Brae auf den Orkneys. Die jahrtausendalte Robbenfangkultur der Küsteneskimovölker ist bis heute ungebrochen, auch wenn der Kontakt mit Weißen einige fangtechnische Neuerungen mit sich brachte.

Ein Keramikgefäß der nordperuanischen Moche-Kultur (ca. 400 bis 1000 n. Chr.) ist mit einer Tonplastik bekrönt, auf der eine Ohrenrobbe gut erkennbar ist, und die Bemalung der Gefäßwand zeigt Indianer, die mit Kriegskeulen Seelöwen erschlagen. Frühen Reiseberichten weißer Entdecker zufolge galten Robben bei den nomadisierenden Strandbuschleuten der afrikanischen Namibküste als eine große Leckerei. Der englische Diplomat und Unternehmer Giles Fletcher berichtet 1588 detailliert vom russischen Robbenfang an der Weißmeerküste. Im Friesenmuseum zu Wyk auf Föhr kann der Besucher Fanggeräte betrachten, mit denen Inselfriesen in der Vergangenheit dem Seehund (*Phoca vitulina*) nachstellten: Bei Ebbe ruderten sie zu einer Seehundbank, verscheuchten die Tiere und schlugen am Ebbsaum in großen Abständen lange Pfähle tief in den Sand; dazwischen spannten sie dicht über dem Boden ein straffes Seil, in das große eiserne Zwillings- oder Drillingshaken eingehängt wurde. Bei der nächsten Ebbe scheuchten sie die Seehunde wieder ins Wasser, und diese blieben bei dem Versuch, über das Hindernis zu robben, mit dem Bauch in den Haken hängen, so daß sie bequem erschlagen werden konnten. Auf dem alten Friedhof von Westernieland an der Groninger Wattenmeerküste finden sich noch Grabsteine von Seehundjägern mit Darstellungen ihrer Beute. In der Ostsee verankerte man in der Nähe von Robbenbänken schwimmende Plattformen: Zog sich eine Robbe zum Ausruhen dort hinauf, glitt sie infolge ihres Gewichts durch eine Art Falltür in ein darunterhängendes Netz und ertrank.

Zimperlich in ihren Fangmethoden waren die Robbenjäger nie — und ein Jäger, dessen Familie von seiner Beute leben muß, kann sich Emotionen auch nicht leisten. Wie qualvoll auch immer die Robben starben, die erschlagen, ersäuft, aufgespießt und aufgeschlitzt wurden, es war eine Jagd, die sich grundsätzlich nicht von anderen Jagd- und Fischereiformen unterschied und die im ökologischen Gefüge der Küstengewässer kaum ein Ungleichgewicht bewirkte, solange kleine Gruppen von Menschen für den Eigenbedarf jagten — oder jagen — und solange die Märkte der modernen Welt nicht den Kommerz ankurbelten.

Das wichtigste Produkt des Robbenfangs war zunächst nicht das Fell, sondern der Tran, der aus dem Hautspeck der Tiere ausgekocht wird. Die korrekte Handelsbezeichnung lautet heute »Robbenöl« und nicht mehr »Robbentran«. Der bis in unsere Tage wirtschaftlich bedeutendste Robbenfanggrund ist zugleich der älteste: der Nordatlantik beziehungsweise die europäische Subarktis. Kommerzielle Trantierjagd wurde bereits um 1540 dort von Europäern betrieben, vor allem auf Wale. Aber auch den Robben in der Straße von Belle Isle setzten baskische und bretonische Walfänger gelegentlich Stellnetze in die Wanderwege, um auch deren Speck in den Trankesseln auszusieden. Wo auch immer europäische Walfänger in den kommenden Jahrhunderten an den Eiskanten kreuzten, war Robben- und Walroßspeck eine willkommene Beute, wenn sich kein Walblas sehen ließ. Aber schon bald fanden vereinzelt Spezialisierungen statt, denn es zeigte sich, daß kleinere Schiffe zwar weniger Erfolg beim Walfang hatten, dafür aber leichter ins Treibeis oder aufbrechende Packeis hineinnavigieren konnten, und eben dort lagen die großen »Robbenwiesen«. Diese kleineren Schiffe aber ließen sich auch von weniger kapitalstarken Reedern ausrüsten, und daher entsandten schon um 1670 ärmere Inselgemeinden wie Helgoland und Rømø Einmaster von Dänemark aus auf Robbenfang nach Jan Mayen.

Østis und Vesteris, also Osteis und Westeis, sowie Newfoundlandfelet sind die Bezeichnungen der norwegischen Fangmänner für die drei Hauptfanggebiete, die die Robbenschläger seit jener Zeit alljährlich im Frühjahr aufsuchen, um ihre blutige Ernte auf dem Eis zu halten, in den Kinderstuben der Sattelrobben und Klappmützen.

Für die europäischen Robbenfänger war das Westeis um die subarktische Insel Jan Mayen, das sich bis halbwegs nach Spitzbergen erstreckt, der erste Fanggrund. Nach den Dänen begannen deutsche Partikularstaaten, Robbenfangschiffe, meist vom Typ der »Galiot«, dorthin zu entsenden. Hamburg zum Beispiel rüstete 1720 erstmalig fünf Fahrzeuge eigens zum Robbenfang aus, und auch in Bremen verlegten sich Reeder auf dieses Gewerbe. Andere Nordseeanrainer folgten, Schotten und Deutsche dominierten bis in die Mitte des 19. Jahrhunderts auf diesem Fangfeld. 1846 entsandte Svend Foyn aus dem südnorwegischen Tønsberg erstmalig einen Segler, die »Haabet« (Hoffnung), in dieses Gebiet.

Die Hoffnung trog ihn nicht, denn in den folgenden Jahrzehnten sollte er im Robbenfang ein Vermögen machen, das er, seiner religiösen Überzeugung entsprechend, in die Entwicklung effizienterer Walfangmethoden investierte: Svend Foyn ist der »Erfinder« des modernen Walfangs. Aber auch seine Robbenfangflotte baute er aus. Um 1860 führten die Schotten in ihrer Eismeerflotte Dampfkraft ein, und 1865 stattete Foyn zwei Robbenfänger mit Hilfsdampfmaschinen aus. Die schottischen und norwegischen Dampfsegler waren außer zum Robbenfang meist auch zum Entenwal- oder Döglingsfang in den eisfreien Gewässern des Nordatlantik ausgerüstet. Die Fangschiffe bei der Nationen dominierten in den achtziger Jahren des vorigen Jahrhunderts im Westeis, doch verdrängte die norwegische Flotte die Konkurrenz noch vor der Jahrhundertwende. Gleichzeitig verlagerte sich aufgrund verschiedener wirtschaftsgeographischer Faktoren die Robbenfangindustrie in die Häfen der ärmeren westlichen und nördlichen Provinzen Norwegens: Aus Tromsø und Ålesund stammen noch heute die meisten Fangschiffe.

1874 erschloß ein Tromsøer Schiff ein neues Fanggebiet im Westeis, die Dänemarkstraße zwischen Island und Grönland, wo ausschließlich Klappmützen gefangen werden. Diese Art lohnt eine zweite Fangreise im Sommer, nachdem die Schiffe vom Frühjahrsfang im Jan-Mayen-Gebiet zurückgekehrt waren. Seit 1954 erbeuten auch sowjetische Fahrzeuge im Westeis eine gewissen Quote an Sattelrobben und Klappmützen.

Hatte 1873 der Rekordfang in diesem Gebiet aus rund 120 000 Fellen bestanden, so teilten sich ein Jahrhundert später 18 Fahrzeuge eine Westeisausbeute von 12 500 Tieren, davon rund 60 Prozent »whitecoats«. Vom 22. März bis zum 5. Mai 1981 war im Westeis eine Quote von 25 000 Sattelrobben und 20 000 Klappmützen für norwegische und russische Fangschiffe freigegeben, davon lediglich 16 Prozent beziehungsweise 11,5 Prozent für die UdSSR. Die Quote wird festgelegt von der Nordostatlantischen Robbenfangkommission (Selfangstkommisjon for den nordøstlige delen av atlanterhavet), die 1958 von Norwegen und der Sowjetunion gegründet wurde und seitdem alljährlich über die Fangquoten für das Westeis und Osteis berät. Nach der »Schlechtwettersaison« 1984 brachten die beiden letzten norwegischen Fangschiffe lediglich 2700 Felle aus dem Westeis nach Tromsø.

Als Osteis wird das Pack- und Treibeisgebiet zwischen der Murmanküste und Ostspitzbergen bezeichnet, vor allem aber das Eis an der Einfahrt zum Weißen Meer, wo zwischen Februar und April der Sattelrobbe in ihrem östlichen Brutgebiet nachgestellt wird. Klappmützen spielen dort keine Rolle. Seit dem 18. Jahrhundert war der Robbenfang dort ein Beifang zur Pelztierjagd skandinavischer und russischer Küstenbewohner Kolas und der Murmanküste. Erste Versuche norwegischer Fangleute, mittels Seglern im gefährlichen Osteis auf Robben zu jagen, datieren in das Jahr 1867. Aber erst mit sinkenden Fängen im Westeis suchten die norwegischen Schiffe verstärkt dieses neue Areal auf, gefolgt von den Russen seit 1898.

Die junge Sowjetunion verbannte 1921 mit der Einführung der Zwölfseemeilengrenze ausländische Schiffe aus dem Weißen Meer, aber wenige Jahre später wurden Lizenzabkommen mit norwegischen Wal- und Robbenfangreedereien getroffen, die gegen eine Abgabe bestimmten Fahrzeugen den Seesäugerfang in sowjetischen Gewässern erlaubten, unter anderem den Robbenfang im nördlichen Weißen Meer. In jenen Jahren begannen die sowjetischen Staatsunternehmen mit dem kostspieligen Einsatz von Eisbrechern zum Robbenfang in diesem Gebiet. Eine besonders wirtschaftliche Fangform entwickelten sie in den letzten Jahrzehnten: Jungtiere, die bereits mit dem Haarwechsel begonnen haben, werden mit Helikoptern zu staatlichen Farmen an der Küste geflogen, wo sie ohne große Kosten — da sie in jener Wachstumsphase ohnehin keine Nahrung aufnehmen — den Fellwechsel vollenden und dann »human« geschlachtet werden. Auf diese Weise werden alle Rohstoffe, vor allem das Fleisch, vollständig genutzt, und beim Häuten wird kaum »Ausschuß« produziert.

Anfang der achtziger Jahre lag die alljährliche Osteisquote bei 50 000 bis 60 000 Sattelrobben, wovon knapp dreißig Prozent den Norwegern zugestanden worden waren. Ein neuartiges Nebenprodukt gelangt seit 1984 aus dem Osteis auf den Markt. Im Januar jenes Jahres bestätigte Steinar Jacobsen, Eigner des Tromsøer Robbenfängers »Norsel« (Nordrobbe), gegenüber der Presse, daß er und drei weitere Osteisskipper mit einer Osloer Firma einen Vertrag über die Lieferung einer unbegrenzten Menge von Robbenhoden geschlossen hätten. Man versprach sich eine Zusatzeinnahme von rund 50 000 nkr je Boot, was rund drei bis zehn Prozent der Bruttoeinnahmen ausgemacht hätte. In Tromsø tiefgefroren, sollten die Hoden in Oslo getrocknet und gesalzen werden, bevor sie nach Asien exportiert werden würden. Der Verwendungszweck im Fernen Osten . . . als Aphrodisiakum. Doch insgesamt erfüllten sich die Erwartungen nicht, da die vier Osteisschiffe aus einer Quote von 18 500 Tieren nur rund 8800 erbeuten konnten.

Die Geschichte des Sattelrobbenfangs von Neufundland ist so alt wie die Besiedlung der kanadischen Atlantikküste. Weiße Siedler an der Nordküste Neufundlands und Quebecs pflegen küstennahe Robbenherden in Stellnetz-Kastenfallen zu treiben, eine Technik, die dort heute noch angewendet wird. Auf den Îles de la Madeleine im Golf bestand eine traditionelle Methode des Robbenfangs mittels Grundleinen und beköderter Fischhaken, die aber 1960 verboten wurden.

Sehr bald lernten die Siedler auch von ihren ureinheimischen Nachbarn, subarktischen Indianerstämmen, die heute teilweise ausgerottet sind, sich im Frühjahr auf das grundfeste Packeis zu wagen und dort Jungrobben zu töten. Wie ihre indianisch-eskimoischen Lehrmeister zertraten sie ihren wehrlosen Beutetieren die Schädeldecke oder das Genick oder versetzten ihnen mit Faustschlägen oder Fußtritten vor die Nase einen tödlich wirkenden Schock. Jahrhundertelang war dieser Fangbetrieb eine entscheidende, in einigen Siedlungen gar die bedeutendste Lebensgrundlage der Weißen in der Region. Für die sogenannten »landsmen«, die über neunzig Prozent der Robbenschlaglizenzen von der kanadischen Regierung erhalten, hat sich daran bis heute kaum etwas geändert.

1793 versuchten von St. John's aus zwei kleine Segelschoner von zirka dreißig BRT Größe den Robbenfang von der Seeseite her, da der landseitige Fangbetrieb die Nachfrage nicht mehr deckte. Der neufundländische Robbenfang ging in seine industrielle Phase. Elf Saisons später, 1804, nahmen 1630 Männer auf 149 Fahrzeugen daran teil. 1834 war die Flotte auf 374 Schiffe angewachsen, 1853 auf 392 mit einer Besatzung von 14 931 Mann (fast die gesamte männliche Bevölkerung Neufundlands), die 521 700 Häute heimbrachten. Mehr als 700 000 sollen es im Rekordjahr 1857 gewesen sein. Bereits um 1860 war die Fangflotte um die Hälfte geschrumpft — die Bestände gaben nicht mehr genug her.

Doch sogleich suchten die Jäger durch technische Innovationen an die gewohnten Fangerfolge anzuknüpfen. 1863 erschienen »Bloodhound« und »Wolf«, ausgediente Walfänger, auf dem Plan. Sie waren die ersten Schiffe, die mit James Watts revolutionärer Erfindung, der Dampfmaschine, tief ins robbenreiche Packeis vor Neufundland »dampften«. In den nächsten zehn Jahren kauften Neufundlands Reeder in Schottland 26 alte Walfänger mit Hilfsdampfmaschinen vom selben Typ.

Diese Innovation brachte soziale oder auch ökologische Veränderungen mit sich, die zu einer heute noch spürbaren Kluft zwischen den »landsmen« und den Fangmännern von den großen Schiffen führten. Glaubt man dem Madeleiner Journalisten und Robbenfänger Chantraine, so nahm die soziale Ausbeutung der Fangleute — die auf den Dampfseglern anheuerten — durch

die Robbenfangreeder unbeschreibliche Formen an. Bis zu 200 Fänger pferchten die Eigner in Logis, die zur Walfängerzeit fünfzig Männern Platz geboten hatten. Als »Fahrpreis« zu den reichen Robbenfeldern mußte jeder neun Dollar Ausrüstungsbeitrag entrichten, unabhängig vom späteren Fangerfolg. Für Verpflegung und Kleidung hatte jeder selber zu sorgen, und er mußte auch noch für die Fässer löhnen, in denen der Reeder den Robbenspeck verkaufte. Die alten Dampfsegler wurden nie einer sicherheitstechnischen Kontrolle unterzogen, so daß Unfälle und Verluste an der Tagesordnung waren.

Robbenschläger-Song

Oh, wir segelten von St. John's ab,
Es war ein prächtiger Tag!
Die Frauen und Mädchen standen am Kai,
Sie würden uns versteh'n:
Lebt wohl, riefen sie, und grüßt von uns
die Robben vor Neufundland!

Unser »duff«* war vertrocknet,
unser Pökelfleisch war mies,
und unseren Tee gossen wir mit Schmelzwasser auf!

Hurra, ihr Jungs, gleich geht es los,
mit unseren Schlaghaken stehen wir da,
das Schleppseil über der Schulter,
den Haken in der Hand.
Es macht uns Spaß bei Tag und Nacht,
das Robbenschlagen vor Neufundland!

Aus: George Allan England, Vikings of the Ice, Garden City 1924
Übersetzung: Klaus Barthelmeß

* eine Art »Plumpudding«

Dennoch, glücklich schätzte sich jeder Neufundländer, der einen Kojenplatzanteil ergatterte und an den unzugänglichen Eiskanten der »Front« und des »Golfes« Robben in Massen schlagen konnte, der nicht an Land auf die zufällige Strömung warten mußte, die die Robbenherden vielleicht herantrieb. Verzweiflung und Haß der »landsmen« auf die »Haie der Waterstreet«, die Reeder an St. John's unternehmerischer Schlagader, wuchs schnell, als die küstennahen Fänge schlechter wurden, und sie vermuteten, daß die Herden von den großen Schiffen abgefangen wurden.

Die Einführung von Dampfkraft beim Robbenfang brachte auch eine ökologisch verderbliche, neue Fangtechnik mit sich: das sogenannte »panning«, das Aufhäufen von frisch abgezogenen Robbenfellen auf dem Eis bei einem »marker« (Markierungsflagge). Die beweglichen Dampfer setzten im Treibeis an verschiedenen Stellen Fängertrupps aus und sammelten nach mehreren Stunden — oder, bei schlechten Eisverhältnissen, Tagen

— die Fellhaufen ein. Nicht nur Zigtausende von Fellen sind so den tückischen Eisbewegungen zum Opfer gefallen, sondern auch Menschen, weil das Fangschiff sie nicht rechtzeitig vor einem Unwetter erreichte. Später machten die großen Fangschiffe am Eis fest, während die Mannschaft eine »Robbenwiese aberntete«.

Die »Adventure« war 1904 der erste Robbenfänger mit stählernem Rumpf im Neufundlandeis. Die neue Bauweise ermöglichte eine größere Ladekapazität, und wieder konnte die Fangeffizienz gesteigert, die Profitchancen verbessert werden. Unter den Robbenfangreedern brach ein »Stahlrumpfboom« aus, der in einen irrwitzigen Wettlauf beim Ankauf immer größerer, leistungsfähigerer stählerner Fangschiffe ausartete. Kurz vor dem Ersten Weltkrieg erkannten die neufundländischen Reeder die Zeichen der schwindenden Fangmengen, und der Boom verebbte rasch. Nach dem Krieg nahmen sie daher gern die Gelegenheit wahr, einige der stählernen Robbenfänger der Sowjetunion zu verkaufen, die damit ihre Osteisfangkapazität stark erhöhte. Auch dem britischen Mutterland, das etliche Fangschiffe zu Kriegstransporten requiriert hatte, überließen sie mehrere der übereffizienten Stahlschiffe, zufrieden mit dieser Gesundschrumpfung.

Die neufundländischen Reeder investierten nach dem Krieg immer mehr in anderen Schiffahrtsbranchen, und die Robbenfangflotte verkleinerte sich bis 1931 um rund ein Dutzend Fahrzeuge. London war von Oslo, der Hauptstadt der inzwischen bedeutendsten Walfangnation, als wichtigster Markt für Seetieröle abgelöst worden, so daß sich für das Dominion Neufundland der Absatz des Hauptprodukts Robbentran im Mutterland nicht mehr lohnte.

1937 nahm erstmalig ein neu gebauter norwegischer Robbenfänger am Neufundlandfang teil. Weitere kleinere Fangschiffe testeten das Fanggebiet in den folgenden Saisons, doch als 1939 sechs Fahrzeuge verlorengingen, verlangte man nach größeren Schiffen. Der Ausbruch des Zweiten Weltkriegs verhinderte weitere Experimente, und die neufundländische Robbenpopulation konnte sich in knapp einem Jahrzehnt auf beinah drei Millionen Tiere erholen. 1949 wurde Neufundland kanadische Provinz, und in den folgenden Jahren operierten verstärkt auch ausländische Schiffe im kanadischen Robbeneis. 1961 und 1963 unternahmen auch sowjetische Robbenfänger Versuchsexpeditionen im Neufundlandeis, doch offensichtlich ohne Erfolg. Als wollte man den in den Kriegsjahren entgangenen Fang wettmachen, wurden Flugzeuge, Helikopter, Eisbrecher, Schneescooter eingesetzt, und in den beiden Nachkriegsjahren dürften rund fünf Millionen Robben diesem hochtechnisierten Ansturm zum Opfer gefallen sein.

Auf dem Höhepunkt des Fangbooms, Anfang der sechziger Jahre, gelangten die ersten Filmaufnahmen von dem alljährlichen Gemetzel an die Fernsehanstalten. Hatte auch damals der öffentliche Druck noch nicht die Wucht wie in den jüngsten Jahren, so bewirkte er doch, daß die verantwortlichen Regierungen die vorgebrachten ökologischen Bedenken prüften und, wenn auch mit bürokratischer Behäbigkeit, Beschränkungen erließen. 1969 wurden die ersten Verordnungen wirksam, und seit 1971 wird ein Quotensystem praktiziert, das alljährlich allen Beteiligten bestimmte Fanghöchstmengen zuweist. Norwegische und kanadische Robbenfangschiffe, die von See aus am Packeis operieren, sowie kanadische »landsmen«, die die landnahen Robbenherden bejagen, erhalten festgelegte Quoten zugeteilt, die in den letzten Jahren folgende Gesamtgrößenordnungen erreichten:

1971:	245 000
1972—75:	je 150 000
1976:	127 000 (überschritten: 160 000)
1977—81:	je 180 000
1982:	62 000
1983:	44 500
1984:	15 000

1981 war die letzte Neufundlandsaison für norwegische Robbenfänger.

Die Überlebenden der spanischen Diaz-de-Solfs-Expedition, die 1515 die Region nördlich des La Plata (heute Uruguay) entdeckt hatte, brachten nach der Heimkehr eine Schiffsladung von Robbenpelzen auf den Markt von Sevilla. Noch heute hat Uruguay im Norden bei Cabo Polonio eine Pelzrobbenindustrie. Der Grund für diese 470 Jahre lang mögliche Bewirtschaftung findet sich in schon sehr frühen Fangbeschränkungen: Der spanische Statthalter in Montevideo erließ zum Beispiel für die Isla de Lobos (Robbeninsel) Fanglizenzen mit bestimmten Auflagen, die in erster Linie Schonzeiten vorsahen. Der Antarktisforscher James Weddell erkannte dieses System bereits 1824.

Auf seiner ersten Indienreise ließ Vasco da Gama, als er 1497 das Kap der Guten Hoffnung umrundete, den Proviant seiner Mannschaft mit Robbenfleisch auffrischen. Die Bestände von *Arctocephalus pusillus,* der südafrikanischen Pelzrobbe, die im südlichen Winter die Küsten des heutigen Namibias und Südafrikas aufsucht, trugen so ihr unfreiwilliges Scherflein zum europäischen Kolonialismus bei. Nachfolgende Seefahrer pflegten ebenfalls ihre vitaminarme Speisekarte mit dem tranig schmeckenden Robbenfleisch zu ergänzen. Aber sowohl der Trangeschmack als auch die mit Abscheu beobachtete Vorliebe der »Hottentotten« für leicht fauliges Robbenfleisch sorgten dafür, daß diese Art von Nouvelle cuisine bei den Matrosen keine Begeisterung auslöste.

Der Tranboom in Europa setzte um 1600 dieser Schonfrist ein Ende, und ein bescheidener kommerzieller Fangbetrieb setzte ein, der bis heute anhält. Einige niederländische Kaufleute rüsteten 1609 zwei Schiffe zum Robbenfang in der Tafelbai aus, die angeblich nicht weniger als 45 000 »Seewölfe« töteten und neben getrockneten und eingesalzenen Fellen rund 500 Faß Robbentran heimbrachten. Das Unternehmen arbeitete aber nur wenige Jahre gewinnbringend.

Die niederländische »Vereinigte Ostindische Compagnie« (VOC), die Gewürze, Spezerei und andere kostbare Luxusgüter des südostasiatischen Orients nach Europa brachte, hatte auch ein Interesse an Robbenpelzen, die, nach französischer Fasson hergerichtet, begehrte Rauchwaren für die Kürschner der Reichen waren. Bereits 1608 war eine kleine Probeladung von Kaprobbenfellen in einem VOC-Kontor angelangt, aber die eigentliche Blütezeit dieser niederländischen Pelztierjagd dauerte bloß von 1652 bis 1657. Danach war der Fang nicht mehr lohnend, weil die Robbenkolonien zu sehr ausgedünnt waren und die Felle auf dem holländischen Markt keine guten Preise mehr erzielten. Französische und auch britische Robbenschläger hingegen operierten mit kleinem Profit noch mehrere Jahrzehnte an den südlichen Robbenküsten des Kontinents. Die Robbentranproduktion der niederländischen Kapkolonie wurde zwar mehr oder weniger kontinuierlich fortgesetzt, blieb aber wirtschaftlich unbedeutend und hörte um 1800 auf.

Es waren die amerikanischen Pottwaljäger, die im 19. Jahrhundert auf ihren Kreuzfahrten im Südatlantik und Indischen Ozean gelegentlich die südafrikanischen Pelzrobbenherden heimsuchten, um ihre Tranladung zu ergänzen.

Selbstredend ließen sich die Kolonialunternehmer der Jahrhundertwende diese Einnahmequelle ebensowenig entgehen. Britische und deutsche Gesellschaften übten bis zum Ersten Weltkrieg den Fang aus, der von den Kolonialgouvernements zeitlich begrenzt wurde. Von 1910 bis 1912 importierte das Deutsche Reich aus der Kolonie Südwest Robbenfelle im Werte von 25 000, 42 000 beziehungsweise 44 000 Mark. Im Oktober 1912 wurde in Lüderitzbucht die »Robbenfang- und Fischerei-Aktiengesellschaft« mit einem Kapital von 150 000 Mark gegründet, deren Statuten den »Fang und die Verwertung von Robben, Fischen und anderen Seetieren, die Bewirkung von Transporten und die Beteiligung an gleichen und ähnlichen Unternehmungen« vorsah. Die »Lüderitzbuchter Zeitung« berichtete am 30. Mai 1913, daß »im hiesigen Hafen die Kutter ›Seestern‹, ›Albatroß‹, ›Haabet‹ und ›Lister‹ der Robbenfang- und Fischerei AG eingetroffen« seien, um am »1. Juni den Robbenfang zu beginnen«. Die norwegischen Namen der beiden letztgenannten Schiffe legen den Schluß nahe, daß sich die Deutschen hier des Know-how norwegischer Fangleute versichert hatten, um ihr blutiges Gewerbe fachmännisch auszuüben.

Nach dem Krieg wurde einem Hermann Offen von der Gebietsverwaltung die kommerzielle Nutzung der Pelzrobbenkolonie am Kreuzkap nördlich von Swakopmund übertragen. Noch heute wird allwinterlich eine Quote von Jährlingen ihres Pelzes wegen geschlagen. Angeblich seien auch ihre Lebern und Nieren bei örtlichen Feinschmeckern sehr geschätzt. In den sechziger Jahren betrug die durchschnittliche Gesamtausbeute an südafrikanischen Pelzrobben etwa 30 000 Jährlinge nebst rund 6000 ausgewachsenen Bullen pro Saison. Im Dezember 1984 erteilte die südafrikanische Regierung die Genehmigung zum Fang von 15 000 männlichen Pelzrobben in ihrem Hoheitsgebiet.

Die uruguayische wie die südafrikanische Robbenfangindustrie wurde von den ortsansässigen Kolonialherren, Spaniern, Portugiesen, Niederländern, Deutschen und Briten, betrieben. Sie unterschied sich darin von jener Fangform, die Bonner als »itinerant sealing« bezeichnet — übersetzbar vielleicht mit mobi-

ler Robbenfang oder Robbenfangkreuzfahrten, Robbenkreuzen. Diese Fangindustrie entwickelte sich von 1770 an, und zwar in erster Linie im Gefolge einer südwärts gerichteten Transuche europäischer und amerikanischer Walfänger, die in den nördlichen und äquatorialen Breiten des Atlantik nicht mehr genug Beute fanden. Gleichzeitig sorgten die Berichte über die Entdeckungen auf Captain James Cooks zweiter Reise (1772/75) für eine weite Verbreitung der Kunde von großen Robbenvorkommen auf den subantarktischen Inseln.

Während des amerikanischen Unabhängigkeitskriegs (1775 bis 1783) errichtete Francis Rotch aus der berühmten Nantucketer Walfangreeder-Familie auf den Falklandinseln versuchsweise eine Operationsbasis für eine Walfangflotte. Politisch saß Nantucket in diesem Krieg zwischen zwei Stühlen, und Rotch hatte die Absicht, um Kaperungen im Nordatlantik zu entgehen, sein Nantucketer Walöl direkt von den Falklands nach London zu schaffen. Zwar mißlang dieser Plan, aber aufgrund seiner Beobachtungen empfahl Francis' Bruder William nach dem Krieg seinen Walfängern, doch womöglich die Falklands anzulaufen und die dort entdeckten Pelzrobbenkolonien auszubeuten.

Aber auch ausschließlich auf Robbenfang spezialisierte Schiffe wurden für die subantarktischen Gewässer ausgerüstet. 1784, kurz nach der amerikanischen Unabhängigkeit vom englischen Mutterland, entsandte eine Bostoner Geschäftsfrau ein Schiff in den Südatlantik, das mit 13 000 Fellen von den Falklandinseln zurückkehrte. Zur Jahrhundertwende waren die »rookeries«, die Landbasen oder Wurfplätze der verschiedenen Robbenkolonien im Südatlantik und Südpazifik, entdeckt worden und Schauplatz von rücksichtslosen Jagden konkurrierender Fangmannschaften. Schon damals waren viele Kapitäne besorgt über die Zukunft der Robbenherden angesichts dieses wahllosen Abschlachtens aller Tiere — Bullen, Kühen und Jungtieren. Aber jede Robbe, die ein Jäger vielleicht im Hinblick auf eine Bestandshege verschont hätte, wäre in diesem Niemandsland ohne jede Gesetze gleich dem nächsten zum Opfer gefallen. So »grasten« die Kapitäne eine Robbeninsel nach der anderen ab und kreuzten in den ungastlichsten Seegebieten der Erde auf der Suche nach neuen, bislang unentdeckten Inseln, deren Position sie so geheimhielten wie ein Pirat seine Schatzinsel.

»In der Robbenfangindustrie betrachtet man die Geheimhaltung von Entdeckungen als ein wichtiges Kapital«, beschreibt 1820 ein Geograph mit Interesse an der Antarktisforschung die daraus resultierende schlechte Dokumentation in den Fangjournalen, die heute noch zu Gelehrtenstreit über die Erstentdeckung mancher Inseln führt.

Das »Reich des Drachen«, mit seiner damals fein differenzierten Gesellschaftsstruktur, hatte ein unstillbares Verlangen nach kostbarer Kleidung. Diese Gier entsprach genau der der Europäer und Amerikaner nach chinesischen Gütern wie Tee, Porzellan und Seide, die Grundlage des weltweiten Chinahandels, in dem die Robben der Südhalbkugel auch ihre Rolle spielten. Kanton war der Hafen, in dem die Robbenfänger selber ihre Pelzladung löschten oder aber mit europäischen und amerikanischen Zwischenhändlern gegen ebenso Begehrtes tauschten.

Kurz war die Blüte der südlichen Pelzrobbenindustrie: Schon vor 1780 wurden die argentinischen und patagonischen Robbenkolonien ausgebeutet. 1791, zwei Jahre nach der Umrundung von Kap Hoorn durch Walfänger, begannen britische Tranjäger den »Angriff« auf die Pelzrobben der Juan-Fernandez-Inseln vor der chilenischen Küste. Schätzungsweise drei Millionen Felle gelangten innerhalb von sieben Jahren von dort nach Kanton. 1807 waren diese Pelzrobbenkolonien ökonomisch ausgerottet. Spätestens 1792, wahrscheinlich schon früher, operierten die Robbenfänger auf der Insel South Georgia. Nur ein Jahrzehnt konnten die Pelzrobbenkolonien der ersten rücksichtslosen Ausbeutungswelle standhalten. In der vorletzten Saison, 1800/01, erbeuteten 17 Schiffe 112 000 Häute. Ebenfalls 1792 wurde ein Trupp Robbenfänger an Neuseelands Dusky Sound ausgesetzt. Als das Fangschiff nach zehn Monaten die »Gang« wieder aufnahm, konnte es 4500 Pelzrobbenfelle verstauen und in Kanton verkaufen. Vereinzelte derartige Expeditionen folgten an anderen Orten von Neuseelands Südinsel. In erster Linie waren es britisch-australische Fangschiffe, zu denen sich 1804 amerikanische gesellten. 60 000 Häute waren die Ausbeute dieser Saison. Die Fangschiffe bezogen bald die südlich von Neuseeland liegenden subantarktischen Inseln in ihr Operationsgebiet ein.

Anfang 1819 wurden die South-Shetland-Inseln entdeckt, gerade rechtzeitig für eine Industrie, die einen Fanggrund nach dem anderen nach den letzten Pelzrobben »abgraste«. Wenige Monate nach der Entdeckung begann der Fangbetrieb. Die zweite Saison 1820/21 erbrachte eine Viertelmillion Häute, die sich 47 Fangschiffe teilten. Für die 44 Robbenfänger, die in der dritten Saison die Inselgruppe anliefen, war die Fahrt ein wirtschaftlicher Flop. »Robbenlos« beschrieb ein Besucher die Inseln im Jahr 1829.

David Lowston — eine Ballade vom neuseeländischen Robbenfang

Ich heiße David Lowston;
Robben schlug ich, Robben schlug ich.
Meine Leute und ich, wir waren Verdammte,
Und kostete es auch unser Leben,
Robben schlugen wir, Robben schlugen wir.

Im Jahre 1810 war es,
Da setzten wir Segel, da setzten wir Segel.
Mutige Kerle, die wir wohl waren,
Sollten wir doch nie mehr Segel setzen,
Nie mehr Segel setzen, nein, nie mehr.

Man setzte uns ab in der Open Bay,
In der Open Bay, da ging es an Land.
Am 16ten Tag im Februar-oh-ja,
Da setzte man uns an Land
Zum Robbenschlag, zum Robbenschlag.

Unser Captain, John Bedar hieß er,
Er segelte ab nach Port Jackson hin.
»Ich komm' zurück, Leute, bestimmt«, rief er,
Doch er lief auf ein Riff in 'nem Sturm
Und soff ab, und soff ab, und soff ab.

Zehntausend Robben zogen wir ab
Für den Pelz, für den Pelz, für den Pelz.
Das Wasser war faulig und das Robbenfleisch ranzig,
Und alle von uns wurden krank,
Und verreckten, verreckten, verreckten.

Oh, ihr Salzwasserburschen,
Ihr Leute auf See!
Auch wenn die »Governor Bligh«
Ein paar von uns rettete,
Fahrt ihr nie auf Robbenschlag, niemals auf Robbenschlag.

Aus: Frank Tod, Whaling in Southern Waters, Dunedin 1982
Übersetzung: Klaus Barthelmeß

Die kleinen Pelzrobbenpopulationen der 1821 entdeckten South-Orkney-Inseln sowie die bis dahin kaum beachteten Herden verschiedener früher entdeckter Inseln wurden nun das Ziel der Industrie, die gierig die »Reste zusammenklaubte«.

Mit der systematischen Ausrottung der Pelzrobben wäre wohl auch die Fangindustrie ausgestorben, wäre da nicht neben der Jagd auf Pelze auch die Trantierjagd, die Jagd nach dem »flüssigen Gold«, gewesen. Das »Elephant oiling« oder »Elefanten-Abkochen« hielt die mobile Robbenfangindustrie am Leben. Ein einziger See-Elefant füllte immerhin fast zwei Fässer mit Tran, eine Beute, die sich die Tranjäger kaum entgehen ließen, zumal die See-Elefantenjagd sich bequem vor Beginn der eigentlichen Pelzrobbensaison erledigen ließ. Allein fünfzig Tonnen See-Elefantenöl scheffelte ein Londoner Fangschiff 1792 auf South Georgia, bevor die Mannschaft auf die Pelzrobben ging.

Ab 1813 machten sich die See-Elefantenjäger über die Macquarie-Insel südlich von Neuseeland her. 1831 schrieb der Robbenfänger John Biscoe: »Die Macquarie-Insel ist völlig abgespeckt.« Doch noch bis 1920 gab es vereinzelte Fangexpeditionen. Zu einem weiteren Zentrum entwickelten sich die Kerguelen-Inseln, von den Amerikanern betreffend »Desolation« genannt (nicht zu verwechseln mit der Doppelinsel Desolation im South Shetland-Archipel).

Das »Tenderwesen«, das Aussetzen von Fangmannschaften an verschiedenen Orten einer Robbeninsel, war üblich geworden, weil die geschrumpften Robbenherden den Personaleinsatz in bestimmten Buchten nicht mehr lohnten. So konnte ein Schiff in einer mehrmonatigen Saison mehrere Buchten, ja sogar mehrere Inseln »abernten«, wobei die Jäger ein unvorstellbar miserables Leben hinnehmen mußten. Erwartungsgemäß brachte in kürzester Zeit auch diese Methode nicht mehr die gewünschten

Erfolge. Einige Kapitäne verlegten sich auf die unmenschliche Praxis, Mannschaften in Einöde und Kälte überwintern zu lassen, damit sie auch den Winter über ranschafften, was eben noch möglich war.

So konnten die Robbenfänger schon im folgenden Frühjahr mit ihren Massakern beginnen, ehe das Schiff durchs Eis gelangte. In jener Phase machten die Speckjäger nicht einmal vor Pinguinen halt. Auch die gefrackten Vögel mußten ihr Scherflein zum Füllen der Trankessel beitragen.

Das Leben in solch einem schnell errichteten Camp, bewohnt von weißen »outcasts« aus aller Herren Länder und schwarzen Kapverdiern, die oft zum Robbenfang angeheuert wurden, wo man mit Kadavern, Blut, dem jede Oberfläche klebrig überziehenden Tran und mit stark rußenden Feuern arbeitete, dazu in einem Klima, in dem der Regen alles aufweicht, der Wind alles niederdrückt und der Frost nichts verrotten läßt, ist fast unbeschreibbar.

Um 1870 geriet der südliche Robbenfang fast ausschließlich in amerikanische Hände, da die Briten sich mehr und mehr der arktischen Trantierjagd widmeten. Gleichzeitig erlebte das Jahrzehnt die letzten besegelten Fangexpeditionen auf See-Elefanten im großen Stil. Drei Jahre bevor der letzte besegelte Robbenfänger 1912 South Georgia anlief, war auf dieser Insel die See-Elefantenjagd in eine moderne Phase getreten. Eine Aussicht auf Erfolg hatte sie nur als Nebenindustrie am Rande des großangelegten modernen Walfangs, der 1904 auf der südlichen Halbkugel startete.

Bei diesem Fangbetrieb gingen die Jäger allerdings ausschließlich Bullen an den Speck — im Rahmen einer Art »Vierfelderwirtschaft«, bei der die Insel in vier Fanggebiete eingeteilt wurde. Im jährlichen Turnus lag ein Feld »brach«, und aus den drei übrigen durften nur je 2000 Bullen getötet werden. In den Jahren nach dem Zweiten Weltkrieg wurde die Gesamtquote von 6000 auf 9000 erhöht, und ab 1952 wurden individuelle Quoten sowie Mindestgrößen und Schonzeiten für verschiedene Populationen der Insel alljährlich festgelegt, die aber auch zwischen 5000 und 6000 Tieren lagen, also in der Größenordnung der Vorkriegszeit.

Der Deutsche Erich Dautert besuchte 1931 South Georgia und nahm an einer See-Elefanten-Fangreise teil. Die Fangtechnik hat sich in den 55 Jahren des Bestehens der Industrie kaum verändert. Da nicht mehr wie früher alle Tiere einer Herde wahllos abgeschlachtet wurden, trieben die Jäger die einzelnen Bullen mit langen Stangen zum Wasser, provozierten sie am Ufer derartig, daß sie sich in eine für die Fangmannschaft günstige Position brachten. Dann wurden sie mit einem Weichmantel- oder Dumdumgeschoß ins Gehirn zur Strecke gebracht. Ein zweiter Schuß wurde gelegentlich abgegeben. Das Herz, das auch bei dieser Robbenart noch oft bei zerstörtem Gehirn schlägt, wurde dann mit einem langen Stahl angestochen, um den Blutkreislauf zum Stillstand zu bringen. Keine Blutfontänen sollten die Flenser bei der Arbeit behindern.

Neben den See-Elefanten spielten andere antarktische Robben nur eine untergeordnete Rolle, zumal ihr Verbreitungsgebiet weiter südlich als das von See-Elefanten und Pelzrobben liegt. Lediglich der Seeleopard lebt mitunter auch im Verbreitungsgebiet der traditionell bejagten Trantiere, so daß gelegentlich einzelne Tiere erbeutet wurden. Doch galt der Seeleopard wegen seines »unmodernen« Fells und wegen seiner dünnen Speckschicht als weniger attraktiv. Erstmalig scheinen 1885/86 Seeleoparden mit 132 Tieren in nennenswerter Zahl gefangen worden zu sein, als ein amerikanisches Fangschiff nur zwei See-Elefanten erwischte. Allerdings mußten auch solche unbrauchbaren Tiere für die Unterhaltung rauhbeiniger Seeleute herhalten, wie ein Mitglied der deutschen Südpolarexpedition von 1882/83 deutlich macht: »Mehrere habe ich mit der Lanze getötet, andere wurden geschossen . . . Keine Rede von Gefahr, lanzenbewehrt sich mit den Tieren zwischen den Hügeln umherzujagen, es war ein roher, aber lustiger Sport.«

Als sich Anfang der sechziger Jahre im nordatlantischen Robbenfang eine Krise abzeichnete, weil die Sattelrobbenbestände allzusehr zusammengeknüppelt waren, entsandte eine norwegische Robbenfangreederei in typisch skandinavischem Pioniergeist das Fangschiff »Polarhav« (Polarmeer) ins antarktische Packeis. Im Südwinter 1964 wurden 852 Robben erlegt. Damit war die Expedition ein wirtschaftlicher Flop, und die Robben Antarktikas blieben von großangelegter kommerzieller Ausbeutung verschont.

Nicht nur die Geographie verdankt den russischen Expeditionen (1728 bis 1741) des Dänen Vitus Bering bedeutende Erkenntnisse, auch die Biologie erhielt durch die Aufzeichnungen seines Begleiters Georg Wilhelm Steller erstmalig Kenntnis von drei neuen, wasserlebenden Säugetieren — dem Borkentier oder der Stellerschen Seekuh, dem Pazifischen Seeotter und der Nördlichen Pelzrobbe. Mit diesen Berichten setzte der deutsche Wissenschaftler unbewußt ein Vernichtungswerk aller drei Arten in Gang. Das letzte Exemplar der Stellerschen Seekuh wurde 27 Jahre nach ihrer Entdeckung von weißen Tranjägern erschlagen. Innerhalb weniger Jahrzehnte entwickelte sich die kommerzielle Otterjagd der Russen zur bedeutendsten Pelztierfangindustrie der Geschichte, die eine der Stützen des Chinahandels wurde. Die Pelzrobben hatten noch eine gewisse Galgenfrist, wenn auch geringe Stückzahlen einen unbedeutenden Beifang zur Otterjagd ausmachten. Die Entdeckung ihrer Brutplätze auf den Pribilow-Inseln in den Jahren 1786/87 kam den Pelzjägern gerade gelegen, denn schon waren die Otter rar geworden.

Ohne lange zu zögern gingen die zaristischen Unternehmen daran, diese Rohstoffquelle gehörig auszubeuten. 1799 wurde per Ukas die »Russisch-Amerikagesellschaft« gegründet, deren Handelsmonopol in erster Linie die Pelztierjagd von Sibirien bis Alaska einschloß und die durch Ausschaltung unkontrollierter russischer Konkurrenz dem Petersburger Hof höhere Einnahmen bescherte. Die russischen Fangleute hatten von Anfang an eingeborenes »Personal« — Aleuten — zur Pelztierjagd eingesetzt. Aleuten wurden auch auf die unbewohnten Pribilows deportiert, wo sie für ihre Kolonialherren wahllos Robben schlugen. Doch 1805 erkannte die »Russisch-Amerikagesellschaft«, daß sie sich den Ast, auf dem sie auf den Pribilows saß, nahezu abgesägt hatte, und in den Saisons 1806 und 1807 mußte sie den Fang aussetzen. 1820 riet ein Beobachter, den Fang auf Jungtiere zu beschränken und vor allem das Töten der Weibchen einzustellen. Aber erst eine Eiskatastrophe im Jahre 1834, bei der die trächtigen Weibchen nicht zum Werfen an Land gelangen konnten, zeigte dem Pelzjägerunternehmen, daß sich ohne Rücksicht auf biologische Zusammenhänge das Gewerbe nicht fortführen ließ. Von 1835 bis zum Verkauf Alaskas mitsamt Aleuten und den Pribilows an die USA im Jahre 1867 war der Fang von Weibchen verboten und der von männlichen Tieren Beschränkungen unterworfen, und der Bestand erholte sich.

Wenn auch die Russisch-Amerikagesellschaft die Pelzrobbenkolonien auf den Pribilows und den Kommandeurinseln, wo eine kleinere Population lebt, unter fester Kontrolle hielt, so wurden doch andere Kolonien der begehrten Pelzträger von ausländischen Robbenfängern ausgebeutet. Als Rußland im Krimkrieg (1854/56) England und Frankreich von der Zufuhr des luxuriösen Pelzwerks abschnitt, wurde ein amerikanischer Robbenfänger von der amerikanischen Ostküste um Kap Hoorn in die See von Ochotsk geschickt, wo er die kleine Pelzrobbenkolonie der damals noch japanischen Robbeninsel vor Sachalin ausbeutete. Amerikanische Pelzhändler pflegten in der Mitte des 19. Jahrhunderts bei den Nordwestküstenindianern in der Gegend von Vancouver Felle einzutauschen. Sie veranlaßten die Indianer, die jahrelang die Felle einiger weniger Pelzrobben, die sie für den Eigenbedarf erlegt hatten, in die Handelsstationen gebracht hatten, ihre Ausbeute zu steigern: Zwischen 1864 und 1869 wuchs die eingetauschte Menge von ein paar Dutzend auf über 5000 Felle.

Alles in allem dürften in der Zeit vor dem Verkauf Alaskas mehr als zweieinhalb Millionen Nördliche Pelzrobben asiatische und europäische Putzsucht befriedigt haben. Die ersten beiden Saisons ohne die Kontrolle der »Russisch-Amerikagesellschaft« resultierten in ungeheuren Fängen von mehr als 300 000 Tieren. Diese Menge blockierte den Markt, zumal die Zarenregierung, die über Jahrzehnte hinweg eine geschickte Vorratslagerpolitik betrieben hatte, ebenfalls mit 100 000 Fellen in die Auktionen drängte, so daß der Preis beträchtlich fiel. Als die amerikanische Regierung daraufhin die Robbenfanglizenz gegen eine Gebühr und eine Stückfellsteuer der »Alaska Commercial Company« überließ, Quoten festlegte und Fangbeschränkungen erließ, war ein weiterer Schritt auf ein Populationsmanagement hin getan. Fänge blieben in den kommenden beiden Jahrzehnten unter der Quote von 100 000 Stück. Als 1889 die Lizenz einer anderen Gesellschaft übertragen wurde, konnten flexible Jahresquoten festgelegt werden, die in Durchschnittsfängen von 15 000 bis 30 000 Tieren resultierten. Bis 1909 wurden etwa 346 000 junge Robbenbullen erlegt.

Aber ein weiteres Problem war gegen 1885 aufgetaucht, das eine große Gefahr für die Pelzrobbenbestände darstellte: der pelagische Robbenfang von Schiffen aus, die außerhalb der Hoheitsgewässer kreuzten und in erster Linie die trächtigen Weibchen auf dem Weg zu den Inseln abfingen. Dieser Raubbau, bei dem angeschossene Tiere oft versanken, ehe die Fangschaluppen herangerudert kamen, erbrachte bis 1909 über 600 000 Pelze, fast doppelt so viele wie die landgebundene Robbenindustrie. Kanadische, russische, japanische Fangschiffe, aber auch amerikanische Monopolbrecher betrieben diesen völlig unkontrollierbaren Fang, der 1892 durch ein bilaterales Abkommen zwischen Kanadas Mutterland Großbritannien und den USA nur geringfügig eingeschränkt werden konnte. 1911 war die Pribilow-Pelzrobbenkolonie auf die kleinste je ermittelte Bestandsmenge von etwa 300 000 Tieren zusammengeschrumpft, und die letzten pelagischen Robbenfangschiffe mußten sich anderen Tätigkeiten zuwenden.

Im selben Jahr noch setzten sich die Pelzrobben fangenden Nationen USA, Rußland, Großbritannien (für Kanada) und Japan an den Verhandlungstisch und handelten ein Abkommen aus, das 75 Jahre lang, bis 1985, einen lukrativen, regulierten Robbenschlag ermöglichte. Gegen die Verpflichtung, zukünftig keinen pelagischen Robbenfang mehr zu betreiben, erhielt — vereinfacht gesagt — jede der Signatarnationen von den drei Nationen, die die Gebietshoheit über eine der drei Robbenkolonien hatten, eine Kompensation in Form eines prozentualen Fanganteils. Jeweils siebzig Prozent der Fänge behalten die USA (Pribilows), UdSSR (Kommandeurinseln) und Japan (Robbeninsel) für sich, die übrigen dreißig Prozent werden nach der Kompensationsformel verteilt. Auch Kanada erhält für die Preisgabe eigenen pelagischen Robbenfangs einen Anteil.

Das in dem Abkommen institutionalisierte wissenschaftliche Komitee mit Sitz in Washington konnte bis heute Quoten festlegen, die der Populationsentwicklung wohl Rechnung trugen und von einem zwischenzeitlichen Maximum von über 60 000 auf derzeit etwa 20 000 Tiere gesenkt wurden.

Das »Meerpferd« oder *Rosmarus* — so die lateinische Form des altnordischen Wortes »romshvalr« (Pferdwal) — liefert ein Produkt, das schon in vorgeschichtlicher Zeit äußerst begehrt ist: die Hauer. In der Steinzeitsiedlung Skara Brae macht man Gebrauchsgegenstände daraus. Die Bewohner Irlands fertigen aus diesem Produkt Schwertgriffe, berichtet im dritten nachchristlichen Jahrhundert der Römer Gaius Julius Solinus. Spätestens seit der Wikingerzeit (9. Jahrhundert) gelangt es von der russischen Eismeerküste auf zwei Handelsrouten nach China und Japan sowie ins türkische Reich und nach Ägypten. Überall gilt es als unbezahlbar, als eine Kostbarkeit, die vor Krankheit und Gift schützt, die als Schwertgriff der Waffe magische Kraft verleiht. In der romanischen Kunst des mittelalterlichen Europas wird es wie Elfenbein verarbeitet, schmückt Bischofsstäbe, liturgische Bucheinbände, religiöse Gerätschaften. »Fischzähne« sind einer der gesuchten Handelsartikel, deretwegen im 16. Jahrhundert diplomatische Gesandtschaften Englands und des Heiligen Römischen Reiches an den Hof des moskowitischen Großfürsten nach Moskau reisen.

Noch in unserem Jahrhundert findet das leicht zu bearbeitende Dentin der langen Eckzähne bei den circumpolaren Naturvölkern Verwendung: als Schneemesser, Harpunenschäfte, Gleitkufen an Frauenbooten, als Schmuck. Über den Tauschhandel mit südlichen Nachbarvölkern gelangte das Material — oft unter phantastischen Herkunftsangaben, zum Beispiel als Schlangenhorn — in die Zivilisationszentren des fernen und nahen Orients und Europas.

In der zweiten Hälfte des 16. Jahrhunderts bemühten sich die aufstrebenden Handelsnationen England und die Niederlande, an dem äußerst gewinnbringenden Gewürzhandel mit Südostasien teilzunehmen. Doch Spanien und Portugal kontrollierten — völlig im Einklang mit der damaligen Völkerrechtsauffassung — die bekannten Seewege dorthin. Also mußte man »oben herum«: Die mehrhundertjährige Suche nach der Nordwest- und Nordostpassage begann. Bei den ersten Expeditionen der Engländer und Niederländer wurde als Nebenprodukt der Suche nach einer Gewürzhandelsroute der Reichtum der arktischen Tierwelt entdeckt.

Von der Londoner »Muskovy Company« mit der Trantierjagd beauftragt, begann Kapitän Stephen Bennett 1603 auf der Bäreninsel die großen Walroßherden auszubeuten. Ohne jegliche Jagderfahrung tötete er aus zwei Herden von mehr als tausend Tieren etwa fünfzig, um ihnen die Zähne herauszuhauen. Den Rest ließ er verrotten. Im folgenden Jahr traf eine weitere Walroßfangexpedition ein. Man hatte dazugelernt: die Herden von See aus anzugreifen und zunächst die Tiere in Ufernähe zu erlegen, damit ihre Kadaver ein Hindernis für den fliehenden Rest der Herde sein sollten. Auch beim Töten ging man gewiefter vor. Hatten sich doch Musketenkugeln als zu schwach für die schwartige, zähe Haut und die dicken Schädelknochen erwiesen, rückte man nun den tonnenschweren Riesen mit Schrot zu Leibe: Eine Ladung ins Gesicht, und dann konnte man den halbbetäubten und meist geblendeten Tieren mit Äxten und Spießen den Rest geben. Der Erfolg gab der rüden Methode recht. Rund 700 Walrosse in sechs und 900 in sieben Stunden sind die Rekordzahlen der beiden folgenden Fangjahre. Diesmal sott man auch den Hautspeck der Kadaver an Ort und Stelle zu Tran. Noch heute sind in der Kvalrossbukta (Walroßbucht) der Bäreninsel Überbleibsel von Trankochereien aus dem 17. Jahrhundert zu sehen.

Doch schon bald zeigte das Fanggebiet erste Anzeichen von Überjagung, und die Bäreninsel wurde seltener zum Walroßfang angelaufen. Die Küsten des Spitzbergenarchipels waren ergiebiger. Bei anfangs noch reichen Walfanggründen trat der Walroßfang etwas in den Hintergrund, solange der Walfang selber ergiebiger war. Friedrich Martens, der 1671 eine Walfangreise von Hamburg aus mitmachte, schreibt: »Wann der Wall Roß getödtet ist / hauet man ihm den Kopf abe / den Leib lassen sie liegen / oder lassen ihn im Wasser treiben . . . Den Kopf nehmen sie mit an das Schiff / da werden die Zähne außgehauen / die zwo grossen Zähn gehören den Redern oder Kauffleuten des Schiffes.« Offensichtlich schien der Hautspeck der Mühe nicht wert.

Weit südwestlich von Spitzbergen, an der Eisgrenze der Cabotstraße zwischen Neufundland und Neuschottland, fand gleichzeitig eine ähnliche Ausrottung von Walroßpopulationen statt.

Auf der winzigen Insel Miscou gründete um 1640 unter dem Schutz Richelieus und König Ludwigs XIII. von Frankreich die Königliche Compagnie von Miscou die Siedlung Nouvelle Rochelle. Die wirtschaftliche Lebensgrundlage ihrer Bewohner, die mit fast 2000 Einwohnern eine der größten Ansiedlungen der damaligen französischen Kolonie bildeten, war einzig und allein die Walroßjagd. Ein knappes Jahrhundert später war Nouvelle Rochelle zerfallen, gab es auf Miscou keine Walrosse mehr. Auf den benachbarten Magdaleneninseln im Golf des St. Lorenz konnten sich die Walrosse immerhin noch rund zwei Jahrhunderte gegenüber den Attacken kommerzieller Tranjäger behaupten.

Die nordrussische Inselgruppe Novaja Semlja südöstlich von Spitzbergen war seit jeher Ziel von sommerlichen Fangreisen der Samojeden und anderer Eingeborener der Weißmeerküste gewesen. Für 1611 ist eine Expedition der Londoner »Muskovy Company« belegt, die den Auftrag hatte, entweder Tauschhandel zu treiben oder auf Novaja Semlja Walrosse zu fangen. Die schwierige Eisnavigation in diesen Gewässern scheint die dortige Walroßpopulation zunächst vor allzu heftiger Nachstellung bewahrt zu haben, im Gegensatz zu Spitzbergen: Die Russen zumindest sollen ab 1840 keine Walroßfänger mehr nach Spitzbergen gesandt, sondern sich auf das Fanggebiet um Novaja Semlja konzentriert haben. Im Jahre 1865 fuhren 122 Mann auf 15 Schiffen aus acht Weißmeerhäfen dorthin und erbeuteten 600 Walrosse, so der Fischereikundler und Protagonist deutscher Polarforschung, Doktor Moritz Lindeman, in einer Schrift von 1869. Dreißig Jahre später mußte er den russischen Walroßfang bei Novaja Semlja als »höchst unbedeutend« bezeichnen.

In ihrem pazifischen Verbreitungsgebiet waren die Walrosse sowohl die Beute asiatischer und amerikanischer Eingeborener als auch weißer Walfänger. Fangdaten aus diesem Gebiet sind recht spärlich, doch schon aus dem Wenigen läßt sich das bekannte Muster der Überfischung erkennen, sobald »Weiße« mit der industriellen Ausbeutung lebender Naturressourcen begannen.

Erst im Jahre 1848 drangen Walfänger in die Beringstraße vor. Der dortige Walreichtum führte zunächst zu einem Boom von Fangexpeditionen. Walrosse waren lediglich ein unbedeutender Beifang, der jedoch intensiviert wurde, als die Schiffe in Konkurrenz zueinander versuchten, möglichst vor dem Aufbrechen der Eisbarriere an den Wanderwegen der Polarwale zu sein. Dort hielten sich aber zu jener Jahreszeit die Walrosse auf, mit deren Jagd man sich die Wartezeit ökonomisch nutzbringend vertrieb. Dem Walfänger Charles M. Scammon zufolge begann diese Art von Walroßfang mit Gewehren und Harpunen um 1865 und soll in den ersten fünf Jahren den Reedern rund 50 000 Faß Tran eingebracht haben, ausgesotten aus schätzungsweise 60 000 Tieren.

Fest steht, daß die zaristische Regierung sich bereits um 1880 gezwungen sah, durch russische Schiffe vor der Tschuktschen-Halbinsel Flugblätter an die amerikanischen Walfänger verteilen zu lassen, die darin in Englisch aufgefordert wurden, unter anderem den Walroßfang einzustellen, da bereits einige Tschukoten-Siedlungen von Hungersnöten heimgesucht worden waren, weil die lebensnotwendigen Walrosse rar geworden waren.

Zwischen 1874 und 1898 wurden von der San Franciscoer Walfangflotte 345 602 Pfund Walroßzähne aus der Beringstraße ans Golden Gate gebracht. Die meisten davon waren durch Tauschhandel von den Eskimos erworben worden, die für die begehrten »weißen« Waren gelernt hatten, über den Eigenbedarf hinaus zu jagen. 1910 verließen die US-Walfänger den unergiebigen Fanggrund in der Beringstraße.

Nach einer Saison erfolglosen Walfangs in der See von Ochotsk entsandte die südnorwegische Reederei »Kosmos« die »Kit« (russisch: Wal) im Jahre 1912 in die Beringstraße. Der Sandefjorder Walfangreeder Christen Christensen hatte drei kombinierte Walfangdampfer und Walverarbeitungsschiffe bauen lassen, die sich allerdings in technischer Hinsicht den kombinierten Aufgaben als nicht gewachsen erwiesen (erst in den sechziger Jahren hatten solche Schiffsbauten Erfolg). In den drei Saisons bis zum Ausbruch des Ersten Weltkriegs erwies sich die »Kit« jedoch als trefflicher Walroßfänger in der Beringstraße. Für die Jahre 1912 bis 1914 war die Ausbeute 404 beziehungsweise 937 und 986 Walrosse nebst einigen wenigen Eisbären und Robben.

Noch mehrere Jahrzehnte lang bildeten Walrosse im Pazifik wie im Atlantik einen gewissen Beuteanteil abenteuerlicher, kommerzieller und jagdsportlicher Eismeerfangreisen, bis die Art 1952 international unter Schutz gestellt wurde. Lediglich den arktischen Ureinwohnern verbürgten die Regierungen Dänemarks, Kanadas, der USA und der UdSSR das traditionelle Recht auf fortgesetzten Fang der Tiere.

Auch das 1972 von den USA erlassene nationale Gesetz zum Schutz von Meeressäugetieren sieht einige Ausnahmeregelungen für Ureinwohner vor, die von der Seesäugerjagd leben. So dürfen u. a. die Eskimos Alaskas weiterhin Walrosse und Wale für den Eigenbedarf jagen. Indes, dieser Eigenbedarf ist ein stark strapazierter Gummibegriff, denn angesichts von Preisen um tausend Dollar pro Paar Walroßzähne, die weiße Touristen zu zahlen bereit sind, entwickelten die Ureinwohner schnell einen ureigenen Bedarf. Tierschützern zufolge wurden 1980 mehr als 7000 Walrosse vor Alaska erlegt, und zahllose geköpfte Kadaver säumten die Ufer der Eskimosiedlungen. Ein Ende ist noch nicht abzusehen.   Klaus Barthelmeß

Geschätzte Bestände der Robbenpopulationen nach »Marine Mammal Protection Act von 1972«
Angaben in Tausend

Name	Weltweit geschätzt	Arktik circumpolar	Pazifik				Atlantik				Südlicher Ozean			
			Asien	Alaska	Nordamerika	Südamerika	Nordamerika	Europa	Afrika	Südamerika	Neuseeland	Australien	Subantarktis	Antarktis
Zalophus californianus	177				157	20								
Eumetoplas jubatus	230/240		20/30	200	10									
Otaria flavescens	273					228				45				
Neophoca cinerea	2/3											2/3		
Phocarctos hookeri	6										6			
Callorhinus ursinus	1332		463	865	4									
Arctocephalus townsendi	1				1									
Arctocephalus philippii	0,705/0,75					0,705/0,75								
Arctocephalus galapagoensis	1/5					1/5								
Arctocephalus australis	346					294				52				
Arctocephalus pusillus	870								850			20		
Arctocephalus forsteri	58										25		33	
Arctocephalus gazella	350												350	
Arctocephalus tropicalis	122								113					9,9
Phoca largha	335/450		135/200	200/250										
Phoca vitulina	390/413,5		10/15	260	42		30/45	48/51,5						
Phoca (=pusa) hispida	6000/7000	6000/7000												
Phoca sibirica	40/50		40/50											
Phoca caspica	500/600		500/600											
Phoca groenlandica	1650/3250						1050/2100	600/1150						
Phoca (=histriophoca) fasciata	200/250	200/250												
Halichoerus grypus	101/133						24/55	77/78,5						
Erignathus barbatus	500*	500*												
Cystophora cristata	500/600						500/600							
Monachus monachus	0,5							0,5						
Monachus tropicalis	**													
Monachus schauinslandi	0,5/1,5				0,5/1,5									
Mirounga leonina	600											300	300	
Mirounga angustirostris	100				100									
Lobodon carcinophaga	15000													15000
Ommatophoca rossii	220													220
Hydrurga leptonyx	500													500
Leptonychotes weddelli	750													750

* vermutlich mehr als
** wohl ausgestorben

Richtlinie des Rates vom 28. März 1983 betreffend die Einfuhr in die Mitgliedstaaten von Fellen bestimmter Jungrobben und Waren daraus

Der Rat der Europäischen Gemeinschaften
gestützt auf den Vertrag zur Gründung der Europäischen Wirtschaftsgemeinschaft, insbesondere auf Artikel 235,
auf Vorschlag der Kommission,
nach Stellungnahme des Europäischen Parlaments,
nach Stellungnahme des Wirtschafts- und Sozialausschusses,
hat folgende Richtlinie erlassen:

Artikel 1
(1) Die Mitgliedstaaten treffen alle erforderlichen Maßnahmen oder behalten sie bei, um sicherzustellen, daß die im Anhang aufgeführten Waren nicht gewerblich in ihr Gebiet eingeführt werden.
(2) Sie unterrichten die Kommission unverzüglich hierüber.

Artikel 2
Diese Richtlinie ist vom 1. Oktober 1983 bis 1. Oktober 1985 anwendbar, sofern nicht der Rat auf Vorschlag der Kommission mit qualifizierter Mehrheit auf der Grundlage eines bis zum 1. September 1983 vorzulegenden Berichts der Kommission anders entscheidet.

Artikel 3
Diese Richtlinie gilt nur für Waren, die nicht von der von den Inuits ausgeübten traditionellen Jagd herrühren.

Artikel 4
Diese Richtlinie ist an die Mitgliedstaaten gerichtet.
Geschehen zu Brüssel am 28. III. 1983
Die Richtigkeit der Abschrift wird beglaubigt

Der Generalsekretär
Im Auftrag
D. M. Neligan
Generaldirektor
Im Namen des Rates
Der Präsident
gez. J. Ertl

Das Europäische Parlament hat eine Entschließung zum Handel der Gemeinschaft mit Erzeugnissen aus Seehundfell und insbesondere aus dem Fell der Jungtiere der Sattel- und Mützenrobben angenommen.

In einigen Mitgliedstaaten sind bereits freiwillige oder gesetzliche Maßnahmen zur Beschränkung der Einfuhr oder Vermarktung der Felle von Jungtieren der Sattelrobben (whitecoats) und von Jungtieren der Mützenrobben (bluebacks) getroffen worden. Ein Mitgliedstaat verlangt bereits die Kennzeichnung aller Erzeugnisse aus Seehundfell.

Verschiedene Studien haben Zweifel über die Bestände von Mützen- und Sattelrobben aufkommen lassen, insbesondere was die Auswirkungen der nichttraditionellen Jagd auf Erhaltung und Bestand der Mützenrobben angeht.

Die Nutzung von Robbenbeständen und anderen Arten ist, wenn sie im Einklang mit deren Belastbarkeit und unter Wahrung der natürlichen Gleichgewichte erfolgt, eine naturgegebene und legitime Betätigung und stellt in bestimmten Regionen der Welt einen wichtigen Bestandteil der traditionellen Lebensbedingungen und der Wirtschaft dar. Die von den Inuit ausgeübte traditionelle Jagd verschont die Jungrobben. Folglich sollten die Interessen der Inuit nicht berührt werden.

Es ist wünschenswert, daß weitere Untersuchungen über die wissenschaftlichen Aspekte und Folgen der Tötung von Jungtieren von Sattelrobben und Mützenrobben durchgeführt werden. Bis die Ergebnisse dieser Untersuchungen vorliegen, sind vorläufige Maßnahmen entsprechend der Entschließung des Rates und der Vertreter der Regierungen der Mitgliedstaaten vom 5. Januar 1983 (1) zu ergreifen oder beizubehalten.

Es ist davon Kenntnis genommen worden, daß die Jagd auf Jungrobben bereits gewisse Einschränkungen erfahren hat. Der Rat hat die Kommission ersucht, im Rahmen ihrer fortgesetzten Kontakte mit den betroffenen Staaten weiterhin Lösungen anzustreben, die eine Importbeschränkung entbehrlich machen.

Der Rat wird die Lage auf der Grundlage eines Berichts, den die Kommission ihm vor dem 1. September 1983 vorlegen wird, erneut überprüfen.

Kontrollausschuß Jungrobben:
Statement vom 31. Januar 1983

Überwachung der freiwilligen Selbstbeschränkungsverpflichtung betr. Einfuhr und Verarbeitung von Fellen der Jungtiere der Sattelrobben (whitecoats) und Mützenrobben (bluebacks) unter drei Monaten und Waren daraus.

1. Die Einhaltung der freiwilligen Selbstbeschränkungsverpflichtung wird durch die Verbände von den satzungsgemäß bestellten Organen überwacht.

2. Strittige Fälle können einem *Kontrollausschuß* vorgelegt werden. Der Kontrollausschuß hat die Bezeichnung »Kontrollausschuß für die Überwachung der freiwilligen Selbstbeschränkungsverpflichtung betr. Einfuhr und Verarbeitung von Fellen der Jungtiere der Sattelrobben (whitecoats) und Mützenrobben (bluebacks) unter drei Monaten und Waren daraus« — Kurzbezeichnung: Kontrollausschuß / Jungrobben (KJ).
Der Kontrollausschuß setzt sich wie folgt zusammen:
a) *Mitglieder*
Herr Brauser, Bundespelzfachschule, Frankfurt
Frau Deimer, Gesellschaft zum Schutze der Meeressäugetiere e. V., Hamburg
Herr Denhardt, in Fa. Denhardt, Hamburg
Herr Erhardt, Bundesarbeitsgemeinschaft der Mittel- und Großbetriebe des Einzelhandels e. V., Köln
Herr Dr. Merget, Verband der deutschen Rauchwaren- und Pelzwirtschaft, Frankfurt
Herr Urban, Hauptverband der deutschen Schuhindustrie e. V., Offenbach
Herr Dr. Wünschmann, World Wildlife Fund, Frankfurt
Weiterhin wurden aufgenommen: Greenpeace (1 Vertreter), Deutscher Tierschutzbund (1 Vertreter)
b) *Beobachter*
je ein Vertreter von BMWi, BML und DIHT

3. Der Kontrollausschuß bemüht sich bei strittigen Fällen um Sachaufklärung in der ihm geeignet erscheinenden Weise. Stellt sich in konkreten Fällen heraus, daß der Selbstbeschränkungsverpflichtung zuwidergehandelt wird, so wirkt der Kontrollausschuß ggf. im Benehmen mit dem betroffenen Verband darauf hin, daß die Zuwiderhandlungen unverzüglich abgestellt werden.

4. Der Kontrollausschuß unterrichtet die Bundesregierung und die Öffentlichkeit in angemessenen Zeitabständen über die Einhaltung der Selbstbeschränkung.
Der Kontrollausschuß bemüht sich ferner um eine aktive Öffentlichkeitsarbeit in allen die Robbenjagd betreffenden Fragen.

5. Die Sitzungen des Kontrollausschusses werden von 2 *Geschäftsführern* vorbereitet. Geschäftsführer sind: Herr Dr. Merget, Verband der deutschen Rauchwaren- und Pelzwirtschaft, und Frau Deimer, Gesellschaft zum Schutze der Meeressäugetiere e. V.

6. Die Geschäftsführer unterrichten sich gegenseitig über alle eingehenden Beschwerden, holen in gegenseitigem Einvernehmen Stellungnahmen der Betroffenen ein, laden im Benehmen mit den Mitgliedern des Kontrollausschusses zu Sitzungen ein, tragen die vorliegenden Fälle vor, sorgen dafür, daß die Entschließungen bzw. Empfehlungen des Kontrollausschusses über die jeweiligen Verbände oder direkt den Betroffenen mitgeteilt werden und fertigen über die Sitzungen des Kontrollausschusses ein Protokoll an. Die Geschäftsführer unterrichten die an der freiwilligen Selbstbeschränkung beteiligten Verbände über die Tätigkeit des Kontrollausschusses.

7. Die anfallenden Kosten werden von den Beteiligten getragen. Die Teilnahme im Kontrollausschuß ist ehrenamtlich.

Das Washingtoner Artenschutzübereinkommen (WA) — Kontrolle des weltweiten Handels mit gefährdeten Tier- und Pflanzenarten

Viele Tier- und Pflanzenarten sind heute als Folge von Handelsinteressen in ihrem Bestand gefährdet oder sogar vom Aussterben bedroht. Dieser Gefährdung kann nur durch eine weltweite Zusammenarbeit des Artenschutzes in diesem Bereich wirksam begegnet werden. Deshalb ist es am 3. März 1973 aufgrund einer Empfehlung der Konferenz der Vereinten Nationen über die Umwelt des Menschen (Stockholm 1972) zum Abschluß des Washingtoner Artenschutzübereinkommens gekommen, das am 1. Juli 1975 völkerrechtlich in Kraft getreten ist und dem bis zum 1. August 1983 bereits 81 Staaten, darunter die Bundesrepublik Deutschland als erster EG-Staat, beigetreten sind. Die Bundesrepublik hat das Übereinkommen durch Gesetz vom 22. Mai 1975 ratifiziert und ab 20. Juni 1976 in Kraft gesetzt.

Das Übereinkommen sieht ein umfassendes internationales Kontrollsystem für den Handel mit »Exemplaren« (= Tiere und Pflanzen sowie deren ohne weiteres erkennbare Teile und Erzeugnisse daraus) geschützter Arten vor. »Handel« im Sinne des Übereinkommens ist die Ausfuhr, die Wiederausfuhr, die Einfuhr sowie das Einbringen aus dem Meer.

Die vom Übereinkommen erfaßten Tier- und Pflanzenarten sind entsprechend dem Grad ihrer Schutzbedürftigkeit in zwei Listen als Anhänge I und II zum Übereinkommen aufgeführt, die ständig überprüft und angepaßt werden. Anhang I enthält die von der Ausrottung bedrohten Arten, die durch den Handel beeinträchtigt werden oder beeinträchtigt werden können, während in Anhang II solche Tier- und Pflanzenarten erfaßt sind, deren Erhaltungssituation zumeist noch eine geordnete wirtschaftliche Nutzung unter wissenschaftlicher Kontrolle zuläßt. Ferner sind in einem Anhang III solche Arten aufgeführt, die von einer Vertragspartei in ihrem Hoheitsbereich einer besonderen Regelung unterworfen sind.

Die Bundesrepublik Deutschland selbst hat keine Arten zu Anhang III angemeldet, sie hat jedoch den von einigen anderen Vertragsstaaten angemeldeten Anhang III durch Verordnung in Kraft gesetzt.

Der Handel mit Exemplaren der in Anhang I genannten Arten unterliegt einer besonders strengen Regelung. Handel mit Exemplaren dieser Art darf nur in Ausnahmefällen zugelassen werden; zu kommerziellen Zwecken ist er praktisch ausgeschlossen. Die Einfuhr setzt das Vorliegen einer Einfuhrgenehmigung des Importstaates voraus, die nur unter bestimmten Voraussetzungen erteilt wird. Bei der Einfuhr muß außerdem eine Ausfuhrgenehmigung oder Wiederausfuhrbescheinigung des Exportstaates vorliegen. Es erfolgt also eine Kontrolle durch den Einfuhrstaat wie auch durch den Ausfuhrstaat.

Exemplare der in Anhang II genannten Arten können unter bestimmten Voraussetzungen gehandelt werden. Hier ist für die Einfuhr lediglich eine Ausfuhrgenehmigung oder eine Wiederausfuhrbescheinigung des Exportstaates erforderlich; eine Einfuhrgenehmigung als Gegenkontrolle entfällt. Die Bestimmungen erlauben somit den Exportländern eine Kontrolle des Handels zum Beispiel durch Höchstmengenkontingentierung oder Verweigerung einer Ausfuhrgenehmigung.

Für die Einfuhr eines Exemplares des Anhangs III sind ein Ursprungzeugnis und, falls die Einfuhr aus einem Staat erfolgt, der die Aufnahme dieser Art in den Anhang III veranlaßt hat, eine Ausfuhrgenehmigung des Ausfuhrstaates erforderlich.

Der Handel mit Staaten, die nicht Vertragsparteien sind, unterliegt grundsätzlich denselben Beschränkungen wie der Handel zwischen Vertragsparteien. Es können aber statt der vorgeschriebenen Bescheinigungen vergleichbare andere Dokumente akzeptiert werden, wenn sie den Erfordernissen des Übereinkommens für die Erteilung von Genehmigungen entsprechen. Eines der Grundprinzipien des Übereinkommens ist, daß jeder Vertragsstaat die ordnungsgemäßen Ausfuhrdokumente eines anderen Vertragsstaates anzuerkennen hat. So muß die Einfuhr der nicht unmittelbar vom Aussterben bedrohten Tier- und Pflanzenarten (= Anhang II) zugelassen werden, wenn die Herkunftsländer u. a. bescheinigt haben, daß die Ausfuhr dem Überleben der betreffenden Art nicht abträglich ist.

Die Importstaaten als Verbrauchsländer können die Herkunftsländer somit bei der Ausfuhr von Anhang-II-Exemplaren nur unterstützen, indem sie den legalen Export aus den Ursprungsländern überprüfen und Importe von illegal eingeführten Tieren und Pflanzen nicht gestatten. Die Verantwortung dafür, ob die Entnahme von gefährdeten Tier- und Pflanzenarten aus der Natur und deren Ausfuhr mit dem Überleben einer Art vereinbar ist oder nicht, liegt damit nach dem Aufbau des WA allein bei den Herkunftsländern. Das WA schließt allerdings nicht aus, daß die Mitgliedsländer strengere Vorschriften erlassen, die es ihnen erlauben, zum Beispiel Ausfuhrdokumente anderer Vertragsstaaten zurückzuweisen, wenn diese nur in formeller, nicht jedoch in materieller Hinsicht den Anforderungen des WA genügen. In der Bundesrepublik Deutschland bestehen zur Zeit noch keine strengeren Vorschriften in diesem Sinne.

Der Antarktis-Vertrag

Am 1. Dezember 1959 unterschrieben in Washington jene zwölf Nationen den Antarktis-Vertrag, die damals in der Antarktis tätig waren. Der Vertrag hat zum Ziel, den Fortgang der Erforschung der Antarktis zu erleichtern und sicherzustellen, daß dieser Kontinent für alle Nationen offen ist, die sich dort wissenschaftlich und mit friedlichen Absichten betätigen wollen. Die 14 Artikel des Vertrages können folgendermaßen zusammengefaßt werden:

I — Die Antarktis soll nur für friedliche Zwecke genutzt werden; jegliche militärischen Maßnahmen sind verboten.

II — Die Freiheit der wissenschaftlichen Forschung und die Zusammenarbeit, wie sie während des IGJ gehandhabt wurde, sollen fortgeführt werden.

III — Die Pläne für wissenschaftliche Programme, die Beobachtungen und Ergebnisse sollen frei ausgetauscht werden; wissenschaftliches Personal kann zwischen den Expeditionen ausgetauscht werden.

IV — Alle Territorialansprüche werden vom Tag der Unterzeichnung an eingefroren. Während der Gültigkeit des Vertrages kann keine Aktivität irgendeines Landes den Status quo über Rechte oder Ansprüche auf territoriale Gebietshoheiten beeinflussen.

V — Atomexplosionen und die Ablagerung radioaktiven Mülls sind in der Antarktis verboten.

VI — Die Vorschriften des Vertrages gelten für das Gebiet südlich des 60. Breitengrades.

VII / VIII — Jede Vertragspartei kann Beobachter einsetzen. Sie sollen die völlige Freiheit haben, jedes Gebiet der Antarktis zu jeder Zeit aufsuchen zu können, und sie haben das Recht, Gebäude, Einrichtungen, Geräte, Schiffe oder Flugzeuge jeder anderen Nation zu kontrollieren oder auch Luftbeobachtungen durchzuführen.

IX — Es sollen regelmäßige, beratende Tagungen der Vertragsparteien abgehalten werden.

X — Die Vertragsparteien sollen sicherstellen, daß keine Tätigkeiten entgegen den Grundsätzen oder Zielen des Vertrages durchgeführt werden.

XI — Alle Streitigkeiten zwischen Vertragsparteien sollen durch friedliche Verhandlungen beigelegt werden, als letzten Ausweg durch den Internationalen Gerichtshof.

XII — Der Vertrag soll mindestens dreißig Jahre in Kraft bleiben.

XIII / XIV — Diese Artikel regeln die rechtlichen Einzelheiten über Ratifizierung und Hinterlegung des Vertrages.

In den Jahren seit der Unterzeichnung des Vertrages wurde auf beratenden Tagungen Übereinkunft über eine Reihe umfassender Maßnahmen erzielt, einschließlich des Schutzes der Tierwelt und spezieller Gebiete von besonderem wissenschaftlichen Interesse. Weitere Themen, über die Übereinstimmung erzielt werden soll, sind in der Diskussion. Die Inspektionen durch nationale Beobachter wurden im Geiste freundlicher Zusammenarbeit durchgeführt. Stetig und ungehindert war der Fluß von Daten und Veröffentlichungen zwischen allen Nationen.

Der Vertrag gilt nicht für den Bereich des Meeres und auch nicht für die subantarktischen Inseln nördlich des 60. Breitengrades. Für die letzteren gelten nationale Gesetze, die u. a. auch Bestimmungen zum Schutz der Tierwelt enthalten.

Weiterführende Literatur

AGUAYO, A. 1978. The present status of the Antarctic fur seal *Arctocephalus gazella* at South Shetland Islands. Polar Record 19 (119): 167—176.

ALLEN, G. M. 1928. The walrus in New England. Bull. Boston Soc. Nat. Hist. 47: 10—12.

ANDERSEN, H. J. (ed.) 1969. The biology of marin mammals. 511 pp. Academic Press.

ANDERSON, S. S., BAKER, J. R., PRIME, J. H. & BAIRD, A. 1979. Mortality in grey seal pups: incidence and causes. J. Zool., Lond. 189: 407—417.

ANDERSON, S. S., BURTON, R. W. & SUMMERS, C. F. 1975. Behaviour of grey seals (*Halichoerus grypus*) during a breeding season at North Rona. J. Zool., Lond. 177: 179—195.

ANGOT, M. 1954. Observations sur les mammifères marins de l'Archipel de Kerguelen. Mammalia, Paris. 18 (1): 1—111.

ASS, M. I. 1935. Zur Kenntnis der Ektoparasiten der Flossenfüßer (Pinnipedia). Eine neue Zeckenart auf dem Walroß. Zeit f. Parasitenkunde 7: 601—607.

BACKHOUSE, K. M. & HEWER, H. R. 1957. A note on spring pupping in the grey seal. Proc. Zool. Soc. Lond. 128 (4): 593—596.

BARTHOLOMEW, G. A. 1952. Reproductive and social behaviour of the northern elephant seal. Univ. Calif. Pub. Zool. 47 (15): 369—472.

BARTHOLOMEW, G. A. 1959. Mother-young relations and the maturation of pup behaviour in the Alaska fur seal. Anim. Behav. 7: 163—171.

BARTHOLOMEW, G. A. 1967. Seal and sea lion populations of the California islands. Proc. Symp. on Biol. of Calif. Islands: 229—244.

BARTHOLOMEW, G. A. & HUBBS, C. L. 1960. Population growth and seasonal movements of the northern elephant seal, *Mirounga angustirostris*. Mammalia, Paris. 24: 313—324.

BARTHOLOMEW, G. A. & WILKE, F. 1956. Body temperature in the northern fur seal *Callorhinus ursinus*. J. Mamm. 37: 327—337.

BARLETT, D. & J. 1976. Patagonia's

wild shore. Nat. Geogr. Mag. 149 (3): 312—317.

BERLAND, B. 1966. The hood and its extrusible balloon in the hooded seal *Cystophora cristata* Erxl. Norsk Polarinstitutt 1965: 95—102.

BERTRAM, G. C. L. 1940. The biology of the Weddell and Crabeater seals. Brit. Graham Land Exped. 1934—37. Sci. Rep. 1 (1): 1—139.

BERTSCH, A. 1977. In Trockenheit und Kälte, Dynamische Biologie. Ravensburg.

BIGG, M. A. 1969. The harbour seal in British Columbia. Fish Res. Bd. Canada Bull. 172: 1—33.

BLIX, A. S., GRAV, H. J. & RONALD, K. 1979. Some aspects of temperature regulation in newborn harp seal pups. Amer. J. Physiol. 236 (3): R188—R197.

BOND, C., SIEGFRIED, R., JOHNSON, P. 1980. Antarktis. Hannover.

BONHAM, K. 1943. Duration of life and behaviour of Alaska fur seals in captivity. J. Mamm. 24: 504.

BONNER, W. N. 1972. The grey seal and common seal in European waters. Oceanogr. Mar. Biol. Ann. Rev. 10: 461—507.

BOYD, R. B. 1975. A gross and microscopic study of the respiratory anatomy of the Antarctic weddell seal, *Leptonychotes weddelli*. J. Morph. 147: 309—336.

BREE, P. J. H. VAN 1977. On a walrus which recently visited the coast of the Netherlands and Belgium. De Levende Natuur. No. 3, March 1977: 58—62.

BROOKS, J. W. 1954. A contribution to the life history and ecology of the Pacific walrus. 103 pp. Special Report No. 1 Alaska Cooperative Wildlife Research Unit.

BROSSET, A. 1963. Statut actuel des mammifères des îles Galapagos. Mammalia. Paris 27: 323—338.

BROWN, D. H. & ASPER, E. D. 1966. Further observations on the Pacific walrus, *Odobenus rosmarus divergens*, in captivity. Int. Zoo Yearbook 6: 78—82.

BRUEMMER, F. 1977. The gregarious but contentious walrus. Nat. Hist. N. Y. 86 (9): 52—61.

BUDD, G. M. 1972. Breeding of the Fur Seal at McDonald Island, and

further population growth at Heard Island. Mammalia. Paris. 36 (3): 423—427.

CAMERON, A. W. 1967. Breeding behaviour in a colony of western Atlantic gray seals. Can. J. Zool. 45: 161—173.

CAMERON, A. W. 1969. The behaviour of adult gray seals (*Halichoerus grypus*) in the early stages of the breeding season. Canad. J. Zool. 47 (2): 229—234.

CLARKE, R. 1954. Whales and seals as resources of the sea. Norsk Hvalfangst-tidende 9: 489—508.

CLAUSEN, G. & ERSLAND, A. 1969. The respiratory properties of the blood of the bladdernose seal (*Cystophora cristata*). Resp. Physiol. 7 (1): 1—6.

COBB, W. M. 1933. The dentition of the walrus *Odobenus obesus*. Proc. Zool. Soc. Lond. 645—668.

CONDY, P. R. 1978. Distribution, abundance and annual cycle of fur seals (*Arctocephalus* spp.) on the Prince Edward Islands. S. Afr. J. Wildl. Res. 8: 159—168.

COOK, H. W. & BAKER, B. E. 1969. Seal milk. I Harp seal (*Pagophilus groenlandicus*) milk, composition and pesticide residue content. Can. J. Zool. 47 (6): 1129—1132.

CRANDALL, L. S. 1964. The management of wild mammals in captivity. 769 pp. Univ. Chicago Press, Chicago.

CRAWLEY, M. C. & WILSON, G. J. 1976. The natural history and behaviour of the New Zealand for seal (*Arctocephalus forsteri*). Tuatara 22 (1): 1—29.

CURRY-LINDAHL, K. 1970. Breeding biology of the Baltic grey seal (*Halichoerus grypus*). Zool. Gart. Leipzig 38: 16—29.

DAILEY, M. D. 1975. The distribution and intraspecific variation of helminth parasites in pinnipeds. Rapp. P-v. Réun. Cons. int. Explor. Mer. 169: 338—352.

DAUTERT, E. 1935. Auf Walfang und Robbenjagd. Leipzig.

DAVIS, J. E. & ANDERSON, S. S. 1976. Effects of oil pollution on breeding grey seals. Marine Pollution Bull. 7 (6): 115—118.

DEIMER, P. 1982. Könige der Meere. Balve.

DEIMER, P. 1983. Das Buch der Wale. Hamburg.

DENISON, D. M. & KOOYMAN, G. L. 1973. The structure and function of the small airways in pinniped and sea otter lungs. Resp. Physiol. 17 (1): 1—10.

DRESCHER, H. E. 1979. Biologie, Ökologie und Schutz der Seehunde im schleswig-holsteinischen Wattenmeer. Landesjagdverband. Meldorf.

DRESCHER, H. E., HARMS, U. & HUSCHENBETH, E. 1977. Organochlorines and heavy metals in the harbour seal (*Phoca vitulina*) from the German North Sea coast. Marine Biology, 41, 99—106.

EHLERS, K. 1957. Über die Seelöwin (*Eumetopias californianus*) ›Inge‹ der Tiergrotten Bremerhaven. Zool. Gart. Leipzig 23: 189—194.

EHLERS, K., SIERTS, W. & MOHR, E. 1958. Die Klappmütze *Cystophora cristata* Erxl. der Tiergrotten Bremerhaven. Zool. Gart. Leipzig 24: 149—210.

ELSNER, R., KOOYMAN, G. L. & DRABEK, C. M. 1970a. Diving duration in pregnant Weddell seals. pp. 477—482 in Antarctic Ecology 1 Ed. M. W. Holdgate.

FAO Fisheries Series 1978. No. 5. Vol. I—III. Mammals in the seas.

FAY, F. H. 1957. History and present status of the Pacific walrus population. Trans. 22nd N. Am. Wildl. Conf. 431—445.

FAY, F. H. 1979. Industrial utilization of marine mammals. Proc. 29th Alaska Science Conf. pp. 75—79.

FAY, F. H. 1982, Ecology and biology of the Pacific Walrus, *Odobenus rosmarus divergens* Illiger. 279 pp. U. S. Dept. Int. Fish Wildl. Serv. North American Fauna No. 74.

FAY, F. H. & RAY, C. 1968. Influence of climate on the distribution of walruses, *Odobenus rosmarus* (Linnaeus). I Evidence from thermoregulatory behavior. Zoologica. N. Y. 53 (1): 1—14.

FAY, F. H. & RAY, G. C. 1979. Reproductive behavior of the Pacific walrus in relation to population structure. pp. 409—410 in Alaska fisheries: 200 years and 200 miles of change Ed. B. R. Melteff. Proc. 29th Alaska Sci. Conf. 1978.

FISHER, H. D. 1952. Harp seals of the Northwest Atlantic. Fish Res. Bd. Canada. Atlantic Biol. St. Gen. Series No. 20. 4pp.

FROST, K. J. & LOWRY, L. F. 1980. Feeding of ribbon seals (Phoca fasciata) in the Bering Sea in spring. Can. J. Zool. 58: 1601—1607.

FURMAN, D. P. & DAILEY, M. D. 1980. The genus Halarachne (Acari: Halarachnidae), with the description of a new species from the Hawaiian monk seal. J. Med. Entomol. 17 (4): 352—359.

GENRTY, R. L. 1973. Thermoregulatory behavior of eared seals. Behavior 46: 73—93.

GENTRY, R. L. 1981. Seawater drinking in eared seals. Comp. Biochem. Physiol. 68A: 81—86.

GENTRY, R. L. & JOHNSON, J. H. 1981. Predation by sea lion on northern fur seal neonates. Mammalia, Paris 45 (4): 423—430.

GORDON, K. R. 1981. Locomotor behaviour of the walrus (Odobenus) J. Zool. Lond. 195: 349—367.

GRAV, H. J., BLIX, A. S. & PÅSCHE, A. 1974. How do seal pups survive birth in Arctic winter. Acta Physiol. Scand. 92: 427—429.

HAAFTEN, J. L. VAN 1962. Diseases of seals in the Dutch coastal waters. 4th Int. Symp. on Diseases in Zoo Animals. Nord. Vet-med. 14: Suppl. 1: 138—140.

HAMILTON, J. E. 1934. The southern sea lion Otaria byronia (de Blainville). Discovery Reports 8: 269—318.

HAMILTON, J. E. 1939a. The leopard seal Hydrurga leptonyx (de Blainville). Discovery Reports 18: 239—264.

HAMILTON, J. E. 1939b. A second report on the southern sea lion Otaria byronia (de Blainville). Discovery Report 19: 121—164.

HAMILTON, J. E. 1940. On the history of the elephant seal Mirounga leonina (Linn.). Proc. Linn. Soc., Lond. Session 152: 33—37.

HARKEN, W. 1961. Der Seehund. Naturgeschichte und Jagd. Hamburg und Berlin.

HARRISON, R. J. & TOMLINSON, J. D. W. 1963. Anatomical and physiological adaptations in diving mammals. Viewpoints in biology 2: 115—162.

HARWOOD, J. 1978. The effect of management policies on the stability and resilience of British grey seal populations. J. Applied Ecology 15: 413—421.

HENDEY, Q. B. 1972. The evolution and dispersal of the Monachinae. Ann. S. Afr. Mus. 59 (5): 99—113.

HEWER, H. R. 1974. British seals.

256pp. The New Naturalist. Collins, London.

HOLDEN, A. V. 1978. Pollutants and seals. A review. Mammal Rev. 8 (1&2): 53—66.

HOYT, E. 1983. Plight of Pinnipeds. Defenders of Wildlife: 58.

IRVING, L., PEYTON, L. J., BAHN, C. H. & PETERSON, R. S. 1962. Regulation of temperature in fur seals. Physiol. Zool. 35: 275—284.

JOHNSTONE, G. W. 1975. Regurgitation of nematodes by a Weddell seal. Säugetierk. Mitt. 23: 159—160.

KENYON, K. W. 1977. Caribbean monk seal extinct. J. Mamm. 58 (1): 97—98.

KENYON, K. W. 1980. No man is benign. The endangered monk seal. Oceans 13 (3): 48—54.

KENYON, K. W. & FISCUS, C. H. 1963. Age determination in the Hawaiian mon seal. J. Mamm. 44: 280—281.

KENYON, K. W. & RICE, D. W. 1959. Life history of the Hawaiian monk seal. Pacific Science 13: 215—252.

KENYON, K. W. & RICE, D. W. 1961. Abundance and distribution of the Steller sea lion. J. Mamm. 42 (2): 223—234.

KENYON, K. W. & SCHEFFER, V. B. 1954. A population study of the Alaska fur seal herd. U. S. Dept. Int. Special Scientific Report, Wildlife No. 12.

KILIAAN, H. P. L. & STIRLING, I. 1978. Observations on overwintering walruses in the eastern Canadian high arctic. J. Mamm. 59 (1): 197—200.

KING, J. E. 1956. The monk seals genus Monachus. Bull. Br. Mus. nat. Hist. (Zool.) 3 (5): 203—256.

KING, J. E. 1983. Seals of the World. British Museum (Nat. Hist.), London.

KIRCHSCHOFER, R. 1968. Notizen über zwei Bastarde zwischen Otaria byronia und Zalophus californianus. Z. Säugetierk. 33: 45—49.

KOOYMAN, G. L. 1968. An analysis of some behavioral and physiological characteristics related to diving in the Weddell seal. Ant. Res. Series vol 2. pp. 227—261 in Biology of the Antarctic Seas III. Eds. W. L.

KOOYMAN, G. L. 1969. The Weddell seal. Sci. Am. Aug. 1969, 221 (2): 100—106.

KOOYMAN, G. L. 1973. Respiratory adaptations in marine mammals. Amer. Zool. 13: 457—468.

KOOYMAN, G. L. 1981. Weddell seal: consummate diver. 135pp. Cambridge Univ. Press, Cambridge.

KOOYMAN, G. L., WAHRENBROCK, E. A., CASTELLINI, M. A.,

DAVIS, R. W. & SINNETT, E. E. 1980. Aerobic and anaerobic metabolism during voluntary diving in Weddell seals; evidence of preferred pathways from blood chemistry and behavior. J. Comp. Physiol. 138: 335—346.

KOOYMAN, G. L., CASTELLINI, M. A. & DAVIS, R. W. 1981. Physiology of diving in marine mammals. Ann. rev. Physiol. 43: 343—356.

KUKENTHAL, W. 1899. Vergl.-anat. und entwickelungsgeschichtliche Untersuchungen an Walthieren. Part 1. Sect. 2. Das Centralnervensystem der Cetaceen.

KUMMER, B. & NEISS, S. 1957. Das Cranium eines 103 mm langen Embryos des südlichen See-Elefanten. Morph. Jb. 98: 288—346.

LAVIGNE, D. M., INNES, S., WORTHY, G. A. J., KOVACS, K. M., SCHMITZ, O. J. & HICKIE, J. P. 1986. Metabolic rates of seals and whales. Can. J. Zool. Vol. 64: 279—284.

LAVIGNE, D. & RONALD, K. 1972. The harp seal, Pagophilus groenlandicus (Erxleben, 1777). XXIII. Spectral sensitivity. Can. J. Zool. 50 (9): 1197—1206.

LAWS, R. M. 1956. The elephant seal (Mirounga leonina Linn.). 2. General, social and reproductive behaviour. 88pp. Falk. Is. Dep. Surv. Sci. Rep. 13.

LAWS, R. M. 1957. On the growth rates of the leopard seal, Hydrurga leptonyx (de Blainville, 1820). Säugetierk. Mitt. 5 (2): 49—55.

LAWS, R. M. 1962. Age determination of pinnipeds with special reference to growth layers in the teeth. Zeitschrift f. Säugetierk. 27 (3): 129—146.

LE BOUEF, B. J. 1971a. Oil contamination and elephant seal mortality: a ›negative‹ finding. pp. 277—285 in Biological and oceanographic survey of Santa Barbara Channel oil spill 1969—70. l Ed. D. Straughan. Allan Hancock Foundation.

LE BOUEF, B. J. 1971b. The aggression of the breeding bulls. Nat. Hist. N. Y. 80 (2): 83—94.

LE BOUEF, B. J. & MATE, B. R. 1978. Elephant seals colonize additional Mexican and Californian islands. J. Mamm. 59 (3): 621—622.

LE BOUEF, B. J. & ORITZ, C. L. 1977. Composition of elephant seal milk. J. Mamm. 58 (4): 683—685.

LE BOUEF, B. J. & PETERSON, R. S. 1969. Dialects in elephant seals. Science 166 (3913): 1654—1656.

LE BOUEF, B. J., WHITING, R. J. & GANTT, R. F. 1972. Perinatal behaviour of northern elephant seal females and their young. Behaviour 43 (1—4): 121—156.

LENFANT, C., JOHANSEN, K. & TORRANCE, J. D. 1970b. Gas transport and oxygen storage capacity in some pinnipeds and the sea otter. Resp. Physiol. 9 (2): 277—286.

LIPPS, J. H. 1980. Hunters among the ice floes. Oceans 13 (3): 45—47.

LOCKLEY, R. M. 1966. The distribution of grey and common seals on the coasts of Ireland. Irish. Nat. J. 15 (5): 136—143.

LOUGHREY, A. G. 1959. Preliminary investigation of the Atlantic walrus, Odobenus rosmarus rosmarus (Linnaeus). Wildl. Mgt. Bull. ser. l. No. 14: 123pp.

MANSFIELD, A. W. 1966a. The walrus in Canada's Artic. Canad. Georgr. J. 72 (3): 88—95.

MANSFIELD, A. W. 1966b. The Grey seal in Eastern Canadian waters. Can. Audubon Mag. Nov.—Dec. 1966. 160—166.

MANSFIELD, A. W. & FISHER, H. D. 1960. Age determination in the harbour seal, Phoca vitulina L. Nature 186: 92—93.

MARKOWSKI, S. 1952. The cestodes of seals from the Antarctic. Bull. Br. Mus. nat. Hist. (Zool.) 1 (7): 123—150.

MARLOW, B. J. 1967. Mating behaviour in the leopard seal, Hydrurga leptonyx in captivity. Aust. J. Zool. 15: 1—5.

MATHESON, C. 1950. Longevity in the grey seal. Nature 166: 73—74.

MATSUURA, D. T. & WHITTOW, G. C. 1974. Evaporative heat loss in the California sea lion and harbor seal. Comp. Biochem. Physiol. 48A (1): 9—20.

MATTHEWS, L. H. 1950. The natural history of the grey seal, including lactation. Proc. Zool. Soc. Lond. 120: 763.

MATTHEWS, L. M. 1953. Der See-Elefant. Zürich.

MCCANN, T. S. 1980. Territoriality and breeding behaviour of adult male Antarctic fur seal, Arctocephalus gazella. J. Zool. Lond. 192 (3): 295—310.

MCLAREN, I. A. 1958b. The biology of the ringed seal (Phoca hispida Schreber) in the eastern Canadian Arctic. Bull. Fish. Res. Bd. Canada 118: 1—97.

MCNAB, A. G. & CRAWLEY, M. C. 1975. Mother and pup behaviour of the New Zealand fur seal, Arctocephalus forsteri (Lesson). Mauri Ora 3: 77—88.

MERCER, M. C. 1976. The seal hunt. 25pp. Fisheries and Marine Service, Ottawa.

MILLER, E. H. 1979, Social behaviour between adult male and female New Zealand fur seals, Arctocephalus forsteri (Lesson) during the breeding seasons. Aust. J. Zool. 22: 155—173.

MILLER, E. H. 1975a. Walrus ethology. I The social role of tusks and applications of multidimensional scaling. Can. J. Zool. 53 (5): 590—613.

MILLER, E. H. 1976. Walrus ethology. II Herd structure and activity budgets of summering males. Can. J. Zool. 54 (5): 704—715.

MITCHELL, E. 1966. The Miocene pinniped Allodesmus. Univ. Calif. Publ. in Geol. Sci. 61: 1—105.

MITCHELL, E. D. 1968. The Mio-Pliocene pinniped Imagotaria. J. Fish. Res. Bd. Can. 25 (9): 1843—1900.

MICHELL, E. & TEDFORD, R. H. 1973. The Enaliarctidae, a new group of extinct aquatic Carnivora and a consideration of the origin of the Otariidae. Bull. Am. Mus. Nat. Hist. 151 (art. 3): 203—284.

MOHR, E. 1952. Die Robben der Europäischen Gewässer. Monographien der Wildsäugetiere. Frankfurt.

MOREJOHN, G. V. & BRIGGS, K. T. 1973. Post mortem studies of northern elephant seal pups. J. Zool., Lond. 171 (1): 67—78.

MURIE, J. 1872a. Researches upon the anatomy of the Pinnipedia. Part 1. On the walrus (Trichechus rosmarus Linn.). Trans. Zool. Soc. Lond. 7: 411—464.

MURIE, J. 1872b. Researches upon the anatomy of the Pinnipedia. Part 2. Descriptive anatomy of the sea lion (Otaria jubata). Trans. Zool. Soc. Lond. 7: 527—596.

MURIE, J. 1874. Researches upon the anatomy of the Pinnipedia. Part 3. Descriptive anatomy of the sea lion (Otaria jubata). Trans. Zool. Soc. Lond. 8: 501—582.

MURRAY, M. D. & NICHOLS, D. G. 1965. Studies on the ectoparasites of seals and penguins. I. The ecology of the louse Lepidophthirus macrorhini Enderlein on the southern elephant seal, Mirounga leonina (L). Aust. J. Zool. 13: 437—454.

MURRAY, M. D., SMITH, M. S. R. & SOUCEK, Z. 1965. Studies on the ectoparasites of seals and penguins. II The ecology of the louse Antarctophthirus ogmorhini Enderlein on the Weddell seal Leptonychotes weddelli Lesson. Aust. J. Zool. 13: 761—771.

NAEVDAL, G. 1965. Protein polymorphism used for identifications of harp seal populations. Årbok Univ. Bergen Mat.-Naturv. Serie 1965 (9): 3—20.

NAIRN, R. G. W. 1979. The status and conservation of the common seal Phoca vitulina in Northern Ireland. Irish Natur J. 19 (10): 360—363.

NISHIWAKI, M. & NAGASAKI, F. 1960. Seals of the Japanese coastal waters. Mammalia, Paris 24: 459—467.

NOAA 1977. The story of the Pribilof fur seals. 13pp. US Dept. Commerce. National Oceanic & Atmospheric Administration.

NYHOLM, E. S. 1975. Observations on the walrus (Odobenus rosmarus L.) in Spitsbergen in 1971—1972. Ann. Zool. Fennici 12: 193—196.

ODELL, D. K. 1971. Censuses of pinnipeds breeding on the California Channel Islands. J. Mamm. 52 (1): 187—190.

O'GORMAN, F. 1961. Fur seals breeding in the Falkland Islands Dependencies. Nature 192 (4806): 914—916.

O'GORMAN, F. 1963. Observations on terrestrial locomotion in Antarctic seals. Proc. Zool. Soc. Lond. 141: 837—850.

ØRITSLAND, T. 1964. Klappmysshunnens forplantningsbiologi. Fisken og Havet 1: 1—15.

ØRITSLAND, T. 1970. Sealing and seal research in the south-west Atlantic pack ice Sept.—Oct. 1964. pp. 367—376 in Antarctic ecology 1 Ed. M. W. Holdgate. Academic Press, London.

ØRITSLAND, T. 1977. Food consumption of seals in the Antarctic pack ice. pp. 749—768. in Proc. 3rd SCAR Symp. on Ant. Biol. Adaptations within Ant. Ecosystems. Smithsonian Inst.

ORR, R. T. 1967. The Galapagos sea lion. J. Mamm. 48 (1): 62—69.

ORR, R. T. & POULTER, T. C. 1965. The pinniped population of Ano Nuevo Island, California. Proc. Calif. Acad. Sci. 4th ser. 32 (13): 377—404.

ORR, R. T. & POULTER, T. C. 1967. Some observations on reproduction, growth, and social behaviour in the Steller sea lion. Proc. Calif. Acad. Sci. 4th ser. 35 (10): 193—226.

OSGOOD, W. H., PREBLE, E. A. & PARKER, G. H. 1916. The fur seals and other life of the Pribilof Islands, Alaska in 1914. Bull. US Bur. Fish. 34: 1—172.

OWEN, R. 1853. On the anatomy of the walrus. Proc. Zool. Soc. Lond. 103—106.

PEDERSEN, A. 1962. Das Walroß. Die Neue Brehm-Bücherei. Wittenberg Lutherstadt.

PEDERSEN, A. 1969. Der Nördliche Seebär. Wittenberg Lutherstadt.

PEDERSEN, A. 1974. Die Nordpolaren Robben. Wittenberg Lutherstadt.

PENNEY, R. L. & LOWRY, G. 1967. Leopard seal predation of Adelie penguins. Ecology 48: 878—882.

PETERS, N. 1937. Über Hochseewalfang und Tierleben im Südlichen Eismeer. Der Fischmarkt. Cuxhaven.

PETERS, W. 1875. Über eine neue Art von Seebären, Arctophoca gazella von den Kerguelen Inseln. Monatsb. Akad. Berlin. 393—399.

PETERS, W. 1866. Über die Ohrenrobben (Seelöwen und Seebären) Otariae, insbesondere über die in den Sammlungen zu Berlin befindlichen Arten. Monatsb. Akad. Berlin 261—281, 665—672.

PETERSON, R. S. & BARTHOLOMEW, G. A. 1967. The natural history and behavior of the California sea lion. 79pp. Am. Soc. Mamm. Spec. Pub. No. 1.

PETERSON, R. S., HUBBS, C. L., GENTRY, R. L. & DELONG, R. L. 1968a. The Guadalupe fur seal: habitat, behaviour, population size and field identification. J. Mamm. 49 (4): 665—675.

PITCHER, K. W. & CALKINS, D. G. 1981. Reproductive biology of Steller sea lions in the Gulf of Alaska. J. Mamm. 62 (3): 599—605.

POULTER, T. C. 1966. The use of active sonar by the California sea lion. J. Auditory Res. 6: 165—173.

PRIEUR, D. & DUGUY, R. 1981. Les phoques des côtes de France. III Le phoque gris Halichoerus grypus (Fabricius, 1791). Mammalia, Paris. 45 (1): 83—98.

RADDE, G. 1862. Reisen im Süden von Ost-Sibirien in den Jahren 1855—1859 incl. I: Mammalia.

RAE, B. B. 1973. Further observations on the food of seals. J. Zool., Lond. 169 (3): 287—297.

RAND, R. W. 1967. The Cape fur seal (Arctocephalus pusillus). 3. General behavior on land and at sea. 40 pp. Rep. S. Africa Dept. Commerce and Industries. Div. Sea Fish. Invest. Rep. No. 60.

RAND, R. W. 1972. The Cape fur seal Arctocephalus pusillus. 4. Estimates of population size. Rep. S. Africa Dept. Indust. Div. Sea Fisheries. Invest. Report 89: 1—28.

RAY, C. 1963. Locomotion in pinnipeds. Nat. Hist. NY. 72: 10—21.

RAY, C. & SMITH, M. S. R. 1968. Thermoregulation of the pup and adult Weddell seal, Leptonychotes weddelli (Lesson) in Antarctica. Zoologica NY. 53 (1): 33—46.

RAY, C., WATKINS, W. A. & BURNS, J. J. 1969. The underwater song of Erignathus (bearded seal). Zoologica NY. 54 (2): 79—83.

RAY, C. E. 1976. Geography of phocid evolution. Syst. Zool. 25 (4): 391—406.

RAY, G. C. & WATKINS, W. A. 1975. Social function of underwater sounds in the walrus Odobenus rosmarus. Rapp. P.-v. Réun. Cons. int. Explor. Mer. 169: 524—526.

REEVES, R. R. 1978. Atlantic walrus (Odobenus rosmarus rosmarus): a literature survey and status report. US Dept. Int. Fish Wildl. Serv. Wildl. Res. Rep. 10: 1—41.

REITER, J., STINSON, N. L. & LEBOEUF, B. J. 1978. Northern elephant seal development: the transition from weaning to nutritional independence. Behav. Ecol. Sociobiol. 3: 337—367.

REIJNDERS, P. J. H. 1976: The harbour seal (Phoca vitulina) population in the Dutch Wadden Sea: size and composition. Neth. J. Sea Res.: 10: 223—235. 1978: Recruitment in the harbour seal (Phoca vitulina) population in the Dutch Wadden Sea. Neth. J. Sea Res.: 12: 164—179.

REPENNING, C. A. 1976. Adaptive evolution of sea lions and walruses. Syst. Zool. 25 (4): 375—390.

REPENNING, C. A. & RAY, C. E. 1977. The origin of the Hawaiian monk seal. Proc. Biol. Soc. Wash. 89 (58): 667—688.

REVENTLOW, A. 1951. Observations on the walrus (Odobenus rosmarus) in captivity. Der. Zool. Gart. (NF) 18: 227—234.

RIDGWAY, S. H. (ed.) 1972. Mammals of the sea. Biology and medicine. Charles C. Thomas, Springfield, Illinois.

RIDGWAY, S. H. & HARRISON, R. J. (Eds.) 1981. Handbook of Marine Mammals. Vol. I. Vol. II. Academic Press, London.

RITCHIE, J. 1921. The walrus in British waters. Scot. Nat. 5—9, 77—86.

RONALD, K., JOHNSON, E., FOSTER, M. & VANDER POL, D. 1970. The harp seal, Pagophilus groenlandicus (Erxleben 1777). I. Methods of handling, molt and diseases in captivity. Can. J. Zool. 48 (5): 1035—1040.

ROSS, G. J. B. 1972. Nuzzling behaviour in captive Cape fur seals. Int. Zoo Yearbook 12: 183—184.

ROSS, G. J. B., RYAN, F., SAAYMAN, G. S. & SKINNER, J. 1976. Observations on two captive crabeater seals at the Port Elizabeth Oceanarium. Int. Zoo Yearbook 16: 160—164.

SCHEFFER, V. B. 1958. Seals, sea lions and walruses. A review of the Pinnipedia. 189pp. Stanford Univ. Press.

SCHEFFER, V. B. 1975. 10 000 Kilometer durch den Pazifik. Hamburg.

SCHEFFER, V. B. & JOHNSON, A. M. 1963. Molt in the northern fur seal. US Fish & Wildl. Service. Special Scientific Report. Fisheries

No. 450.

SCHEFFER, V. B. & KENYON, K. W. 1963. Baculum size in pinnipeds. Zeit. für Säugetierk. 28 (1): 38—41.

SCHEFFER, V. B. & SLIPP, J. W. 1944. The harbor seal in Washington State. Am. Midl. Nat. 32 (2): 373—416.

SCHLIEMANN, H. 1968. Notiz über einen Bastard zwischen *Arctocephalus pusillus* und *Zalophus californianus*. Z. Säugetierk. 33 (1): 42—45.

SCHNAPP, B., HELLWING, S. & GHIZELEA, G. 1962. Contributions to the knowledge of the Black Sea seal (*Monachus monachus*). Trav. Mus. Hist. Nat. ›Gr. Antipa‹. Bucarest 3: 382—400.

SCHNEIDER, R. 1962. Vergleichende Untersuchungen am Kehlkopf der Robben (Mammalia, Carnivora, Pinnipedia). Morph. Jb. 103: 177—262.

SCHNEIDER, R. 1963. Morphologische Anpassungserscheinungen am Kehlkopf einiger aquatiler Säugetiere. Zeit. f. Säugetierk. 28: 257—267.

SCHUSTERMAN, R. J. 1981. Behavioral capabilities of seals and sea lions: a review of their hearing, visual, learning and diving skills. The Psychological Record. 31: 1251—143.

SERGEANT, D. E. 1965. Exploitation and conservation of harp and hooded seals. Polar Record 12 (80). 541—551.

SERGEANT, D. E. 1973a. Environment and reproduction in seals. J. Reprod. Fert. Suppl. 19: 555—561.

SERGEANT, D. E. 1973b. Transatlantic migration of a harp seal, *Pagophilus groenlandicus*. J. Fish. Res. Bd. Can. 30 (1): 124—125.

SERGEANT, D. E. 1976. History and present status of populations of harp and hooded seals. Biol. Conserv. 10: 95—118.

SHAUGHNESSY, P. D. 1976. Controversial harvest. African Wildlife 30 (6): 26—31.

SHAUGHNESSY, P. D. & ROSS, G. J. B. 1980. Records of the subantarctic fur seal (*Arctocephalus tropicalis*) from South Africa with notes on its biology and some observations on captive animals. Ann. S. Afr. Mus. 82 (2): 71—89.

SINIFF, D. B. & BENGTSON, J. L. 1977. Observations and hypotheses concerning the interactions among crabeater seals, leopard seals and killer whales. J. Mamm. 58 (3): 414—416.

SINIFF, D. B., STIRLING, I., BENGTSON, I. L. & REICHLE, R. A. 1979. Social and reproductive behaviour of crabeater seals (*Lobodon carcinophagus*) during the austral spring. Can. J. Zool. 57 (11): 2243—2255.

SIVERTSON, E. 1941. On the biology of the harp seal. Hvalrådets Skrifter Nr. 26: 1—166.

SLIJPER, E. J. 1968. On the heart of temporary aquatic mammals with special reference to the embryonic pathways. Bijdragen Dierk. 38: 75—84.

SMITH, T. G. 1973b. Management research on the eskimo's ringed seal. Can. Geog. J. 86 (4): 118—125.

SMITH, T. G. 1980. Polar bear predation of ringed and bearded seals in the land-fast sea ice habitat. Can. J. Zool. 58 (12): 2201—2209.

SMITH, T. G. & STIRLING, I. 1975. The breeding habitat of the ringed seal (*Phoca hispida*). The birth lair and associated structures. Can. J. Zool. 53 (9): 1297—1305.

STEWART, R. E. A. & LAVIGNE, D. M. 1980. Neonatal growth of northwest Atlantic harp seals, *Pagophilus groenlandicus*. J. Mamm. 61 (4): 670—680.

STIRLING, I. 1970. Observations on the behaviour of the New Zealand fur seal (*Arctocephalus forsteri*). J. Mamm. 51 (4): 766—778.

STIRLING, I. 1972a. Observations on the Australian sealion *Neophoca cinerea* (Péron). Aust. J. Zool. 20: 271—279.

STIRLING, I. & MCEWAN, E. H. 1975. The caloric value of whole ringed seals (*Phoca hispida*) in relation to polar bear (*Ursus maritimus*) ecology and hunting behaviour. Can. J. Zool. 53 (8): 1021—1027.

STRANGE, I. 1972. Wildlife in the Falklands, Oryx 11 (4): 240—257.

STRANGE, I. 1979. Sea lion survey in the Falklands. Oryx 15 (2): 175—184.

STROUD, R. K. & ROFFE, T. J. 1979. Causes of death in marine mammals stranded along the Oregon coast. J. Wildl. Dis. 15 (1): 91—97.

SUMMERS, C. F. 1974. The grey seal (*Halichoerus grypus*) in Cornwall and the Isles of Scilly. Biol. Conserv. 6 (4): 285—291.

SUMMERS, C. F. 1979. The scientific background to seal stock management in Great Britain. Nat. Env. Res. Council, Publ. Ser. C. No. 21. 14 pp.

SUMMERS, C. F., BONNER, W. N. & VAN HAAFTEN, J. 1978. Changes in the seal populations of the North Sea. Rapp. P.-v. Réun. Cons. int. Explor. Mer. 172: 278—285.

SUMMERS, C. F., BURTON, R. W. & ANDERSON, S. S. 1975. Grey seal (*Halichoerus grypus*) pup production at North Rona: A study of birth and survival statistics collected in 1972. J. Zool. Lond. 175: 439—451.

SUMMERS, C. F., WARNER, P. J., NAIRN, R. G. W., CURREY, M. G. & FLYNN, J. 1980. An assessment of the status of the common seal *Phoca vitulina vitulina* in Ireland. Biol. Conserv. 17 (2): 115—123.

SWEENEY, J. C. & GILMARTIN, W. G. 1974. Survey of diseases in free-living California sea lions. J. Wildl. Dis. 10 (4): 370—376.

TARASOFF, F. J. & FISHER, H. D. 1970. Anatomy of the hind flippers of two species of seals with reference to thermoregulation, Can. J. Zool. 48 (4): 821—829.

TAYLOR, F. H. C., FUJINAGA, M. & WILKE, F. 1955. Distribution and food habits of the fur seals of the North Pacific Ocean. 86pp. US Dept. Int. Fish & Wildl. Service. Washington.

TEDFORD, R. H. 1976. Relationship of pinnipeds to other carnivores. Syst. Zool. 25 (4): 363—374.

TEDMAN, R. A. & BRYDEN, M. M. 1979. Cow-pup behaviour of the Weddell seal, *Leptonychotes weddelli* in McMurdo Sound, Antarctica. Aust. Wildl. Res. 6: 19—37.

THOMAS, J., DEMASTER, D., STONE, S. & ANDRIOSHEK, D. 1980. Observations of a newborn Ross seal pup (*Ommatophoca rossi*) near the Antarctic Peninsula. Can. J. Zool. 58 (11): 2156—2158.

TIKHOMIROV, E. A. 1975. Biology of the ice forms of seals in the Pacific section of the Antarctic. Rapp. P-v Réun. Cons. int. Explor. Mer. 1969: 409—412.

TOWNSEND, C. H. 1934. The fur seal of the Galapagos Islands. Zoologica NY 18 (2): 43—56.

TYSON, R. M. 1977. Birth of an elephant seal on Tasmania's east coast. Vict. Nat. 94 (5): 212—213.

UCHIYAMA, K. 1965. Californian sea lion twins at Tokuyama Zoo. Int. Zoo Year Book 5: 111.

VINSON, J. 1956. Sur la présence de l'éléphant de mer aux Mascareignes. Proc. Roy. Soc. Arts & Sci. Mauritius 1 (4): 313—318.

WELLINGTON, G. M. & DE VRIES, T. J. 1976. The South American sea lion *Otaria byronia* in the Galapagos Islands. J. Mamm. 57 (1): 166—167.

WHITTOW, G. C. 1974. Sun, sand and sea lions. Natur. Hist. 83 (7): 56—63.

WHITTOW, G. C., OHATA, C. A. & MATSUURA, D. T. 1971. Behavioural control of body temperature in the unrestrained California sea lion. Commun. Behav. Biol. 6 (2)A: 87—91.

WIPPER, E. 1974: Die ökologischen und pathologischen Probleme beim Seehund (*Phoca vitulina* Linné, 1758) an der niedersächsischen Nordseeküste. Diss., München 1974. 1975a: Jahreszeitliche Wanderungen bei Seehunden. Natur und Museum, 105, 346—350. 1975b: Ökologie des Seehundes, *Phoca vitulina* (Linné, 1758), an der niedersächsischen Nordseeküste. Säugetierkdl. Mitt. (23): 32—63.

WIRTZ, W. O. 1968. Reproduction, growth and development, and juvenile mortality in the Hawaiian monk seal. J. Mamm. 49 (2): 229—238.

ZOOBOOKS 2. 1985. Seals Sealions and Walruses. Wildlife Education, Ltd. San Diego.

Register

Abbildungsnachweis

Schutzumschlag
Titel: Winfried Wisnieswski
Rückseite: Petra Deimer
Klappe links: Petra Deimer
Klappe rechts: Winfried Wisnieswski (oben), Thomas Grimm (Mitte), Wolfgang Kähler (unten)

BIOS 115
BIOS/De Castro 116, 117
Petra Deimer 6, 10, 11, 12, 17, 18, 21, 22, 41, 44, 61, 77, 80, 83, 85, 87, 89, 90, 93, 94, 96, 99, 103, 104, 107, 113
    Farbfotos 4—9, 10, 11, 17, 18, 19, 22, 23—32
IFAW 42, 45, 46, 47

Farbfoto 14
Gray/Deimer 28, 100
Green/Deimer 91
Thomas Grimm/Abacus 35, 37, 38, 39
    Farbfotos 12, 13
GSM 26, 54, 105
Kähler/Deimer 24, 25
Murie/Deimer 29
Gabriele Peters 9, 68, 71
Vane/Deimer 23
Winfried Wisniewski
    Farbfotos 1, 2, 3, 15, 16, 20, 21

Zeichnungen
Jürgen von Kroge 13, 14, 16, 27, 31, 32, 66, 72, 74, 75, 78, 103 (meistens nach Zoobooks 2, San Diego)
    Zoologisches Stichwort: 131, 133, 135, 137, 139, 141, 143, 145, 147, 149, 151, 153, 155, 157, 159, 161, 163
Nationalpark Schleswig-Holsteinisches Wattenmeer. Der Minister für Ernährung, Landwirtschaft und Forsten, 1985: 15
Robben aus Grönland. Informationsdienst der Grönländischen Selbstverwaltung, Grönland: 31, 49
Zum Vorkommen der Kegelrobbe, Halichoerusggrypus (Fabricius, 1791) in den Gewässern um Rügen. K. Harder, Stralsund, 1986: 19
Den Verbreitungskarten im zoologischen Stichwort liegt das Buch von Judith E. King »Seals of the world«, Oxford 1983, zugrunde.

CIP-Kurztitelaufnahme der Deutschen Bibliothek
Deimer, Petra:
Das Buch der Robben : Abenteuer in Arktis u. Antarktis / Petra Deimer. — 1. Aufl. —
Hamburg : Rasch und Röhring, 1987.
ISBN 3-89136-114-9

Copyright © 1987 by Rasch und Röhring Verlag, Hamburg
Umschlaggestaltung: Studio Reisenberger
Lithographie: Albert Bauer KG, Hamburg
Satzherstellung: alphabeta, Hamburg
Druck- und Bindearbeiten: Kleins Druck- und Verlagsanstalt, Lengerich
Printed in Germany

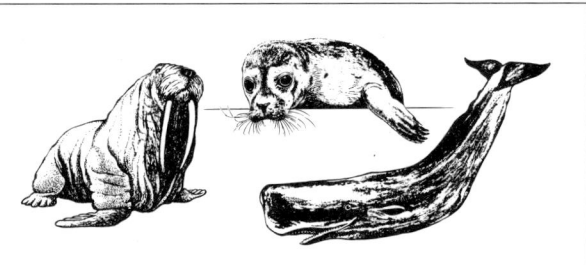

Gesellschaft zum Schutz der Meeressäugetiere e.V. (GSM)
2000 Hamburg 55 · Postfach 348
Internationaler Tierschutz – Fonds (IFAW)
2000 Hamburg 55 · Postfach 467
Die oben genannten Gesellschaften sind als gemeinnützig anerkannt.

Wale und Robben müssen leben

Weil Wale und Robben sich nicht wehren können, weil das Meer ohne diese Meeresbewohner kein Meer ist, und weil die Welt ohne Meere keine Welt ist, kämpfen die Gesellschaft zum Schutz der Meeressäugetiere (GSM) und der Internationale Tierschutz-Fonds (IFAW) für das Überleben von Walen und Robben und ihrer Lebensräume. Wenn Sie helfen wollen, helfen Sie der GSM und dem IFAW. Sie haben schon viel erreicht, wie ein weltweites Handelsverbot für Produkte gefährdeter Wale und in Zusammenarbeit mit anderen ein EG-Handelsverbot für Baby-Robben. Aber es gibt noch viel zu tun . . .